'대방광불화엄경'을 시작했다. 안양암 3년 정진 중 얻은 바가 있어, 장안사 지장암에서 손혜정 선생과 함께 근대 최초의 수행공동체 운동을 전개하며 회중수도會衆修道를 시작했다. 조국 독립을 기도하고, '대방광불화엄경'을 염송하면서 7년여 동안 500여 명의 제자를 지도했다. 1938년(41세) 4월, 지장암 수도 중에 불령선인不逞鮮人으로 지목되어 경남 의령경찰서로 연행, 50여 일간 취조받다가 석방되었으나, 일제의 압력으로 하산하게 되었다.

이후 서울 돈암동과 치악산 상원사 동굴에서 정진 수도하다가, 1945년 해방이 되자 애국단체인 중앙공작대를 조직하고 민중 계몽운동을 시작했다. 상해임시정부 시절 인연이 있던 이승만 박사를 중심으로 한 건국운동에 참여했으며, 1950년(53세) 제4대 내무부장관, 1951년 한국광업진흥주식회사 사장에 취임했다. 1953년 7월, 부산 피난 중 동국대학교 제2대 총장에 취임했으며, 이후 5·16 군사정변으로 동국대학교에서 물러나게 된 1961년 7월까지 중구 필동에 대학교 교사를 건립하고 시설·학사·교수 등 다방면에 걸쳐 동국대 중흥의 기틀을 마련했다. 《금강삼매경론》《화엄경》'인류 문화사' 등을 강의했으며, 《고려대장경》 영인 작업에 착수, 총 48권의 현대식 영인본을 출간하기도 했다.

1962년, 65세에 경기도 부천군 소사읍 소사리의 야트막한 산을 개간, '백성목장白性牧場'을 경영하면서 《금강경》을 쉽게 강의하고, 인연 있는 후학을 지도했다. 1981년 8월 19일(음력), 출생일과 같은 날, 84세를 일기로 입적했다. 후학들이 금강경독송회, 청우불교원 금강경독송회, 바른법연구원, 백성욱 박사 교육문화재단, 백성욱연구원, 여시관如是觀 등을 세워 가르침을 잇고 있다.

불법佛法으로 본 인류 문화사 강의

백성욱 박사 전집 2

불법佛法으로 본
인류 문화사 강의

백성욱 강의

김영사

차례

일러두기

1. 이 책의 원고는 백성욱 박사가 동국대학교 총장으로 재임하던 시기(1953~1961)에 동국대학교에서 교수와 학생들에게 비정기적으로 강의한 인문학 특강을 토대로 한 것이다.

2. 강의 내용을 주제별로 분류하여 20개 장으로 나누어 실었다.

3. 본 강의 내용을 최대한 살리되, 강의의 특성상 잠시 주제에서 벗어난 내용의 경우 흐름의 연결과 독자의 이해를 위해 최소한의 범위 내에서 변형을 가하였다.

4. 본 강의 녹음 자료의 품질 한계로 인해 내용 파악이 불가능한 경우, 강의의 전후 맥락을 통해 엮은이가 보강하거나 조정, 삭제하였다.

5. 본 강의의 녹취록은 백성욱 박사의 문하 학인인 이광옥, 김강유가 작성하였으며, 이후 임철순 등과 편집부에서 참여하여 추가로 내용을 재청취하면서 다듬고 보강하는 작업을 거쳤다.

6. 60여 년 전의 강의이기 때문에 그 사이 새롭게 밝혀진 과학적 사실 또는 학술적 연구 성과가 있는 경우, 그리고 독자의 이해를 돕기 위해 추가 정보가 필요한 경우 괄호 안이나 주에 설명을 보충했다.

7. 육성 강의의 현장 느낌을 살리되, 글로 정리하는 과정에서 적정 범위에서 한글맞춤법을 적용해 다듬고 교정하였다. 다만 일부는 백성욱 박사의 고유한 어투를 살리기 위해 맞춤법을 고려하지 않고 그대로 실었다. 일부 명확한 의미를 특정하기 힘든 방언의 경우, 문맥을 통해 파악할 수 있도록 본 강의 그대로 유지하였다.

8. 강의 시기에 따라 청중이 일정하지 않아, 새로 참석한 청중을 위해 강의 내용이 중복되는 경우가 있는데, 문맥상 필요한 경우 일부는 그대로 남겨두었다.

9. 경전이나 책 이름은 《 》 안에, 문서나 장章 이름은 〈 〉 안에 표기하였다.

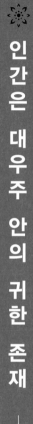

인간은 대우주 안의 귀한 존재

1

지구와 인간의 탄생

지구가 생겨난 것은, 우주 공간에 불덩이가 떨어져 나와 자전을 하고 공전을 하게 되어서인데, 그러는 사이에 겉껍데기는 식고 속에는 불을 품고 있더라, 이 말입니다. 그런데 바깥으로 내뿜지 못한 불기운이 한쪽으로 불끈 솟은 것이 곤륜산崑崙山*이라면, 그것이 쏟아져 나온 곳도 있어야 할 겁니다. 학자들은 시방 세계에서 제일 깊은 바다가 4천에서 6천 미터 된다고 하는데,** 수마트라와 필리핀 사이에 그런 곳이 있답니다. 그러니까 아마 필시는 거기서 부풀어 솟구쳐서 곤륜산이 됐다, 그렇게 말할 수 있겠지요.

한편에 또 신비로운 일이 있는데, 대체 태평양 덩어리는 어디로 갔겠느냐, 태평양에 본래 물이 그렇게 많이 괴었겠느냐, 거기가 왜 지구 표면에서 그렇게 깊게 됐느냐 하는 것입니다. 그것은 바로 지구가 자전을 하면서 불덩어리가 하나 떨어져 나가, 우리 지구를 공전하고 있기 때문인데, 그 물건을

• 이 강의에서 곤륜산은 히말라야산맥과 곤륜산맥을 합쳐서 '지구에서 가장 큰 산, 산중의 산'이라는 관용적 의미로 사용되는 개념으로, 본래 중국 신화에서 모든 산의 뿌리가 되며 신선이 살고 있다고 믿은 신성한 산의 이름이다. 티베트고원 북부에 위치한 곤륜산맥崑崙山脈이 신화 속 곤륜산과 지리적 특성이 가장 비슷하다고 여겨진다.

•• 현재 관측된 가장 깊은 바다는 태평양 서부의 마리아나 해구로 평균 수심 7천~8천m이며, 여기에서 가장 깊은 곳인 비티아즈 해연Vityaz Deep은 깊이 11,034m(약 11km)이다.

'달'이라고 한답니다. 달의 용적을 계산해서 태평양 깊은 데다 맞대보면 꼭 들어맞는다는데, 요런 것도 재미있습니다. 곤륜산은 땅에 붙어 있는데, 왜 그것은 떨어져 나가 지구를 돌고 있는지 그런 것까진 알 필요가 없겠고, 우린 현실에 있는 것을 얘기하면 되겠습니다.

그 바다가 있어서, 이 지구에 서식하는 생물들의 의지처(서식지)가 퍽 많아진 거겠지요. 다이너소어dinosaur(공룡)가 1억 6천만 년간 이 지구를 지배할 적에는 기록이 없으니까 얘기할 게 별로 없어요. 다이너소어가 있을 적에는 그들을 피해 다니던 포유류들이, 지금으로부터 6,500만 년 전 다이너소어가 멸종된 이후로는 차츰 땅을 지배하면서 여러 젖먹이동물과 유인원, 그리고 우리 인류로도 진화했습니다. 그들 일부가 동쪽의 더운 삼림지대에 가서, 지금처럼 코가 납작하고, 엉덩이가 펑퍼짐하고, 눈이 배디배고(비좁고 촘촘하고) 까맣고, 머리가 시커멓고 기다랗고, 다리가 짧은 우리 동양 사람 모양이 된 겁니다.

　서쪽으로 간 유인원類人猿들은 먹을 것이 없어서, 멀리 바라다봐야 하니까 눈이 옴쑥하고, 또 자꾸 생각해야 하니까 머리가 노랗고, 냄새를 멀리 맡아야 하니까 코가 삐죽하고, 먼 데 걸 잡아당기고 달음박질을 남보다 빨리해야 하니까 팔다리가 기다랗고, 영양이 시원치 않으니까 몸뚱이는 짤막하고 하니, 그 사람들 세워놓으면 키가 우리보다 퍽 크지만 앉혀

놓으면 똑같아 뵈는 겁니다.

만약 우리나라 사람이 고수머리에 옥니박이고 매부리코에
다 옴팡눈이면, 그놈과는 얘기도 잘 안 해요. 인심이 원체 고약
하니까. "저놈 고수머리다" "저놈 심술 고약한 놈이다" 그렇게
말하곤 해요. 그런데 만일 우리나라 사람이 전부 이런 모습이
었다면, 아마 납작한 코는 시원치 않은가 보다, 그랬을 겁니다.

칭기즈칸成吉思汗(1162~1227)*이 유럽을 정복했을 적에는,
코가 납작하고 눈이 배디배고 까만 머리에 다리가 짤막한 사
람이 아마 세계의 미남자였을 것입니다. 그런데 시방은 (유럽
에서) 그 군중이 다 없어졌습니다. 다만 흉아리匈牙利(헝가리)
한 모퉁이의 마자르Magyar족이 칭기즈칸 당시의 부족이라 할
수 있겠고, 저 북부지방의 레닌그라드(상트페테르부르크의 옛 이
름) 옆에 있는 핀란드 사람 일부가 그런 부족일 것입니다. 그
부족은 아무리 유럽 가서 살아도 눈이 덜 옴팡하니, 동양인
에서 유래한 거라고 말하지요.

365번의 낮과 밤

(인류가) 먹을 것, 입을 것을 구할 때 불편을 느끼게 되는 게

---

* 몽골 제국을 건국하고 중국, 중앙아시아, 동유럽에 걸쳐 넓은 영토를 정복
한 초대 칸(제왕).

무엇이냐 하면, 왜 언제는 환했다가, 또 언제는 왜 깜깜한가 하는 것이었습니다. 깜깜한 것이 그대로 계속됐다면 깜깜한 데서도 살겠는데, 깜깜했다가 다시 환해지거든요. 도대체 이건 무슨 장난일까. 그래서 인류는 자연에 대해 생각해보고 알아보려 했던 것입니다. 유명한 그리스 학자 플라톤Platon(B.C.427~B.C.347)*은, "자연에 대해 의심을 내는 것은 철학의 기원이고, 자연에 대해 겁을 내는 것은 종교의 기원이다"라고 말했습니다.

그럼 왜 '깜깜한 것(밤)'이 있고 '밝은 것(낮)'이 있느냐. 이 세상이 깜깜하고 환하고 하는 것이 한정 없이 되풀이되는 것이 문제가 됐습니다. 그러면서 밝은 것은 맘대로 활동할 수 있고 따뜻하니까 좋은 것이라 하고, 깜깜한 것은 도무지 행동을 맘대로 할 수 없으니까 악惡이라고 했을 겁니다.《구약성경》첫머리를 보면, 태초는 광명이라 했으니, 우주 만물을 창조한다는 의미에서 광명을 곧 신이라고 한 것이 그때 유대 사람들의 종교 관념일 겁니다.

이집트에 '나일Nile'이라고 하는 강이 있는데, 이놈이 언제는 물이 많았다가, 또 언제는 줄어버리더란 말입니다. 물이 줄어버릴 때는 목이 마르니까, 물이 많을 적에 저장을 해두겠죠. 됐다가 물이 적을 때 먹고, 다시 물이 많을 적에 다 먹

---

* 객관적 관념론을 창시한 고대 그리스 철학자. 소크라테스의 제자이자 아리스토텔레스의 스승.

은 빈 항아리에다가 물을 채우는 습관이 그 나일 강 유역 사람들에게 있었어요. 그래서 누구하고 약조할 적에 "언제쯤 만날까?" 그러면, "물이 여기 다시 들어올 적에 만나자", 또 "물이 좀 덜할 적에 만나자" 이렇게 했는데, 물이 한 번 항아리에 들어갔다가 없어졌다가 다시 그 항아리에 들어올 때까지, 딱 365번을 까맸다 하였다 그러더란 말입니다. '아하! 필시 여기 무슨 농간이 있는 게로군.' 그래서 1년을 365일로 만들었단 말이죠. 그런데 사람들이 중간에 죽기도 하고 그러니까, 그렇게 365일씩 기다릴 수가 없거든요. 그래서 그놈(1년)을 열둘로 토막을 쳤어요.

인간은 하나보다 둘을 먼저 알았다

그렇다면 열둘이라는 수數는 어디서 나온 것이냐. 처음 인류에게 '하나'라는 관념은 퍽 어려웠답니다. 제일 먼저 나온 관념은 '둘'이었습니다. 엄마의 젖이 둘이고 눈도 둘이고 팔도 둘이고, 그래서 '둘'이라는 생각이 먼저 나왔습니다. 독일 말로 나뭇가지를 '츠바이크Zweig'라고 하는데, 둘이라는 글자에서 나온 말로, 나뭇가지가 두 갈래로 갈라진다는 뜻이지요. 독일 말로 하나는 '아인스eins', 둘은 '츠바이zwei'라고 하는데, 츠바이크는 두 쪽으로 갈라졌다는 말입니다.

그것은 옛날 게르만German족이 나무에서 과실을 따 먹을 적에, 이 가지에서 저 가지로 갈 적에 하던 소리 아니냐, 그럴 수도 있겠지요. 여하간 둘이라는 수가 먼저 생기고 그 뒤에 넷이라는 수가 생겼으며, 그다음 하나라는 관념이 생겼답니다.

하나라는 관념은 퍽 알기 어려웠다고 합니다. 코가 한 개니까 하나라는 개념을 알기 쉬웠을 것 같지만, 젖먹이 어린애가 젖을 빨면서 쳐다보면 콧구멍이 둘이기 때문에, 하나라는 관념은 시간이 한참 지나서야 형성됐다는 거지요.

이런 걸 보면 일찍부터 우리를 지배해왔던 것은 '둘'이라는 관념입니다. 이런 연유로 이들은 '열둘'이라는 것을 가지고서 숫자를 셌는데, 그 증거는 시방도 영어에 '열둘'이라는 단어가 따로 있는 것에서 찾을 수 있어요. 옛날 사람들은 열둘을 급수級數로 셌던 것이지요.* 요즘은 열을 급수로 세지만, 옛날에는 열둘을 급수로 셌던 겁니다. 그래서 365일을 열둘로 조각을 냈던 거지요.

열둘로 조각을 내서 거기 적당하도록 붙여보니까, 이게 서른을 갖다가 붙여보면 360일이 된단 말이에요. 그래서 그에 대해서 퍽 오랜 세월 궁리를 했던 모양이지요. 실제로 보면, 어떤 해에 어떤 달은 스물여덟이고, 어떤 달은 서른하나도 있어요. 이를 두고 무식한 말로 표현하자면, '떡국이 농간

•   열둘이 한 단위인 12진법을 말함.

을 했다'`라고 해야 하나. 여하간 궁리를 많이 한 거지요. 제일 재미있는 건 바로 이 대목이에요. 정월은 크지요, 31일까지. 2월은 작아요. 또 3월은 크고 4월은 30일까지로 작지요. 이렇게 5월, 6월, 7월까지 큰 달과 작은 달이 번갈아 온단 말이지요. 그런데 왜 7월과 8월은 연속해서 큰 달일까요?

1년 열두 달은 이렇게 정해졌다

로마 초대 황제 아우구스투스Augustus(B.C.63~A.D.14)``라는 이가 있었어요. 그는 율리우스 카이사르Julius Caesar(B.C.100~B.C.44)를 계승했고, 카르타고 전쟁에서 이기기도 했어요. 이집트의 1년 365일 제도를 받아들이고, 4년에 한 번씩 윤달을 넣고, 1년의 시작을 지금의 1월로 바꾼 달력을 사용하자고 한 사람은 로마의 율리우스 카이사르, 우리가 '시저'라고 부르는 그 사람입니다. 그가 홀수 달을 31일, 짝수 달을 30일로 정했어요. 시저의 양아들이 로마 초대 황제인 아우구스투

- 　재질才質은 부족하지만 오랜 경험으로 일을 잘 처리해나감을 이르는 속담.

- ‥　고대 로마의 초대 황제. 기원전 45년 로마의 권력을 장악한 율리우스 카이사르는 당시 사용하던 달력 체계를 1년 365일, 4년에 한 번씩 윤년이 있는 율리우스력으로 바꿨는데, 그의 양아들 아우구스투스가 이 율리우스력을 수정하여 완성했다. 41년의 통치기간 동안 황제권을 확립하고, 내정의 충실을 기함으로써, 로마의 평화 시대를 이끌고 라틴문학의 황금기를 열었다.

스인데, 자기 양아버지를 기념하기 위해서 '율리우스'를 붙인 것이 지금의 7월, 줄라이July예요. 그리고 아우구스투스가 8월에 악티움Actium 해전'에서 승리한 것을 기념하려고 자기 이름을 넣은 것이 영어로 8월, 어거스트August지요. 로마의 운명을 좌우한 큰 싸움에서 이겼으니 그걸 기념하고 싶은데, 언제 없어질지 모를 비석을 세우는 대신에 영원히 기념할 수 있도록 달력에다 자기 이름을 넣은 거예요. 7월이 31일로 끝나는 큰 달이었지만, 자신의 달인 8월도 기념하고 싶어서 여덟째 달을 또 크게 만들었어요. 그러면 이제 그 하루를 어디서 떼어오느냐 하는 문제가 남았지요.

옛날 인도를 볼 것 같으면, 자연에다 다 신을 붙여놨어요. 그러니 어둠침침한 데 있는 귀신, 밝은 데 있는 귀신, 느티나무 귀신, 참나무 귀신, 포플러 귀신, 잔잔한 물엔 잔잔한 물귀신, 깊은 물엔 깊은 물귀신…, 이런 것들이 쏟아져 나오지요. 로마 사람이라고 예외가 되나요. 그래서 무서운 귀신을 하나씩 날짜마다 붙여줬어요. 정월부터 365일을 죄 붙이고 나니, 그 귀신들이 언제 성낼까 무서워, 1년 내내 아무것도 할 수 없게 됐지요.

그러니 로마에서 범죄를 저지른 사람을 붙들어 처벌하려면, 귀신이 성내지 않을 날에 해야겠는데, 그렇게 따져보니

• 기원전 31년 로마 공화정 시대에 그리스 악티움 앞바다에서 옥타비아누스 (나중에 아우구스투스 황제가 됨)가 안토니우스와 이집트 클레오파트라의 연합군을 무찌른 전투. 로마의 오랜 내전을 종식했다.

섣달 그믐날(음력 12월의 마지막 날), 아주 꼬랑지 귀신 위하는 날이 그중 그나마 낫겠다고 생각한 거지요. 그래서 모든 죄수의 처형을 그만 섣달 그믐날로 다 몰게 되었어요. 귀신이라도 꼬랑지 귀신이니 성도 좀 덜 낼 거고, 대가리 귀신은 성을 많이 낼 게 아닙니까. 성절聖節이 하도 많아서 할 수 없이 사형집행일을 섣달 그믐날로 하게 됐지요.

그래서 로마 사람들이 제일 싫어하는 날이, 그 섣달 그믐날입니다. 아주 보기 싫지요. 그래도 그날이 그나마 좋은 건, 형기를 마친 사람들을 그날 내보내주기도 해서, 감옥에 들어앉아 고생하던 자기 가족들이 그때 나오니 반갑고 그랬다고는 합니다. 그래서 섣달 그믐날이 늘 싫은 대상이자 약간 좋은 대상이었답니다.

아우구스투스는 섣달 그믐날을 똑 떼어다가 8월 그믐날에 갖다 붙여놓으면 사람들이 좋아할 거라 생각했지요. 실제로 섣달 그믐날을 하나 줄여서 8월 그믐날을 더 늘려야 된다고 하니, 로마 시민이 대단히 좋아했더랍니다. 그러면 '그중 적은 달이 섣달 그믐날이 아니고 왜 2월 그믐날이냐?' 이렇게 의아할 수 있어요. 바로 2월 그믐날이 로마 시대에서의 섣달 그믐날이어서 그렇습니다. 그래서 2월 그믐날이 그렇게 바짝 줄었지요.

또 한 가지 재미있는 건, 열대지방은 덜할 테지만, 언제는 추웠다 언제는 더웠다 이러는데, 이것도 좀 문제가 되었지요. 어떻게 해서 이럴까? 보통 상식으로는 햇덩어리가 뜨거우니 여름에는 지구가 햇덩어리 앞으로 바짝 가서 뜨겁고, 겨울에는 햇덩어리에서 멀어지니까 더 춥다고 하겠지요.

그러면 왜 여름엔 해가 긴데 겨울엔 짧은가, 그런 말도 나올 수 있어요. 짧다는 건 다시 말하자면 인력引力이 강하게 작용한다는 말인데, 인력이 강하게 작용한다면 겨울에 태양하고 가까워야지 어째 멀리 가 있느냐, 그 말이에요. 그렇지만 추운 걸 볼 것 같으면, '불덩어리에서 머니까 춥지, 가까우면 추울 리가 있나', 또 이런 문제가 제기될 겁니다.

과학자들이 밝혀낸 바로는, 지구가 태양을 끼고 공전하는 궤도가 타원형이랍니다. 그리고 아까 말한 상식과는 다르게, 우리나라가 여름일 때 지구는 태양에서 가장 먼 타원 궤도 위에 있다고 해요. 그게 사실인 것이, 여름에는 해가 길거든요. 해가 길다는 것은 완만하게 돈다는 말입니다. 겨울에 해가 짧은 것은 속히 돌기 때문인데, 해에 가까운 궤도에서 도는 것이 물리학으로 증명이 됩니다.

그러나 여름에 태양과 먼데 어떻게 덥냐고 할 수 있어요. 시방 우리가 어떤 물건을 들여다볼 적에, 눈 바로 앞에 붙이면 잘 안 보이는 건 초점이 너무 가까워서 그렇다 그래요. 그런데 좀 떨어진 데 놓으면 요리 자세히 보이는 거요. 가까우면 잘 안 보이지만 멀면 잘 보이는 것은 물리학상 초점 관계 때문입니다. 태양의 초점이 우리 지구 바깥으로 훨씬 넘어갔기 때문에, 여름에 타원형으로 돌면 그 태양하고 지구 사이가 멀어지면서 초점하고 가까워지니까 여름에는 덥고, 겨울에는 초점 이내로 들어오니까 춥다는 겁니다. 이것이 물리학자들이 천문학에 의지해서 여태껏 얘기해왔던 겁니다.*

인간 문명과 종교의 탄생

이제 다른 얘기를 해보자면, 우리는 어떻게 생겨난 것일까요? 공중에서 뚝 떨어졌을까요, 어디서 불쑥 솟아 나왔을까요? 뚝 떨어졌다고 많은 사람이 얘기합니다. 그렇다면 하늘에 지금도 누군가 살고 있을 텐데, 그럼 그들은 어떤 생활을 하고 있을까요?

여태껏 우리에게 종교적으로 얘기된 것들을 볼 것 같으면, 하늘의 살림살이라는 것이 전부 우리 살림살이가 그대로 반영된 것들입니다. 우리가 적어놓은 그대로이지, 하느님이 갖다주고 알려준 것이 아닙니다. 우리가 죽으면 간다고 흔히들 말하는 염라국도, 우리와 똑같이 임금도 있고 비서관도 있

---

* 계절의 변화에 관한 이 설명은 현대 과학이 밝혀낸 결과와 차이가 있다. 지구에 계절의 변화가 생기는 이유는, (1)지구의 자전축이 공전 궤도에 비해 약 23.5도 기울어진 채 태양 주위를 공전하고 있고, (2)지구 북반구가 남반구보다 육지의 면적이 넓어서 열용량이 다르기 때문이다. 지구와 태양과의 상대적인 거리 차이는 계절 변화에 큰 영향을 끼치지 못한다. 지구와 태양이 매우 멀리 떨어져 있으며, 지구 공전 궤도가 거의 원에 가까운 타원형이기 때문이다. 실제로 지구와 태양 사이의 거리가 가장 가까울 때 지구 북반구는 겨울철이며, 여름과 겨울의 온도 차는 지구 자전축의 기울기에 더 큰 영향을 받는다고 한다.

고, 교도관과 형무소도 우리와 같은 모양으로 차려졌단 말이지요. 그럴 바에야 뭐 하필 염라국이 멀 필요도 없지요. 여기가 그대로 그곳이 될 거 아닙니까? 염라국도 요샌 변해서 대통령제가 됐을 겁니다. 우리가 대통령제니까요. 임금은 저 옛날 케케묵은 것이니, 우리가 염라국에 가서 대통령제 아니면 말을 안 한다고 하면, 염라대왕도 할 수 없이 '그러냐'라고 할 수밖에 없을 테지요. 이것이 여태까지 우리 인류가 가져온 믿음이라면, 거기에는 우리의 생각이 그대로 반영되어 있는 겁니다.

그런데 옛날 사람들은 하느님이 성만 내면 그만 딱 죽어버렸어요. 거긴 옳고 그른 것이 하나도 없어요. 예를 들어, 소크라테스Socrates(B.C.469?~B.C.399)*라는 이는 참 지혜를 얘기해 줘서, 아테네 사람들이 제 잘난 생각을 없애고, 곧 자기를 알게 됐습니다. 아테네 사람들은 따뜻한 날씨에 밥 먹고 할 일 없이 '저 하늘 꼭대기에는 뭐가 있을까?' '구름은 왜 돌까?' 모두 이런 생각만 했더랬지요. 그런데 소크라테스는 발등을 내려다보며, "너 자신을 알라" "너를 알면 다른 사람을 알 수 있느니라", 이렇게 말하고 다니면서 대쪽처럼 사니까, 그 소리를 듣기 싫어하는 이들에게 고발당해 감옥에 갔습니다.

---

* 고대 그리스의 대표적 철학자. 문답법을 통한 깨달음, 무지에 대한 자각, 덕과 앎의 일치를 중시하였는데, 아테네의 정치문제에 연루되어 사형 판결을 받았다.

그때 감옥은 지금처럼 각박하지 않았어요. 잘 달아나지 않으니 대략 그저 방을 해놓고, "여기가 감옥이다" 그러면 곧잘 들어앉았거든요. 특별히 감옥을 짓지 않고, 땅에다 금을 쭉 긋고는, "이 속이 감옥이다. 들어가 있거라." 그러면 그게 감옥이었어요. 소크라테스도 예외 없이 그런 감옥에 앉았단 말이죠. 그러니까 그때는 사형수라도 외출이 자유로워, 친구들을 만나고 다닐 수도 있었을 겁니다.

소크라테스가 당시 답답해서 에우튀프론*이라는 예언자를 찾아가 이렇게 물었어요. "이 세상에 정의가 있는가?" 그러니까 에우튀프론이 "정의가 있다"라고 대답합니다. 아마 지금 같으면 있느냐고 묻는 사람도 우스운 사람이 되고, 있다고 답하는 사람도 우스운 사람이 되겠지만, 그때 소크라테스는 생사를 앞에 둔 때였으니 서로 심각했을 게요. 정의가 있다고 하니, 소크라테스가 다시, "내가 사형을 당하는 것도 정의냐?"라고 물었습니다. 사형이 정의라고 하면 죽을 작정이었으니까요. 이때 에우튀프론의 말이 아주 재미있어요.

"너는 어떤 신을 숭배하느냐?"

소크라테스는 좀 험하게 생겼기 때문에 예쁜 존재를 숭배했나 봅니다. 올림포스에는 열두 신이 있는데, 제일 두목인

• 플라톤의 대화편 《에우튀프론》에 등장하는 인물이다. 대화편에서는 소크라테스가 재판을 앞두고 '경건함'을 주제로 에우튀프론과 대화를 나눈다는 내용이 소개된다.

제우스라는 신의 시녀 되는 디오티마Diotima*를 숭배했거든
요. 그러니까 제우스가 소크라테스를 별로 좋아하지 않았을
것이다, 그 말입니다. 그것이 그때 희랍(그리스) 사람의 심리
일 거예요. 그래서 에우튀프론이 소크라테스에게 그렇게 물
은 거죠.

"그대가 디오티마 여신을 숭배하지 않느냐?"

"그렇다. 내가 디오티마 여신을 숭배한다."

"왜 그렇게 숭배하느냐?"

"내 감정에 맞아서다."

"그러면 디오티마 여신을 제우스에 비교하면 어떠냐?"

"그건 제우스의 시녀니까 더 말할 것도 없지."

"그렇다면 제우스에게 네놈이 괘씸한 놈이냐, 안 괘씸한 놈
이냐?"

"아, 그거 괘씸할 거다."

"그러니까 멜레토스Meletos**라고 하는 사람이 널 고발한 것
은, 그 사람이 능력이 있어서가 아니라, 제우스의 역정을 입
어 네놈을 고발한 것이다."

그러니 소크라테스 말이,

"참 정의다. 그거 옳다."

• 　전설상의 인물로서 만티네이아(아르카디아 남동부)의 무녀巫女. 플라톤의 대
　화편《향연饗宴》에 등장한다.

•• 　아니토스, 리콘과 함께 소크라테스를 '신성 모독죄'로 고발한 사람이다.

그래서 그만 가서 약을 먹고 죽게 되었어요.*

자, 이런 걸 볼 것 같으면, 그때에는 모든 것을 하느님이 만들었다고 해서, 세상 사람은 모두, 소크라테스 같은 사람조차도 신의 말 한마디에도 곧잘 죽었어요. 많은 이의 죽을 적 기록을 볼 것 같으면, "너는 신의 의사에 의거해 죽어야 마땅하다" 하면, "예, 아멘" 그러고 죽었어요. 아마 시방은 "고맙습니다" 하고 죽을 사람은 하나도 없을 테지만요.

정신생활, 법률생활, 경제생활

사람이라는 걸 여기 이 우주 안에 있는 물건이라고 쳐봅시다. 어떠한 궤도를 거쳐서 인간 생활이 발생한 것이냐. 많은 학자의 의견에 근거해 대략 세 가지 궤도로 살펴보는데, 그 첫 번째는 정신생활, 두 번째는 법률생활, 세 번째는 경제생

---

* 소크라테스와 관련된 위의 내용은, 플라톤의 대화편 중 《에우튀프론》 《향연》 《크리톤》의 내용을 백성욱 박사가 강의의 재미를 위해 뒤섞어 구성한 내용이라, 전해오는 기록과는 일치하지 않는다. 예를 들면 에우튀프론과의 대화는 소크라테스가 사형선고를 받기 훨씬 전에 있었던 사건으로, 그 주제는 '정의'가 아니라 '경건함'이었다. 또한 '디오티마'는 플라톤의 《향연》에 나오는 전설상의 인물로, 소크라테스가 자신의 미학인 '에로스(사랑)론'을 설명하기 위해 설정한 가상의 인물이며, 제우스를 모시는 여신이 아니다. 이 강의에서는 '옛날 사람들은 신을 이유로 대면 따지지 않고 그냥 따랐다'라는 점을 강조하기 위해 인물과 이야기를 재구성한 것으로 보인다.

활입니다. 이 세 가지 궤도 위에서 우리가 자전도 하고 공전도 하며 발전하는 겁니다.

고대사회에서는, 정신생활이 법률생활이나 경제생활을 전부 억눌렀어요. 그래서 불행이 왔습니다. 예를 들면, 트로이 전쟁* 때, 희랍 사람 아가멤논(미케네의 왕)이 이기게 해달라고 하느님께 부탁을 좀 해야겠는데, 하느님이 하늘 꼭대기에 있어서 말이 잘 통하지 않거든요. 지금처럼 무전기 같은 게 있으면 하느님도 곧잘 들을 텐데, 그땐 그런 게 없으니까. 그래서 뭘 좀 선물을 해서 트로이 전쟁을 이기게 해달라고 얘기해야 되겠는데, 어떻게 하나 했어요.

아가멤논에게 딸이 하나 있었는데 아주 예뻐요. '딸을 바치면 트로이 전쟁쯤은 이기게 해주겠지', 그런 생각으로 하느님께 바치려고 했어요. 그런데 바치는 방법을 모르니 할 수 있습니까? 장작더미에다 예쁜 딸을 태웠단 말이지요. 그렇게 자기 딸을 불태워서 전쟁에서 이기게 해달라고 한 일이 있었어요.

또《구약성경》을 보면 아브라함이 아들 이삭을 불더미에다 올려놓고 하느님께 바치려 했던 일도 있었습니다. 이런 일은 모두 사람의 정신생활이 법률생활과 경제생활을 억눌러서 생긴 일입니다.

그러면 우리의 이 몸뚱이에는 그 세 가지 생활이 있을까요,

---

* B.C. 13세기, 고대 그리스의 영웅 서사시에 나오는 그리스군과 트로이군의 전쟁.

없을까요? 우리 몸뚱이의 대뇌 작용이 정신생활이라고 한다면, 소뇌 작용은 법률생활이라 할 것입니다. 그다음에 혈액순환 작용은 아마 경제생활에 해당할 것입니다. 건전한 사람이라면 혈액순환이 잘 돼야 할 테고, 신경계통이 잘 돌아가야 하며, 대뇌의 사색 작용이 온전해야 합니다.

그래서 세 가지 생활이 완전무결하게 돌아갈 적에, 사람이든 사물이든 사회든 자꾸 향상해나가는 겁니다. 그런데 고대 사회에서는 정신생활이 장악했으니, 모든 것이 하느님의 뜻에 맞지 않으면 못쓰게 됐던 시대였음을 의미하겠지요. 이건 우리 몸뚱이에서 대뇌활동(정신생활)만 활발하고, 혈액순환(경제생활)이나 신경계통(법률생활)이 건전치 못한 것과 마찬가지일 겁니다.

그럼 우리가 소크라테스 같은 사람을 지금 시대에 볼 것 같으면, 일종의 정신병 환자라고 그럴 겁니다. 왜 하필 디오티마를 좋아했으며, 제우스에게 꾸벅꾸벅 절을 하지 디오티마한테 이쁜 척을 해서 사형선고를 당하느냐, 그런 소리도 할 테지요.

희랍에서만 이렇게 정신생활이 지배하고 있던 것이 아니라, 인도에서도 그랬고 세계가 다 그랬어요. 인도 같은 데서는 더군다나 네 가지 계급*을 만들어서, 그 계급이 오늘날까

---

* 카스트 제도. 인도 사회 특유의 신분제도로, 크게 브라만, 크샤트리아, 바이샤, 수드라로 구분된다.

지도 힘을 발휘하고 있습니다.

석가모니 부처님이 가르쳐준 것

그래서 뒤에 많은 학자들이 인간을 불균형한 상태로부터 구제하려고 애썼습니다. 그중 훌륭한 한 사람이 나와서 이 세상에 대해서 말하기를, "고생의 근본은 욕심이다"라고 했어요. 욕심을 없애면 고생이라는 것은 없다는 것이지요. 이 사람이 보니까 사람들이 대개, 바라는 바가 아니 되면 남이 잘못했다 하고, 바라는 바가 되면 제가 잘했다고 한단 말이지요. 만일 남이 잘못해서 내가 바라는 바가 안 되었다고 한다면, 고통을 남이 받아야지 자기가 받을 일이 아니건만, 자꾸 일이 잘못되면 남이 잘못했다고 탓하며 괴로워하더란 말예요. 그다음, 잘되면 또 자기가 잘해서 잘됐다고 그러니, 자기가 잘됐다고 남에게 상을 주는 일은 절대 없더라는 것입니다.

이런 말을 누가 했는가 하니, 지금부터 한 2천5백 년 전에 인도에 있는 카필라,˙ 현재 네팔과 인도의 국경 근처에서 고다마라는 싱씨 밑에서 태어난 싯다르타라고 하는 이입니다.

˙ 싯다르타(부처님)가 탄생한 고대 도시국가로, 줄여서 '카필라'로 부르고 카필라 성城, 카필라 국國, 가비라迦毘羅 등으로 번역한다. 부처님 탄생지인 룸비니Lumbini의 서쪽, 지금의 네팔과 인도 사이의 국경 근처에 위치했던 것으로 추정하고 있다.

그는 이 세상 사람들이 고생하는 것을 보고, '저들이 왜 고생을 하지 않으면 안 될까, 저 고생을 반드시 해야 하는 건가, 저것을 없앨 수 있지 않을까' 생각했지요. 그러나 그때는 모든 것을 하느님이 다 한다고 믿었기 때문에, 석가여래(싯다르타)로선 꽤 곤란했을 것이고, 하느님하고 얘기도 좀 해보려 했을 테지요.

어느 날 석가여래가 마가다Magadha*에 와서 마가다 왕과 얘기를 할 적에, 왕이 "당신은 훌륭합니다. 어디든지 한 군데 당신 영토에 계실 것 같으면 3년 안에 천자天子가 될 겁니다. 그러니 내가 영토를 비워드릴 테니 여기 계시는 것이 매우 좋겠습니다"라고 했어요.

이에 뭐라고 대답했는가 하니, "왕이여, 저 고기 잡는 사람을 보시오. 큰 고기를 잡고자 하다가 깊은 물에 빠져 죽소." 그러니까 탐심貪心이 일면 죽소, 그 말입니다.

"저 나무하는 사람을 보시오. 굵은 나무를 하려다가 벼랑에 떨어져 죽소. 장사꾼을 보시오. 부를 이루려다가 도둑의 손에 죽소. 제왕들을 보시오. 영토를 넓히려다가 적국의 손에 죽소. 이 세상 모든 고생의 근본은 욕심이니, 나는 그것을 알아서 여러 사람에게 알려주고자 합니다."

그렇게 말했습니다. 이것이 아마 인류가 처음 시작해서 여

---

* 기원전 6세기에서 기원전 1세기에 인도의 갠지스강 중류에 있었던 고대 왕국으로, 고대 인도의 정치와 문화의 중심지였다.

태까지 살아온 생활상을 가장 잘 파악한 총 결론일 것입니다.

지혜가 조금 넉넉한 이라도, 배우려는 마음이 없을 것 같으면 금방 골치(머리)가 나빠지는 걸 우리가 많이 보게 돼요. 배우려는 마음이 있어야 지혜가 자꾸 발전하더라, 이 말인데 중국 역사에도 그런 일이 있어요. 우禹임금이라는 이가 낮은 신분에서 몸을 일으켜 인생 최고의 위치에 올랐습니다. 이런 일은 지금 세상에서도 그렇지만 그때에도 퍽 어려운 일이었는데, 그는 지지하천至至下賤(더할 수 없이 천하고 낮음)에서 몸을 일으켜 인생 최고 위치로 갔더랍니다.

　무슨 방법으로 갔는가 하니, 단 두 가지 신조로 갔어요. 하나는 우배창언禹拜昌言*으로, 누가 자기를 나무라면 절을 하더랍니다. 남이 나무라면 으레 듣기 싫은데, 그 사람은 자기 결점을 없애면 남에게 괴로움을 주지 않겠으니까, 누가 자기 결점을 가르쳐주면 바로 절을 했답니다. 보통 사람은 오래 살 마음이 없기 때문에, 당장 면전面前에 살아갈 마음이기 때문에, 나무라는 소리에 성을 발칵 내고 그래요. 그런데 우임금은 막 욕을 해도 절만 꾸벅꾸벅 하더라지요. 자꾸 배우려 하고, 그래서 지혜가 자꾸 발전되고, 그러니 무슨 일이든 그 사람에게 가서 물어보지 않으면 안 되게 되었지요.

●　우왕은 도리에 합당한 말을 들으면 절을 하며 받아들였다는 말로,《서경書經》〈대우모大禹謨〉편에 나온다.

또 그다음 촌음시경寸陰是競*이라, 조그만 그늘이라도 그 사람은 다투더라, 그 말입니다. 작은 시간이라도 놀지 않고 이용해서 무슨 일이라도 했다는 겁니다. 이 두 가지 일로 인생 최고의 제왕 위치에 올랐다는 것입니다.

요나 순이 아무리 훌륭하다 하더라도, 이런 일에 있어서는 우만큼 못하다는 것이지요. 그런데 우가 한 가지 좀 잘못했다면, 요나 순은 모두 자손에게 전위傳位를 하지 않았는데, 우만은 자손에게 전위를 했다는 겁니다. 그 점이 조금 부족한 감을 준다고 해요.

여하간 인생 최고 위치에서 그런 일을 했다는 것은 본받을 일입니다. 우리도 어려서 한문을 배울 적에, "우배창언, 우는 나무라는 말에 절을 한다. 촌음시경, 조그만 그늘도 다투더라"라고 배웠는데, 이런 것을 볼 것 같으면 우리의 골치라는 것은 제 잘난 생각만 없으면 아마 퍽 발전될 것입니다.

그런데 그때 석가여래는 "모든 고생의 근본은 바라는 마음"이라고 했습니다. 바라지 않고 실제로 했으면 얼마간 성과를 얻어 자기 위안으로 삼으련만, 실제로 하지는 않고 바라는 마음만 자꾸 익히면 마음이 불편한 겁니다. 부산에 가고 싶다면 급행열차를 타고 가만히 앉아 있으면 잘 갈 건데, 바쁘

---

* 《천자문千字文》에 나오는 구. '척벽비보尺璧非寶 촌음시경寸陰是競', 즉 '한 자(약 30cm) 크기의 구슬이라도 보배가 아니니, 짧은 시간이라도 다투어 아껴야 한다'는 구절에서 나온 말로, 햇빛이 한 치(약 3cm)쯤 옮겨 가는 시간도 아낄 정도로 우임금이 부지런했다는 의미이다.

다고 기차 위에서 보따리를 짊어지고 달리면 어떻게 될까요. 아마 기차에서 떨어져 죽을 테지요. 그런 어리석은 짓은 아무도 안 할 것 같지만, 현실에서 그런 일은 많이 있습니다.

우禹라는 사람은 퍽 슬기로웠던 모양이에요. 그러니까 앉아서 바라지 않고 실제로 일을 했던 모양이고, 실제로 일을 하니 그 일에 대한 경험을 얻어서 많은 지식을 가졌을 겁니다. 그뿐 아니라 후대에도 역사에서 잘났다는 사람은 대략 그래요. 앉아서 바라고만 있지 않고, 실행을 해보고 비교를 해서 발전하는 겁니다.

안 될 때 실행할 마음이 나지 않는 것은 남이 잘못했다고 탓하는 성내는 마음 때문입니다. 남이 잘못했다고 하는 것은 곧 자기가 망하는 겁니다. 남의 잘못만 보고 다니는 사람은, 자기 마음에 남의 잘못과 단점만 그렸기 때문에 성공하지 못합니다. 그러나 남의 장점을 연구하는 사람은 퍽 건설적인 골치가 있어요. 남을 나무라는 마음이면 그리로 발전돼버리고, 남을 자꾸 이해하고 알려고 할 것 같으면 그쪽으로 발전되는 겁니다.

전에 어떤 이가 말하기를, "남이 잘되는 걸 보고 즐거운 마음을 내면 성공한다"라고 했어요. 그러니까 한 사람이 그 사람을 찾아가서 물었대요.

"나는 남이 잘되는 걸 보면 성이 벌컥 나는데, 아마 성공하지 못하겠지요?"

"네, 그러면 성공 못해요."

"그럼 어떡해요?"

"일부러라도 남이 잘되는 걸 보고 좋아하시오."

"일부러 하면, 그거 가증스럽지 않소?"

"어쨌거나 가서 해보우."

그러더래요. 그래서 잘될 욕심에, 일부러 남 잘되는 걸 좀 좋아했더라지요. 일부러라도 '아, 남이 잘되니 좋다, 좋다' 했더니, 백 일쯤 되니깐 저절로 속에서 '좋다' 그러게 되더래요. 그 뒤에는 무슨 일을 보든, 남이 좋다고 그러면 따라서 좋다고 하니까, 속에 심통이 안 일어났겠지요. 다시 그 사람 찾아가서 또 물었어요.

"당신이 일부러라도 그러라고 해서 일부러 좀 해봤는데, 한백 일 했더니만, 남이 잘된 걸 보고 '좋다'고 그러면 따라서 '좋다'가 나오고 그래요. 이거 어떻게 된 거요?"

"이제 그렇게 하면 성공할 거요."

"아니 거짓말로 시작해도 그렇게 될까요?"

"그게 수도라고 하는 거요. 누구든지 다 그렇게 마음 고쳐 가는 거요."

그러더래요. 그러니까 우리도 성인이 될 수 있어요. 억지로라도 고쳐가면 되거든요.

귀신이 아니라 인간이 소중하다

그래서 아마 석가여래가 그런 말을 인류 유사 이래 처음 하게 된 겁니다. 석가여래의 가르침이 퍼진 뒤에는 여태 하느님 위하던 것이 좀 중지됐던 모양입니다. 석가여래가 나기 전부터, 인도에는 브라만이라는 신을 믿는 사람들의 성전聖典인 베다라는 게 있었어요. 베다에는 네 가지가 있는데,《리그베다Rig-Veda》《사마베다Sāma-Veda》《야주르베다Yajur-Veda》《아타르바베다Atharva-Veda》입니다. 그런 것들은 전부 그 하느님에게, 귀신에게 아첨하는 제사를 지냈는데, 석가여래는 그거다 일없다 했지요.

그가 말하기를, 인도 사람에게는 차근차근 올라가는 하늘의 종류가 스물여덟이나 되는데, 그게 뭐고 하니, 예를 들어 똑같이 이 땅에 살아도 어떤 사람은 자기가 좋아하는 사람을 만져보고 치마끈도 좀 주물러보고 요렇게 더듬어봐야 만족하는 반면에, 어떤 사람은 쓰윽 보기만 해도 아주 후련하고 마음이 만족한단 말입니다. 이 두 사람의 하늘이 같을까요? 같지 않습니다. 그러니까 욕심이 적을수록 높은 하늘이다, 그 말입니다.

욕심이 완전히 적은 사람은 오직 형상으로 만족하게 되지요. 그래서 이런 말이 있게 된 겁니다. '욕심이 많은 자는 위장병이 생긴다, 위장병이 생기니까 자꾸 심통을 낸다, 자꾸 심통을 내니 폐병이 생긴다, 폐병이 생긴 뒤에 제 세상을 원망하니깐 골치가 캄캄해서 죽어버린다.'

근데 욕심이 없는 사람은 위가 좋단 말이에요. 우리가 많이 보는 빵떡 장수나 저 정육 장수나 그런 사람은 탐심 낼 게 없어요. 썩 한 대 베서 국 끓여 먹으니까. 골치는 안 쓰고 실제로 먹으니까 살이 똥똥하게 찌고 빙긋이 웃죠. 무슨 골치 쓰는 일이라곤 몰라요.

그러나 욕심 있는 사람은 먹을 것을 아무렇게나 먹고, 연해(거듭) 골치를 쓰윽 만지고 하는 가운데, 냅따(매우) 향내 나는 말은 나오는데, 몸뚱이에 살은 붙지 않는단 말이에요. 몸뚱이 속에 정신이 꽉 부둥켜 있으니까, 그 정신이 컴컴한 거지요. 제 몸뚱이 밖으로 나온 정신은 아마 퍽 총명한 정신일 거요.

그래서 요새도 얘기할 적에 그러지요. "아 여보, 서늘하게 아주 냉담하게 해." 이게 무슨 소리인고 하니, '속에서 성을 벌컥 내서 골치 좀 뜨겁게 하지 마라', 이 말이에요. 마음을 턱 쉬고 좀 앞을 살펴보고 얘길 해라, 아주 과학적으로 하라, 그거지요.

대체 '과학적'이란 무엇인가요? 바로 '아 프리오리a priori'•가 되어야 한다는 겁니다. 아 프리오리라는 건 뭐냐? 자기 육체 속에 있던 정신이 바깥으로 나올 적에 얻은 판단은 아 프

• 일반적으로 '선험적' 혹은 '선천적'이라고 옮겨지는 아 프리오리는 아 포스테리오리a posteriori(후천적)에 대립하여 사용되는 인식론적 용어로서, 원래는 아리스토텔레스의 그리스어 프로테론proteron의 라틴어 번역이다. 철학사에서 가장 영향력 있는 작품 중 하나인 임마누엘 칸트의 《순수 이성 비판》(1781)에 의해 정착, 보편화되었다. 철학에서는 경험과 관계없이 알 수 있는 진리, 이를테면 논리법칙이나 수학의 정리定理를 '아 프리오리한 진리'라 하고, 자연과학의 제반 법칙 등 경험을 통해 알 수 있는 진리를 '아 포스테리오리한 진리'라고 부르는 것이 통례이다. 그러나 이와 같이 진리를 뚜렷하게 양분한다는 것에 대해서는 논의의 여지가 있다.

리오리가 될 겁니다. 그러면 아직 정신이 몸 밖으로 나오지 않은 사람이 아 프리오리를 얻자면 어떻게 해야 되겠습니까? '종합적 즉각卽覺'이라야 됩니다. 그리고 종합적 즉각이라는 것은 오직 수학으로 가능합니다. 선입주견先入主見을 가지지 말자, 바로 그 말인 거예요. 선입주견만 가지지 않으면 아주 편안합니다.

내가 어릴 때, "너 뒷간에 가서 오래 앉아 있지 마라. 휘장 도깨비가 있는데, 애들 잘못하면 휘장을 씌운다"라는 말이 있었어요. 그래서 어른 없을 적엔 뒷간에 갈 수가 없었지요. 휘장 도깨비가 무서워서요. 이러니 뒷간에 가기는커녕 밤중에 나가 놀다가 뭐 뿌연 거, 허연 거, 여자만 지나가도 "어이 쿠, 휘장 도깨비 봤다"라고 했지요.

이러한 선입주견은 다 빼놓고 얘기하라는 겁니다. 그게 냉정한 거지요. 여하간 휘장 도깨비가 한번 든 뒤에는 뽑아내기가 어려워요. 그거와 마찬가지로 원시 인류도 물귀신, 바다 귀신, 나무귀신, 그런 거 빼긴 어려웠어요. 정신이 깬 사람이 그것을 빼자고 얘기했다면 아마 그 사람, 상당히 박해를 받았겠지요.

소크라테스가 '자기를 알라'라고 한 말이 오늘날까지도 진리라고 합니다. 그 훌륭한 소크라테스가, 제우스가 아니라 제우스를 모시는 디오티마를 숭배하는 바람에 신의 역정을 받아서 죽게 되었다면, 요절을 하고 웃을 일이지요.

이러한 일들은 모두, 정신생활·법률생활·경제생활이 각각 독립하지 않고, 정신생활 밑에 경제생활과 법률생활이 억눌려 있었기 때문입니다. 그때에 인간이 아주 비참한 일을 당했던 것입니다.

우리의 유물이라는 것은 전부 정신생활에 의지해서 이루어진 것인데, 유럽에서도 그런 게 많이 보여요. 나도 한번 지나간 적 있는 스트라스부르 대성당*에는 루이 14세(1638~1715) 때의 시계가 하나 있어요. 예수 제자가 열둘인데, 1시면 우두머리 베드로가 나와서 종을 땅 치고, 2시에는 베드로하고 바울하고 둘이 나와서 종을 치고, 12시가 되면 십이사도使徒**가 다 나와서 종을 치고, 또 그다음 날 아침에는 꼭대기에 있는 닭이 꼬끼오 울고, 오후에는 그 사도들이 종 치고

---

* 스트라스부르 노트르담 성당Strasbourg Cathedral or Cathedral of Our Lady of Strasbourg의 천문 시계Horloge astronomique는 세계적으로 유명하다. 오늘날 작동하는 시계는 1838년에 세 번째 만들어진 것으로, 시계 본연의 기능을 수행할 뿐만 아니라 매일 낮 12시 30분이 되면 자동 인형들이 나온다. 이 중에는 인간의 나이를 형상화하여 죽음 앞을 거쳐 행진하는 모습과 사도들이 그리스도 앞을 행진하는 모습의 장치가 있다. 시계를 만든 자는 그것을 다시 재현하지 못하도록 눈이 찢겼다고 한다.

** 예수 그리스도를 따르며 전도에 헌신한 열두 명의 제자를 말한다. 베드로, 베드로의 동생 안드레, 야고보, 요한, 빌립, 바돌로매, 도마, 마태, 알패오의 아들 야고보·다대오, 혁명당원인 시몬, 그리고 가롯 사람 유다인데, 나중에 유다가 예수를 배신하자 마티아를 대신 12제자에 넣었다. 사도의 자격으로는 '예수를 친히 뵈온 자로, 부활하신 주를 경험하고 그 증인이 될 수 있는 사람이어야 한다'(《루가복음》 24:48, 〈사도행전〉 1:8, 22, 〈고린도전서〉 9:1)고 하였으나, 인간으로서의 그리스도를 직접 모신 자에 한정하지 않고 부활한 예수 그리스도에게서 위임받은 사람도 사도라 하여 4세기에는 바울이 더해졌다.

난 뒤에 사자 두 마리가 으르렁거리고, 그런 시계를 하나 만들어 루이 14세한테 바쳤더니, 그것을 스트라스부르 대성당에 놔두었습니다.

그런데 임금 생각에 그걸 다른 데다 또 만들어놓으면 자기의 명예가 손상되고 자랑거리가 없게 되니까, 그 장인의 눈을 까버렸단(제거해버렸단) 말예요. 제왕의 심통도 상당했던 모양이죠. 그 사람이 죽을 적에 루이 14세더러 그러더래요. 내가 만든 시계 좀 만져보고 죽겠다고. 맘대로 하라고 했더니, 아 이놈이 어떻게 기계를 만져놨는지, 그 사도들만 나오고 위의 닭하고 밑의 사자하고는 소리를 안 내는 거예요. 그게 있기 때문에 유명했던 건데….

그런 것 저런 것을 모두 볼 때, 우리는 세 가지 생활이 완전히 독립하지 못했을 적의 불안이라는 것을 도처에서 만나게 됩니다. 그것을 타파하라고 제일 먼저 얘기했던 사람이 석가여래입니다.

정신생활 다음에 오는 법률생활

그 뒤에 우리에게 제기되는 문제는, 정신생활 다음에 오는 법률생활이에요. 로마 교회가 오래오래 로마를 통치하다가 동로마와 서로마로 갈라지고, 또 서로마가 더 갈라질 적에 그들의 행정기구가 변하는데, 소위 신성로마 황제라는 것이 생겼습니다.

로마사에서 보았듯이, 로마 점령군에 의해 예수가 죽은 뒤, 베드로가 로마 정부에 직접 가서 호소한 결과, 로마 정부는 예수가 하느님의 독생자로 나왔다는 걸 알게 되었고, 자기들이 예수를 위할 것 같으면 황제 숭배하는 사상도 보급되겠다고 생각해서, 베드로에게 교회를 하게 했지요. 그런데 예수교를 믿는 사람들이 많아지면서 왕의 위신이 자꾸 줄어들고 작아지니, 결국 베드로를 박해해서 거꾸로 매달아 죽였다는 얘기가 있어요.

제1차 교회는 그렇게 됐어도, 나중에 그 교회가 번성함으로써 왕이 없어지고 교회가 통치를 하게 되니, 요새도 로마 법왕法王*이니 뭐니 그런 소리가 나오는 겁니다. 그렇게 해서 그 법왕 정치가 오래가다 자꾸 퇴폐하게 돼서 할 수 없이 신성로마제국을 설치하게 되는데, 라틴어로 말하자면 '사크룸 로마눔 임페리움Sacrum Romanum Imperium', 즉 로마의 신성한 황제가 통치합니다.

서장西藏(티베트)에서도 이런 식으로 종교 지도자가 서장 임금이 됐습니다. 서장은 해발 4천에서 6천 미터 지역에 있어서 생물이 잘 나지 않는 곳입니다. 바람이 계속 불고 비가 오지 않아서, 박테리아 작용이 정지 상태에 있어요. 우리가 사는 이런 데서는 송장이 모두 썩어서 걱정인데, 서장 같은 데

---

* 가톨릭의 최고위 성직자인 로마 대주교를 말함.

는 백 년 천 년이 가도 썩질 않아요. 그래서 서장 도시 길바닥에는 송장이 그득하지만, 여기처럼 유독한 송장은 아닙니다.

　기원전 5세기경에 서장 임금이 인도로 여행을 갔는데, 그여행이 서장 사람으로선 퍽 어려웠습니다. 서장이라는 데가남쪽으로는 절벽인데, 그 절벽 한 모퉁이엔 8,848m 높이의에베레스트 산이 있고 통로가 조금도 없어요. 있어도 한두사람 다니는 그런 길밖에 없었고, 계곡으로 말하면 동쪽으로한 서너 네댓 골짜기가 생기고, 서쪽으로 또 네댓 골짜기가생기고, 북쪽으로는 높은 산이 없이 이렇게 민틋이(울퉁불퉁한곳 없이 평평하고 비스듬하게) 내려갔기 때문에, 북쪽 동쪽 서쪽은 다닐 수 있지만, 남쪽으로 다니기는 퍽 어려웠던 겁니다.

　그런 어려움에도 불구하고 인도에서 불교를 맞이하여 서장에다 펴게 되었어요. 그런데 불교는 모든 신을 부인하는지라, 서장에 있는 신 중 괄시할 수 없는 것은 놔두고, 없애버릴건 상당히 없애버렸어요. 그러자니 자연히 승려 계급이 높아지고, 승려의 수가 많아지니까 왕권이 없어지고, 왕권이 없어지니까 현재 같은 형태의 정부가 수립됐던 것입니다.

인류의 출현과 우리 민족의 뿌리

2

태양, 그 신비한 공전과 자전의 비밀

우리가 공중이라고 한다든지 공간이라고 한다든지, 혹 전체의 공간을 얘기할 적에, '대공大空'이라고 그래요. 큰 '대大' 자, 빌 '공空' 자, 큰 공간인데, 그 공간 속에는 위도 없고 아래도 없고, 동쪽도 없고 남 서 북방도 없을 겁니다. 위니, 아래니, 동서남북이니 하는 것은 다 사람들의 가정일 뿐, 그 자체가 있는 것이 아니에요. 이 우주 공간이라는 물건 자체는 아무것도 없이 그냥 빈 거예요. 거기에 한 개의 물체가 나타났다고 하면, 일정한 장소에 붙어 있을 수가 없어요. 붙어 있을 수가 없기 때문에 그 물체가 자전을 하게 되는 거지요.

자전은 무슨 힘으로 하느냐. 그것은 우주 자체가 아무 기운이 없기 때문에 가능한 거예요. 그래서 태양이라는 물건이 공중에 떠서 자전을 하기 시작하지요. 자전을 한 결과 그 태양이 포섭해 가진 것을 '공기'라고 하는데,* 공기 중에는 처음에 불에서부터 일어나는 거, 그 위에 또 조금 식은 거, 그 위에 아주 식은 거, 이렇게 여러 가지 단계가 있습니다.

이것은 마치 우리가 조그만 두레박에다 물을 퍼 담아가지고 줄을 달아 돌려보면, 두레박 속에 있는 물이 원심력 때문에 밖으로 떨어지지 않는 것처럼, 태양이라는 한 불덩어리가

---

* 이 강의에서 설명하는 태양계의 형성 과정이나 '공기' 등의 용어, 자전과 공전의 원리는 현대 과학에서 통용하는 이론과는 다소 차이가 있다.

이 공간 속에서 자전하므로 그 공기가 붙어 있게 되는 것입니다.

그런데 그 태양이라는 것의 표면 온도를 대략 섭씨 7천 도*라고 말하지요. 섭씨 백 도 정도의 뜨거운 물로 가늠해보면, 섭씨 7천 도란 상상할 수도 없을 것입니다. 섭씨 7천 도면 대략 광선도 낼 수가 없어요. 시커먼 덩어리이고, 또 그 덩어리가 절대로 고체는 아니에요. 우리가 태양을 동그랗게 보는 것은 그 자전 전체를 본단 말이지, 그 당처(바로 그곳)는 도저히 보이지 않는 것입니다. 만약 거기서 어떤 물체가 뚝 떨어져서 나온다면, 아마 그 물건도 태양의 자전에 의지해서 돌고 있는 그 공기 중간에 붙어서, 자기가 또 자전을 하며 자기 위치를 정할 것입니다.

태양에서 떨어져 나온 파편이 자전하는 건 알았는데, 공전하는 건 잘 몰랐습니다. 그러다가 그 파편이 자전을 하면서 태양을 공전하는 것을 우리가 발견했습니다. 그리고 그 공전하는 궤적에 365˚ 1/4이라는 추상적 숫자를 붙이게 되었습니다. 365˚ 1/4이라는 것은, 지구 자체가 자전을 하는데, 태양 주위를 한 바퀴 돌자면 365번 자전을 하더라는 것입니다.

지구가 공전한다는 것을 어떻게 알았을까요? 지구가 자기 몸뚱이를 한 번 돌리니까, 태양에 직면할 때는 환했고(낮), 직

---

* 현대 과학이 밝힌 태양의 표면 온도는 약 6천 도, 태양의 중심 온도는 섭씨 약 1천6백만 도이다.

면하지 못할 때는 까맸습니다(밤). 환했다가 까맸다가, 환했다가 까맸다가, 이렇게 하기를 365번 하면서, 지구 자체가 태양을 끼고 공전을 하더라는 것입니다. 왜 이렇게 공전을 하느냐 하면, 지구 자체가 대공 중에 붙어 있자니 어쩔 수 없고, 자기 자체가 아무리 자전을 한들 태양 자체의 자전에 의지한 상태에서 하기 때문에, 저절로 공전이 되는 겁니다. 이래서 태양의 여러 파편들이 떨어져서 공전을 하고 있는데, 우리 지구라는 것도 그중 한 덩어리인 것입니다. 그것을 '땅'이라고 말했지요. 그런데 땅이 구체球體이기 때문에 '지구地球'라고 부르게 된 것입니다.

그런데 이 물건은 태양에서 떨어져 나온 아주 작은 파편이기 때문에 속히 식었어요. 이글이글한 불덩어리가 차차 식어바깥이 껌득껌득하게 불기운이 없어졌지요. 그래서 이 조직은 이제 불끈 솟은 데도 있고, 또 푹 들어간 데도 있고, 그렇게 됐습니다.

그러나 그 물건(지구) 자체는 가장 미세한 물질부터 시작됐다는 것을 잊어서는 안 됩니다. 그 속에 있는 뜨거운 기운이 차차 위로 돋아올라서 찬 기운이 되고, 찬 기운과 뜨거운 기운 사이에서는 수분이 생긴 겁니다. 이 수분에 의지해서 비로소 박테리아 같은 세균이 생성되고, 세균이 생성돼서 그놈이 수분 속에서 유리遊離를 하게 됩니다. 또 유리하게 되니까 공기 중에서는 분자가 왕래를 하게 되고, 이런 과정으로 아마 처음에 미생물인 아메바, 즉 동물적 성질을 가진 미생물이 생기게 되고, 또 식물적 성질을 가지는 박테리아가 비로소 거기 부착했던 겁니다.

밑은(속은) 뜨거운데 위는(바깥은) 서늘하니까, 미생물들이 거기에서 번식을 하게 되었지요. 또 위는 서늘하니까 딱딱하게 굳어져서, 지구 속의 뜨거운 기운이 마음대로 내뿜어지지 못하게 되었고, 이따금 폭발하지 않으면 안 되게끔 되었지요. 폭발을 하면, 많은 식물과 동물이 지구 밑창으로 들어가고, 그 위에 폭발된 분출물이 떨어져서 덮게 되니, 그것을 홍적층洪積層이라고 부르게 됐습니다.

지구의 대부분은 무엇으로 조직됐는가. 아직 덮이지 않고 구멍이 뚫어져 푹푹 내뿜는 화산에서 나오는 그 물건이 화력을 잃어버리면 고체가 되고, 그 고체를 암석이라고 말하게 돼요. 그 암석을 화성암이라고 그러지요. 불 속에서 터져 나와 식어서 덩치가 됐으니까 화성암, 물속에서 가라앉아서 오랜 세월 압력을 받아서 이뤄진 것을 수성암(퇴적암)이라고 합니다. 그다음 화성암과 수성암이 압력과 열을 받아 성분이 변한 것을 변성암이라고 말하지요. 지질학자나 암석학자는 그것을 그냥 바위라고 할 겁니다. 그러나 광물학자에게는 바위도 없고 흙도 없을 기예요. 왜 그러냐 하면, 흙도 광물이고 바위도 광물이기 때문이지요. 이러한 물건들은 모두 자체 성분을 가지고 있는데, 그 성분이라는 것은 각각 단순 원자에서부터 복잡한 분자 과정에 있는 물건들을 생성하게 되고, 또 그렇게 결합이 됐던 것입니다.

지구 자체가 대략 세 가지 종류의 바위로 형성됐다고 한다면, 지구상의 동물들은 어떻게 지금처럼 살게 되었을까요? 대략 2억 년 전에는 다이너소어라는 동물이 있었는데, '다이노'는 무섭다는 말이고 '소어'는 용이라는 말이니, 그래서 두려울 '공恐', 용 '용龍', 공룡恐龍이라고도 말해요. 잡지에서 많이 구경했을 거예요. 그 다이너소어라는 것이 한 1억 6천만 년간 우리 지구를 지배했더라는 것입니다. 구렁이처럼 생기기도 했고, 몸뚱이가 상당이 굵고, 저희끼리 잘 잡아먹고, 그렇게 생식했는데 그 물건이 처음에는 아마 물속에서 살았고, 그것이 차차 육지로 왔던 것입니다.

공룡이 지구에서 갑자기 없어진 뒤

다이너소어는 알로 깐 생물들인데, 그러한 물건들이 이 지구 자체를 독점했을 적에, 소위 포유류라는, 태胎에서 나온 생물들이 그때 좀 생겼어요. 다이너소어가 살 때인 약 2억 년 전에, 태에서 난 포유류들이 처음 지구에 등장했다는 말이에요. 그것들은 높은 수목 위에, 다이너소어가 덤비지 못할 만한 데에 살았을 거란 말이지요. 그러다가 다이너소어가 차차 없어졌습니다. 다이너소어의 뼈다귀는 화석으로 확인 가능한데, 오늘날 학자들에게는 그렇게 강한 생물이 어떻게 별안간 없어졌느냐는 것이 아직도 의문으로 남아 있습니다.

강한 특성으로 보든, 몸뚱이 조직으로 보든, 쉽게 없어질 수 없는 물건임에도 불구하고, 짧은 시간에 자취를 감추어서 불가사의해요. 그런 것을 우리가 주기적으로 구경할 수 있는데, 우리 경제 현상에서도 많이 봅니다. 집값이 한 3년 비싸다가 뚝 떨어져서 무세無勢하는 수도 있고, 어떠한 물건들이 산출되다가 없어지는 수도 있고요.

여하간 다이너소어가 별안간 없어진 것만은 사실입니다. 그것들이 없어진 뒤, 나무 꼭대기에서 번식하던 소위 포유류들이 비로소 땅으로 내려오기 시작했습니다. 포유류들이 땅에 내려와 번식해서 세계를 지배하게 되는데, 그중 사람이라는 것이 시방 시대를 장악하고 있는 것입니다.

사람이 지구를 지배하게 된 시간은 다이너소어가 점령하고 있던 1억 6천만 년에 비하면 아무것도 아닌 시간으로, 가장 짧지만 기록할 만한 것이 가장 많이 있다는 게 시방 학자들의 대략 정평이겠지요.

그럼, 사람이 별안간 우뚝 이 지구에 나타났느냐? 그에 대해서는 여러 가지 생각이 있습니다. 처음에 어디서 생겼을까요? 누구는 지질 펀펀한 강가에서 생겼다, 또 누구는 높직한 산중에서 생겼나, 그렇게 말한단 말이지요. 그런데 어떤 민족이든지 높직한 산이 좋고 지질 펀펀한 강가는 덜 좋아서 그런지, 대체로 저희 조상은 산에서 나왔다고 해요. 이거는 거짓말인지 정말인지 사실 알 수 없습니다. 강가에서 나왔다는 것도 맞는 말 같잖아요. 그래서 요새 어떤 학자들은 또 이렇게도 말합니다. 산이면서 강 가까이서 생겼다고요. 어쨌거나 강가는 불가피한 이유가 있어서겠지요. 강가에서 먹을 것을 구해야 하니까요.

그들이 높은 산에서 났다고 말하는 것은 시방 그런 현상들을 많이 보게 되기 때문입니다. 물속에 있는 동물들은 언제라도 바깥으로 나오려고 한다는 것이 그들의 생각일 것입니다. 깊은 바다에 있는 물건은 어떻게든 중간 바다로 나오려 하고, 중간 바다에 있는 고기들은 바다 표면으로 나오려 하고, 바다 표면에 있는 고기들은 공기를 흡수하려 애를 쓰니, 결과적으로 그 물속에 있는 물건들이 육지로 나오기를 원한 것은 광명을 따르는 것이라 하겠지요.

그런데 육지에 나와서 돌아다니는 물건은 자기 몸뚱이 보전이 상당히 어렵기 때문에, 공중에 나는 일을 하게 됐지요. 그래서 공중에 날아보니까 앉을 데가 없어요. 그래서 이것이 다시 어디 자기 몸뚱이 감출 곳을 구하게 되니까 다시 물속으로 가려 하겠지요. 그래서 참새나 꿩이 물속에 들어가서 조개로 변한다는 옛날이야기*도 이런 생각 끝에 나온 겁니다.

---

* 새가 변하여 조개가 된다는 생각은 '양이 극에 이르면 음이 된다'는 사상과 관련된 것이다. 옛날 사람들은 한로 때 참새가 바닷물 속에 들어가면 대합조개 합蛤이 되고(雀入大水爲蛤), 입동 때 꿩이 바닷물 속에 들어가면 큰 조개 신蜃이 된다(雉入大水爲蜃)고 믿었고, 제비[燕]나 참새[雀]가 변해서 조개[蚧]가 된다(燕雀所化)고 상상했다. 새 '조鳥' 자를 붙여 조개鳥蚧라 부른다는 설도 있다.

인간의 조상은 원숭이와 비슷한 유인원이라고 말합니다. 그럼 유인원이 대체 어디서 나왔을까요? 많은 말을 종합해보면, 우선 아마 멕시코 방면에서* 나지 않았을까, 이렇게 말하고 있습니다. 그다음에 대략 파미르Pamir고원쯤에 유인원들이 많이 살지 않았을까 합니다. 아시아와 유럽은 땅덩어리가 하나로 연결되기 때문에, 파미르고원의 유인원들이 이리저리 몰려다닌 것이 아마 사람의 조상이 아닌가, 그렇게들 생각하는 것입니다.

파미르고원에 모였던 유인원이 먹을 것이 적으니까, 먹을 것을 찾아서 동남방으로, 인도의 오하伍河** 지방으로 내려왔던 것이에요. 오하 지방은 기후도 상당히 따뜻하고 초목도 무성하니, 그리 들어간 유인원들은 먹는 것이 그다지 괴롭지 않았을 것입니다. 거기는 척 앉기만 해도 앞에 익은 과실이 탁 떨어지니까, 손으로도 주워 먹고 그럴 수 있었겠지요. 파미르고원에 있던 유인원은 어떻게 생겼냐 하면, 다리는 짤막하고, 늘 앉아 있으니까 엉덩이는 평퍼짐하고, 입은 납작하고, 눈은 까맣고, 잘 먹으니까 머리는 까맣고 윤이 흐르고, 아

---

* 현대의 여러 발견 및 가설과는 전혀 다른 내용이며, 강의 당시에 관련된 학설이 있었을 것으로 추정된다.

** 인도 서북부, 인도와 파키스탄의 국경에 걸쳐 있는 펀자브Punjab 지역. 펀자브는 페르시아어로 '다섯 강江'이란 의미여서 오하伍河로 번역되기도 한다. 인더스강 본류와 주요 네 개의 지류가 흐르며, 파미르고원의 남쪽에 위치.

마 그쯤 된 유인원이 그만 변해 변종이 돼버렸겠지요.

　그다음 서쪽으로 간 유인원은 가면 갈수록 먹을 게 적고 시원치 않게 되니 변하게 됩니다. 멀리 봐야 하므로 눈은 아주 움푹하고, 냄새를 맡아야 하니까 코는 삐죽하고, 달음박질로 돌아다녀야 되니까 다리는 길어지고, 또 남의 걸 먼저 뺏어 먹어야 되니까 팔이 길어지는 가운데 몸뚱어리는 짤막하고, 뼈다귀를 긁어먹어야 되니까 이가 옥니박이가 되고, 또 궁리를 자꾸 해서 골치가 뜨거우니까 고수머리 노랑머리가 되고…. 동쪽으로 간 놈에 비해 서쪽으로 간 유인원은 먹기가 대단히 곤란했던 거요. 기후도 상당히 어려웠고요. 파미르고원에서 헤어진 유인원들이 각자 그렇게 변하게 돼버렸단 말이지요.

　이제 거기서 곤륜산 북쪽으로 간 놈이 있습니다. 이들은 높은 산을 타고 이동했어요. 그럼, 높은 산은 어떻게 해서 생기느냐. 땅속의 열을 잔뜩 봉해놓으면, 이 열이 빠져나오려고 힘을 뻗쳐, 그 흙이 뭉쳤다가 불이 쑥 빠져나가면서 그렇게 높아졌다, 그 말입니다. 곤륜산의 높이가 1만 2천 척이라고 하면, 땅속의 열이 불뚝 들고 나온 것이 1만 2천 척만큼 두둑했다는 거지요. 그 꼭대기로 불이 쑥 빠지게 되면 따라오는 것이 무엇이냐. 더운 기운 뒤에 따라오는 건 수분일 겁니다. 그래서 곤륜산 꼭대기에 못이 있다는 거예요. 시방 학자들은 전연 몰라요. 곤륜산 꼭대기에 가보지 않았으니까. 그러면 나는 어디서 얻어들었느냐. 인도의 문전文典을 보면 곤륜산 꼭대기에 못이 있어요. 그 못을 아뇩달지阿耨達池˙라고 그러는데, 아뇩달˙˙이란 '모른다'라는 말입니다. 도무지 대체로 위가 없다, 위 없는 못이니까 아마 아무도 못 봤는데, 그러면 누가 봤는가. 아마 마음 밝은 사람이 봤을 거요.

재미있는 것은, 곤륜산은 이렇게 둑이 1만 2천 척(약 4km)이나 되는데, 이것이 이렇게 올라가자니까 비가 오고 골짜기가 졌을 거요. 동쪽으로 골짜기가 둘이 졌는데, 그 골짜기 중간쯤 아마 물이 내려올 거요. 그 물이 한 1만 2천 리를 흘러 상해 방면으로 빠지는 걸 양자강揚子江˙˙˙이라 하고, 또 다른 골짜기에서 물이 흘러가서 섬서陝西성으로, 산서山西성으로 이렇게 돌아가지고 천진天津으로 빠지고, 나중에 또 동영東營으로 빠지는 걸 황하黃河˙˙˙˙라고 말하는데, 그것도 대략 1만 5천 리를 흐릅니다.

중국 사람들은 물 중에 제일 좋은 물을 서출동류西出東流라

˙　힌두 신화 속 우주의 꼭대기인 메루산 또는 수미산須彌山 정상에 있다는 호수. 실제 지형으로는 카일라스산 근처의 마나사로와르Manasarovar 호수로 보는 설이 유력하다.

˙˙˙　아뇩달은 산스크리트어 anavatapta의 음사. 의미상 무열無熱·무열뇌無熱惱라고도 번역하며, '괴로움이 없다'는 뜻이다.

˙˙˙　중국 중앙부를 횡단하는 장강長江. 아시아에서 가장 긴 강이며, 일부 국가에서 양쯔강(양자강)이라고도 부른다. 전체 길이 6,300km로 약 1만 6천 리. 실제 장강의 발원지는 곤륜산맥 남단의 티베트고원 속 탕구라산맥이라 한다.

˙˙˙˙　곤륜산맥에서 시작해 황해로 흘러드는 5,400km에 이르는 강.

했어요. 서쪽에서 나와서 동쪽으로 흐르는 물로, 곤륜산 상봉에서 물이 흘러 두 갈래로 내려왔다는 것입니다. 중국의 문화는 황하를 끼고 번성하고, 물자는 양자강을 끼고 발달했어요.

그래서 그것이 나와서 그치는 곳이 어디냐. 아마 필시는 산해관山海關 건너 시방 만주 벌판쯤 되겠지요. 거기는 산이 되질 않고 바닥이 우묵해서 모래 같은 것이 쌓여 소위 분지를 형성했습니다. 지도를 놓고 보면 곤륜산 바로 뒤에 신강新疆성, 그 상봉에서 얼마 안 내려가면 네모 번듯한 2천 마일의 분지를 이룬 걸 보게 돼요. 아마 겨우내 북쪽에 쌓였던 눈이 해동될 적에 거기 가서 엉겨 있었던 것이겠지요. 엉겨 있던 것이 또다시 얼고, 그렇게 여러 해를 겪어 물이 말라버리니 분지를 형성한 것입니다.

거기서 동쪽으로 뻗어 나오면서 소위 진령秦嶺산맥을 경유하고, 다시 태행太行산맥을 지나서 북쪽에는 대흥안령大興安嶺산맥이 있게 되고, 이 태행산맥 끄트머리쯤에 만주 벌판이 있습니다. 분지라는 것은 언제나 맞은편에 높은 산이 있는 법인데, 그것이 장백長白산맥이지요. 곤륜산에서 동쪽으로 흐르는 진령산맥과, 진령산맥에 연체連體된 태행산맥, 또 태행산맥에서 북쪽으로 나가는 대흥안령산맥 바로 건너편에 있는 것이 소위 장백산맥이며, 장백산맥에서 가장 큰 봉우리가 바로 백두산白頭山입니다.

이런 산맥에 분포된 민족은 대략 파미르고원에서 떠나올 적에 곤륜산 북쪽으로 돌아 넓은 몽고 벌판을 거쳐서 옵니다. 이들이 대흥안령산맥 앞의 광야를 거쳐 이 땅 저 땅에 살다가, 만주로 들어와 퉁구스라고 하는 족속을 형성하게 되고, 그것이 다시 한쪽으로 갈려서 이 한반도에 들어왔던 것입니다.

백두산의 크고 긴 품과 자락

그러면 이들이 한반도에 들어온 경로를 살펴볼까요. 백두산을 북쪽에서는 장백산이라고 그래요. 긴 '장長', 흰 '백白', 메 '산山'. 장백산이라는 것은 산이 상당히 길다는 뜻이에요. 북쪽으로 2천5백 리(약 980km)라는 그 기나긴 거리를 그냥 밋 듯하게 이렇게 내려갑니다. 북쪽이기 때문에 그 산이 변동이 전연 없을 거예요.

그렇게 백두산 꼭대기에서 북쪽으로 쭉 내려가서, 소위 하이린이라고, 바다 '해海' 자, 수풀 '림林' 자를 쓴 고을인데, 그 하이린까지 산세가 그대로 쫙 내려갔어요. 하이린에서 백두산 상봉이 2천5백 리라고 하면, 백두산 꼭대기에서 제주 한라산까지도 역시 2천5백 리라고˚ 그렇게 말하게 돼요. 북쪽은 굴곡이 적어, 쭉 밋듯하게 내려갔는데, 그래서 장백산이라

˚   실제 하이린시海林市에서 백두산 꼭대기 천지까지 직선 거리는 약 305km (약 777리)이고, 백두산 천지에서 한라산 백록담까지 직선 거리는 약 970km(약 2,470리)이다.

고 하게 됐지요. 그럼 왜 남쪽에는 그렇게 사달이 많으냐. 아까 얘기한 거와 마찬가지로, 남쪽에는 낮이면 태양이 강렬하게 비치고 밤이면 얼고 그래서, 얼었다 녹았다 해서 산맥이 중간중간 뚝뚝 끊어진 거지요. 저 한라산이 뚝 떨어져 바닷속에서 불끈 솟은 거 같지만, 사실 내막은 백두산에서 그렇게 흘러내려간 산맥입니다.

백두산 상봉에서 얼마 안 내려가면 관모봉冠帽峰이라는 봉이 있는데, 관모봉에 와서는 그만 절벽을 이루었소. 낮에는 뜨겁고 밤에는 춥고 그래서, 그것이 절벽을 이루어버렸지요. 거기서 다시 고원지대로 쭉 내려오면 부전고원赴戰高原이라는 것이 하나 형성되는데, 그 부전고원에서 또 절벽을 이루어버렸어요. 그 절벽 한쪽을 안변安邊이라 하고 반대쪽은 금촌金村이라고 해요. 또 절벽 한가운데는 안협安峽이라고도 하고 이천伊川이라고도 해요. 그렇게 해서 평강이니 철원이니 하는 평야를 형성했던 것이고요. 우리나라에서 제일 쓸 만한 평야로 평강과 철원평야를 드는데, 그것은 백두산 자체가 남쪽으로 흘러내려서 그렇게 된 것입니다. 장백산은 북쪽으로 뻗쳐서, 그런 것이 잘 보이지 않고 두둑하고 민틋하게 내려갔던 것입니다.

그래서 그것이 다시 삼방三防곡에서 동쪽으로 쭉 뻗쳐, 다시 바다를 연해서 쭉 내려가며 병풍처럼 서 있는 산을 금강산이라고 합니다. 또 거기 여분의 흙덩어리가 좀 있는 산을 설악산이라고 하고, 설악산 뒷담에 서 있는 것을 오대산, 오대산을 지나 동쪽에서 다시 서쪽으로 분지가 돼 형성한 절벽을 태백산이라고 하였지요. 태백산에서 소위 죽령이라는 것을 보게 되고요. 그 죽령 둑이 서쪽으로 쭉 내려가면 소위 추풍령이라는 걸 보게 되는데, 추풍령은 대략 서쪽 바다에 가까워요. 거기서 그 산맥은 다시 남쪽으로 달음질을 쳐서 내려가, 전라도 저 방면으로 해서 무주로 남원으로 하동으로 그렇게까지 가서 지리산을 형성한 겁니다.

지형과 민족성

이러한 환경은 여러 민족이 발달하기에 딱 적당했습니다. 우랄 알타이의 한 족속으로 만주에서 발전되어간 퉁구스라는 민족은, 장백산 북쪽에서는 남에게 쫓기기도 하고 자기가 진출도 하면서 여러 번의 전쟁을 했어요. 그런데 장백산 남쪽에서는 절벽이 많아 그런 시비가 적었고 또 반도를 형성했기 때문에, 따뜻한 남쪽에 들어오고 나서 진취성이 많이 사라진 거예요.

중국 사백주四百州(중국 선토全土를 이르는 말)에 살던 본토 민족이 대만으로 쫓겨 가서 참 불만족스러우리라고 생각했지만, 벌써 10년 이상 살고 나니까 본토에 가고 싶은 생각이 없어졌어요. 그런데 본토에 가고 싶지 않다고 말해서는 체면이 서지 않겠지요. 그게 소위 사람의 심리인데, 그렇지만 또 꼭

가야만 한다는 마음은 없어서, 그저 간대도 흥, 안 간대도 흥, 이런 식이었습니다. 그런데 서장西藏에 반란이 일어나자, 장개석蔣介石(1887~1975)* 씨는 계속 본토로 간다고 하지만, 국민들의 성원은 그다지 없습니다.

이와 마찬가지로, 우리 민족도 만주에서 살던 것이 하도 괴로워서 이 반도로 들어와서 요렇게 꽁무니를 붙이고 사니까, 요렇게 코가 납데데하고 요런 물건이 됐던 모양이오. 시원치 않은 굴속엘 들어가게 되면(처지가 시원치 않게 되면), 약한 사람들은 쓸데없는 자랑이 그렇게 많소. 그래서 우리는 뭐 5천 년 된 민족이라고 하는데, 그에 대해서 나는 자세히 알 수 없어요. 5천 년인지, 만 년인지 말하기 어렵지만, 문화민족이라는 건 증거가 있어야지요. 5천 년 된 무슨 증거가 있을까요? 5천 년 동안 그렇게 잘했으면 요새도 잘할 건데, 자랑만 하기보다는 무슨 그럴싸한 싹을 보여줘야겠지요.

일본이 한창 우리나라를 먹었을 적에, 자기들 기원이 2천 5백 년 전이고, 신무神武 천왕이 하늘에서 내려와 막 뚱땅거리고 그랬다고 했어요. 요새 다이쇼大正 천황(1879~1926, 일본 123대 왕)의 4남 미가사노미야 다카히토三笠宮崇仁라는 사람이, 암만해도 그 신무 천왕이라는 거 알 수 없는 물건이라고 말해서, 어떤 사람이 그 사람 궁에 폭탄을 던졌다고 해요.

---

*   중화민국 총통 장제스. 마오쩌둥毛澤東 공산당과의 내전에 패해 대만으로 옮겨 중화민국을 세움.

사실 학자 입장으로는, 민족의 기원이 5천 년이니 뭐 그런 거 창한 말보다는, 숟가락이라도 분명한 거 하나 내보여주는 게 매우 좋을 듯한데요.

그런데 재미있는 것은, 외국에 가보니 조선 사람이 아주 똑똑해요. 1920년경인데, 유럽에 갔더니 일본 사람, 중국 사람은 유학생이 상당히 많아요. 백림(독일 베를린)만 해도 일본 유학생이 한 4천 명 되고, 중국 유학생이 한 6천 명 되는데, 우리 조선인은 전 유럽에 예순두 명밖에 없단 말예요. 이 예순두 사람이 학교는 모두 중학교만 간신히 나왔거든요. 일본 사람은 도쿄제국대학 문과니 뭐니 아주 시퍼런 소리들을 하는데, 어째 길에서 보면 죄 맹꽁이란 말이에요.

그런데 조선 사람은 예순두 놈이 죄 똑똑해요. 똑똑하지 않으면 있을 수 없으니까요. 전 유럽에 예순둘밖에 없으니, 얼마 모일 수 없지요. 제일 많은 사람이 모여 지냈던 것이, 그때 내가 뷔르츠부르크에 있을 적에 열여덟 명이 한꺼번에 모여 지낸 적이 있어요. 그런데 일본 사람들은 백림에만 해도 4천 명이나 되니까, 저희끼리 옹기종기 모여들기도 했어요.

그런데 우스운 게 뭔가 하니, 일본 사람들은 사오 년씩 독일에 있어도 독일 말을 잘 못 하거든요. 만날 일본 말만 하고 돌아다니는데, 말이 늘겠어요? 근데 우리는 각각 헤어져 다니니, 독일 말을 못 하면 당장 굶어 죽겠는데, 뭐 어떻게 하겠어요. 독일 말 잘할밖에요. 여하간 조선 사람들 똑똑해요.

최치원, 을지문덕 그리고 이순신

옛날 신라 사람 중에, 남의 집에 가서 색경(거울)이나 깨뜨리고 그러던 사람이, 열두 살에 당나라에 가서 스물네 살까지 열두 해를 공부했는데, 공부를 어찌나 잘했던지 당나라에서 아주 높은 벼슬을 했어요. 그때 신라 왕이 은자광록대부였는데, 이 사람은 금자광록대부를 하고 돌아왔으니까요. 남의 집 색경을 깨뜨려서 그 볼모로 종이 되어 '파경노破鏡奴(색경 깨뜨린 종)'라고 불렸던 사람인데, 중국에 가서 열두 해를 공부하더니 신라 임금보다 벼슬이 높아져서 돌아왔으니, 매우 똑똑한 거 아닙니까? 그이 이름이 바로 최치원崔致遠(857~?)*입니다.

그때는 우리 글이 없고 중국 글로만 썼으니까, 우리나라 사람이라도 중국 사람보다 글을 잘하고 문법도 아마 잘할 수 있었던 거요. 영어를 볼 것 같으면, 근래 영국 문법을 제일 잘 정리한 것은 인도 사람이 써놓은 문법책인데, 영국 중·고등학교에서 쓰는 것과 비교를 해도 영국 사람보다 인도 사람이 문법을 더 잘 알았어요.

요즘 우리는 한글을 쓰면서 한문을 쓰지 말라고 그럽니다. 한문 쓸 때는 지나支那(중국) 3억 민중과 일본의 7천만 민중과

---

* 통일신라 말기의 학자. 당나라에서 '토황소격문討黃巢檄文'을 지어 이름을 떨쳤으며, 돌아와서는 정치 개혁을 추진하고 유·불·선 통합 사상을 제시하는 한편, 많은 시문詩文을 남겼다.

서로 통할 수 있어서 세상을 내다봤는데, 이제 한문이 없어지면 영어로 대체하게 될 테지요. 영어를 할 거 같으면 전 세계와 통할 수 있을 테니까요. 그러면 앞으로 얼마 지나지 않아 조선 사람이 영어 문법책도 발행하고 그럴 테지요. 이런 걸 보면, 자기가 필요해야 잘하게 되는 거예요. 최치원이 중국 사람보다 중국 글을 더 잘했다고 우리가 칭찬하지만, 다 필요해서 했던 겁니다.

여하간 5천 년 역사는 내가 구경 못 했어도, 최치원이 중국 가서 글 잘 배워 우리 임금보다 벼슬이 높아져 왔다는 건 내가 잘 아는 일입니다. 또 임진왜란 때 이순신李舜臣(1545~1598) 장군의 벼슬이 조선 왕보다 좀 높게 됐어요. 명나라 사람이 이순신 장군을 죽여버리려고 그랬는지 모르지만, 조선 임금보다 벼슬을 높여놨으니, 이순신 장군 신세가 죽을 지경이 됐지요, 뭐. 임금이 가만 내버려둘 리가 없죠.

그때 명나라 천자가 이순신 장군한테 여덟 가지* 도구를 줬는데, 그중 호두령패虎頭令牌라는 것은, 그 영패만 내놓으면 조선 국왕도 잡아 올 수 있는 것이었어요. 통영 가면 그런 거 다 있지요. 그런 거 보면, 아마도 임금이 심통이 나서 이순신을 죽어버리려고 그랬는지 어쨌는지 모르시오. 또 사람이라는 게 벼슬만 하면 당장 죽어도 좋으니까, 이순신 장군이 그

---

* 팔사품八賜品이라고 하여, 임진왜란 당시 이순신 장군의 뛰어난 무공을 기려 명나라 신종 황제가 하사한 8종 15점의 선물.

걸 알고서도 받았는지, 모르고 받았는지는 모를 일입니다. 여하간 역사적 비극이 많아요.

시방 민족이라는 것을 이야기하는 참에 더 말하자면, 중국 사람이 싫어하는 일은 우리가 하지 못했어요. 그래서 을지문덕乙支文德˙이라는 사람의 얘기는 듣기 어려웠습니다. 을지문덕 같은 이가 또 있을까 봐 겁을 더럭더럭 냈죠. 중국 사람이 들으면 비위에 거슬려서 화를 낼까 봐 을지문덕을 싹 감췄는데, 이제 해방된 뒤라서 을지문덕 얘기도 하게 된 거요. 또 일본 사람 있을 적에는 이순신 장군 얘기를 못 했던 것도, 일본 사람이 이순신 장군을 싫어하니까 그랬던 거겠지요. 이렇게 억눌려 지낸 것은, 만주에서 펄펄 뛰고 돌아다니던 사람들이 반도에 들어와서 얌전하게 지내게 되고, 좌우에 억눌려서 그렇습니다.

중국 사람이 동방민족에 대해서 어떻게 평을 했는가 하니, '이夷'라고 말했어요. 키가 커다란 사람이 활을 잘 쏜다는 말이에요. 활 '궁弓'을 하고 큰 '대大' 자를 쓴 거거든요. 만주 벌판에 있을 적에는 키도 크고 활도 잘 쏘고, 아마 그랬던 것입니다.

우리나라 역사 기록에 보면, 만주에 사는 이들은 대문이 없대요. 왜 대문이 없는가 하니, 도적놈이 없기 때문에 방문만

˙ 고구려 영양왕(재위 590~618년) 때의 전쟁 영웅. 당시 중국을 통일하고 고구려에 침입한 수나라 30만 대군을 살수대첩에서 궤멸했다.

두고 살았대요. 시방 우리도 산중에 가면 절에는 다 대문이 없어요. 아마 도둑놈이 잘 안 들어와서 그렇게 됐나 봐요. 근데 중국 사람들이 와서 도둑질을 해가기 때문에, 그 뒤부터는 대문을 달고 살았다고 그러는 거 보면, 아마 예전에는 인심도 후하고 먹을 것도 제법 있었던 모양입니다. 근데 지금 우리 처지는 담에다가 가시 철망을 올려놓고 사는 판이니까, 그때보다는 시절이 변한 게요.

그러나저러나 파미르고원에서 난 유인원들이 동쪽으로 와서, 이 반도에 들어왔던 것만은 아마 사실일 것입니다. 다른 학설이 나오기 전까지는, 인류는 파미르고원에서 시작한 것이고, 파미르고원에서 인도 등지로 들어왔던 것입니다. 또 동쪽으로 온 유인원은 먹을 것이 많아서 모양이 그렇게 됐고, 서쪽으로 간 유인원은 먹을 것이 없어 모양이 그렇게 시원치 않았다는 겁니다. 그것이 시방 여태껏 얘기해온 것인데, 바윗돌을 얘기하면 암석학이라고 말하게 되고, 사람 인종 구성을 말할 것 같으면 인종학이라고 말을 하지요. 과학이 우리의 여행을 많이 인도해줄 것입니다.

정신생활이 인간을 옥죄던 시대

3

사람은 우주의 한 물건인데, 자기自己 자체에 궤도가 있는가, 없는가? 자기 자체가 자전과 공전을 하니, 어떠한 궤도가 있어야 할 테죠. 그 궤도로 말하자면 정신생활, 법률생활, 경제생활이며, 이 세 가지를 운전함으로써 이 중생은 향상할 수 있을 것입니다. 이것이 1차대전 후 중유럽에서 많은 사회과학자들이 연구하던 것인데, 루돌프 슈타이너Rudolf Steiner(1861~1925)*라는 사람은 테오소피Theosophy**라는 것을 하게 됩니다.

테오소피는 1차대전 전부터 유럽을 지배하던 것으로, '테오'라는 건 신神을 의미하는 그리스 말 '테오스'이고, '소피'라는 것은 '안다'는 뜻입니다. 테오소피라는 건 신지학神智學, 통신학統神學쯤으로 말할 수 있습니다. 러시아 여자 헬레나 블라바츠키Helena P. Blavatsky(1831~1891)가 주창을 했고, 영국의 애니 베산트Annie Besant(1847~1933)***라는 여자가 신지학회 2대 회장을 맡았습니다. 독일에서는 루돌프 슈타이너, 또

- 발도로프 학교의 창시자인 독일의 사상가. 독일 신지학협회 회장을 지낸 후 인지학人智學협회를 창설하고, 예술·교육·의학에 이르는 광범한 문화운동을 선도하였다.
- •• 1875년 헬레나 블라바츠키를 중심으로 설립한 신지학협회에서 비롯된 신비주의적인 사상체계.
- ••• 영국의 여성 사회개혁가이자 작가, 교육가. 1890년에 헬레나 블라바츠키를 만나 신지학에 입문했고, 영국과 인도, 미국 등에 신지학 본부를 세웠다. 1904년 14살의 지두 크리슈나무르티Jiddu Krishnamurti를 만나 그를 영적 지도자로서 후원했다.

미국에서는 유대 사람 제퍼라고 하는 사람이 활동했어요. 루돌프 슈타이너가 테오소피 운동에 상당히 조예가 있기 때문에, 테오소피 운동가로서 얘기하게 됩니다. 저번 시간까지 얘기하지 못했던 정신생활에 대한 이야기를 이제 시작하겠습니다.

종교와 신앙이 만든 암흑

정신생활의 산물에는 많은 종교운동가들, 신앙운동가들을 포함시킬 수 있습니다. 신앙운동은 대략 그 민족 고유의 기원이나 민족 시조 같은 것들을 중심으로, 민족의식을 갖춰서 우리에게 위안을 주려고 애썼던 활동을 말합니다. 그 총중叢中에는 여러분이 잘 아는 예수 그리스도가 있어요. 아시아 지역에서 석가여래, 아라비아 지역에서 마호메트, 중앙아시아 지역에서 짜라투스트라(조로아스터) 같은 이를 신앙하는 것이 그런 예입니다. 그러나 불행히도 멕시코의 오래된 문명은 유럽 사람에게 전해지지 못해서 그 문전文典이 남지 못했으므로, 그들의 종교 살림살이가 어떠했는지는 잘 알지 못해요. 여하간 종교생활이라는 것이 인생 궤도에 어떠한 역할을 했는지 연구하는 건 대략 그런 이유에서입니다.

예수교는 유럽에 가서 정권을 잡아가지고 소위 로마 제국이라는 것을 없애버렸고, 시방도 남아 있는, 소위 이탈리아

바티칸에 법왕이라는 것을 형성해서, 한 시대에는 교회가 유럽을 총 지배했습니다. 법왕이 그렇게 유럽을 지배했으니 보통 제왕보다는 나아야 할 텐데, 오히려 유럽에 암흑 시대를 만들었습니다. 신앙생활이 모든 법률생활이나 경제생활을 전부 눌러버리고 발전을 못 하게 했으니 암흑 시대가 됐던 것이지요.

그래서 유럽에서는 그 암흑 시대에서 벗어날 때를 르네상스, 문예 부흥기라고 말합니다. 그들이 정신생활을 순수하게 정신생활로서 영위할 적에, 다시 말하자면 마르틴 루터Martin Luther(1483~1546)가 아이스레벤Eisleben에서 소위 신교운동을 할 적에, 사람들의 정신은 퍽 자유스럽게 발전됐습니다.

아시아에서는, 물론 민족의 이동으로 그렇게 된 것이지만, 저 서쪽에 있는 아리안족이 인도를 점령하고 피점령자를 제압하기 위해 네 가지 계급을 만들었어요. 그 네 가지 계급이 무엇인가. 하늘에서 브라만이라는 신이 내려왔는데, 그 브라만이라는 신도 모양은 꼭 사람 같은 거예요. 하늘에서 내려와 머리로 자식을 낳은 게 소위 브라만brahman이라는 계급인데, 하느님하고 직접 통한다는 것이지요. 그게 승려 계급입니다. 그다음에 입으로 자식을 낳았는데, 왕족(크샤트리아 kshatriya) 계급이오. 아마 인도의 왕족을 자기 밑에 넣으려니까 그런 궁리를 꾸며냈을 겁니다. 그다음 생식기로 낳은 자식은, 장사도 하고 양반 노릇도 하고 정치도 하는 평민(바이샤 vaisya) 계급이오. 그다음에 발뒤꿈치로 낳은 자식은 종(수드라

sudra) 계급입니다.

점령자인 아리안족이 이 네 가지 계급을 얘기하면서, 복종 안 하면 하느님이 천벌을 준다고 그러니, 뭐 어떻게 하겠습니까? 안 들을 수 없지요. 브라만 계급은 종 계급이나 평민 계급을 죽여도 아무 죄가 되지 않았습니다. 그 브라만 계급이 아리안족이어서, 사회는 점점 결딴만 나고 도무지 형편없게 되고 말았습니다. 그러할 적에 인도 식자들 간에, 점령을 당한 자나 점령하려고 오는 사람이나, 이거 건지지 않으면 안 되겠다는 생각을 한 것이지요.

사람의 마음이 밝으면 된다

그때 전 인도에 아흔일곱 사람이 나서서 그런 운동을 전개했습니다. 그중에 특출한 이가 석가여래입니다. 석가여래는 그 시대에 각광을 받았는데, 그이가 말하는 건 무엇이냐 하면, "이 세상에는 사람이 제일이다", 그 말입니다. '사람 중에는 절대 구별이 없다. 무엇 때문에 계급이 있을 턱이 있느냐? 사람의 한마음은 그냥 광명이다. 이 광명은 우주에 쏵 차는 것이다. 이 광명을 타고난 자는 다 그 광명을 운용할 수 있다. 그런데 어떻게 광명 속에 종이라는 계급이 있을 수 있느냐. 종이라는 계급은 복福을 좀 적게 지은 놈, 그뿐이다. 복이라는 것은 마음 광명의 껍데기인데, 복 좀 더 지었다고 귀하고,

좀 덜 지었다고 귀하지 않을 것은 없다', 그 말입니다. 그러니까 "모든 사람은 다 밝을 수 있다", 이래 놨지요. 이래서 인도 사람의 생산 활동이나 다른 무슨 활동들이 전부 뒤집혔던 겁니다.

그래서 그때 석가여래 운동을 방해하려 하는 국왕들도 많았습니다. 그 당시 석가여래 제자가 1천 5백에서 3천 명쯤 됐다고 해요. 나중에 법화경에서는 제자가 1만 5천 명이라 하고요. 인도의 제왕들이 "대발병大發兵 8백 인" "대발병 1천 5백 인" 하는 판에, 3천 명을 가진 교단이 있다면 그 왕들은 대단히 재미없었을 겁니다. 그래서 왕들 여덟이 모여서 석가여래 계신 골짜기로 들이 쳐들어갔지요.

그때나 접때나 도학이 높은 이한테는 잘 덤비지 못하는 게 사실일 겁니다. 그래서 사람 병정은 못 들어가고, 할 수 없이 인도에서 병기로 썼던 코끼리에 술을 잔뜩 먹여, 코끝에다 칼을 달아서 한 5백 필을 갖다가 쫙 그 골짜기에다 몰아넣었소. 그렇게 몰아넣으니까 석가여래 제자도 별수 없지요. 그거 보고 다 달아나버렸어요. 그러나 석가여래만은 체면상 달아날 순 없었고. 어떻게 달아나겠습니까? 그 퍽 어렵지.

그런데 석가여래 사촌 동생 아나율阿那律이라는 사람이 장님이었어요. 장님이니 달아날 수 있겠소? 그 사람은 눈은 멀었지마는 마음이 밝아 썩 잘 알아요. 아, 그런데 퀴퀴한 술 냄새가 나고 그래서 정신 바짝 차려보니, 아뿔싸 코끼리 5백이 무장을 한 채 술 취해서 쳐들어오고, 제자들은 다 달아난단 말이오. 앞뒤로 달아날 데도 없고, 가만히 보니 석가여래는 앉아 있거든요. '옳다 됐다, 그 옆에 앉아보자.' 턱 앉아서 석가여래가 무슨 짓을 하는지 보니, 손을 턱 든단 말이에요. 그러고 가만히 앉았는데, 코끼리가 그 앞에 도무지 오지 못해요. 왜 못 오나 봤더니, 손끝에서 광명이 나가요. 아마 기운이겠지요. 마음 기운.

그러더니 광명 끄트머리에 사자가 하나 나타나는데, 광명 속에 나타난 사자이니 아마 금색 사자겠지요. 사자가 열 마리 나타나니까 술 취한 코끼리도 그 앞엔 갈 마음이 안 난단 말이오. 술 취한 놈이 앞으로 나가지 못하니 멈추게 되고, 멈추면 잠잘 일밖에 없겠지요. 그래서 그놈들이 차곡차곡 5백 마리가 다 드러누워 잔단 말이에요. 길들인 놈들인지라, 술 다 깼으면 뭐 슬슬 그만 가버렸지, 별수가 있겠습니까? 그래, 이제 사람 다 모인 뒤에 아나율이 석가여래께 한 소리입니다.

"내 알았소. 당신이 냅다 나더러 말하기를, 누가 욕하거든 참아라, 오직 네 마음을 닦아라 했는데, 그거 좋소. 그거 퍽 좋다, 그 말입니다. 그러나 그건 당신이나 할 일이지 우리더러 강요할 수는 없소. 능력 있는 사람이나 참을 수도 있고 닦을 수도 있지, 능력 없는 놈이 뭐 닦다가 죽어버리게요? 이번에도 보우. 능력 없는 놈은 코끼리 보고 다 달아났고, 당신만 가만히 앉았습디다."

코끼리는 사자를 무서워하거든요. 중앙아시아 지대에 사자가 있는데 검은 사자예요. 근데 석가여래 사자는 금색 사자

였단 말이에요.

"당신은 손가락으로 사자도 낼 줄 압디다. 그러니까 코끼리가 술에 취해서 와도 가만히 앉았지마는, 우리 같은 놈은 죽었지 뭐. 사자 내지 못하는 놈이 별수 있소? 그것 좀 말 좀 해주시오" 하고 단단히 따졌더랍니다. 그러니까 석가여래 하는 소리입니다.

"나는 많은 생을 닦았다."

무엇을 닦았느냐? 바라는 마음을 닦았다, 그 말입니다. 바라는 마음을 닦으면 낙심樂心이 되는데, 그렇게 바라는 마음을 여러 사람 좋게 하겠다는 마음으로 바꿨다 그 말이었습니다. 왜 그런가? 모든 세상 고생의 근본은 바라는 마음(탐심貪心)이기 때문이에요. 바라는 마음이 이루어지면 자기가 잘나버리고, 자기가 잘나버리면 마음이 컴컴해져요(치심癡心). 반대로, 바라는 마음이 이루어지지 못하면, 남이 잘못했다고 생각돼서 그 사람을 때리고 싶은 마음(진심瞋心)이 생겨나요. '남이 잘못했으면 잘못한 그 사람이 고생을 해야지, 왜 내가 고통을 받는가?' 이런 거 볼 것 같으면 내 마음이 나쁜 것이지, 어째서 다른 사람이 잘못했겠느냐, 그 말입니다. 그러니까 일어나는 마음을 쉬지 않으면 그 잘못된 원인을 모르게 되고, 또 배우는 마음이 없으면 영원히 죽어버리는 것이다, 그 말이지요. 석가여래는 이 세 가지(탐심, 진심, 치심)를 많이 닦았다는 말입니다.

"그렇게 자꾸 닦으니 이 세 가지를 없앤 사람으로 태어나,

남을 가르쳐주려는 것뿐이다. 내가 이번에 몸 받은 것은 여러 생 동안 고생한 걸 일러주기 위해서다. 내가 일러주러 왔는데 코끼리 5백 마리가 쳐들어왔고, 그러니 내가 일러주려고 하는 마음이 꺾였을 거 아니냐. 그래서 그때의 내 생각은 이랬다. '그래, 너희들이 나를 해치고 싶거든 마음대로 해쳐라.' 그런데 '마음대로 해쳐라' 할 적에 내가 하겠다는 작용도 쉬었다. 내가 하겠다고 하는 작용을 쉬니까 내 능력은 그대로 갖추어 있었다. 내 능력은 어땠느냐. 모든 사람을 가르쳐주겠다, 그랬다. 왜 그러냐. 사람의 밝은 마음은 금빛이다. 왜 금빛이냐, 금이라는 것은, 광산에서 한번 나온 뒤에 금을 만들게 되면 다시는 썩지 않는다. 그러니까 사람의 마음이 밝아서 다시 미迷하지 않는 것을 금색에 비한다. 그래서 내 여러 생 닦은 마음이 나타났다. 그 나타난 것이 해치러 오는 자에게 나타났다. 코끼리도 몸뚱이를 가졌는지라, 코끼리가 제일 무서워하는 게 사자인데, 그 코끼리가 제 마음에 무서운 것이 광명에 나타나니, 금색으로 보였을 것이다. 나는 그놈들에게 나를 해치고 싶거든 마음대로 하라 그랬지, 나를 해치지 말라고 하지는 않았다….”

이렇게 볼 것 같으면, 석가여래는 자기의 마음이 우주에 통하는 큰 광명인 줄 분명히 알았고, 그 광명만이 모든 컴컴한 것을 제거하는 줄 알았던 것입니다. 그래서 그 말을 일러주려고 했던 것이지요.

이런 견지에서 볼 것 같으면, 어떻게 인간에게 네 가지 계급이 있겠소? 네 가지 계급은 그때 산업을 장려하거나 경제 생활을 영위하기 위해 꾸며놓은 것이고, 그러한 부족한 생각은 자기도 결딴내고 다른 사람도 결딴내는 것이다, 이와 같이 컴컴한 것이 우주를 지배하면 우주는 영원히 밝을 수 없다, 이런 생각으로 그이는 그렇게 말했던 것입니다.

그런데 그러면 인도는 지탱할 수 없겠지요. 그 너른 땅에 3억이나 되는 인구가 먹고살아야 하는데, 농사를 짓는 계급이 없어진다면 양반 계급은 못 살겠단 말예요. 그러니까 인도 평야 지대에는 종 제도를 그대로 계속해야 원시산업이나마 산업을 유지하겠지요. 그러니까 석가여래의 말은 땅에 떨어지고 말았던 것입니다.

그래서 오늘날 인도에는 불교가 전연 없어요. 저 히말라야 산맥 밑에, 농사도 그리 짓지 않고 오직 수공업이나 목축업을 하는 곳에 불교가 남아 있어요. 시방 불교가 남아 있는 곳은 히말라야 근처 카슈미르 같은 곳입니다. 네팔은 마호메트 교도가 들어갔으니, 부탄이나 아삼 지방 같은 곳에 좀 남아 있습니다.

인도 북쪽의 그 높은 산 바로 너머가 시방 말썽 많은 서장(티베트)입니다. 서장은 해발 4천 미터 내지 6천 미터 위치에 있어요. 본래 비나 운무는 해발 2천 미터 아래에서 생기는 거지, 2천 미터 이상 되면 비가 오지 않아요. 해발 4천 미터 정도 되니까 비가 오지 않아 풀도 잘 안 날 것이고, 또 바람이 세차게 불어 향방 없이 높은 산을 후려갈기니까 소리도 많이 날 거고, 이러니까 늘 공중에서 우릉우릉 소리가 나서, 거기 몸뚱이 가진 사람으로서는 아마 무서울 거요. 그 소리가 규칙적으로도 나고 규칙 없이도 나니까, 하느님이나 귀신이 그런 장난을 한다고 생각할 겁니다.

만약 밤중이나 흐린 날이 없고 항상 해가 쨍쨍했다면, 원시 부족들은 아마 하느님 믿는 마음이 좀 덜했을 겁니다. 그런데 어떤 때는 해가 있다가 어떤 때는 없고, 또 어떤 때는 하늘에서 물이 좀 떨어졌다가 그러거든요. 그러니 단순한 사람은 아마 해가 나는 날은 하느님이 좋아서 그런 거고, 해가 안 나는 날은 하느님이 성이 나서 그렇고, 비 오는 날은 하느님이 노여워서 자기네들처럼 눈물이 똑똑 떨어진다고 생각했던 겁니다. 그와 마찬가지로, 서장에서는 비는 안 오지만 그렇게 바람 소리가 크게 나니까, 아마 귀신들이 그렇게 야단을 치는 거라는 생각이 들었겠지요.

우리도 마찬가지예요. 엊그저께 폭풍이 초속 20미터로 부는데, 시내 간판이 떨어지고 그러니까 좀 겁이 나면서, '무슨 귀신이 장난하나. 이거 언제 목을 떼어갈는지 알 수 있나' 이런 생각이 들 수 있지요. 히말라야 꼭대기 캄바족*도 그런 생각을 안 할 수 없었을 겁니다. 그래서 그들은 저놈이 공중에

---

* 캄바kamba족은 티베트 동부 캄kham 지역에 사는 티베트 민족이다.

서 날치면, 저놈 귀신만 제압해주면 좋겠다고 생각했던 거요. 그들은 왕도 업신여기고 학자도 업신여기고 그랬으나, 저 귀신만 진정하게 해주면 매우 좋겠다고 생각했는데, 석가여래라는 이는, 귀신같은 건 없고 사람의 마음이 밝으면 된다고 했단 말입니다.

아미타 붓다는 '셀 수도 없는 광명'

원체 인도와 서장 사이는 한 사람이나 겨우 다니는 통로가 한 서넛 있을 뿐이지, 대부대가 다니지는 못했습니다. 그래서 석가여래에 대한 소문이 속히 서장에 들어가지 못했고, 한참 만에 서장 임금이 비로소 불교를 수입해 들였어요. 수입해 들이니 민중이 불교를 잘 믿었어요. 부처님만 믿으면 공중에 우릉부릉하는 귀신이 항복을 한다니까 다 잘 믿었을 거예요. 그래서 전에는 소리가 몹시 나고 그러면 바깥에 나가기 싫었지마는, 부처님을 믿으면 그게 모두 항복하고 다 좋게 된다고 생각하니까, 바람 많이 부는 날도 잘 나갔겠지요. 그러더니 그만 부처님을 모시는 중들이 실권을 갖게 되고, 임금의 실권이 없어져버렸어요. 그럼, 시방 서장의 정치 제도는 어떤 것이냐.

불교에서 제일 이상적인 부처님은 아미타 붓다라고 그래요. '아미타'의 '아'는 산스크리트어로 '아니'란 말이고, '미타'

는 '수를 센다'라는 말이니, '수 없는 광명이다', 그 말입니다.' 그래서 아미타 부처님을 통치자로 모시는 것이 매우 좋았던 게요.

중[僧]도 사람인 이상 귀신을 당하지 못하지마는, 아미타 붓다의 대표로는 귀신을 항복 받을 수 있겠으니까, 아미타 붓다의 대표되는 중을 최고로 모셨습니다. 그이가 바로 달라이 라마Dalai Lama**이고, 서장의 행정 수반이 됐어요.

중생을 향한 아미타불의 마음은 따뜻한 자비예요. 그래서 어머니 같은 마음을 인격화해서 관세음보살이라고 그랬지요. 인도 말로 '아발로키테슈바라 보디사트바Avalokiteśvara bodhisattva', 이 세상 모든 소리를 듣고, 거기에 다 응한다, 그 말입니다. 그래서 관세음보살이 통치를 하겠다고, 라마 중에 관세음보살을 대신해 나온 사람을 달라이 라마라고 그래요.

히말라야 산맥 북쪽에 티베트가 있고, 거기 수도인 라싸Lhasa라는 도시에 이 달라이 라마가 있게 됐어요. 달라이 라마

• '아미타불阿彌陀佛'은 산스크리트어 아미타바Amitabha와 아미타유스Amitayus 두 원어의 일부를 따서 만든 말. 'Amita'는 '끝없는, 헤아릴 수 없는'의 뜻이며, 'abha'는 '광명', 'ayus'는 '수명'이란 뜻. 따라서 아미타바는 '끝없는 광명'인 무량광無量光, 아미타유스는 '끝없는 삶(수명)'인 무량수無量壽란 의미가 된다. 아미타바를 한자로 의역한 것이 무량광불, 아미타유스를 의역한 것이 무량수불이며, '아미타불'은 이들 호칭의 앞부분인 '아미타'만을 한자로 음차하여 뒤에 부처를 뜻하는 '불佛'을 붙인 말이다.

•• 티베트 불교의 대표적 종파인 겔룩파의 수장을 가리키는 호칭. 최고위 성직자이자 정치적으로는 티베트의 국가원수이기도 하다.

가 있는 궁전의 이름은 포탈라Potala라고 그럽니다. 불교 경전에 볼 거 같으면, 관세음보살은 보타락가산*에 있다고 그럽디다. 그러니까 아마 그걸 또 따서 그렇게 했는지 모르겠어요.

그다음, 아미타불의 우측에 있는 '대세지보살'을 대신하는 통치자는, 판첸 라마가 되겠지요. 그는 서장 바깥에서 불교도를 통치하기 위해서 북경에 가 있는 사람입니다. 그 사람은 몽고 일대와 서장, 신강新疆, 청해靑海 일대와 또 중국 안에서도 그 라마교들, 그런 사람들을 통치하게 됐던 겁니다.

만일 라마가 살아 있는 동안 공부를 잘했다면, 자기가 죽을 적에 "내가 이 순간에 어디에서 태어난다", 이렇게 말을 하고 죽는답니다. 그러면 그 순간에 그 장소에서 새로 난 아이를 데려다가 기릅니다. 그 아이가 열세 살이 되면 시가체(티베트 남부의 잔포강과 난체강이 합류하는 곳에 위치한 해발 3천7백 미터의 티베트 제2의 도시)에 데려다가 달라이 라마의 즉위식을 합니다. 그다음에 또 달라이 라마가 죽을 적에, 그 달라이 라마도 역시 그렇게 예언을 하고, 그 예언에 의지해서 태어난 아

---

* 관세음보살이 거주한다는 산. 범어 포탈라카potalaka를 음역한 것이다. 인도에서 관세음보살 신앙이 형성된 시기는 1세기 말 무렵이다. 현세 이익을 주는 보살로서 영향력이 대단하여 인도는 물론 중국과 한국·일본·티베트에서 널리 신봉하였으며, 그런 까닭에 관세음보살의 거주지는 곳곳에 등장한다. 인도에서는 남쪽 끝의 마라야 산 동쪽 구릉 지대에 있었을 것으로 추정된다.《화엄경》〈입법계품〉에 선재동자善財童子가 구도를 위해 세상을 돌아다니던 중 보타락가산에 도착하는 구절이 나오는데, 바다에 접한 아름다운 곳이라 하였다. 중국의 승려인 현장도 인도에 다녀와서 스리랑카로 가는 바닷길 가까이에 이 산이 있다고 기록한 바 있다.

이를 데려오는데, 만일 그 라마가 예언을 못 하게 될 경우에는, 점치는 사람이 점을 쳐서 그때 태어난 아이를 데려오는 거예요.

시방 달라이 라마의 나이는 23살이라고도 하고 25살이라고도 하는데, 사실 그 사람의 나이는 580여 세라오. 초대 달라이 라마 때부터 치니까 580여 년이 됐다, 그 말입니다. 시방 살아 있는 사람으로 제일 나이가 많은 사람이 되겠지요. 그것이 서장의 정치 제도일 겁니다.

서장 사람들의 삶

서장이라는 곳은 그렇게 히말라야 꼭대기에 있기 때문에 먹을 것이 없어요. 여기가 해발 2천 미터인데, 연맥燕麥이라고, 귀리 같은 것만 좀 생기고, 곡식이 아주 귀합니다. 먹을 것이라고는 소의 일종으로 야크라고 하는 것이 있는데, 그거 뭐 풀도 없는 데서 사는 바짝 마른 놈으로, 저 몽고 지방의 양처럼 그것을 주식으로 해요. 거기 사람은 일평생 세수하는 법이 없고, 세수하는 대신 그런 짐승의 지방을 깎다가 요렇게 발라요. 왜? 바르지 않으면 바람이 불어서 살이 터지니까요.

이 우주 안에서 서장 같은 데가 아마 제일 정淨할 거요. 왜냐, 무균 상태니까. 본래 균이라는 것은 해발 2천 미터 이내에 많지, 해발 4천 미터에는 거의 없어요. 그러나 보기에는 세상에 제일 더러운 세계 같을 거예요. 송장이 썩지를 않고 데굴데굴 굴러다니니까. 아주 끔찍끔찍하고 흉하지만, 그게 썩지 않는 걸 보면 조금도 더럽지 않은 도시예요. 여하간 재미있는 도시이고, 우리가 생각할 수 없는 도시입니다.

우리는 심심하면 예쁜 사람도 보고 음악도 듣고 돌아다니지만, 거기 사는 사람은 도저히 그렇게 할 수 없어요. 까딱 방심했다가 귀신이 들이덤비면 자기는 죽으니까. 그래서 귀신이 못 들어오게 하느라고 사람마다 요렇게 조그맣게 통을 만들고, 통에다가 얇은 양피를 붙이고는, 거기 좌우 양쪽에다 모래주머니를 두 개 달고 땡글땡글 치면서, '옴마니반메훔'만 내내 부르는 겁니다. 이거 안 불렀다가는 당장 어디서 죽을지 모르겠거든요.

집을 지을 때는, 흙으로 요렇게 뭉쳐서 물 칠해 똑똑 놔두면, 비가 안 와서 그게 몇천 년 가니까, 집짓기도 편해요. 옷도, 처음에 엄마 배 밖에 뚝 떨어질 적에 엄마들이 조금 해주면, 그것만 쓰고 지내면 되는 거고요. 그저 짐승 껍데기로 그렇게 지내는 사람들이니, 그 사람들이 만약 여기 구경을 오면 숨이 막혀서 못 살 거요. 내가 백림(베를린)에 있을 때, 서장 사람 한 여남은 명이 온 걸 봤는데, 냄새가 지독하게 나요. 짐승의 지방을 들이 발라놨으니 냄새가 날 거 아닙니까? 그리고 자꾸 이 사람들이 잠만 자요. 정신이 없어서 그래요. 높은 산에서 호흡하던 폐가, 백림 와서 어떻게 호흡을 할 수 있겠어요?

그런데 그들이 중국하고 어떻게 관계가 됐느냐. 서장 남쪽으로는 산세가 이렇게 착 가팔라서 사람도 못 다니게 됐지마는, 동쪽과 서쪽에는 골짜기가 있어요. 그 골짜기를 통해서 중국까지 나오는데, 아마 제일 속히 나오는 데가 난주蘭州가 될 것입니다. 난주서 바로 내려오면 사천성四川省 중경重慶이 될 것이고요. 그렇게 되니까 중국하고는 퍽 통합니다.

중국 역사를 볼 것 같으면, 토번국吐蕃國*에서 쳐들어왔다는 내용이 자주 나오는데, 그 산골 높은 데서 먹을 건 없고 자식은 많이 낳고, 그러면 그자들이 어떡하겠습니까? 슬슬 내려올 거거든요. 내려와서 아무거나 노략질해 먹어요. 중국 본토 변경의 서장에 난리가 날 적에는 반드시 토번족이 그렇게 하는데, 토번이라는 게 티베트라는 말이지요.

강건성세康乾盛世, 강희─옹정─건륭제 시대

서장, 즉 티베트는 늘 중국과 관련이 돼 있었습니다. 중국 청나라 때 강희康熙(1654~1722)황제라고 하는 이가 있었는데, 아마 중국 유사 이래 제일 임금 노릇 잘하고 가장 현명한 황제일 겁니다. 만주족으로서 중국에 들어가 그렇게 성왕聖王

• 티베트고원의 중앙에 성립된 고대 왕국. 7세기부터 2백여 년간 지속된, 티베트 지역 역사상 국력이 가장 강했던 왕조였다. '토번'은 14세기 중순까지 티베트의 통칭.

노릇을 했다는 것은 중국 유사 이래 퍽 어려운 일이지요. 요·순이 아무리 잘했더라도, 역사상으로 볼 것 같으면 강희 황제나 건륭乾隆(1711~1799)황제*의 치적을 따를 수 없어요.

강희황제가 처음에 봉천奉天(지금의 심양瀋陽)에 있다가 북경에 들어가니까, 황제의 예절이 어찌나 많은지 꼼짝을 할 수가 없었어요. 그래서 부부가 같이 자려고 해도, 신료들이 책을 가지고 와서는 날짜를 보고 그러니, 1년 내내 부부가 같이 만날 새도 없어요. 부부가 만나도, 멀리서는 보지만 가까이 만나자면 비단으로 칭칭 감아서 손발 다 결박을 지어 얼굴만 내놓고 보니, 암만해도 이건 사람이 못 살겠단 말이에요. 아무리 황제가 좋아도 그렇겐 살 수가 없거든요. 그래서 신하더러 황제가 꼭 이렇게 해야 하느냐 물었더니, "그거, 할 수 없습니다, 그렇게 해야 합니다" 한단 말이지요. 근데 왜 사람을 그렇게 똘똘 결박을 지어서 내 앞에다 갖다 놓느냐고 그러니까, "아, 황제를 할퀴든지 그러면 안 되지 않습니까?" 그러더란 말예요.

이거 곤란한 일이란 말이지요. 그래서 강희가 생각다 못해, 그러면 황제는 언제 사람 노릇을 좀 해보느냐 물으니, 대장군이 되면 된다고 해요. 나라가 급해서 군대를 쓰는데, 군대의 총지휘관일 때는 마음대로 할 수 있다고 합니다. 그래서

---

* 　강희는 청나라의 제4대 황제. 만주족이었으나 중국 역사상 가장 위대한 황제로 손꼽힘. 건륭은 청나라 최대 전성기를 이룩한 6대 황제.

황제가 생각다 못해서 열하熱河*에다가 십만 대군을 조련시
켜요. 황궁 생활이 답답하든지, 신하들의 간섭이 너무 많으면
열하에 가요. 거기 가서 투구만 쓰고 앉았으면 다들 말 잘 듣
는단 말이지요. 책? 안 가지고 가요. 거기서는 '황제는 그렇게
못 합니다', 이런 소리도 하나 없단 말이에요. 대장군이니까.

그래서 이이가 좀 숨이 통하려면 열하에 갑니다. 십만 대군
이 훈련을 하며 그 벌판에서 들이 달리는데, 아마 씩씩도 하
겠지요. 그때 그이 나이가 한 20여 세 됐으니까, 그이 자신도
말도 좀 달리고 그랬습니다. 이 소문이 차차 북방으로 퍼져,
저 대흥안령산맥을 지나 신강성과 곤륜산까지 소문이 죄 났
어요. 그 부족들한테는 대발병 5백 인 내지 5천 인까지만 하
더라도 아주 큰 나라라 할 수 있는 건데, 중국 황제가 십만 명
을 훈련시킨다는 건 도저히 생각할 수 없지요. 그러니까 정
탐 겸, 그쪽 왕들이 사람을 보내서 십만 대군도 구경하고 중
국 황제님도 구경하고 그랬어요.

그런데 중국 황제님은 요새 말로, 선전도 안 하지, 침략하
려는 마음도 없지, 그저 군대를 훈련만 시키는 거요. 그런 성
인이 어디 있겠소? 그래서 모두 가서 "저는 이러이러한 나라
인데, 황제님께 절대로 보호를 받겠습니다" 했어요. 보호받는
건 좋은 일이니까. 저희끼리 뭐 티격태격이 나더라도 중국

•　　북경에서 동북 방향으로 약 250km 떨어져 있는 현재의 청더承德시 지역.
　　황제의 여름철 피서지이자 청나라 군대의 대규모 군사훈련장이 있었다.

황제님이 봐준다 그러면 아마 꼼짝을 못 할 게다, 그 말이니까요. 왜? 십만 대군이 있으니까요.

그래서 모두 와서 그저 '보호를 받겠습니다' 하니, 강희황제로 말하면 주요 목적이 자기 좀 살려고 한 거지 남 죽이려고 한 게 아니었기 때문에 그러라고 허락하면서, 그 증거로 군관 한 스무 명씩 붙여 보냈던 겁니다.

지금 신강성 일대와도 그런 관계를 맺었고, 그 옆에 서강성西康省이라는 곳이나 청해 지역과도 그런 관계를 맺었습니다. 청해 같은 곳은 양자강 상류 지방이라, 물꼬를 따라 올라가기는 퍽 어렵겠지만, 그 길을 따라 중국에 내려오긴 쉬운 곳이니까요. 운남성雲南省이나 요새 베트남이라고 하는 안남安南도 모두 그때 강희황제한테 보호를 받겠다고 보호조약을 다 해놨던 거요.

그랬다가 강희황제가 돌아가고 사촌 동생 되는 옹정雍正황제(1678~1735, 청나라의 제5대 황제)가 즉위를 하고, 그다음 옹정황제의 아홉째 아들인 건륭황제가 즉위했을 적에, 건륭황제가 무슨 짓을 했느냐 하면, 이 보호조약 했던 지역을 전부 본국의 성으로 만들어버렸어요. 위구르 지역을 정벌해서 신강이라고 이름을 붙여버렸고, 지금의 버마, 대만, 베트남, 네팔까지 모두 청나라 땅으로 만들어버렸습니다.

그런데 오직 서장만은 말을 듣지 않아요. 라싸까지는 되겠는데, 라싸 이서以西에 있는 캄바족이라는 족속이 절대로 중국 황제한테 복종 안 하겠다고 나왔어요. 그래서 건륭황제가 군대를 보냈지만, 라싸까지만 복종을 받고 라싸 너머 서쪽으로는 복종받지 못했어요.

당시 우리나라 고려 왕족 한 분이 중국에 가 있었는데, 그이가 무얼 잘못해 역적으로 몰렸어요. 그래서 5천 리 바깥의 라싸 땅으로 귀양을 가서 한 3년 있다가 온 일이 있는데, 이런 걸 볼 때, 그때 중국에는 서장 라싸에 대해 종주권이 있었던 겁니다.

그때 건륭황제는 서장에 대해서 우리나라같이 종주권만 가지고 성으로 복속시키지는 않았던 것입니다. 그런데 오늘날 중국이 공산당이 되니까 거기에 대해서 종주권을 묻게 되고, 아마 중공* 생각에는 종주권이 있으니까 거기 들어가 그만 슬쩍 먹어버리면 되겠지, 이런 생각을 하게 되었던 겁니다. 그래서 슬쩍 먹어버리려고 했더니, 캄바족이 가만히 있겠습니까? 슬쩍 먹어버리려니 목구멍에서 튀어나와서, 580여 세(실제 23세) 먹은 달라이 라마가 인도로 도망 와서 시방 계속 저항을 하는 겁니다.

예수교가 순전히 종교로 국가를 통치했던 것이 로마 제국이라면, 불교가 국가를 완전히 통치한 것은 아마 서장이라고 그러겠지요. 그와는 다른 면모로 불교가 국가를 통치하는 데가 있는데, 시방 세일론(스리랑카) 같은 곳, 저 태국 같은 곳,

---

* 　중공中共은 공산당이 지배하는 중국, 곧 중화인민공화국 또는 중국 공산당의 약칭.

캄보디아 같은 곳입니다. 임금은 임금대로 있지만, 실권은 종교가 가지고 있으니까, 태국 같은 데는 젊은 사람들이 한 스무 살쯤 되면 반드시 종교청에 가서 등록을 하고, 중이 돼서 7년이나 세월을 보냅니다. 자기 재산을 영유하지 않고 남의 집에 가서 밥을 얻어 먹어가면서 그 모든 것을 닦으며 있다가, 서른 즈음에 다시 집으로 돌아가 벼슬도 하고 그런답니다. 그런데 그 나라들이 다 능력을 발휘하지 못하는 것은 무슨 까닭인가 하면, 법률생활이나 경제생활이 정신생활에 눌려 있어서 그런 거겠지요.

지식을 어떻게 보존-전승할까

우리나라의 경우, 중국에 유학 보낸 사람들이 돌아와서 신라를 꾸미고 번창하게 하니, 그때 사람들이 불교에 대해 생각이 많았을 겁니다. 신라의 문화를 대신한 고려에서는 불교를 더 잘하면 통치가 더 잘되겠다는 생각에서였는지, 좋은 곳에 절을 짓고, 많은 사람을 절에 보내 공부도 시키고 학문도 배우게 했어요.

그런데 사람이란 게, 좋은 일을 하면서 동시에 자기 어려운 일도 해결하려고 해요. 그때 임금들이 퍽 방탕했는데, 적자嫡子 아닌 자식을 많이 낳으면 국가에 환란이 되겠죠. 그래서 고려 때는 그런 사람들을 절에 보내 중노릇하게 했어요.

그들이 중이라도 임금의 자식은 분명하니까, 작을 '소小' 자에 임금 '군君' 자, 소군이라고 그랬답니다. 임금의 둘째 아들만 해도 좀 생각이 다를 것 같으면 중이 돼버렸어요. 중이 되면 외국에 갈 수 있고, 외국에 가서도 특전을 입게 되고, 자기 나라에서도 높은 양반 대접을 받고, 또 따르는 사람들이 생기니까 그렇게 했던 거지요.

대각국사 의천義天(1055~1101)°도 본래 왕의 넷째 아들인데 중이 되겠다고 해요. 왜 중이 되겠느냐고 물으니까, 대통을 잇지 못할 바에야 차라리 중이 돼 중국에 가서 공부나 하겠다고 그랬어요.

그래 그이가 중국에 가서 보니, 불교의 문적文籍이 전쟁만 하면 자꾸 없어지고, 없어지고 그러거든요. 당시 중국 학자들도 고민을 합니다. 이 많은 문적을 보호해둬야 후세에 전할 텐데 어떻게 하나. 그래서 중국과 서역을 연결하는 실크로드 중간에 돈황敦煌이라는 곳이 있는데, 거기 큰 산의 벼랑에 석굴을 파서 불상을 조각하고 벽화도 그리고 했어요. 굴을 수백 개 파서, 굴 속에 그 시대 책자며, 그림, 악기 같은 걸 잔뜩 모아뒀어요. 그러다 누가 쳐들어오면, 중요한 거는 따로 모아서 그 굴을 막아놨습니다.

몇백 년이 흘러 영국이 인도를 점령하고 중앙아시아를 탐

• 고려 제11대 왕 문종의 4남. 고려 천태종을 개창하고 불교계 통합을 위해 노력한 고려의 승려.

험하고 있을 적에, 그 막아놓은 굴 하나가 열려서 어마어마한 분량의 고문서가 흘러나왔습니다. 중국 사람들이 그게 뭔지 몰라서 내버려뒀다가 삶아도 먹고 팔기도 하고 그럴 때, 영국 탐험대가 냉큼 가서 몇천 권을 헐값에 사갔어요. 그다음에 프랑스에서도 찾아와서 또 몇천 권을 사갔는데* 귀한 책들이 많았어요.

이들은 그 책들을 통해 산스크리트어를 연구했는데, 왜 연구하게 되는가 하니, 산스크리트어가 현대 유럽의 여러 언어들에 영향을 주었기 때문입니다. 그 증거를 말할 것 같으면, 영어의 '맨man'이라고 하는 것은 산스크리트어의 '마누manu'라고 하는 글자가 변해서 그렇게 됐다고 해요.

산스크리트어가 그대로 남아 지금 유럽에서 통용되는 것을 예로 볼까요. 변호사를 '아드보카트advocate'라고 그러는데, 아드보카트라는 것은 산스크리트어 '아드보찻'이라고 발음되는 말에서 나온 것입니다. 지금 여러분이 산수를 하면서 하나(1), 둘(2) 쓴 걸 아라비아 숫자라고 그러지만, 그 글자 모양 그대로 산스크리트어입니다. 이런 것들이 유럽에 퍼지고 한창 풍미하면서, 그들이 불교에 대한 연구를 많이 했을

• 1907년 영국 탐험가 아우렐 스타인 경Sir Marc Aurel Stein(1862~1943)이 막고굴 장경동(제17굴)의 유물 7천여 점을 유럽에 가져가 최초로 소개하여 '둔황학敦煌學'을 열었고, 1908년 프랑스의 동양학자 폴 펠리오Paul Pelliot가 다시 7천여 점을 구입하여 프랑스로 가져갔는데, 이 중에 신라 승려 혜초의 《왕오천축국전》도 포함되어 있었다.

것입니다.

이처럼 정신적인 것은, 국경 없이 마음대로 다니면서 사람을 이익되게 하는 것이건만, 그때의 제왕이 좋아하거나 언짢아하는 데에 따라 국경에 막히기도 했습니다. 인문이 자꾸 발달해서 민족과 민족 사이에 마찰이 일어나니 국경을 정하지 않을 수 없었고, 국경을 정하려니까 시비가 생겼어요.

예를 들어 어떤 민족이 한 나라를 때려 부숴도, 그 나라 사람들을 그대로 잘 거느린다면 무슨 시비가 나겠소? 그런데 사람을 잡아서 종으로 만들어요. 남에게 부림 받기 싫은 놈을 종으로 만들면 성이 날 거고, 성이 나니까 부리는 놈을 때리려고 들겠지요. 반면에 남을 부려본 놈은 편안하니까, 또 그 편안한 거 계속 하려고 하지요. 이래서 국가가 형성되면 누구든지 서로 싸우게 됐던 것입니다.

그래서 국가나 민족은 반드시 어떤 튼튼한 사람이 이끌지 않으면 안 된다고 하는 겁니다. 《구약성경》을 보면, 아브라함이어야만 그때에 유대족을 통치하지, 그렇지 않으면 통치할 수 없었을 테고, 또 유대인들이 이집트에 잡혀갔을 적에, 모세˙ 같은 능력자가 아니면 홍해 바다를 갈라서 유대인들을 구해내지 못했을 겁니다.

˙   고대 이스라엘의 종교적 지도자이자 민족적 영웅. 히브리 민족을 해방시키라는 하느님 음성을 듣고 이집트에서 그들을 구출했으며, 시나이산에서 십계명을 받았다.

그런 인물들이 대를 이어 사람들을 이끌었다면, 그 과정에서 독재 군주 같은 형태가 되지 않을 수 없었겠지요. 전에는 군주가 늘 하느님과 뒤꽁무니로 통했는데, 이제 독재 군주는 하느님하고 뒤꽁무니로 통하지 않게 되었어요. 예를 들어, 전에는 러시아 황제가 러시아 천주교의 총주교이자 러시아 황제였고, 또 영국 황제가 영국 교회의 총주교이자 영국 황제였어요. 하느님 숭배하는 것과 국가통치를 똑같이 생각해, 소위 제정일치로 내려왔던 것입니다. 그러나 차차 인지가 발전돼서 하늘은 빠개지고, 사람들은 성경책을 믿지 못하게 됐어요. 그렇게 해서 독재 군주가 나타나게 된 겁니다. 이 과정을 통해, 우리는 정신생활과 법률생활의 발달 과정을 볼 수 있습니다.

우리도 마찬가지로, 비가 지등 치듯 쏟아지는 캄캄한 그믐밤에 저 금강산 산골에다 갖다 놓으면, 누구라도 하느님 소리 안 부를 사람 없고, 엄마 안 부를 사람 없습니다. 그러나 우리의 인지가 자꾸 발전돼서 안중에 다 들어올 적에는, 하느님도 무섭지 않고, 하느님하고 통한다는 사람 또한 우습게 볼 것입니다.

팔만대장경을 보존한 이유

그런데 만약 우리가 환란의 시기에 있다면 얘기가 다를 겁니다. 예를 들어, 고려의 대장경*을 봅시다. 팔만대장경 이전에도 대장경을 한 번 만들었어요. 한편으로 대각국사가 중국에서 경책經冊을 많이 가져와서 그걸 보충했구요. 그런데 몽고군이 쳐들어와서 첫 번째 대장경이 전부 불타 없어졌습니다. 평화로울 때는, "이거 좋은 겁니다, 귀한 겁니다"라고 해도 아무도 그걸 안 봤어요. 그런데 몽고병이 들어와서 야단을 치고 사람을 땅땅 죽이고 그래서, '몽고병 저놈들 급살 맞아 죽지 않나?' 이런 때란 말이지요. '몽고군에게서 살아남기 위해서는 부처님께 기도하면 제일이다'라고 생각해서, 부처님 경책을 만들려고 목판을 또 파서 만든 것이 지금 해인사에 쌓아놓은 팔만대장경입니다.

그렇다면 대체 그것으로 뭘 하자는 것이었느냐. 조선 시대에는 이 대장경이 두통거리였어요. 걸핏하면 왜놈들이 와서 "경책을 좀 주시오", 그러거든요. 그러니 이걸 한 번 박으려면 종이가 몇백 권 들고, 먹이 몇 방구리 들고, 사람이 얼마나 들

---

* 고려에서 목판에 새기고 인쇄하여 처음 집대성한 대장경大藏經은 11세기 초 현종顯宗(재위 1009~1031) 때부터 경전을 모아 새긴 초조대장경初雕大藏經이다. 여기에 11세기 말 의천義天이 송나라, 요나라, 일본, 신라 등의 경전 주석서를 모아 흥왕사興王寺에서 교장教藏을 판각한 것이 속칭 속장경續藏經으로, 초조대장경 경판과 함께 대구 부인사符仁寺에 보관했는데, 13세기인 1232년(고종 19) 몽골군의 침입으로 1235년 대부분 불에 타버렸다. 강화도에 피난 중이던 고려 집권층이 불교의 힘으로 몽골의 침략을 이겨내고자 다시 불경 조판을 시작했고, 1236년에 착수하여 1251년(고종 38) 완성한 것이 총 81,137장의 목판인 팔만대장경八萬大藏經이며, 현재 합천 해인사에 보관되어 있다.

고 해서 간신히 한 벌 박아놓은 걸, 자꾸 달라니 줄 수 있나. 몇 번 주다가 골이 나서, 하루는 조정에서 의논을 했어요. 왜놈이 매우 좋아하니 그러지 말고 아예 그 판 쪼가리를 전부 줘버리면 어떠냐? 우리는 또 쓸 데도 없고, 그까짓 것. 그것도 괜찮은 노릇인데…. 해인사 판 조각을 전부 줘버릴까?

그런데 한 가지 생각할 것이 있습니다. 우리가 기운이 세면 안 줘도 되겠지만, 저 망할 왜놈들이 기운이 세기 때문에 달라는 거 안 줄 수 없단 말예요. 그래요. 만약 해인사 장경판을 줘버리면 우리한테 와서 깝죽깝죽 절하지 않겠지요? 왜놈이 와서 깝죽깝죽하면서 '주시오' 하는 게 낫지, 가지고 가서 시치미 뚝 떼면 안 되겠다, 그 말입니다. 그래서 해인사 대장경을 안 줬어요. 안 그랬다면 벌써 해인사 대장경도 우리한테 없었을 거예요. 거참, 사람들이 묘하게 살림살이를 하지요.

부처님 말씀으로는 사람의 마음이 광명이기 때문에 뭐든지 성취할 수 있다는데, 거란군을 막기 위해 1차로 대장경을 만들어놨더니, 더 크게 몽고군이 쫓아 들어와서 불을 다 놔버렸어요. 그래도 '저런 놈들에게는 대장경 책도 안 통하는구나', 이러지 않고, '우리 정성이 부족해서 그렇지'라며 또 만들었단 말이지요. 아, 그랬더니, 그때는 그놈들이 슬슬 꽁무니를 빼고 다 가거든요. 그런 걸 보면, 정성만 지극하면 뭐 원자탄도 일 없겠구나, 그렇지요.

도통道通과 아 프리오리의 정신생활

4

이전까지는 대략 정신생활에 대해서 우리가 구경할 수 있고 볼 수 있는 것을 얘기했습니다. 그에 대한 자세한 내용은 물론, 우리에게 미치는 영향에 대해서 다른 시간에 또 얘기할 것입니다.

여기서 기억할 것은, 정신생활과 법률생활, 경제생활 자체가 원만히 돎으로 인류가 발달하고 향상한다는 사실입니다. 그 견지에서 정신생활에 대해서 대략 얘기했습니다. 이 정신생활은 가장 길어서, 사람이 처음 태어난 이후로 근대까지 그 생활을 연습했어요. 그런데 그 과정에서 많은 불행을 겪었고, 그 불행 자체가 우리를 발달시켰다고 할 수 있을 겁니다. 그러나 그 발달로 인해 고통을 더 많이 받았고 향락은 퍽 적었습니다. 앞으로, 오늘날 우리에게 남아 있는 그러한 유산을 더러 검토해볼 수 있을 겁니다.

동양의 도통과 칸트의 도통

정신생활의 결과, 멀리 유럽 사람들은 한 가지 생활 형태를 얻었습니다. 오직 기도에 의지하여 참회함으로써 인생의 고통을 쉬는 집단을 형성하고, 거기에서 생활의 안정을 얻으려고 했습니다. 그것이 바로 로마 가톨릭의 수도원 생활 같은 것입니다. 그들은 남성을 '수사修士, Brother', 여성을 '수녀修女, Sister'라고 하며, 그날그날 참회를 하여 마음을 안정하려고 노력했는데, 이것이 시방 우리 목전에 있는 유물이라고 할 것입니다.

인도 방면에서는 신이라는 것을 모두 부인하는 동시에, 왜 '신'이라는 관념을 만들어낼 수밖에 없었는가를 궁리했습니다. 인도 쪽에서 결국 우리에게 유산으로 남긴 것은, '도통道通할 수 있다'라는 겁니다.

도통이란 대체 뭘 하는 것이냐? 공자는 《주역》의 〈계사전繫辭傳〉*에서 '감이수통感而遂通'이라 했습니다. 자기가 한마음을 느끼면 우주의 일을 그대로 앉아서 알 수 있다는 것입니다. 사람의 마음은 고통으로부터 해탈하면 안정을 얻고, 그 안정이 다시 불편한 마음에서 해탈할 것 같으면 건설을 하게 되고, 또 그것이 다시 제 잘난 어리석은 마음으로부터 해탈할 것 같으면 완전히 모든 관념을 초월해서, 관념으로 조직된 모든 것을 다 앉아서 볼 수 있다는 겁니다. 그것을 소위 '도통'이라고 했습니다.

현대 학문에 의지해서 적당한 술어를 붙이자면, 여러분이 철학개론 같은 데서 들은 소위 '아 프리오리a priori'라고 하는 것입니다. 아 프리오리를 번역하면 '즉각卽覺'이라고 할 것입

---

* 《주역周易》은 원래 '괘사卦辭'와 '효사爻辭'로 되어 있는데, 이것이 은유로 되어 있어 해석이 어렵고 추상적이어서, 공자가 여기에 주석을 달아놓은 것이 '십익十翼'이다. 〈계사전〉은 십익 중 하나로, 괘卦를 설명하여 상세하게 풀어놓은 주석서이다. 전통적으로는 공자가 지었다고 알려져 있으나, 송宋나라 이후 공자의 저술이 아니라는 주장이 대두되었다.

니다. '즉각', 이런 말은 잘 기억해두는 것이 좋아요.

즉각이란 무엇인가. 우리가 '멀다' '가깝다' 그럴 때, 그런 것은 다 우리의 관념 속에 있는 것으로, 우리의 기억에 의지한 경험의 찌꺼기일 뿐이니, 그것은 자기의 주관적 생각이지 우주 자체의 형태는 아닐 것입니다.

그래서 유명한 임마누엘 칸트Immanuel Kant(1724~1804)는, "이 세상은 내버려진 것이다. 다만 마음을 세운 사람이 찾는 만큼 나타날 뿐이다"라고 했습니다.* 무슨 소리인가. 우주 자체는 우주 자체대로 제가 말을 하는데, 오직 보는 자에 의지해서 모든 것이 달라졌다는 것입니다. 보는 자가 우주 그 자체를 그냥 볼 수 있는 것을 소위 '즉각'이라 하는 것이고, 철학상 대단히 귀중하게 생각하는 것입니다.

모든 고생의 근본은 탐내는 마음(탐심貪心)이라 할 수 있습니다. 탐내는 마음이 성취되면 제가 잘했다고 하는 치심癡心이 되고, 탐내는 마음이 성취되지 않으면 남이 잘못했다고 하는 진심嗔心이 됩니다. 남이 잘못했는데 그 결과 고통을 왜 자기가 받겠어요? 자기가 받는다는 것은 자기 스스로 결함이 있다는 것을 우리에게 얘기해주는 것이지요.

---

* 칸트에 의하면, 우리가 세계를 보는 방식은, 우리가 세계에 대해 생각하는 방식, 즉 우리의 오성 구조에 의해 규정된다는 것이다. 우리가 무엇을 보든 지 그 직관 형식인 '시간과 공간'은 오성의 형식인 '범주'에 의해 규정되므로, 결국 이 말은 우리는 세상을 있는 그대로 보는 것이 아니라, 생각하고 있는 대로 본다는 의미이다.

그래서 이 '즉각'이라는 것은 '탐·진·치를 여의면 곧 밝아진다'라는 겁니다. 이 밝아진다는 건 허무맹랑한 소리가 아니에요. 내가 산중에서 10년 동안 체험해봤습니다. 사람이란 것은 도통할 수 있는 겁니다. 그러면 유럽 사람은 그런 경험을 가졌느냐. 오직 한 사람이 가졌는데, 물론 많은 기록에서 나도 본 소리입니다. 오직 임마누엘 칸트라는 사람이, 박사논문* 준비할 때에 사흘 동안 온 우주가 그냥 황홀히 밝았답니다. 그래서 그것을 그대로 가지고 썼으면 매우 좋았을 텐데, 남한테 설명하기 위해서 우주 만물을 열두 가지 범주에** 의지해 구별하다가, 그만 자기가 도로 캄캄해져버렸습니다.

유럽 사람들 중에는 도통을 잠깐 구경한 사람이 있고, 동양 사람들이나 인도 사람들은 도통한 흔적이 많아요. 예를 들면 중국 청나라의 다섯 번째 천자인 옹정황제이지요. 그는 스스로를 원명圓明 거사라고 불렀습니다. 옹정황제가 오대산에서

---

* 칸트는 1755년 〈불에 관한 몇 가지 고찰에 관한 간략한 서술Brief Outline of Certain Meditations on Fire〉이라는 논문으로 쾨니히스베르크 대학에서 박사학위를 받았고, 같은 해에 오늘날의 교수자격논문에 해당하는 〈형이상학적 인식의 제1원리에 관한 새로운 해명A New Elucidation of the First Principles of Metaphysical Cognition〉을 썼다.

** 칸트는 생각을 구성하는 12범주(생각의 틀, 형식)를 이야기했는데, 양·질·관계·양상, 단일·다수·총체, 실재·부정·제한, 실체·인과 관계·상호 관계, 가능성·현실성·필연성의 12개다. 이것들을 감각 내용을 인식에까지 다다르게 하는 사고의 선천적 형식이라고 했다. 양은 '단일성, 다수성, 총체성'으로, 성질은 '실재성, 부정성, 제한성'으로, 관계는 '실체와 속성, 원인과 결과, 상호작용'으로, 양상은 '가능성과 불가능성, 현존과 부재, 필연성과 우연성'으로 되어 있다고 했다.

공부하고 있는데, 불교 승려 둘이 들어오더라지요. 들어오는 걸 보고 앉아서 하는 소리가, "하나는 알겠는데 하나는 도무지 모르겠다"라고 했어요.

그렇게 자기 혼자 말했더니, 그 두 사람이 "폐하, 저희는 폐하를 처음 뵙습니다", 그렇게 말했다고 합니다. 그럴 적에 그 원명 거사가 "그건 내 소리야"라고 하더래요. 두 사람이 들어오는데, 언제 알던 사람일까 싶더란 말이지요. 보니까 하나는 아는 것 같거든요. 알기는 아는데, 아마 자기 몸뚱이 만들기 전에 언젠가 알았던 것 같다, 이 말입니다.

그럼 무슨 소리를 이렇게 하느냐. 이 세상 모든 것은 원인에 의지해서 결과를 낳는 것입니다. 그 원인 결과를 초월하면 과거나 현재나 미래가 동시에 드러나기 때문에, 즉각을 하는 이들은 그냥 볼 수 있습니다. 그런 사람은 언제 누가 무슨 말을 할 적에, 그 말이 현재에 나타나지 않으면 말하지 않습니다. 그 나타난 것을 그대로 옆 사람이 앉아 지껄이면 "응, 그건 옳다" 그럽니다. 나타나는 사실과 지껄이는 사람의 말이 맞지 않으면 "그건 맞지 않다" 그럽니다. 맞지 않다고 그러는데, 말한 사람이 맞다고 우기면, 그 사람이 아무 말도 안 하는 걸 내가 봤어요. 그 사람의 세계는, 과거라는 기억도 없고 미래라는 추측도 없고, 미래나 과거나 현재가 그대로 현실이 되는 것입니다.

이런 경지는, 여러분이 앞으로 그런 방면에 의지해서 닦으면 곧 볼 수 있을 겁니다. 그럼 언제쯤 이렇게 볼 수 있느냐.

고통의 근본이 되는 바라는 마음(탐심)을 제하는 시간이 대략 3년이라고 할 것 같으면, 불편한 마음(진심)을 완전히 제하는 시간을 아홉 해로 보는 것이 좋겠지요. 그래서 제일 늦게 없어지는 건 제 잘난 생각(치심)인데, 그 어리석은 생각 없애기를 스물일곱 해까지 하면 완전히 없어져서, 그렇게 볼 수 있다는 겁니다.

이런 것을 어디서 비춰 보느냐? 이 고기 세포가 한 번 신진대사에 의지해서 완전히 바뀌는 시간을 천 일이라 할 것 같으면, 뼈다귀 세포가 한 번 바뀌는 시간이 그 고기 세포 바뀌는 시간의 세 배니까 대략 3천 일 될 겁니다. 그다음에 이 대뇌가 한 번 바뀌는 시간이 뼈다귀 세포 바뀌는 시간의 세 배니까 대략 9천 일 될 겁니다. 9천 일이면 스물일곱 해인데, 스물일곱 해만 되면 누구든지 될 거요. 바른길로만 가면요.

에이브러햄 링컨Abraham Lincoln(1809~1865)＊이 대통령 관저에 있을 때 일입니다. 어떤 친구가 한 서른 먹은 젊은 사람 하나를 데리고 들어오면서, 이 사람이 얼굴은 이렇게 시원치 않아도 대단히 좋은 사람이라고 해요. 그러니까 링컨이 웃으면서 "그 사람 나이가 몇 살입니까?"라고 물어요. 서른두 살이라고 답하자, 서른을 먹어도 모양이 그 꼴이면 책임은 자신에게 있는 거라고 합니다. 서른두 해를 지낸 뒤에도 특별

＊　미국의 제16대 대통령. 남북전쟁에서 북군을 지도해 점진적인 노예 해방을 이루고 재선됐으나 피살됨.

한 특징이 없을 것 같으면, 저희 엄마 배 속에서 나올 때의 그 생각을 고치지 못했다, 그 말입니다. 그러니까 시방 여러분이 배우는 것도 역시 그렇소. 삼십까지 무슨 특별한 주견이 서지 못하면 앞으로 조금 더 해야 합니다. 그 뒤, 삼십까지 했다고 만족할 게 아니오.

그런데 저 임마누엘 칸트는 한 사흘밖에 도통을 못 했어요. 그 바람에 다시 깜깜해지고 말았습니다. 유럽 사람들은 마음의 미안한 것을 그날그날 잘못했다고 하느님께 참회하고, 참회를 하므로 자기 속이 시원하고, 이렇게 해서 생활은 말갛게 지나갑니다. 그러나 그 결과는 퍽 막연했어요. 유럽 천지에서 내가 도통했던 사람 구경한 것은 임마누엘 칸트의 기록에 의지했던 거고, 다른 이는 어땠는지 자세히 알 수가 없습니다.

하지만 동양 방면엔 많은 이가 도통들을 했어요. 도통한 사람들은 어떻게 됐느냐. 바라는 마음과 벌컥 성내는 마음, 제 잘난 마음이 없어져요. 바라는 마음이 많은 사람은 구차한 법입니다. 벌컥 성을 잘 내는 사람에게는 건설이 없어요. 모두 파괴되는 거지요. 또 제가 잘났다고 하면 학문이란 건 절대로 없어지는 겁니다.

이 세 가지에 관한 공부를 천 일만 해봐도 성과가 아주 많습니다. 천 일을 하지 못한다면, 천 일의 10분지 1되는 한 백일만 해도 성과를 든손(어렵지 않게 얼른) 알 겁니다. 그래서 스물일곱 해만 가면 근기根機의 대소가 없이 다 도통한다는 것,

이것이 인도에서부터 시작해서 아시아 방면의 사람들이 정신생활을 연습해온 유산이라고 생각할 수 있습니다.

그다음, 극동 방면에 우리의 유산이 또 하나 남아 있습니다. 공자라는 사람은 뭐라고 했느냐 하면, "우선 사람이 되자. 사람이 돼야 똑똑하지 않느냐." 그거 참 옳은 말입니다. 그래서 그 사람은 "제 몸뚱이를 건사할 줄 알아야 어른 대접도 할 줄 알고, 어른 대접을 할 줄 알아야 동네 사람하고 화목도 하고, 동네 사람하고 화목해야 나라도 다스린다"라고 했어요. 그래서 그 사람이 우리에게 내준 것이 무엇인가 하니, '수신제가치국평천하修身齊家治國平天下'*라는 것입니다.

내가 금강산에 갔더니, 나 있던 절에 전에 도인이 있었다고 합디다. 그래 내가 물었어요.

"그래, 무슨 도인이오?"

"그 사람이 앉았는데, 옆에서 밥을 먹고 노래를 불러도 하나 못 듣습니다."

"그건 병신이지, 어떻게 도인이오? 아니, 도인은 옆 사람이 말하는 게 안 들려야 되우? 그건 귀머거리지."

도인이란, 다 듣지만 자기 마음이 거기 의지해서 괴롭시 않은 사람이에요. 애당초 안 들리면 그건 병신이지요. 그런 병신이 우리에게 무슨 문제를 해결할 방도를 준다면, 그건 말

---

* 사서삼경 중 하나인 《대학大學》에 나오는 말.

이 안 된다, 그겁니다.

내가 열네 살 무렵 한문을 상당히 읽었어요. 어떤 절에 가서 책을 읽는데, 아 그거 보면 도통하겠거든요. 그래서 거기 한 사십 먹은 중보고 말했어요.

"중이 된 지 몇 해 됐소?"

"한 삼십 년 했지요."

"아, 삼십 년 했으면 충분한데요."

"뭐가 충분해요?"

"도통하기가 말입니다."

"도통은 그렇게 하는 게 아니오."

"그럼 됐다 할 거요?"

"아니, 그건 부처님이나 하지, 우리가 하는 게 아니오."

"그럼, 부처님도 수도를 했소?"

"수도했지요. 열두 해나 했지요."

"그럼 자기가 부처인 줄 알고 했을까요, 모르고 했을까요?"

"알고 했지요."

"예끼, 이 멍텅구리 같으니라고. 아는 놈이 미쳤다고 해요?"

그랬습니다. 모르니까 했지요. 하다 보니 제가 부처더란 말입니다. 그 중이 나에게,

"어떻게, 당신은 말 참 잘 못하우" 그래요. 그래서

"뭘 잘 못해? 부처님께 벌 받을까 봐 걱정이오?" 했지요. 그랬더니,

"아, 그렇지요. 이거 참 큰일이네." 그러는 겁니다. 그래서

이렇게 말했지요.

"벌써 죽은 사람들이오, 벌은 무슨 벌."

그러니까, '우선 사람이 돼야 한다'라고 말한 공자의 말이 참 좋은 겁니다. 그 사람은 일평생 무엇을 하고자 했는가, 몸뚱이를 똑똑히 가졌다, 그 말입니다. 고개를 요렇게 바로 하고. 엉거주춤하고 꿈틀꿈틀하면 못써요. 그런 건 다 정신에 관계되거든요. 왜 관계가 될까요. 모든 신경의 경로를 바르게 해주는 게 건강한 거지, 삐딱하게 하면, 멋은 부릴 수 있을지 모르나 골치는 좋지 않을 거란 말이에요. 우리 학생들은 그렇게 안 하겠지요. 고개 반듯이 이렇게 가지고 다니길 바랍니다. 앙감질*하는 아이들이 똑똑해지는 게, 다 몸뚱일 바로 가질 줄 알기 때문이에요.

이런 것은 모두 마음 밝게 하는 얘긴데, 특히 동양 방면에서 얘기했던 겁니다. 공자는 몸뚱이를 수신하고 제가하고 치국하고 평천하하는 유산을 우리에게 줬던 것입니다.

공자가 우리에게 알려준 것

그런데 그 공자도 역시 기가 막혀요. 치국평천하를 하자면 자기 마음이 좀 밝아야 하는데, 자기 마음이 치국평천하를

---

* 한 발은 들고 한 발로만 뛰는 짓.

하겠다고만 했기 때문에 자기 삶은 퍽 고생됐소. 그 공자라는 사람이 어떻게 고생을 했냐 하면, 그 사람이 치국평천하 방법을 가지고, 아마 '요 방법만 가지면 되겠지' 하고서 제가 해보려고 그랬는데, 한창 정치적으로 분주한 때라 임금이 아니면 도저히 치국평천하가 안 되겠더란 말예요. 그래서 얼마큼 궁리를 하다가, '아, 나는 양반이 아니니까 양반더러 치국평천하를 좀 하라고 일러줘야 되겠군' 하고는 이곳저곳 돌아다녔는데, 그놈들이 다 싫다고 그런단 말예요. '허, 좋게 해준대도 싫다고 그러니 어떻게 하나.'

그래 걱정이 돼서, 그다음에는 책을 썼어요. '이걸 모두 써두면 요담에 어떤 놈이든 보고 그대로 하겠지.' 그런 마음으로 《춘추春秋》라는 걸 기록했어요. 그때 《주역》의 〈계사전〉 앞머리에, "감이수통천하지고感而遂通天下之故라, 느끼면 우주이치를 그대로 알겠다"라고 썼습니다.

공자가 있을 적에는, 뭐든지 모르는 걸 공자더러 가서 물어보면 다 대답을 곧잘 해줬어요. 왜 그러냐, 그 사람은 '생이지지生而知之'더라 그 말입니다. 배워서 아는 것이 아니라 자기 마음만 집중하면 그냥 아는 것이지요.

일례로 북제北齊*에서, 궁정에 기러기가 한 마리 떨어졌는데, 기러기 겨드랑이 밑에 화살촉이 하나 박혔어요. 그런

---

* 북제北齊(550~577)는 중국 남북조 시대에 강태공의 후예인 강성姜姓 고씨高氏에 의해 건국된 왕조. 국호는 제齊이지만 남조의 남제南齊(479~502)와 구별하기 위해 북제라고 부른다.

데 그 화살촉 끄트머리가 쇠가 아니고 까만 돌멩이를 갈아서 만든 거였대요. 그래 사람을 시켜 공자에게 "이 화살촉이 어디서 생긴 거요?"라고 물으니까, 공자 대답이, "여기가 시방 대동大同*인데, 대동에서 북쪽으로 몇천 리를 나가면 북위 땅에 어떤 산이 있는데, 그 산에 사는 민족들 중에 숙신肅慎씨**가 있다. 그 숙신 씨들은 돌멩이를 깎아서 화살촉을 만들어 쏜다. 그건 그 숙신 씨의 화살이니, 여기서 아마 한 3천 리 북쪽에서 나온 것이다." 그렇게 얘기를 하더래요. 그런 걸 볼 것 같으면, 공자는 뭐든 잘 아는 이였어요.

또 하나, 산동성이라는 데는 황하 삼각주인데, 황하의 물이 곤륜산에서 흘러 내려와서, 하나는 천진天津으로 빠지고 하나는 동영東營으로 빠져요. 시방 산동성이라는 것은 순전히 삼각주지대요. 삼각주지대이기 때문에 암석이 적고, 암석이 적으니 땅을 파기 쉬워요. 어떤 사람이 땅을 팠더니, 굽지도 않은 토기가 있고, 토기 속에 양 같이 생긴 것이 하나 들었더래요. 그것을 가지고 공자한테 가서 물으니 공자 말이, "많은 세월을 땅의 정기가 뭉쳐가지고 그렇게 되면, 그것을 토괴라고 한다." 흙 '토土' 자, 괴이할 '괴怪' 자, 흙의 괴이한 것이라고 그렇게 밀했더랍니다. 이런 걸 보면 그 사람은 잠 생이지지

• 　중국 산시성陝西省 북부의 도시로 전국시대 조趙나라의 북변 요지였다.

•• 　고대 중국의 북동 방면에 거주한 이민족. 고조선 시대에 만주 북동 방면에서 수렵생활을 하였다.

했던 것입니다.

공자가 《춘추》를 쓰고 앉았는데, 바깥이 소란스러워서 나가 봤더니, 이상스러운 짐승이 하나 서 있고 사람이 둘러서 있어요. 정신을 가다듬어 생각해보니, 그 짐승은 아프리카에 있는 지라프giraffe라고, 우리가 요새 '기린'이라고 하는 거였어요. 그 짐승이 시나이반도를 돌아 아라비아 땅을 지나서, 곤륜산을 지나 중국 산동성까지 왔으니, 참으로 어려운 여행을 했던 거지요. 그래서 중국 산동성에 오니 좌우가 설고 아무것도 모르겠고, 산중에 가서 숨지를 못하고 들로 와서 단단히 혼을 당하고 있는 걸 보니, 공자로서는 대단히 불쌍하더랍니다. 그래서 공자가 그 짐승 보고 탄식을 하고 방에 들어가서, 쓰던 글 밑에다가 '획린獲麟(기린을 잡다)'이라는 한 구를 쓰고 사직했어요. 그만뒀다고요. 왜 그만뒀냐면, 이것도 고생이다, 그 말이에요. 아무도 알아주지 않는 걸, 뭐 그렇게까지 할 게 있느냐, 그랬단 말이지요.

그러나 글을 더 이상 쓰지 않기로 했지만, 여러 사람을 좋게 하겠다는 마음을 놓지 못하겠거든요. 나중에 생각하니 자기 가슴속이 뭉클한 것이, '요 방법대로만 하면 여러 사람을 좋게 하겠는데, 이건 도저히 될 수 없구나'라는 생각에, "조문도朝聞道면 석사夕死라도 가의可矣라"라고 했습니다. 아침에 뭉클한 이 마음만 곧 없애준다면 저녁에 내가 죽어도 좋겠다

• "아침에 도를 듣는다면 저녁에 죽어도 좋다."《논어》〈이인〉 편에 나온다.

는 말입니다. 이 뭉클한 가슴에 이 불쌍한 마음, 이걸 가지고 는 죽어도 옳은 귀신이 되지 못하겠다는 겁니다.

비록 그 사람은 좋은 결과를 못 이뤘다 하더라도, 그 정신 생활에 의지해서 많은 고난을 견디며, '수신제가치국평천하' 라는 말을 오늘날에 남겨주었습니다.

법률생활이 정신생활을 누르면

그다음, 법률생활은 어떠한 것이냐. 사람은 혼자서는 살지 못합니다. 그래 여럿이 살게 되고, 여럿이 사니까 각각 분업 을 했던 것이 사실이에요. 예를 들면, 그때 원시 인류들은 늙 어서 일 못하는 사람들을 굴 지키는 사람으로 됐을 것이고, 또 어린애들을 길러야 부족이 왕성해질 테니, 그들에게 어 린애를 돌보도록 했을 것이고, 또 굴속에서 불이 필요하니 불 피우는 일을 맡겼을 것이지요. 이런 것이 자꾸 발전되면 서, 어떤 사람에게는 밖에 나가서 '어디는 짐승이 많아서 사 냥하기 좋고, 어디는 또 자기들 적대하는 부족들이 많아서 안 된다'라는 것을 알아보도록, 정찰 임무도 따로 시켰을 것 입니다.

《구약성경》을 보면 아브라함 밑의 부족들은, 언짢은 것이 나 컴컴한 것이 덮칠 적에 아브라함이 나타나면 필시 광명이 비치고, 아브라함을 보면 모든 원수와도 잘 지내게 되니까,

오직 아브라함을 하느님과 같이 비교해서 생각한 때가 있었습니다.

예수교의 계명에 '하느님의 형상을 만들지 마라'라는 소리가 있어요. 사람들이 아브라함을 곧 하느님이라고 믿기가 십상이니, 아브라함 자신이 그렇게 말했는지 모르지요. 그런데 자기 두목이 그렇게 능력이 있어서, 그 능력이 컴컴한 데 해 돋듯 하고, 그 사람이 나타나면 모든 원수가 물러가니, 이런 것이 그들의 처음 초보적 국가의 상징이 되었던 것입니다.

이 상징은 점점 발달이 됐는데, 시방 만주 같은 곳에 가면 그런 게 많이 있어요. 커다란 벌판에다 울타리를 치고 그 안에 한 백여 호가 사는데, 그 백여 호가 전부 일가들입니다. 거기서 손자라도 똑똑하면 그게 호주고, 할아비라도 똑똑치 못하면 졸개입니다. 그 호주가 공적을 받기 위해서는 할아비도 사형시키는 걸 우리가 보게 됩니다. 이런 것이 우리 원시 국가의 기원이 아니었을까 생각해볼 수 있겠지요.

그래서 처음에는 여러 사람들이 일을 해주고 먹을 걸 해주고, 그 사람에게 특별한 임무를 맡겨 통치를 해달라고 한 것이 소위 군주정치의 시초라고 할까요. 점점 여러 해를 지내오면서 군주라는 것이 하나의 세력이 되고, 그것이 차차 알지 못하는 결에 어떠한 제약도 없는 전제군주라는 것으로 나타났던 것입니다.

전제군주가 나타나서, 자기 생각에 좋지 못하면 '뭐를 믿어라, 믿지 마라' '밥도 내가 먹으라거든 먹어라', 이런 장난을 하기 시작한 겁니다. 여기에서 불행이라는 게 싹트게 됩니다. 전제군주와 전제군주 사이의 전투는, 전제군주 자신이 하는 게 아니라, 자기 부족들의 생명을 모두 갖다 바쳐 자기의 영광을 누리는 것입니다.

근래에도 2차대전 때 프랑스 사람이 아프리카 알제리 사람을 갖다가 52연대를 만들어 유럽 전쟁에 투입해서 많은 성과를 얻었지요. 비슷한 경우입니다. 이런 것들은 모두 군주제도의 기초에서 생긴 거예요. 전제군주들은 자기에게 종속된 민중을 전부 제 재산으로 생각해서 그렇게 했습니다.

우리나라도 그랬습니다. 우리나라는 군郡이 400개라, 한 군에서 가져오는 세납稅納을 가지고 임금이 하루 살면, 일년이 365일이니 400개 중 35개 군의 세납이 남을 테지만, 빠듯하다는 거예요. 왜냐? 자기 예쁜 색시가 나와서 분을 바르겠다는데 어떻게 하겠어요. 용돈이 좀 필요하거든요. 이 용돈은 어떤 놈한테서 얻어와야 되겠는가? 가만있거라, 둘째 첩은 완도 근처 섬에서 나는 세납을 주고, 셋째 첩은 제주도 근처에서 나는 세납을 주고, 그래서 군을 400개 두었던 거요. 요렇게 하다 보니까 나라 살림살이가 아주 빡작지근했지요.

그러니 국토 지키는 군비는 부족하고 없었던 거지요. 임금이 그저 하루 진지 잘 잡수면 되지, 길은 내서 뭘 하겠소? 길? 백성 놈이나 다니는 그까짓 것을? 자기는 교군轎軍(가마)이나 타고 다니면 괜찮았던 거지요. 우리 살림이 그랬는데, 다른 데 사람의 살림을 두고 뭐 더 얘기할 거 있겠느냐, 그 말입니다.

이와 같이 정신생활이 전부 법률생활 밑에 눌렸을 적에 많은 불평과 희생이 있었습니다. 그것이 절정에 달했던 사건이 소위 1차대전이라고 유럽 사람의 기억에 있을 것이고, 우리로 말할 것 같으면 아마 한나라 무제가 군대를 가지고 쳐들어와 소위 자기들 문자로 "팽오천예맥조선彭吳穿穢貊朝鮮하야 치창해군置滄海郡하니, 즉연제지간미연발동則燕齊之間靡然發動이라, 팽오가 예맥조선을 통해 창해군을 설치하자, 연과 제 사이에 비로소 복종하는 기운이 발동했다"(《전한서前漢書》〈식화지食貨志〉)라는 걸 보면, 우리 민족이 한나라 무제 때 단단히 많이 상했을 겁니다. 그다음 수나라 양제가 또 백만이라는 군대로 반도에 들어와서 소탕을 한 번 하고 났으니, 또 고통을 많이 받았을 거요. 그다음 당나라 태종 역시 30만 대군을 가지고 평양까지 들어왔다고 하니, 그때 우리는 단단히 다 상했을 겁니다.

이런 걸 한 번 당할 때마다 군주가 그걸 치르고 나면 세력이 생기고, 세력이 생기니까 자기 맘대로 하게 됩니다. 그래서 군주라는 이들은 이렇게 말하지요. "나는 너희들과는 전연 종류가 다른 하늘, 높은 저 하늘의 하늘이다. 하늘이 너무 높아서 얘기가 안 되니, 그럼 하늘 아들쯤 하자." 그래서 천자天子라고 그랬어요. 천자는 촌수도 없고 경우도 없고 아무것도 없습니다.

이 천자가 하는 행동이 재미있는 것이,《수당연의隋唐演義》라는 책을 보면, 당나라 명황明皇°이 아들이 둘이 있었는데, 둘째 며느리가 들어와서 인사를 하러 왔더라지요. 그 시아버지 되는 명황이 가만히 보니, 어찌나 예쁜지 참 좋단 말예요. 그래 아들보고, "애! 거, 네 여편네 나한테 바쳐라" 그랬어요. 야, 이런 망할 놈. 세상에…. 그런데 둘째 아들놈도 죽기 싫으니까, "예", 그러고 바쳤단 말이지요. 그 색시가 아직도 유명한 저 양귀비입니다.

이런 걸 보면, 임금이란 물건은 도무지 우리하고 관계가 없는 물건이지요. 그래서 그 물건을 놀라게 하자면 어떻게 해야 하는고 하니, 여름에 천둥이 울리면, "그거 하늘 아들이 잘못해서 그런 거요"라고 하는 거예요. 그러면 임금은 "허, 그럼 내가 너희들 말 아주 잘 들으마"라고 한단 말이지요. 이렇게 공갈 협박이나 했지, 어떻게 다른 얘기를 할 수가 없었단 말이오. 그따위 물건보고, 뭐, "착하게 사시오", 그런 건 얘기가 조금도 안 통해요. "귀신이 뒷덜미를 후리오", 이래야 좀 정신을 차리거나 합니다.

• 현종. 중국 당나라 제6대 황제(685~762). 성은 이李, 이름은 융기隆基. 재위 기간은 712~756. 시호는 명황, 무황. 초반에 정사를 바로잡아 '개원開元의 치治'를 구현하여, 국력을 신장하고 문화를 진흥하였다. 그러나 만년에 정치를 돌보지 않고 양귀비를 총애해 국정이 어지러워 안록산의 난(755)이 일어나자, 촉蜀으로 피해, 다음해 숙종(재위 756~762)에게 양위하고 상황上皇이 되었다.

왕궁에 숨어든 나가르주나

인도에 나가르주나Nāgārjuna라는 이가 있었는데, 나중에 용수龍樹보살이라고 하는 그이지요. 그 나가르주나가 열세 살 적에 도인을 찾아가서는, 저 왕궁엘 좀 들어가보고 싶은데, 몸뚱이 좀 뵈지 않게 하는 방법 좀 가르쳐달라 했어요. 그러니까 무슨 약을 그릇에다 담아주면서, 요놈을 콧등에다 쭉 바르고 다니면 된다고 그랬다지요. 그래서 콧등에다 발랐는데 남이 안 뵌다고 하거든요. 야, 이거 됐다.

그때의 왕들은 무슨 짓을 했냐면, 여자를 재산처럼 다뤘기 때문에, 아주 예쁘게 생긴 여자들을 왕궁에 많이 두었습니다. 저 수나라 양제 같은 이는 열일곱 살 정도 된 어린 여자를 5천 명씩 데려다가 배도 끌었다는 이야기가 있고, 아라비아 마호메트교의 술탄 같은 사람은 여편네가 5백 명씩 된다지요? 또 중국 천자는 3천 궁녀라고 하지 않습니까? 우리나라 백제에서도 낙화암에서 3천 궁녀가 떨어져 죽었다니, 그 강은 쪼그만데 어디에 그렇게 송장이 모두 묻혔을까요? 자세히 알 수 없는 일이 많습니다. 아무튼, 인도 왕궁에도 그런 색시들이 많았어요.

그래서 열세 살 먹은 용수는 자기 몸이 보이지 않으니, 색시를 갖다가 맘대로 건드리고 장난을 해서 어린애도 배게 했단 말이지요. 여러 날이 돼서 그만 왕이 점을 쳐보니까 귀신이 돌아다닌다고 해요. 어떻게 제어해야 하나 물으니, 그저

칼로 마구 치면 된다고 해요. 그래서 공중에다 대고 칼을 휘두르는데, 용수가 피해 다니기가 곤란하거든요. 그래도 좀 다녔는데, 그다음엔 또 길에나가 자살을 펴고, 자갈 위에서 발자국 소리만 나면 휘둘러 친단 말입니다. 암만해도 이거 죽겠거든요.

콧등에 바르는 약을 주었던 그 도인한테 다시 가서, "안 보이기는 하는데, 요런 경우 어떻게 하지요?" 하고 묻습니다. 그러니까 옳지 못한 일을 하면 그렇게 죽는 거라고 답해요. 아니, 몸뚱이가 안 보여도 옳지 못한 짓 하면 죽는다? 그러니, 천리天理가 있는 거지요. 용수가 그럼 언짢은 일 안 하겠다고 크게 마음을 고쳐먹고는 열심히 공부를 했어요. 그래 결국 대승불교의 큰 학자가 돼서 많은 책을 썼습니다.

이처럼 왕정 시대에는 별의별 이야기가 다 있어요. 그리고 그 왕정이라는 것이 소위 높아지면 높아질수록 백성은 대단히 고통을 받았던 것입니다. 중국 역사에서 요순堯舜이니 우탕禹湯이니 이런 소리를 하는 것은, 자기의 임금들이 고약하니까 요순이라는 이상적 임금을 갖다가 표준으로 삼아서 그렇게 추대했던 것입니다.

강희자전과 제왕의 포용력

중국에는 많은 제왕이 있었습니다. 그 많은 제왕 중에 제일 제왕 노릇을 잘하고 남에게 고통도 주지 않으면서 완전하게 한 이는, 청조의 강희황제와 건륭황제를 칩니다. 유럽에도 많은 황제가 있었지마는, 강희황제나 건륭황제같이 훌륭한 황제는 퍽 적었습니다. 그분들은 어떻게 황제를 했는가.

강희라는 사람은 본래 봉천에 있던 만주 족속으로, 할아버지와 아버지가 기업起業해놓은 상황에서 열세 살에 북경에 들어가게 됐습니다. 그런데 만주에 있던 부족이 북경에 들어가서 황제 노릇을 하자니까 많은 제약이 있었습니다.

그 제약을 피하기 위해서 무엇을 했는가. 열하에다 십만 대군을 조련하는가 하면, 북경 안으로 많은 명나라 사람들을 불러들였습니다. 그때 여러 사람이 왔지만, 오직 고정림顧亭林 (1613~1682)*이라는 사람만은 좀체 오질 않았습니다. 그래 그 사람을 불러다 놓고 이렇게 말했지요.

"만약 명조가 앞으로 나를 도와서 정부를 인계할 것 같으면, 명조의 역사와 문장이 있어야 될 것이다. 하니 그대들이 일정한 곳에서 그 명조의 역사와 문장을 모두 수습해서 편찬하는 것이 좋겠다."

그래서 북경 안에다 4백여 호의 집을 짓고, 집회소를 갖다가 드문드문 짓고는 담을 쌓아서 일을 하게 했어요. 강희황제가 거기를 가면 외빈을 대접하듯 하니까, 강희황제는 거기

• 　명말·청초의 사상가. 공리공론을 일삼는 양명학을 배척하고 경세치용의 실학을 지향했다. 정림은 호. 고염무顧炎武로 잘 알려짐.

가서 퍽 편안히 지냈어요. 업적으로 말하면《강희자전康熙字典》이라는 4만5천 자의 방대한 저술도 거기서 나왔고, 다른 많은 저술이 나왔습니다.

그들이 몇십 년을 하다가 나이 들어서 죽으니까 그 사람의 자제들이 계속 이어서 했고, 손자 대에 이르렀을 때는 그들이 완전히 청나라 사람이 돼서 황제에게 절대 복종을 하게 됩니다. 건륭제에 와서는 운남 개척도 했고 신강성 개척도 했고 또 청해서관青海西關 같은 것도 모두 그들이 개척했습니다. 이렇게 전쟁을 하지 않고도 중국의 판도를 몇십 배씩 넓힌 것을 보면, 강희제는 황제로서 퍽 유능했던 것이에요.

그런 예를 더 들자면, 정경鄭經이라는 사람이 청조에 반기를 들고 군대를 일으켰다 패해서 대만으로 쫓겨 갔을 때, 강희황제는 그 사람들을 대만까지 쫓아가지 않았습니다. 또 많은 유럽 사람들, 예를 들면 스페인 사람이나 이태리 사람들을 중국에 데려와서, 여러 가지로 청나라 사람을 도와 만주 전쟁에 참여하도록 했고, 또 여러 사람이 천문대 대장 같은 걸 맡은 그 외국 사람들을 처형해야 한다고 했을 때 처형하지 말라고 했어요. 왜 그러냐고 물으니, "그 사람들은 명조의 사용인으로서 그런 일을 했으니, 오늘날 청조가 중국의 판도를 얻은 뒤에는 역시 청조를 위해서 일할 수 있는 사람들이다"라고 했습니다.

그래서 외국 사람들을 모두 불러다 놓고, 천문대 대장인 이태리 사람보고 이렇게 물었어요.

"네가 다시 천문대를 맡아서 한다면 어떤 도구를 만들고 싶으냐?"

그랬더니 이렇게 대답하더랍니다.

"죽이시지 않고 써주신다면 많은 일을 하겠습니다."

이 같은 기록이 있습니다. 남을 정복하려고 하기보다는 문화를 발전시키려고 했던 것입니다.

교황과 황제, 그 알력의 역사

한편 유럽의 경우를 보면, 황제가 하도 많아서 황제 사태가 난 경우도 많았고, "황제론" 같은 것도 나오게 됐습니다. 유럽 지역에는 처음엔 왕밖에 없었는데, 율리우스 카이사르Gaius Julius Caesar(B.C. 100~B.C. 44)*가 비로소 천자를 만들어보려고 애를 썼어요. 그의 양아들 아우구스투스Augustus가 황제를 처음 시작했는데, 그들의 민주주의 사상은 도저히 황제를 용납하지 않았습니다. 황제를 하려고 하는 율리우스 카이사르까지 죽이는 마당이니, 아우구스투스는 매우 어려웠을 것입니다.

그런데 그 아우구스투스 시대에 예루살렘에서 예수의 제

---

* 로마 공화정 말기의 정치가이자 장군. 각종 사회 정책, 역서 개정 등 개혁 사업을 추진했으나 브루투스 등에게 암살됨.

자들이 와서는, "우리의 스승인 예수는 하늘의 독생자로 이 세상을 구원하기 위해서 왔는데, 그곳에 주둔한 로마군이 예루살렘 제사장의 말을 듣고 부당하게 십자가에 박았으니, 이런 것은 당신들이 바로잡아주시오"라고 했단 말이죠. 아우구스투스 생각에 그의 가르침보다는, '하느님의 독생자라는 것을 로마인들이 믿게 만들면 천자인 황제를 잘 숭배하게 되겠지'라는 생각으로 그 교회를 받아들였습니다. 그러나 아우구스투스가 죽고 네로 황제 시대가 됐을 때는 교회가 박해를 많이 받아, 베드로가 체포되어 십자가에 매달려 처형되었다는 기록이 있습니다.

그러다 오랜 세월이 흐르면서 결국, 로마의 문화 때문인지, 소위 군주권이라는 것을 법왕이 전부 가지게 됐습니다. 하느님의 뜻에 의해 백성을 통치하는 데는 하느님의 제자인 로마 법왕이 필요하지, 로마 황제는 그다지 필요하지 않다고 생각했던 모양입니다.

그 정치가 얼마쯤 내려가다가, 교회 자체가 부패했을 때는 민중이 다시 로마의 황제를 요구하게 되고, 황제를 요구하게 되니까 비로소 법왕청에서는 지금의 오스트리아 빈에 로마 황제를 두게 됐습니다. 그 임명장에 뭐라고 썼는가 하니, "임페라토르 상투스 로마니Imperator Sanctus Romani", 이렇게만 했습니다. '신성한 로마의 황제'라고 해서, 빈에 신성로마 황제를 두고 법왕의 명령에 따라 로마 민중을 통치했던 것입니다. 이것이 유럽에 황제라는 것이 시작된 시초입니다.

이 황제가 시작되면서, 유럽 천지는 법왕의 칙지勅旨에 의지한 신성로마 황제가 통치하게 되었지요. 이것이 옳지 못하다고 생각하는 사람들은 콘스탄티노플에 가서 다시 황제를 하나 세우게 되었는데, 이것이 나중에 말썽이 됐습니다. 이것이 소위 동로마라는 것이고, 또 빈에 있던 것은 서로마라고 해서 여러 해를 통치해 내려오다가, 영국과 프랑스의 공업이 차츰 발전되면서 유럽에 마찰이 생기게 되었어요. 마찰이 생기니까 프랑스에 혁명이 일어나게 된 것입니다.

프랑스에 혁명이 일어날 때 제일 두려운 것이 뭐이냐? 오스트리아 황제가 프랑스 왕의 장인이니만큼, 프랑스 백성이 요란스럽게 굴게 되면 오스트리아 황제가 가만히 있지 않으리라는 것입니다. 당시 모든 유럽의 황실들은 결속을 해서 백성을 눌렀던 것이 사실인데, 이런 점은 프랑스 혁명 초기에 퍽 고통이 됐습니다. 루이16세의 장인 되는 오스트리아 황제가 어떻게 프랑스 혁명을 보고 있느냐, 자기의 사위나 딸을 위해서 군대를 동원하느냐 안 하느냐가 2차 프랑스 혁명에서 퍽 문제가 됐던 것입니다.

나폴레옹의 등장

당시 프랑스 사관학교를 졸업한 지중해 섬사람 나폴레옹 보나파르트Napoléon Bonaparte(1769~1821)*라는 군인이 영국과 싸워 이기고 소장으로 진급하여 세력이 커졌는데, 그때 프랑스 의회는 나폴레옹의 세력을 견제하기 위해 나폴레옹에게 꾀어 말하기를, "오스트리아를 제압하지 않으면 안 되겠는데, 그러자면 여기 있는 2만여 명 군대를 네가 지휘해 가서 오스트리아를 제압하는 것이 좋겠다"라고 합니다. 나폴레옹은 멋도 모르고 수락했어요. 그런데 군대가 2만 명이 있기는 하지만 양식은 없다니 기가 막혔을 겁니다. 아마 나폴레옹이 세상에 나와서 그렇게 기막힌 일은 처음이었을 거고 세상이라는 것이 참 어렵다는 것을 알았을 겁니다.

나폴레옹은 안 한다고도, 한다고도 할 수 없어 한참 있다가, "오스트리아 쪽에는 양식이 있느냐?"라고 물으니까, "응, 라이프치히 성(지금 동부 독일)에 양식이 많다"라고 그래요. 그러니까 나폴레옹이 "여기서 하룻길이면 되겠느냐?", 그렇게 물었더라지요. "그래, 되겠다"라고 하니까, 한숨을 쉬면서 "그럼 좋다"라고 그러더랍니다.

그런데 군대를 가져보지 못한 사람이라면 모르겠지만, 군대를 가져본 사람이라면 알거든요. 2만 명이라는 군대가 양식이 없다면 죽으라고 하는 것과 마찬가지인데, 그것을 받아가지고 나오는 나폴레옹으로서는 아마 퍽 곤란했겠지요. 어

- 프랑스의 군인. 제1통령·황제. 프랑스 혁명의 사회적 격동기 후 제1통령으로 개혁정치를 실시하고 여러 나라를 침략해 세력을 팽창했다. 그러나 러시아 원정 실패로 엘바섬에, 워털루 전투 패배로 세인트 헬레나섬에 유배되었다.

하간 나폴레옹이 그 군대를 데리고 밤을 도와 라이프치히 성으로 갔는데, 만약 그 밤을 도와 가지 않으면 그 군대의 손에 나폴레옹은 죽고 마는 것입니다.

그렇게 갔는데, 라이프치히에서는 저 굶주린 2만 명 군대가 오니까, 저놈들을 못 오게 하면 그만이라고 중간에 물을 깊이 파서 강을 새로 만들어놓고, 자기들은 슬쩍 가서 잠을 잤던 모양입니다. '거기야 못 건너오겠지', 했겠지요.

나폴레옹이 군대를 데리고 가서 보니 앞에 강이 있었습니다. 지도에도 없는 강이 생겼어요. 기가 막혔겠지요. 그때 나폴레옹이 정신이 없었다면 벌써 죽고 역사에 남지 않았을 겁니다. 그런데 그자가 역사에 남아 있으려고 그랬을까요. 척 가서 칼을 쓱 빼들더니, "이 말과 이 군대로 강을 메워라!" 하고는 "앞으로!" 그러니까 2만 명이 쭉 갔어요. 쭉 가니까 앞의 기병 2천 명이 물속으로 쏘옥 들어가면서 강을 다 메워버렸어요. 기병이 2천이니까 고깃덩어리는 아마 4천이 될 거 아니겠어요?

그렇게 판판이 길을 내며 "앞으로!" 하고 들어갔지 뭡니까. 그러니까 결국은 1만 8천 명의 군대가 라이프치히 성에 들어가서 깃대를 꽂은 거요. 아까 죽은 2천여 명도 모두 승전 군대의 용사들이란 말이에요. 그들이 거기서 죽지 않았다면 2만 명이 그대로 굶어 죽어버렸을 텐데…. 이러니 나폴레옹이 잘난 사람이에요, 못난 사람이에요? 영웅이란, 이런 물건을 다 영웅이라 그러는 거예요.

이런 일이 나폴레옹의 일생에 여러 번 있었습니다. 파리 왕궁에 있을 적에도, 한 연대가 쳐들어온다는 소리를 듣고 발코니에 올라가 내다보고, "저기 저 들어오는 군대, 우편으로 돌아 앞으로!" 그랬더니 그만 다 돌아가더랍니다. 아마 그건 나폴레옹이 사령관으로서 직책을 잘했기 때문에, 그 군대들에게 인식이 좋아서겠지요. 그런데 그때 연대장만은 돌아가지 않으니까 붙들어 처결했다는 얘기도 있습니다.

그렇게 1만 8천 명의 군대는 방비 없는 라이프치히 성에 들어갔고, 라이프치히 성에서는 참 용맹스러운 프랑스 대군을 만나게 됐던 것이에요. 거기에 많은 군량이 있으니까 나폴레옹은 그것을 중심으로 해서 전 유럽을 풍미하게 되고, 전 유럽을 풍미하게 되니까 아마 자기로서는 그때에 누구도 무섭지 않았겠죠.

나폴레옹은 원래, 그때 유럽에서 약한 나라 축에 끼어 있던 이태리, 그중에서도 지중해에 있는 조그만 섬에서 태어난 형편없는 이였어요. 이태리에서 학교도 다닐 수 없어서 프랑스 사관학교에 들어간 형편이니, 그거 뭐 아주 형편이 없었겠지요.

프랑스에 돌아오니, 나폴레옹은 이제 자기가 전 유럽의 황제가 됐으면 좋겠다, 그런 생각이 들었습니다. 실지로 나폴레옹이 전 유럽을 지배했으니까요. 그래서 계획한 것이 이탈리아에서 법왕을, 말하자면 원치 않는 여행을 시켜서 프랑스 리옹에다 갖다 놨습니다. 파리에 있으면 민중이 어떻게 할지 몰라 리옹에 데려온 겁니다. 그러고는 로마 법왕에게, "여보, 로마 황제의 첩지를 하나 써주시오", 그랬단 말이에요. 물론 로마 법왕으로서는, 로마 황제라는 것은 단지 하나, 오스트리아에 있는 황제 하나니, 나폴레옹더러 "황제라는 건 단지 하나요. 둘은 할 수 없지요"라고 말합니다. 그러자 나폴레옹이 하는 소리, "아, 쓰면 되는 거지, 안 되긴 왜 안 돼?" 그런 판에는 로마 법왕도 어디 위력이 서야지요. 그래, 어떻게 쓰겠다는 말이 나오게 된 모양이에요.

그래서 그 첩지에 뭐라고 쓰게 했느냐. "임페라토르 상투스 로마니", 거기까지 원 직첩이 됐어요. 이 첩지를 써주고 나니까 그 순간부터 유럽에는 '오직 유일무이한 로마 황제'가 둘씩 나게 됐던 것입니다.

그런데 한 가지 다른 점은, 로마 황제가 즉위식을 할 때는 반드시 로마 법왕이 가서 관冠을 씌워주는 건데, 나폴레옹 첩지는 아마 법왕이 써놓기는 했어도 원하지 않은 것이라, 아마 그 관을 잘 안 씌워줄 것 같거든요. 나폴레옹도 잘 아는 형편이니 억지로 강요하기도 싫고, 그래서 노트르담 성당에서 나폴레옹 자신이 스스로 즉위식을 했던 것입니다. 즉위식을 하는데 법왕은 나타나지 않고, 나폴레옹 자신이 왕관을 들어서 자기가 썼어요. 그 일이 아마 인간의 법률생활이 조직화되어온 뒤로, 원치 않는 일로는 아마 제일 먼저 이뤄진 일이라 생각합니다.

프로이센 중심으로 단결하는 유럽

이렇게 만들어놓은 일이 나중에 어떤 결과를 가지고 오게 되었는가 하니, 나폴레옹의 행패가 전 유럽을 휩쓸던 무렵에, 유럽 사람들은 자기들이 살지 않으면 안 되겠다는 생각이 나서 보로서普魯西(프로이센Preussen)를 중심으로 단결했습니다. 그때 유럽에는 오스트리아 로마 황제의 공로사들이 다스리던, 아마 24개의 영토가 있었던 모양이에요. 그중에서 남부에 있는 바바리아라는 것이 가장 커서, 군대 한 두어 사단을 만들어낼 수 있었습니다.

보로서는 좀 작지만, 그 보로서 왕이 상인들에게서 세를 많이 받아 영토를 자꾸 사고 공업을 일으키고 했습니다. 자기 사복을 채우지 않고 세금으로 영토를 사고 공업을 일으켰기 때문에, 장사꾼들은 좀 괴로워했지만 민중은 퍽 환영을 했습니다. 그렇게 점점 영토가 커지니까 자기도 좀 행세를 해봐야겠다 했으나, 로마 황제에게 반역을 일으키는 것이니 만큼, 법왕의 눈 밖에 난 독일 보로서 왕이 황제를 한다는 것은 꿈도 꿀 수 없었습니다.

그러나 이 세상에는 기적도 많이 나타나는 겁니다. 프랑스 황제의 직첩도 로마 법왕이 나와서 써준 직첩이 아닌 만큼, 보로서도 '우리도 황제 할 수 있겠다' 그런 생각이 난 거요. 그래서 보불전쟁을 해서 보로서 사람이 이기고 나니까, 베르사유 궁전에 가서 보로서 왕이 신성 로마 프랑스의 로마 황제 즉위식을 하게 됐습니다.

경제생활과 욕심의 함수 관계

사람은 세 가지 궤도로 운전한다는 얘기를 하면서 정신생활, 법률생활을 얘기하고 또 경제생활까지 얘기했습니다. 학문으로서도 경제생활은 중요한 비중을 차지합니다. 경제생활은 처음에는 단순하게 먹고사는 것으로 시작했어요. 그 학술적 원어를 살펴보자면 그리스어 '집'이라는 '에코eco'가 머리에 있고, 그다음 '노미카nomica', 즉 '다스린다'라는 말이 와서, '집을 정돈한다'라는 말로 발전이 됐습니다. 우리 인류가 복잡해지기 전에는 아마 그렇게 생각했을 것이고, 그것이 '사람이 몸뚱이를 가지고 몸뚱이 있는 자에게 접촉한다' 하는 관점이 됐던 것입니다.

인도인들이 알려준 보시바라밀

인도 사람들은 일찍이 거금距今 3천 년 전부터 이 문제에 대해 관심을 가지고 있었고, 모든 범죄가 경제생활에서부터 온다고 얘기했습니다. 그것은 네 가지 베다 시대를 지나 나중에 우파니샤드에서 대성했어요. 우파니샤드의 골자는 '버리라. 버리면 얻음이 많으니라'라는 것입니다. 그건 무슨 소리인가 하니, '욕심을 내지 마라', 그 말입니다. '욕심을 버리라'라는 그 말은 무슨 소리인고 하니, '실제로 자기가 영위하도록 할 것이지 그 물건을 적축積蓄하지 마라. 적축하지 않으면 골치가 밝아진다'라는 겁니다. 그래서 그들은 골치 밝히는 데에 그 말을 먼저 내세웠습니다. 그때나 이때나 오직 분배를 잘하는 것이 목적이 되고, 시방 와서는 기업이 경영을 할 때에 분배를 잘하자는 것입니다.

불교에서도 여섯 가지 바라밀다의 '보시바라밀'은 '준다'는 말이고, '넉넉하게 마음을 쓰라'는 말이에요. "자기에게 필요치 않은 물건은 여퉈 뒀다가 남 줄 줄 알아라, 감자 농사라도 지어서 남을 먹이는 마음이면 떳떳하고, 아무리 좋은 것이라도 얻어먹는 마음이면 마음이 구차하게 된다", 내가 그렇게 말했던 기억이 시방 다시 새롭습니다.

남이 달랄 적에 주는 마음을 내면 훨씬 마음이 넉넉할 거예요. 실제로 주고 안 주는 것은 그 일의 추이를 봐서 될 문제고, 처음에 그 문제를 사의思議할 적에 주는 마음을 가질 거 같으면, 훨씬 대하는 마음이 넉넉하리라는 것입니다. 그래서 남이 달랄 적에 주는 마음 낼 줄 알면 그 물건 자체를 잘 살필 수도 있고, 상대방의 마음도 알 수 있습니다.

남이 싫다고 할 적에 그만둘 줄 알아야 합니다. 탐심이 있는 자는 남이 달라면 싫고, 남이 싫다고 하면 자꾸 주겠다고 하는데, 이것이 아마 이 세상 동물적 근성일 게요. 그것이 평화를 파괴하게 되니까 언제라도 남이 달랄 적에 주는 마음을 내야 합니다. 주는 마음이 난다고 해서 반드시 물건을 줘도 되는 게 아녜요. 주는 마음 내는 것은 자기 마음이 평화롭다는 것이지, 실제로 주는 것은 결국 얘기를 해서 꼭 주지 않으면 안 될 적에 주어야 되는 거요.

그러니까 우선, 주는 마음을 내야 사람과 사람의 접촉이 부드럽다는 것입니다. 또 남이 싫다고 할 적에 그만둘 줄 알아야 돼요. 요새는 주기 싫은 사람일수록, 자기가 주고 싶을 때는 반드시 받으라며 강요하는 이가 많은데, 그런 것은 인류 사회의 경제생활을 아주 거북하게 만드는 것이에요.

경제생활이란 게 뭐냐. 물건이 편재偏在할 적에, 말하자면 여기는 쌀이 많이 쌓였는데 다른 쪽에는 생선이 많이 쌓였다고 합시다. 그러면 어떻게 생선이 많은 곳으로 쌀이 굴러가고, 쌀 많은 곳으로 생선이 흘러가느냐, 이것이 우리의 시방 현대식 경제생활일 것입니다. 이것이 소위 세상 사람들이 기업이라고 말하는 거예요. 그 흘러가는 것은 순전히 탐심이 적은 곳에서 원활히 흘러가게 됩니다. 그러면 사람이 탐심이 없다면 어떻게 경제생활을 영위하게 되느냐, 그렇게 말하겠지요.

화폐의 발생 배경과 발전 과정

경제생활이 발달하면서 이제 물건보다 나은, 소위 순전히 추상적인 물건 하나를 제정하게 되니, '화폐'라는 것이 발달하게 됐어요. 그것이 화폐론의 원천이 될 것입니다. 처음에는 자기들이 구하기 어려운 것을 얻기 위해 물건을 서로 바꿔 쓰게 돼요.

예를 들면, 인도 사람들은 시방 화폐 이름을 루피라고 합니다. 거기는 히말라야산에서 산사태가 나면, 그 사태 속에서 떨어져 나온 보석들이 많은데, 그 보석 중에서도 엷은 층에서 나오는 붉은 돌멩이 이름을 루비라 그래요. 반지에 달린 홍보석이라고 하는 거, 그걸 루비라고 그러는 거지요. 그게 대단히 많았거든요. 그걸 주워다 그게 없는 곳에 가지고 가서 소위 물물교환할 적에 편의를 도왔던 것입니다. 그런 것이 화폐의 시초지요. 중국 사람들은 해변에 사는 사람들이 조개껍데기를 주워가지고 깊은 대륙 지방의 조개 없는 데 가서 물건을 서로 바꿨던 겁니다.

그렇다면, 금이 왜 그렇게 귀한가. 금을 조금 줘도 먹을 걸 많이 준다, 그 말이거든요. 그러므로 먹을 것이 있는 곳에 금이 귀하지, 먹을 것이 없는 곳엔 금이 귀하지 않을 것입니다. 그러면 왜 우리가 금 소릴 하게 되느냐. 우리가 시방 있는 곳은 다른 보석이 있지 않고 금이 있어요. 그러니까 우리는 금을 표준으로 했던 것입니다.

금이라는 것을 대략 고찰해볼 것 같으면, 곤륜산맥이 북쪽으로 떨어져서 한참 내려와 흘러가는 것을 소위 태행산맥이라고 합니다. 태행산맥에서 서쪽으로 곤륜산 가까운 곳을 진령산맥이라고 하고요. 그러면 사천성에서 산서성으로 가는 그 중간에 진령산맥을 면하게 되고, 진령산맥에서 다시 태행산맥으로 면하게 되고, 태행산맥이 분지를 형성해가지고 태행산맥 건너편 쪽으로 다시 산이 일어난 것이 소위 백두산이라는 거지요. 중국 사람은 장백산이라고 하는데, 진령산맥부터는 전부 금이 많아요. 진령산맥 이북으로 된 소위 흥안산맥에도 금이 많기 때문에 금을 보물이라고 했던 거예요. 그렇지만 인도 사람들은 금보다도 보석이 많으니까, 그 보석으로 화폐 단위를 했던 것입니다.

중국에서 재물 '재財' 자에 조개 '패貝'를 쓴 건, 재물이 조개 껍데기란 뜻이고, 그것을 우리나라에서도 화폐로 썼습니다. 점점 발달되면서 이것도 역시 퍽 어려우니까, 사람들이 광물을 갖다가 얻어 쓰면서 철로 조개를 대신하게 되었어요.

철로 대신할 적에는 그 화물 자체의 질량에 의지해서 했는데, 그때 금을 얻기 전에는 대략 포속布屬(모시실, 베실 따위로 짠 피륙)으로 했습니다. 말하자면 먹는 것보다 입는 것이 기한이 오래가고 또 좀 더 귀하게 쓰니까 포속으로 하게 되었습니다.

그러면 아직 방직업이 발달 못 됐을 적엔 어떻게 했을까요. 대략 짐승의 껍데기로 몸을 가리게 되었는데, 짐승의 껍데기 중에도 보드랍고 가지고 쓰기가 용이했던 건 양의 껍데기(가죽)입니다. 그것도 아주 어린 양의 껍데기, 또 어린 양보다도 아주 배 속에 있는 양의 껍데기가 더 귀했습니다. 또 부드러운 사슴 껍데기 같은 것도 귀하게 여겼습니다.

우리나라에서도 시방 혼인을 하자면 소위 폐백*이라는 것을 하는데, 서울 근처에서는 청홍양단靑紅兩緞이라고 그래요.

---

* 폐幣는 '선물로 서로 주고받는 예'이고, 백帛은 '비단'이다. 폐백幣帛은 예의로 비단을 선물로 올림을 뜻한다. 우리 사회에서 현재까지 이어져온 폐백 의례 행위는 제사와 혼례에서 찾을 수 있다. 먼저 국가적 제례인 종묘宗廟 제례 같은 대향大饗에서 폐백을 사용했다. 국가에서 주관하는 가례에는 혼약의 증거로 신부 집에 사자를 보내 폐백을 받게 하는 예인 납징納徵이 있었다. 이러한 폐백의례는 민간에 확산되어 현재에 이르고 있다.

푸른 옷감하고 붉은 옷감하고 두 가지를 갖다가 신부에게 주는데, 이게 원래는 중국 풍속에서 녹피鹿皮, 사슴 껍데기 두 장을 보냈던 데서 온 겁니다. 그 보드라운 걸로 옷을 해 입으라고요. 그것을 염색을 하게 됐는데, 한 장은 푸른 것으로 하고, 다른 한 장은 붉은 것으로 해서, 오늘날 붉은 치마 푸른 치마를 부르기를 청홍양단이라고 합니다. 그때 사람들은 가죽을 오려가지고 실을 만들었으니까, 실 만들기도 아마 퍽 어려웠을 게요. 붉은 실, 푸른 실을 폐백 때 쓴 걸로 볼 거 같으면, 처음에는 그것도 화폐로 사용했을 것입니다.

맨 처음에 화폐로 사용한 것은 옷을 해 입을 만한 가죽이었고, 그다음에는 방직업이 성하니까 포속으로 대신했고, 그다음에는 조개껍데기로 대신했던 거요. 조개껍데기를 구하기가 제일 쉬운 곳은 산동성인데, 산동성 사람들은 대륙에서 신용을 못 받았어요. 그들은 화폐를 존중히 여기질 않았거든요. 고향 바닷가에 가면 조개껍데기는 얼마든지 주워올 수 있으니까, 다른 사람이 아끼는 화폐에 대해서도 신용을 하지 않고 배신하는 행동을 많이 합니다. 그래서 중국 역사에서 볼 것 같으면 산동성 사람들은 다 좋지 않은 사람이라고 쓰여 있는 것입니다.

아시냐와 어음의 에피소드

이렇게 화폐가 발전되다가 나중에는 화폐 자체보다도 신용과 권력에 의지하는 것이 생겨나게 됐어요. 그래서 종이로 화폐를 만들게 된 때가 언제인가 하면, 나폴레옹이 중유럽을 점령하게 되고, 재산은 다 소모되고 중량물은 가지고 다닐 수 없게 되고, 중량물 자체 역시 나폴레옹 손에 들어오지 않게 됐을 때입니다.

나폴레옹은 좋지 않은 행동으로 로마 법왕을 프랑스 리옹에다 갖다 놓고, 자기가 프랑스 황제가 되었음은 물론, 자기 동생도 이태리 왕을 시키고, 형도 서반아 왕을 시키고, 이렇게 야단을 냈습니다. 또 프랑스 모든 교회의 재산은 오직 나폴레옹이 처리할 수 있다는 조문條文을 내놓고, 전 프랑스에 있는 가톨릭 교회의 재산을 저당 잡히고는 그것에 의지해서 증권을 발행했어요. 그것이 화폐로 쓰이게 돼서 이름을 아시냐assignat*라고 그러는데, 아시냐라는 종이쪽은, 우리나라의 어음처럼 종이에 글자를 쓴 겁니다. 그 종이의 반을 잘라가지고, 한쪽과 한쪽을 요렇게 맞춰보고, 맞으면 돈 지불한다는 지불 증명서 같은 성질의 것이었습니다. 그 아시냐를 나폴레옹 황제의 위력에 의지해서 쓰게 됐는데, 왜 위력에 의해 쓰게 됐다고 말을 하느냐.

시방도 중유럽 사람들은 금에 대한 애착이 대단해요. 금이

---

* 프랑스 혁명기에 발행되었던, 가치폭락으로 유명한 불환지폐不換紙幣. 프랑스혁명 직후인 1789년 12월 프랑스 정부는 재정 궁핍을 해결하기 위해 수도원과 귀족으로부터 몰수한 토지를 담보로 5%의 이자로 아시냐 공채公債 4억 리브르를 발행하였다.

라면 아주 모든 것을 내놓으니, 금에 대한 애착은 얘기할 수가 없을 정도입니다. 그런데 어떻게 금 대신 종이쪽으로 경제생활을 영위했는가 하면, 나폴레옹 대황제의 위력과 신용에 의지했던 모양이에요.

처음에 아시냐라는 것은 프랑스 가톨릭 교회의 재산 증서였지만, 그것이 점점 발달해서 그 뒤 차차 금을 모아가지고 그 금에 대한 전표가 나오고, 그 뒤 차차 변해 1차대전 이후에 지폐가 국가의 신용으로 됐던 겁니다.

이처럼 어느 나라든지 화폐의 초면을 볼 것 같으면, "법률이 오직 이 국토에서는 이런 걸로 지불할 조건을 삼는다"라고 돼 있고, 국민이 그 화폐에 대해 반항할 적에는 국가의 위력에 의해 처벌한다는 조문이 있어서, 자기의 통화를 자기 민중이 거절할 수 없게 하는데, 이러한 얘기를 소위 세상에서 '화폐론'이라고 그래요.

그런데 이것이 점점 근본을 이탈해가지고, 소위 자기 국내에는 순전히 정부 신용표인 저 종이를 가지고 쓰게 되고, 국외에서는 소위 바터barter제*라는 것, 물건과 물건으로 상계를 해가지고 차액만 금으로 지불하겠다는 이런 무역 결제 방법도 차차 생기게 됐습니다.

이렇게 물건에 대한 모든 탐심을 모아서 화폐에 치중하게

---

* 수출입 물품의 대금을 돈으로 지급하지 않고 그에 상응하는 수입 또는 수출로 상계相計하는 국제 무역 거래 방식. 일정 기간 동안 수입액과 수출액의 균형이 맞도록 무역 상대국과 협정하여 이루어진다.

함으로써, 물건을 원활히 분배하려 하는 행동이 소위 인류의 경제생활입니다.

미국에서 우리나라를 원조하는 방식도, 애당초 우리나라에 물건을 준다고 했음에도 불구하고, 다시 물건 대신 돈을 준다는 거로 되었어요. 자기 돈을 가지고 와서 우리에게 필요한 물건을 사다 주는 방식입니다. 물건이 일차적으로 됐던 경제생활이, 시방은 화폐의 가치에 의지해서 화폐 자체가 일차적이 되고, 물건은 이차적으로 된 것입니다.

그런데 이 화폐라는 것은, 소위 지불 능력이 완전할 적에 그 화폐는 완전한 화폐다, 지불 능력이 부족할 적에는 부족한 화폐다, 그렇게 말합니다. 시방 아메리카 달러 같은 것은 다른 나라에서는 그것이 완전한 지불 능력을 가지지만, 자기 나라에서는 감가작용을 합니다. 10년 전 미국의 1달러는 시방 60센트밖에 되지 않는 것은 왜 그러느냐. 자기 자체의 경제 상태가 소위 디밸류에이션devaluation이 됐다는 말이지요. 그 가치가 점점 줄어들었다는 것, 이런 것들을 경제학자들이 얘기합니다.

경제 자체라는 것은 독립적이어서, 어떤 군주에게도 간섭받지 않고, 또 어떤 종교, 어떤 믿음에도 방해 없이 그 자체가 원활하게 작동할 적에, 경제생활은 영위가 잘 됩니다.

예를 들어 생각해봅시다. 시방 자주 먹지만 안 먹어도 괜찮은 물건의 분배작용을 어떻게 원활하게 할 수 있을까요? 그 물건을 대략 백 개를 사놓을 것 같으면 아주 원활히 될 수 있을 게요. 시방 10원짜리 능금을 파는 사람은 아마 한 천 원만 가지면 밑천이 넉넉할 것이고요. 사과 장수는 사과 백 개를 살 능력만 있으면 사과를 분배할 수 있는 능력이 있다고 할 수 있겠지요.

그다음에, 쌀 같은 것은 아주 시시각각 먹지만, 또 오래 가지고 있을 수는 없는 것입니다. 그런 것은 또 과실같이 또 임시로 먹는 것도 아니고요. 그런 것은 대략 2백 개를 가지면 분배 생활을 완전히 할 수 있을 것입니다.

옷 같은 것은 자주 입지 않는 것이지만, 물건 자체 수요는 반영구성을 가지게 되니까, 쌀의 수요가 2백 개 정도 된다 칠 거 같으면 그것은 한 천 개 정도 쳐야 분배작용을 원활히 해 줄 수 있는 셈입니다. 이런 것을 모두 모아가지고 경제학상으로 소위 '기업'이라고 하는 것입니다.

그러나 순전히 탐심이 물건에 애착될 적에, 경제생활이라는 것은 파멸이 되는 것입니다. 그래서 우리 인류의 소위 경제생활이라는 것은 물건의 탐심부터 떼어서 분배작용으로 옮기는 것이라고 할 수 있습니다. 그럼 분배작용으로 어떻게 옮겼는가. 화폐에 대한 애착을 이용해서 물건에 대한 탐심을 떼어내게 해가지고 시방 우리가 이렇게 영위해가는 것입니다.

기업과 분배와 탐심

이와 같이 추측하면 대략 기업의 원리를 알 수 있을 것입니다. 그런데 경제의 근본 원천이라는 것은 무엇인가. 아무리 분배를 하려 해도 물건 자체가 고갈됐을 적에는 경제생활이 침체될 것입니다. 빈곤해서 물건이 고갈되는 수도 있고, 탐심이 많아 물건을 한데 쌓아둬서 다른 데서 사용할 물건이 적어질 수도 있을 텐데, 이런 현상들은 다 '기업의 불원활'이라고 말할 수 있습니다. 그래서 시방은 오히려 경제라는 측면에서 바라보기보다, 기업이 시원치 못한 것, 다시 말하자면 분배기업에서 그 병적 원인을 살펴보게 되었습니다.

1차대전 이후에 소위 공산당의 생각이 단순했다는 것은 어떤 의미인가요. 기업주가 자본을 대고 노동자가 물건을 만들어, 기업주는 노동자에게 지불한 돈보다 많은 돈을 받고 그 물건을 내다 팔아서, 중간이득을 많이 취하게 되니까 좋지가 않다, 그러니까 노동자가 물건을 만들어서 홈빡 그대로 다 팔아서 노동자가 다 먹으면 좋지 않으냐, 이런 개념이었습니다. 그런데 이 같은 생각은 경제생활에서 말하자면 기교奇矯한 현상을 나타냈습니다.

왜 그러냐면, 경제생활 자체는 물건에 탐심을 내지 않고 그 물건 자체가 원활히 돌 수 있는 기업에 치중해야 하는 것인데, 고만 카를 마르크스Karl Marx(1818~1883)*나 그런 사람들은 거기에 대해서는 생각이 부족하고, 그 소위 분배라는 것을 염두에 두지 않고 물건 자체만 있으면 되는 줄 알았기 때

---

* 독일의 사회주의 사상가·경제학자.《공산당 선언》《자본론》등을 집필.

문에, 이런 단순한 생각으로 공산주의는 착오를 일으켰던 것입니다.

시방 아메리카 경제 같은 것은, 말하자면 물건 만든 사람이 물건을 죄 쓰게 만들자, 그것이 아마 현금現今 아메리카의 소위 자동차 공업의 모토가 되겠지요. 물론 그들도 처음에는 역시 노동자를 시켜서 물건을 만들어 노동자 아닌 자에게 팔았습니다. 그런데 물건이 귀했을 적에는 용이했을지 모르나, 물건이 많게 되니까, 다시 말하자면 수요가 공급보다 아주 작아져버리니까, 자기 기업 시설이 능률을 낼 수가 없게 됐습니다. 아무리 능률을 내도 팔리지 않으니까요.

그러면 어떻게 해야 하느냐. 할 수 없이 자동차 만드는 사람에게 되팔아먹는 것이 매우 좋게 됐다, 그 말입니다. 자동차 만드는 직공은 그 자동차 만드는 데서 돈을 벌어, 도로 자기가 자동차 사서 타고 다니게 됐다, 그 말입니다. 이러한 것은 순전히 분배 형식이 발달함으로써 결국 노동자 자신이 수혜를 입게 된 거라 할 수 있지요.

이런 경제 상태에 있어, 카를 마르크스 같은 사람의 생각은 아마도 결함이 있어요. 어떻게 결함이 생기는 것일까요? 카를 마르크스는 물건에만 탐심을 냈지, 그 분배에 대해서는 관심이 적었던 것이다, 그렇게 말할 수 있겠죠.

실제로 1차대전을 겪고, 또 2차대전을 겪고 나서 오늘 보면, 시방은 순전히 그 분배작용이 모든 경제를 발전시킨다는 거, 또 그 기업 자체가 적었을 적에는 일개의 독점자본가도 용납됐지마는, 그 기업 자체가 원체 방대하게 되면 독점 자본주가 용납이 되지 않는다는 거, 또한 노동자 자신이 자본주가 되고 노동자 자신이 역시 소비자가 되고 만다는 것을 알 수 있습니다. 생산자가 곧 소비자이고, 또 생산자 자체가 그 기업을 통한 수익자가 된다는 거지요. 이런 경제 상태는 1차대전 이전에는 기대할 수도 없었던 것으로, 이후에 그런 방향으로 발전된 것입니다.

공산주의는 기업이라는 걸 전혀 무시했기 때문에, 그들은 언제라도 자본주의에 의지한 운행은 망하리라 생각을 했던 겁니다. 그러나 자본주의의 운행에 대해서가 아니라 자기들의 결함에 대해 생각했더라면, 아마 공산당의 그 경제생활은 그렇게 나아가질 않았겠지요. 경제생활이라는 것은, 물건 자체에 탐심을 일으키면 정체가 되고, 분배로 생각을 돌릴 것 같으면 원활히 나아가는 것입니다.

필요에 의해서 배워야

엊그저께 영국 사람 하나가 와서 한국엔 대학이 너무 많다고 해서, 내가 이렇게 말해주었습니다.

"응, 후진 지역 사람들은 그 대학이란 거 퍽 하고 싶거든. 우리도 일제 시대에 대학을 못 하게 해서, 해방한 뒤에 소학교 문에다가 중학교 간판 붙이고, 중학교 문에다 대학교 간판 붙이고, 이런 걸 아주 좋아하지. 이제 이걸 충실히 해서 완전한 대학교가 되고 있거든. 그리고 대학 싫어하는 사람들은 무엇인가 하면, 백성이 깰까 봐서 겁을 내는 사람들이야. 예를 들면 영국이나 프랑스 같은 데가 대학 안 좋아하는 것은, 그 군주들이 백성이 깰까 봐 겁낸 거야. 중유럽에 대학이 많은 것은, 그렇게 깨지 않으면 영국이나 프랑스 사람하고 경쟁해서 먹고살 수 없다, 이렇게 생각해서지. 그래서 우리는, 더군다나 후진 지역 사람이 돼서, 대학을 많이 하는 게 퍽 좋아."

예전에는 프랑스나 영국에는 대학이 있었지만, 중유럽에는 대학이 없었어요. 그래 중유럽 사람이 공부할 곳이 없으니까 모두 파리나 런던으로 가게 됐어요. 그래서 유명한 쇼펜하우어 같은 사람도 학교가 없어서 파리 가서 공부했고, 엑스광선을 발견한 뢴트겐Konrad Röntgen(1845~1923)이란 사람도 물리학이나 화학을 배울 수 없어서 파리 가서 공부했던 것이죠. 그런 중유럽의 학교라는 것은, 내가 유럽 있을 적에 대강 75년 됐으니까, 아마 시방 한 백 년 되겠소.

그러면 그때 일본의 문명이 75년*인데, 75년 만에 오리자닌oryzanine**이라고 하는 저 비타민A, 비타민 열둘 그런 거를,

---

* 일본의 메이지유신을 가리키는 것으로 보인다. 메이지유신이란 일본이 정치·경제·군사 전 분야에 걸쳐 근대화를 성공시킨 일련의 과정을 말한다. 역사학에서는 그 시점을 메이지明治 원년인 1868년으로 보지만, 일본이 서구 열강에 문호를 개방하여 자본주의 형성의 기점으로 확대하면 대개 그 시기를 1853년에서 1877년 전후로 잡는다.

스즈키 우메타로鈴木梅太郎(1874~1943)라는 사람이 아주 세계적 발명을 했다고 그러는 소리를 듣게 되었지요. 그래서 일본 사람이 세계적 발명을 했나 보다 하고 유럽에 갔더니 웬걸, 독일에서는 학교 만든 지 서른다섯 해 만에 뢴트겐이란 사람이 엑스광선을 발견했거든요. 그럼 어떻게 될까요? 독일 사람은 똑똑한 편이고, 일본 놈은 시원치 않은 놈이 됐죠, 반토막으로 된 놈이니깐.

왜 그랬느냐, 일본의 문명이라는 것은 국가가 백성에게 내리 씌웠기 때문입니다. 백성이 필요해서 했던 게 아니라, 국가가 그 공부를 갖다 시켰기 때문에, 백성의 몸에 들어가지 않아서 그렇습니다. 예를 들면 일본의 학자라는 것은, 우선 저 철학 하는 사람이 그저 30년 40년을 한 책만 가지고 얘기해도 밥 곧잘 먹고, 외국에 갔다 왔으면 언제라도 잘 대접하니, 그놈의 학문이 발전될 이치가 있나요.

유럽은 그렇지 않습니다. 백성 자체가 필요해서 문화를 하려고 하고 공부를 하려고 했기 때문에, 뢴트겐 같은 사람이 프랑스에 가서 배워 와서 엑스광선을 발견하게 된 겁니다. 그러니까 애당초 학자가 될 적에, 처음부터 덮어놓고 좋으나

•• 1910년 스즈키 우메타로鈴木梅太郎가 쌀겨에서 발견하였다. 동물의 발육에 필요한 성분으로, 이것이 결핍되면 각기脚氣병을 유발할 수 있다. 쌀겨에서 분리한 유효성분이라 벼의 라틴 이름 '오리자oryza'를 따서 오리자닌이라 명명하였다. 1911년 영국의 C. 풍크가 같은 유효성분을 분리해 비타민vitamine이라고 명명함으로써 세계적으로 통용되었다.

언짢으나 학자니까 가서 듣느냐, 아니면 생활상 스스로 필요하므로 듣느냐에서 큰 차이가 나는 것입니다.

독일 철학자 오이켄Rudolf Christoph Eucken(1846~1926)* 같은 사람, 아마 시방 나이 지긋한 분은 알 텐데, 한 30년 전에 도쿄에서 독일 철학자로 유명한 이가 있었어요. 내가 유럽 예나에 가서 직접 오이켄을 보기도 하고 그랬습니다. 그 사람에게 처음에 어떻게 유명하게 되었느냐고 물어봤더니, 아, 이 사람이 처음에 강의를 하려는데 학생이 와야지, 할 수 있나, 제 며느리, 제 딸, 제 아들 갖다 놓고 강의했는데, 그러니까 무척 힘이 들었대요. 그래도 밥 먹고살자니 어떻게 하겠나, 자꾸 책을 읽고 자꾸 보고 했던 거거든요. 그때 내가 갔을 적엔 5천여 명의 학생들이 와글와글 모여 듣는단 말예요. 물론 오이켄이 유명하니까 거기 덩달아 가서 듣는 사람도 있지만, 대부분은 생활상 필요해서 가 듣는 겁니다.

대학교육은 이래서 중요하다

우리나라 사람들이 요새 흔히들 걱정 하는 것 중 하나가, 대학이 너무 많아, 대학 졸업한 사람이 판판이 놀며 고생한다는 것입니다. 판판이 놀 새가 있나, 배운 놈이 왜 판판이 놀아

---

* 1908년 노벨문학상 수상. 독일의 범신론적 이상주의 철학자.

요? 그놈이 일하기 싫으니까 판판이 노는 거지요. 노는 놈은 대학을 10년 다녔어도 안 배운 놈이거든요. 배운 놈이 판판이 놀 턱이 있어요?

독일 같은 데 가보면 재미있는 것이, 중학교 선생은 물론 소학교 선생님도 전부 박사더군요. 밥 먹고살 것도 없는데, 뭐 박사 짊어졌다고 다 되는 게 아니더란 말입니다. 수가 적어야 박사랍시고 얻어먹지, 원체 많은데 뭘 어떻게 하겠어요? 웬만한 직장에 노동자로 가는 데도 전부 박사, 그럼 어떻게 되겠어요? 그럼 이제 뭘 하겠느냐, 그 말이지요.

허, 재미있는 게 있지요. 2차대전이 떠억 돼서 독일이 죄 깨져버렸어요. 죄 깨져버리니까 세계 경제학자들이 모였어요. 왜 모였느냐? '중유럽 한복판이 못쓰게 됐으니, 중유럽 가장자리도 결딴이 나겠구나.' 그래서 모였습니다. 독일이 유명해서 모인 게 아닙니다. 모여 앉아서, '자, 요놈을 갖다가 부흥을 시켜야 되느냐, 안 시켜야 되느냐. 아, 이걸 부흥을 시키자니 노동자한테 노임이 많이 모이면 인플레가 되지 않겠느냐. 인플레가 되면 공장이 어떻게 돌아가느냐. 도저히 할 수 없으니 천천히 하나씩 하나씩 해가서 공업을 일으키자', 이렇게 얘기가 됐어요. 그런데 이렇게 되면 독일은 망하는 거예요. 독일 학자들은 이렇게 얘기했습니다.

"너희 말마따나 가만 놔두고 한 모퉁이씩 다시 시작해서, 몇백 년 후에나 제대로 살아야 옳다고 생각하는가? 그 지간에 다 굶어죽고 말 텐데, 그렇게 해서는 안 되지 않겠는가? 그러면 이걸 무슨 방법으로든지 부흥을 시켜야 하지 않겠느냐.”

이 문제를 루트비히 에르하르트Ludwig Erhard(1897~1977)*라는 젊은 경제학자가 해결해보겠다고 달려들었습니다. 그러고는 불과 10년 만에 그만 부쩍 부흥을 시켜버렸어요. 그래서 아주 유명인이 되어서, ‘저이는 경제학으로 수수께끼를 푼자다’, 그렇게 되었어요.

이런 일은 어디서 나오게 된 걸까요? 원체 독일에 대학이 많아서, 그저 우편 배달부도 박사님 되는 그 덕에 그런 사람이 하나 생기게 된 거지요. 그러니까 대학 많은 게 퍽 좋은 겁니다. 뭐 대학 간 놈이 어떻게 입만 벌리고 앉았겠어요? 그 녀석은 논에 가서 모를 내도 아마 대학 안 배운 놈보다 모를 더 잘 낼 겁니다. 그러니까 내가 아주 그 사람더러 그랬어요.

“우리는 대학 하는 거 아주 영광이오. 뒤떨어진 놈이 대학이라도 해야 어떻게 보충을 하지, 대학도 안 하면 어떻게 보충을 하겠소?”

우리는 똑똑해야 먹고살지, 못나면 한 놈도 먹고살 수 없다는 말이에요. 대학 졸업한 놈이 불평을 한다는 건 불평할 여유가 있으니까 그러는 겁니다. 대학을 안 나왔으면 불평을 낼 여유 있는데 안 내겠어요? 배 속이 쪼륵쪼륵한데 어떻게 불평을 내겠어요. 그러니까 그저 배우지 않으면 안 되겠다고 내가 그렇게 말했는데, 그것 역시 학문 자체가 필요하기보다는, 학문

•   독일의 관료·경제학자. 독일 연방공화국 연방 경제장관, 총리를 역임.

이라는 것이 어딘가에 쓰이기 때문이다, 그 말입니다. 자기 한 개체를 영위하는 데 필요한 것 아니냐, 그 말이지요.

오묘한 남녀관계, 부자관계

인류 생활에서 정신생활, 법률생활, 경제생활이 어떤 것인지 이만큼 알게 되었으니, 이제 한 가지 생각해볼 게 있습니다. 왜 사람을 남자면 남자, 여자면 여자, 하나만 만들어놓지 둘 다 있게 했을까요. 물론 그에 대해서는 여러분이 잘 대답할 겁니다. 요새 신식으로 예수교 믿는다면 아주 우뚝하니까요. '아, 성경에 아담과 이브가 있으니까 그렇게 된 거고, 흙덩어리가 또 고렇게 뭉쳐서 여자가 되고 남자가 되고, 하느님이 그렇게 생각을 하고 구렁이가 독 사과를 따 먹으라고 했고…', 그런데 그런 말들은 우리 요담에 됐다 듣기로 할까요?

이 우주의 만물이 모두 양전자positron와 음전자negatron로 됐다는 것은 우리가 처음에 우주 건축 재료를 조사할 적에 이미 잘 알았을 것입니다. 그래서 마이너스 기운이 많고 플러스 기운이 적은 자를 여성이라고 말하게 되고, 또 플러스 기운이 많고 마이너스 기운이 적은 자를 남성이라고 했던 것입니다.

다시 말하자면, 플러스 기운이 많은 자는 자꾸 내뿜기를 잘하고, 마이너스 기운이 많은 자는 자꾸 잡아당기기를 잘해서,

뽑는 놈하고 잡아당기는 놈하고 둘이 만나니까 아무 소리도 안 나더라, 이 말입니다. 서로 뽑는 놈들이 이렇게 서로 덤벼야 으르렁부르렁 소리 나고 요란스러운 건데 말이지요. 또 자꾸 서로 잡아 뽑는 놈들이 있어야 진공 상태가 돼서 포악도 부릴 텐데, 한 놈이 내놓고 한 놈이 받으니까 아주 교묘하게 사는 거예요. 그래서 소위 내뽑기 잘하는 놈을 남자라고 하고, 잡아당기기 잘하는 놈을 여자라고 그렇게 말했던 거지요.

그런데 자기 한 몸뚱이도 역시 내뽑는 기운이 있고 또 들이키는 기운이 있습니다. 흔히 사납게 생긴 자는 궁리가 아주 적지요. 사납게 생긴 사람에게는 사납게 대하지 말고 아주 잔등을 똑똑 뚜들겨가면서, '아주 예쁘다, 착하다', 그러면 이게 아주 으스스 좋아합니다. 왜 그런가 하니, 안에 마이너스 기운이 고적했기 때문이지요. 아주 겉이 얌전하고 새초롬하게 된 건 그 속에 있는 포지티브 기운이 고적하기 때문에, 그놈을 달래주면 아주 은근히 좋아해요. 그러니 남성이 겉에 발린 자는 속에 여성이 들어앉아 있고, 여성이 겉에 발린 자는 속에 남성이 들어앉아 있다, 그렇게 말할 수 있습니다.

그럼 절대로 남성이면 남성끼리 서로 친할 수가 없을 텐데, 남성이 남성과 친한 걸 가만히 보면, 하나는 우락부락한 녀석이고 하나는 용용용용하며 따라다니는 녀석입니다. 둘이 비위가 맞는 거예요. 또 둘이는 소곤소곤 다퉈요. "에이~ 짜식 왜 그래." "아이~" 그렇다고요. 이래서 서로 친할 수 있는 겁니다.

그다음 또, 여자와 여자끼리도 친할 수 있을까요? 자꾸 잡아 당기는데 어떻게 친하냔 말이지요. 여자 친구들 가만히 보면, 그 여자들이 왜 뭉쳐 다니느냐? 고적해서 뭉쳐 댕겨요. 겁이 나서요. 병아리를 길러 보면 알아요. 이놈이 따뜻하면 고개를 척척 내밀고 맘대로 하지만, 추우면 어미 속으로 바짝 들이 덤 벼서 밟혀 죽기까지 합니다. 또 더우면 모두 헤어져서 땀을 내 는 거와 마찬가지로, 이 사람들도 서로서로 붙는 것은 자기 필 요에 의해서입니다. 그래서 여자 친구들 가만히 보면, 어떤 남 자 같은 여자가 하나 떠억 있으면, 여자 같은 여자가 이제 뒤 를 따라갑니다. 그래서 하나는 여자 노릇을 하고 복종을 하는 데, 가만 보면 줄곧 복종을 하는 건 아니다, 그 말입니다. 꼬치 꼬치 따지면 사내 같은 여자가 헉 하고 자빠지거든요.

그러면 이제 남자가 여자를 보면 좋으냐, 안 좋으냐, 그 말 입니다. 첫째, 좋아야 다니지, 언짢은데 어떻게 댕길 수가 있 나요. 그럼 좋다는 것은 어떤 것이냐? 자기 생명에 위험을 느 낄 적에 좋다, 왜? 대략 엄마가 어린아이를, 자식을 예뻐하는 것이 얼마만큼인가요? 낳을 적에 꼭 죽었다가 깨났기 때문에 그 정도로 예뻐한다, 그 말입니다.

아범이 자식 예뻐하는 것은, 어멈이 그러니까 괜히 겉으 로 따라서 '흥 그게 내 자식이야' 아주 그런 정도이지, 싱겁기 가 짝이 없지요. 아버지는 따뜻한 정은 없어요. 아버지는 한 번 어린애 때문에 죽어본 일이 없기 때문이에요. 그래서 아 주 극히 미우면 극히 친한 거라고 하는 겁니다. 어려서 애들이 서로 충돌하고 때리고 그러는데, 이놈들이 점점 자랄수록 언니 동생 그러고 따라다니거든요. 왜 따라다니는가 하니, 서로 죽일 모양으로 했기 때문에 죽도록 예쁘다, 그 말입니다. 그러니까 인간의 마음이라는 것은, 좋고 언짢은 것보다, 마음에 몹시 인상이 박혔는가, 안 박혔는가, 이것이 핵심입니다.

그런데 '이제 내가 좋거든, 다시 다른 사람은 좋아하지 마라' 이런 규칙이 하나 들어간다, 그 말이에요. '하이고, 난 죽어도 좋아. 나는 뭐 일평생 당신 아니면 안 되겠어', 이렇게 될 적에 이걸 결혼이라고 그래요. 이게 법률생활의 제재題材가 돼요. 그래서 그다음에는 '너, 나만 좋다고 그러구, 왜 다른 놈 좋아해?' 아주 그러면 '아휴, 그저 조끔 그랬지 뭐, 많이 그랬을라고.' 이것이 소위 파경이라는 거지요.

세 가지 생활이 잘 조화돼야

그러니까 인류사회라는 것은 대략 이 세 가지 생활이 구족具足해야 될 겁니다. 시방 저 유엔 기구가 생기게 되고, 또 자꾸 학문이 발달될수록, 하나의 '세계 국가'가 생기겠느냐, 안 생기겠느냐 하는 것이 시방 우리 앞에 있는 문제 같은데, 그런 것은 어떻게 생기겠습니까.

어떠한 한 사람이 전 세계 사람을 다 먹이고 입히려고 할 만큼 절대의 마음을 가졌다면, 아마 그 사람을 우리가 군주로 봉행하지 않으면 안 될 것 같습니다. 그건 왜 그럴까요? 법률상으로 호주가 가족에 대해서 절대권을 가졌다는 것은, 호주 자신이 가족 전체에 대해서 먹는 거 입는 것을 자기 몸 뚱이 이상 애쓰는 것에 대한 보상이지, 법률이 그렇다고 해서 우리가 호주를 존경하는 건 아닙니다.

그래서 호주가 가족에 대해서 절대권을 가지면, 가족에는 법률이 들어가지 못합니다. 왜 그러냐. 조그만 가족에는 애당초 법률이 필요가 없고, 대신 도덕이 필요합니다. 그러나 이 넓은 국가에서는 도덕이 잘 퍼지지 못하므로 법률이 필요한 겁니다.

가족이라는 것은 한 개의 조그만 국가지만, 거기는 순전히 도덕이 지배해야 됩니다. 그런데 요새 우리 민법을 볼 것 같으면, "가족은 호주에 절대 복종을 한다"라고 써놨단 말이에요. 무슨 까닭인가 하니, 호주는 자기 자식이 신발이 없으면 제 신발이라도 벗겨서 자식을 신기고 싶은 거예요. 그런데 단지, 자기가 나가서 밥을 벌어다가 자식을 먹여야 되니까, 할 수 없어 그걸 신고 나옵니다. 그러니까 이 자식이, 제 몸 뚱이를 절대로 건사해주는 아버지께 복종을 하게 될까요, 안하게 될까요? 요것은 순전히 도덕에 의지해서 되는 것이지, 법률이 거기 무슨 컨트롤을 하는 것이 아닙니다.

이런 것이 국가를 구성하는 근본인데, 만약 어떠한 한 사람이 온 동네 사람을 모두 자기 가족과 같이 먹이려고 하고 입히려고 할 것 같으면, 그 사람 영락없이 동장이 될 겁니다. 그다음 한 군, 한 면에 역시 어떠한 절대자가 있어서, 그 면 사람을 자기 몸뚱이와 같이 생각해서 먹이고 입히고 할 것 같으면, 아마 그 면은 그 사람이 통치하게 될 겁니다. 이렇게 해서 이것이 한 도가 그렇게 되고, 한 나라가 그렇게 되고, 또 한 블록이 그렇게 되고, 또 세계가 그렇게 된다면, 아마 앞으로 세계를 통치할 사람도 있을는지 누가 알겠습니까?

싫어하는 민족 간의 생활 교류

인류의 소위 사회 협조 정신이라는 것은 얼마만큼 발전할 것인가? 우선 한국과 일본 사이를 보세요. '저놈이 나를 40년 먹었으니 저놈의 말을 곧이들어야 되느냐, 안 들어야 되느냐?' 우리 이런 생각 안 할 수 없을 거예요. 저쪽 놈은, '그 자식 그거, 우리 종놈의 자식인데 말이지, 전엔 기침 한 번만 해도 아이쿠 이랬는데, 아 시방도 그러겠지' 이따위 생각을 하고 있으니, 우리가 여기에 대한 마음이 풀리겠어요?

　대한민국 정부가 수립됐을 적에 일본 도쿄에서는 뭐라고 했는가 하면, 자기 하인더러, "너 대한민국 가면 아마 대좌는 되겠다." 또 어떤 놈 보고는, "너 여기서는 이렇게 못나게 굴지만, 대한민국에 가면 외무장관은 하겠다." 이렇게 흉을 보거든요. 전에는 '요보'*라고 해서, 도둑놈, 쓰레기 줍는 놈, 조선 사람을 낮춰서 죄다 요보라고 했어요. 왜인들이 이렇게 빈정거리면 우리는 아주 듣기 싫지요.

그런데도 서울 한복판에서 우리가 무슨 짓을 하는가 하니, "여보, 그래도 저 곰탕보다는 스시가 좋소. 초밥이 좋지 않아?" 또 "나니와부시浪花節˙˙라는 게 있는데, 우리 창唱보다 조금 더 좋지"라고 해요.

그러면 이러한 건 어디서 나온 현상인가. 서로 싫어하는 민족 간에 풍속과 예술을 이렇게 합쳤으니, 이게 무슨 까닭인가 말입니다. 그 왜놈을 욕하다가, 우리가 따라서 배운 겁니다. 그래서 왜놈이 간 뒤에도 여기선 나니와부시가 좋은데 그 웬수의 경찰이 하지 말라니깐 조금 겁이 나고, 도쿄 사람들이 부르는 노래가 좋아서 레코드판이라도 사다 놨다가 경찰 관리한테 뺏기기도 하고, 서울 안에서 저 초밥 만드는 집이 꽤 번창하고, 그럽니다.

이런 것은 왜놈이 미웠기 때문에, 그 미운 마음이 시방 와 되살아나는 것이에요. 그러니까 절대로 남을 보고 미워하지 마라, 미우면 자기가 정복되고 마는 것이다, 그 말입니다.

이것은 사회가 발전하는 데 지장을 주게 되는 거예요. 시방도 우리는 "네루Jawaharlal Nehru(인도 총리, 1889~1964)가 왜 공산당을 좋아하느냐?", 또 "동남아시아에서 왜 공산당을 좋아

- 일제 강점기에 일본인들이 조선인을 비하하던 말. 조선에서 흔히 썼던 2인칭 우리말 '여보'를 희화화한 것.

•• 우리의 창唱과 비슷한 노래로, 주로 남자가 부른다. 로쿄쿠浪曲라고도 함.

하고, 왜 우리가 공산당 치는 데 협조들 안 하고 그렇게 하느냐?" 하고 말하겠지만, 그들은 2백 년 동안 양인들한테 혼이 났단 말이에요. 30년이 한 대代니까, 2백 년이면 6대가 됐네요. 6대나 겪었으니까 언짢은 것도 잠깐이지, 진저리가 나더라도 지내다 보면 진저리가 아니거든요. 그래 그만 양인 하는 것이 모두 좋아졌단 말이에요. 양인이 하는 것이 모두 좋으니, 이놈 근성이 이 꼴이 되고, 자기 의향意向이 없어져버렸단 말예요. 그러니 네루 총리가 영국 놈이 옆에만 와도 싫지요. 왜 싫을까요? 백성이 좋아하니까 싫은 거지요.

시방도 이 박사(이승만 당시 대통령)가 왜 왜놈을 오지 말라고 할까요? 여기 왜놈만 오면 모두 뭐 종로 거리, 을지로 거리로 죄다 쫓아갈 거요. "나니와부시 레코드도 한 장 주시오, 나이론 양말도 주시오. 일본 게 제일 좋습디다." 이렇게 되니까요. 그러고는 중앙청에 가는 대신 왜놈의 집에 가게 되니까, 이 박사가 왜놈을 오지 말라고 하는 거예요. 오더라도 이 박사처럼 왜놈 같은 거 본척만척하면, 왜놈 들어오라고 해도 아무 일 없겠지요. 그런데 시방 여러 사람들이 이 박사의 정책을 두고, 왜 왜놈하고 통상 안 했느냐고 그러는데, 이것은 저희가 왜놈을 좋아하니깐 그런 겁니다.

그런데 시방도 여자들이, 우리가 외국에 가서 왜놈들과 싸우면 "잘 싸웠다"라고 그래요. 왜놈을 이기고 왔다면 아주 잘 싸웠다 해요. 무슨 까닭일까요. 35년 일본 사람에게 학대받던 그 인상을 넣은 거지요. 이러한 인상들은 모두 사회 발전을 저해하는 겁니다.

그러면 대체로 원망을 잊어버려야 될까요? 잊어버려야지요. 어떻게 잊어버려? 아니, 잊어버릴 수 있다면 이 세상 고생스러울 적엔 살짝 죽었다가, 또 좋을 적에 살짝 태어나는 게 좋지 않을까요? 그럼 아마 겨울에는 아무것도 영위하지 말고 죄 죽어버리고, 봄이 되거든 살짝 피어나오는 게 또 어떨까요. 하지만 그건 도저히 인생으로서는 불가능한 일이니까, 언제라도 남을 미워하기보다 남을 이해하는 게 좋습니다. 이것이 사회가 발전해나가는 기초가 될 겁니다.

자립과 발전을 지향하는 자세

이해하려고 할 적에, 자기 능력이 없으면 이해할 수 없습니다. 자기 능력이란 무엇이냐. 자기가 먹을 것을 자기가 만들 수 있고, 자기 몸뚱이를 자기가 운전할 수 있고, 또 자기가 배우려고 하는 마음이 있는 겁니다. 그러나 언제라도 배우려는 마음이 없고, 제가 잘난 생각을 할 적에, 그 사람은 영원히 매장이 되고 말 겁니다. 정신이 발전되지 않는 거예요. 정신이 발전되자면 오직 배우는 마음을 게으르게 하지 말아야 할 것입니다.

그다음, 또 법률생활이 완전하자면 불평하는 마음을 배제해야 합니다. 그건 왜 그러냐. 불평하는 마음은 모든 건설을 파괴하기 때문입니다. 불평하는 마음으로 건설을 파괴할 때에는, 그 자체가 그만 못쓰게 되는 겁니다. 기계가 원활히 돌아가질 않아요.

그다음, 탐심을 내지 않으면 물건을 잘 분배합니다. 자기가 필요치 않은 물건을 여뒀다가 남에게 줄 줄 아는 것, 그것이 아주 유용한 경제 원칙이 될 겁니다. 이러한 경제 원칙은 우리 인류가 한 가족의 생활을 영위하거나, 한 국가의 생활을 영위하거나, 가장 필요한 겁니다. 자기에게 필요 불가결한 거 외에는 여뒀다가 남 줄 줄 알아야 되는데, 요새 사람들은 그런 힘이 좀 적어 보입니다.

요새 사람이 나쁜 게 아니라, 언제라도 방심할 적엔 그렇게 되는 거예요. 내가 흔히 말했어요. 목이 마른 자가 물을 간절히 구합니다. 그래서 물을 갖다 주면, 물을 먹고서 남은 물을 여뒀다가 남 주는 법이 없어요. 물 먹고는 바가지를 다시 안 볼 것 마냥 홱 바닥에 끼얹어요. 그렇게 하니까, 식당 바닥이 모두 축축하고 그래요. 그 바닥이 축축하니 우선 제 구두가 젖을 텐데, 여지없이 내버린단 말이에요. 그러니까 조금 있다 또 목이 마르지요. 또 목이 마르니까 "어이, 물 좀 주슈" 그렇게 되지요.

이는 무슨 까닭일까요? 자기가 쓰지 않아도 되는 걸 여뒀다가 남 주는 마음을 낼 것 같으면, 버리는 게 많지도 않고, 여지없이 내버릴 마음도 없고, 자기가 그렇게 목마르지도 않을 것입니다.

은혜는 갚지 못할 사람에게 베풀라

이것이 우리가 경제생활 자체를 터득해나가는 이치입니다. 이것을 자꾸 연습할수록 자기 생활의 여유를 자꾸 증대해갈 것입니다. 남에게 주는 것이 매우 좋아요. 주고서 후회하지 않을 적에는 완전히 준 겁니다. 그래서 유명한 사람들이 말하기를, "시은어불보지인施恩於不報之人이라, 은혜라는 건 갚을 수 없는 사람에게 베푸는 것이라" 했어요. 갚을 수 없는 사람에게 베푼다는 것은 자기의 경제생활 능력을 준비한다는 말이에요. 그래서 갚을 수 없는 사람에게 베풀어주고 나면, 그때부터는 아주 상쾌해요.

그러나 갚을 수 있는 사람에게 은혜를 베풀면, 그날부터 아주 자기는 영원히 죽게 됩니다. '내가 성냥 한 갑을 줬으니까 저놈이 잘 되면 성냥 열 갑을 갚겠지. 그런데 저 자식이 언제쯤 잘 될까. 요샌 쟤가 좋은 옷 입는데, 그거 남의 걸 얻어 입은 건가, 지가 돈 벌었나. 아, 그놈 벌었으면 내가 성냥 열 갑은 달래야 될 거야. 아, 그런데 이제 그놈이 거지가 된다, 아뿔싸 성냥 열 갑은 잃어버렸구나.'

한 갑 주고서 왜 열 갑을 잃어버렸다고 그러느냐, 이 말이에요. 줬다는 생각이 탐심으로 되어서, 사람의 평화가 깨지게 된 겁니다. 이런 것은 모두 인류사회의 생활을 영위하는 데 있어, 사회 발전에 지장을 주는 것입니다.

군주 시대에도 역사는 발전해왔다

6

지난 시간에 말했듯, 보로서(프로이센) 왕이 황제 즉위식을 하는데 법왕이 나와서 모자 씌워줄 이치도 없고, 씌워줄 근거도 없습니다. 애당초 반역당이고, 로마 법왕에게 복종 안 하던 보로서 왕이니, 법왕이 있든 없든 문제 될 것도 없겠지요. 나폴레옹이 자기 손으로 모자를 집어 썼듯이, 빌헬름 1세는 베르사유 궁전에서 자기가 직접 왕관을 쓰고서 법률상으로 독일 황제 폐하라고 했습니다. 프랑스나 영국은 자기들이 가장 크고 세다고 자랑을 했었고, 중유럽에서 보로서는 별 가치 없는 오합지졸이라 생각했는데, 보로서가 보불전쟁에서 이기고 나더니 별안간 유럽의 황제라고 떠억 나선 것입니다. 하지만 아무도 뭐라고 말할 수 없게 되었어요.

이젠 저마다 황제

그다음부터 공문서가 뭐라고 나갔을까요? '독일 황제 폐하' '영국 왕 전하', 아, 이건 창피하고 분해서 못 견디겠단 말입니다. 자기들이 전에는 '보로서 공작 아무개' '영국 왕 전하', 이렇게 하던 문서가 별안간 뒤집혔으니 아마도 속이 상할 게요.

그런 예는 우리나라에도 있었어요. 흥선대원군(1820~1898)*

---

* 본명 이하응李昰應. 아들 고종을 대신한 섭정으로 19세기 후반 조선 정치를 주도하였다.

이 아들을 임금을 시켜서, 그이가 고종高宗황제(1852~1919)˙
가 되었지요. 그렇게 대원군이 사실상 통치할 적에 일본에서
공문이 왔습니다. 그전까지는 '조선 국왕 전하, 일본 막부장
군 아무개', 이렇게 왔었는데, 별안간 어느 날 '조선 국왕 전
하, 일본 천황 폐하', 이렇게 왔단 말입니다. 대원군이 속이
상해 그만 국교를 단절한 일이 있어요. 유럽 사람이라고 왜
그렇지 않겠습니까?

영국에서 궁리한 결과, 예전에 인도에 황제가 있었으니 영
국 왕이 인도 황제를 겸해버렸습니다. 그래서 그다음부터는
공문에다 '독일 황제 폐하, 대영제국 황제 폐하'라고 썼어요.
이렇게 쓰니까 어깨가 으쓱하고 재미가 있단 말이죠. 이건
민중하고 아무 관계도 없는 일이지마는, 저 직첩을 두고 이
렇게 야단을 낸 겁니다.

그러니 프랑스에서도 또 속이 상해 죽겠단 말이지요. 엊그
제까지 왕이라고 하던 놈들이 모두 '황제 폐하' 이러는데 속
이 얼마나 상하겠어요. 그런데 프랑스가 가만 생각해보니,
'안남安南'이라는 게 중국의 속국이었는데, 중국에서 떼어내
서 독립시켰단 말이에요. 마치 일본 사람이 우리를 중국으로
부터 독립시켜서 슬쩍 자기가 먹은 것과 마찬가지로 해서,
안남을 그렇게 했어요. 요새는 안남을 베트남이라고 그럽니

˙   조선 제26대 왕이자 대한제국 제1대 황제(재위 1863~1907). 명성황후와 대
     원군의 세력 다툼 속에서 일본을 비롯한 열강의 내정 간섭을 겪었다.

다. 그런데 옛날 문서에 안남에 황제라는 것이 있거든요. 그래서 프랑스 대통령이 안남 황제를 겸해버렸습니다. 그다음부터는 '영국 왕 전하, 프랑스 대통령 폐하', 이랬어요. 아주 재미있는 일입니다.

그러니 이제 한창 황제 타이틀을 가지고 싸우는 판이에요. 중국은 어마어마하게 '하늘 아드님[天子] 폐하', 이랬습니다. 왜놈은 가만히 생각하다가 '미카도みかど(황제) 폐하', 그랬고요. 당시에는 이렇게 한창 황제가 깨 쏟아지듯 하는 판이었어요. 그때 우리도 아마 황제를 몇 해는 해본 모양입니다. 나중엔 왕도 잃어버린 판이 되긴 했지만요. 여하간 황제 전성시대가 됐던 것은, 다 인류의 법률생활이 하나둘 모여서 저 하고픈 대로 궁리를 내다보니 그 모양으로 됐던 것입니다.

이것이 자꾸 발전돼오면서, 러시아도 자기대로 황제를 했는데, 러시아는 애당초 로마 가톨릭이 아니고 그리스 정교인만큼, 그 이름을 '러시아 황제'라고 하기 싫거든요. 그래서 러시아 말로 '차르Tsar'라고 했어요. 차르는 러시아 황제, 카이저Kaiser는 독일 황제, 임페라토르Imperátor는 로마 가톨릭 황제, 이렇게 한창 전 세계에 황제가 들끓었습니다. 황제가 들끓은 이 시대를 황제 전성시대라고 합니다. 이 군주라는 것은 막을 수 없는 대세였는데, 여기에 새로 '대통령'이 등장했습니다.

스위스 공화국과 근대 민주주의의 출현

유럽에 스위스라는 지방이 있어요. 유럽이라는 건 사실 아시아 옆에 있는 작은 흙덩어리라 해도 과언이 아니겠는데, 그중 높은 산이 몽블랑Montblanc입니다. '몽Mont'이란 프랑스 말로 '산'이라는 뜻이고, '블랑blanc'은 '희다'는 말인데, 산꼭대기에 늘 눈이 쌓여 있어서 몽블랑이라고 해요.

몽블랑 산꼭대기에서 서쪽은 프랑스, 동쪽은 이탈리아, 북동쪽은 독일이 됐어요. 그래서 이탈리아 쪽 다섯 골짜기는 이탈리아 말을 쓰게 되고, 프랑스 쪽으로 일곱 골짜기는 프랑스 말을 쓰게 되고, 독일 쪽으로 열네 골짜기는 독일 말을 쓰게 돼요. 그래서 그 산골짜기 사람들은 세 가지 언어를 쓰며 살았던 것입니다. 프랑스가 흥했을 적에는 스위스 산꼭대기가 전부 프랑스가 되고, 이탈리아가 흥할 적에는 산꼭대기가 전부 이탈리아가 되고, 독일이 흥할 적에는 전부 독일이 되니까요.

아무래도 산골 사람에게는 문명이 그렇게 속히 보급되는 것은 아니지요. 그러니, 사람도 그 산 모양으로 고집이 몹시 세서, 독일 사람이 통치하면 프랑스나 이탈리아 사람들을 학대하여 내보내게 되고, 프랑스나 이탈리아가 통치하게 되면 독일 사람들을 학대해 못살게 구니, 거기서는 새로 통치하는 자가 올 것 같으면 사람 죽이기를 잘했어요. 죽이기 용이한 것이, 바위틈에 잠복했다가 화살 한번 당기면 죽으니까요.

그때 프랑스나 독일이나, 또 저 이탈리아 같은 데서는, 아마 거기 총독으로 부임하는 유능한 인재를 많이 잃어버리게 되니까, 산꼭대기는 저희끼리 살게 내버려두는 게 좋지 않으냐, 모여서 그런 의논을 했어요. 그래서 소위 영세중립국으로 되어서, 비로소 스위스 공화국이 생기게 됐습니다.

이 스위스 공화국 사람들은 산골에 사느니만큼, 농사도 잘 되지 않고 별로 할 게 없어서, 스웨덴에서 쇠뭉치를 가져와 시계 같은 거나 만들어 팔아먹고, 그것만 가지고 살 수 없으니까 여관을 만들어 벌이를 했어요. 그러면서 유럽에서 공업이 제일 먼저 발달했습니다.

당시 영국은 시민 정책을 많이 실행한 나라인데, 영국 사람이 스위스에 오면 대부분 여관에 있게 되니까, 자연히 그 사람하고 통하게 돼서 영어를 쓰게 되었습니다. 그래서 스위스에는 프랑스 말, 이탈리아 말, 독일 말이 국어이고, 동시에 자기들에게 필요한 말이 영어였던 것입니다.

시방도 스위스에서 통신하는 거 보면 전부 이탈리아 말, 프랑스 말, 독일 말이에요. 그래서 유럽에서 통변通辯(통역)꾼을 얻자면 그곳 사람을 얻어오는 것이 좋아서, 유럽의 제왕들도 자기들 궁전 지키는 데 스위스 사람을 갖다가 두게 된 데는 그런 유래가 있습니다.

우리나라에서도 이런 일이 있었는데, 고종 임금이 처음 황제가 되었을 때, 업신여김을 자주 당하니까 상해에서 가드(호위병)를 구해왔습니다. 눈이 파랗고 코가 삐죽한 양인들 갖다 놓으면 백성이 좀 무서워할 테니까요. 그런데 그걸 데려다놓고 보니, 시원치 않은 아주 협잡꾼 깡패예요. 진저리를 치고는 할 수 없이 도로 보내고, 나중에 평양 사람, 황해도 사람을 데려다 써보니까 좋더랍니다.

그래서 민영환閔泳煥(1861~1905)* 씨가 평안감사 할 때, 소를 많이 사서 아들 삼형제 있는 집마다 소 한 필씩 주고, 둘째 아들을 서울로 데려와 궁성 호위대를 만들었어요. 그래서 '평양대'라고 유명해졌고, 평안도 사람들이 군인으로서 많이 출세했어요.

그렇게 해서, 유럽에서는 저 왕궁에 호위병으로나 나가던 스위스 사람들이, 비로소 중립 조약에 의지해서 스위스 공화국이 된 겁니다. 스위스가 민주주의 하기에 이상적이었던 것은, 국회를 열자면 그중 높은 데 있는 여관집 꼭대기에 가서, '오늘 동네 모입니다', 이렇게 한마디만 하면 동네 사람들이 모이거든요. 그래서 20여 동네가 모여 얘기를 해가지고 정치를 하기 때문에, 상설 정부도 있지 않아요. 그것이 민주주의의 한 표본이 됐던 것입니다.

그랬는데, 새로 아메리카라는 것을 발견하고 아메리카에 공화제가 선포되니, 높은 꼭대기 여관집 탑에 가서 "오늘 동네가 모입니다", 이렇게 말하는 대신, 편평한 벌판에서 서로 통지를 하러 다니게 되니까 기한이 많이 걸리거든요. 스위스

---

* 한말의 문신, 순국지사. 예조판서, 병조판서, 형조판서 등을 지냈다. 일본의 내정간섭을 비판하다 대세가 기운 것을 보고 자결하였다.

에서는 한 골짜기를 가우Gau라고 해서, 가우 사람들에게 쉽게 연락했지만, 북미 평야에서는 사발통문을 가져다 돌리러 다니는 사람이 적어도 사흘 나흘 닷새가 걸리니까, 유럽에서 생각하던 데모크라시가 북미 평야에서는 매우 어려웠습니다.

아메리카 살림살이라는 것은 순전히 스위스 산중에서부터 일어난 것입니다. 그게 대략 장 자크 루소Jean Jacques Rousseau(1712~1778)*의 민약론에 의거한 것이고, 몽테스키외 Montesquieu(1689~1755)**에 의지해서 삼권분립를 해가지고 새로운 형식의 국가가 됐기 때문이지요. 사람의 법률생활로서는 아마 이것이 극치로 나아갔던 것이에요.

유럽 경제발전의 젖줄 라인강

이러한 과정에서 차차 무슨 일이 생기게 됐는고 하니, 수공업이 변해서 공업이 되고, 영국에서 증기기관이 발명되어 공업이 발달해 프랑스를 침식하게 되니, 중유럽 사람들도 거기 보조를 맞추지 않으면 안 되게끔 됐습니다.

공업은 어디서 발전하는고 하니, 석탄과 철광이 많은 곳이

• 　프랑스의 계몽사상가. 인간은 출신에 관계없이 평등하다고 보고, 시민의 자유를 강조하였다. 《사회 계약론》 《인간 불평등 기원론》 등의 저서가 있다.

•• 　프랑스의 계몽사상가·정치 철학자. 《법의 정신》을 지어 삼권 분립을 주장하여 미국 헌법과 프랑스 혁명에 영향을 주었다.

겠지요. 그래서 영국에서는 철광이 있는 스코틀랜드를 중심으로 공업이 발전되고, 그 물건을 사다가 잉글랜드 사람들이 해외에 갖다 팔게 돼서, 잉글랜드 사람은 장사를 잘하게 되고 또한 정치를 하게 됐던 것입니다.

중유럽에서는, 스위스에서 발원하여 독일 쾰른이나 네덜란드 암스테르담으로 빠지는 라인강 지역이 바로 그런 곳입니다. 라인강 언덕에는 석탄과 철광이 많아 공업이 발전되고, 프리드리히 대왕이 만든 소위 독일 제국이 융성하게 됩니다. 원체 중유럽은 공업이 늦게 발전되고 빈약했던 탓인지, 피폐한 민족이 많았습니다. 그들이 먹을 것이 없으니까 전부 라인강 옆으로 모여드는데, 노동자가 제일 많이 모여든 곳이 에센Essen, 뒤셀도르프Dusseldorf입니다. 1차대전 전후에 모든 유럽에서 여기로 1천만 명의 노동자가 모여들면서 복잡한 문제가 많이 일어나게 됩니다.

그때 이상스러운 사람이 하나 나타났어요. 그때 이상스러웠던 게 아니라, 지금 보니 이상스럽다는 것이긴 합니다. 카를 마르크스라는 유대인인데, 우리가 기억하기로 예수 역시 유대 사람이니 아마 예수 같은 성자가 아닐까, 그렇게 생각할 수도 있겠지요. 그런데 카를 마르크스는 아주 재미있는 사람입니다.

그가 가만히 보니, 석탄을 캐고 쇠를 끓여 기계를 만들어 갖다 파니까, 보통 감자나 밀 농사 하는 것보다 돈이 많이 생기거든요. 그런데 이 돈을 공장 밑천 대는 자가 모두 먹는 거요. 그러니 심통이 난단 말입니다. 그래, '아, 저런 망할 놈들, 가만히 앉아서 주판질이나 하는 놈들을 먹여 살릴 게 아니라 우리가 몽땅 먹으면 어떠냐', 이런 생각이 났습니다. 이 얘길 내놓으니 다들 그거 아주 좋다고 그러거든요. 이거 괜찮다, 그래서 '임금이고 뭐고 다 때려 부수고, 교회고 뭐고 다 일 없고, 우리 노동자가 정부를 세워가지고 우리가 옴팡옴팡 먹으면 좋지 않아?' 이런 배짱이 났습니다.

이 사람들을 뭐라고 하는가 하면, 코뮤니스트communist라고 해요. '코뮨commun'이란 건 '동네'라는 말인데, 동네를 그만 정통으로 해버리자 그 말입니다. 그걸 요새 우리가 '공산당'이라고 번역하지요.

마르크스라는 이 사람이 그렇게 단순하게 생각해서 신문에다 이 얘기를 들이 내고, 노동자들한테 얘기를 해요. 그러니 노동자는 공장 주인이 집도 떠억 크게 잘 짓고 잘 입고 다니는 거 보고는 '우리가 벌어서 저놈이 먹는구나', 이런 생각을 했고 포악해졌단 말입니다. 이렇게 되니 질서가 유지되지 않아, 독일 정부는 카를 마르크스를 내쫓아버립니다.

러시아에서는 전제 군주인 차르를 없애버리려는 젊은 사람들이 많이 생겨났는데, 이 운동을 하다가 몇몇 친구들이 내쫓겨 오갈 데 없어서, 러시아 사람이 제일 좋아하는 프랑스 파리로 슬슬 모여들었습니다. 그중에 레닌Vladimir Lenin(1870~1924),* 크로포트킨Pyotr Alekseyevich Kropotkin(1842~1921),** 트로츠키Leon Trotskij(1879~1940),*** 이런 이들이 모두 보따리를 짊어지고 파리로 왔어요. 그러나 무슨 재주가 있어야지요.

그때 중유럽이나 러시아에서는 대학 다니는 사람이 어찌나 귀한지, 대학생이면 가게에서 뭐든지 물건을 반액으로 제공할 정도였어요. 아주 부잣집 자식이나 학교에 다니게 되는데, 레닌이나 트로츠키, 크로포트킨은 대학 근처에도 갈 수 있는 상황이 되지 못했습니다. 이들이 배운 것은 없고, 프랑스에서 뭐 할 게 있나요, 채소밭 한 뙈기 얻어서 채소 장수 해먹을밖에요. 그렇게 몸뚱이 커다란 놈들이 채소밭에 엎드려일하게 됐던 모양이에요. 그래서 그날그날 채소를 팔아서 먹고사는데, 이자들이 이제 먹고 나서 어떻게 하면 황제를 거꾸러뜨리느냐, 이게 궁리였던 것입니다.

그런 와중에 카를 마르크스가 나와서 이론을 펴지요. "공업이 이렇게 발전되고 우리 노동자 손으로 일을 다 하는데, 그걸팔아서 우리가 홈빡 배불리 먹고 정부도 우리가 만들고 그러면좋겠다", 이렇게 했단 말예요. 거기서 레닌이나 크로포트킨처럼무식한 이들을 조수로 얻은 셈이 되었나 봅니다. 한편 트로츠키는 유대 사람인데 골치가 좀 나아요. 카를 마르크스 얘기를가만 들어보니 재미가 나고 홈빡 빠져들게 된단 말이에요.

- 러시아의 정치가, 혁명가. 러시아 혁명을 지도하고, 1917년에 케렌스키 정권을 타도하여 소비에트 사회주의 공화국을 건설하였다.
- •• 러시아의 지리학자, 무정부주의자.
- ••• 러시아 정치가, 혁명가.

러시아군 대파한 힌덴부르크

그때 독일 황제라는 젊은 사람, 소위 빌헬름 2세라는 친구가
좀 경망해요. 음악도 잘하고 말도 잘 타고 철학도 잘하고 그
림도 잘하는데, 이 친구가 군대도 자기가 가장 잘하는 줄 알
았어요. 그렇게 소양배양한(나이가 어려 함부로 날뛰기만 하고 분
수나 철이 없는) 사람이다 보니, 힌덴부르크Paul von Hindenburg
(1847~1934)*라고 하는, 귀족으로서 독일 육군대학을 졸업한
사람과는 아마 좀 안 맞았던 모양이에요. 그만 그자를 내보
내버렸습니다. 그런데 내보낸 뒤에 전쟁이 일어났습니다.

사실 독일 참모본부에서 훈련을 시킨 장교 중에서, 러시아
를 막을 수 있는 이는 힌덴부르크 하나밖에 없었습니다. 그러
니 어떻게 하겠어요? 초반에는 독일이 픽픽 져버렸지요. 그거
막을 만한 전략을 가진 장군이 없으니까요. 그래서 힌덴부르
크를 다시 데려왔습니다. 그때 이 사람은 자기 군대가 2만5천
명이었는데, 러시아 군대는 서른여섯 사단이었답니다.

힌덴부르크는 자기 군대를 데리고 타넨베르크에 진을 쳤
는데, 타넨베르크가 어떤 데인고 하니, 드문드문 소택沼澤 지
대가 있고 산들이 있는 그런 곳이었어요. 한 소택 지대의 광
장 옆, 높은 산 밑에 2만5천 명을 주둔하고 대포를 사방에다

---

* 독일의 군인, 정치가. 제1차 세계대전 때 타넨베르크의 전투에서 러시아군
을 물리치고 국민적 영웅이 되어, 1925년에 독일 공화국의 제2대 대통령
에 당선되었다.

걸어놓고 떠억 있으니, 러시아 서른여섯 사단이 독일 사람 무서우니까 조심하려고 몇백 리 멀리서 포위를 하며 점점 좁혀 왔습니다.

힌덴부르크는 밤중에 그 진지 50리 밖 산 밑에다 군사를 매복시켜놓고는, (2만5천 명 군인과 말을 합하면 상당한 수가 될 거요), 그날 밤중에 포문을 열어 사방으로 쏘게 했어요. 그러고 자기 군대에게는 빵떡을 잘게 썰어서 기름에다 바짝바짝 태워 지져서 한 보따리씩 주면서, "40여 일은 이것만 먹고 가만히 있어야 되는데, 입에 물고만 있어야 된다. 배가 고파도 먹으면 안 되고, 입에다 물고만 있으면 40여 일은 잠 안 자고 가만히 있을 수 있다", 이렇게 얘기를 해주어요.

이게 요술을 부리는 것인가 했지만, 뭐 죽는 판이라 병정들이 말을 다 잘 들었습니다. 그래서 그렇게 엎어져서는 대포를 사방에다 쏘니까, 어리석은 러시아 군대는 응전하느라고 저희끼리 대포를 자꾸 쏘거든요. 시방 같으면 러시아 대포 소리인지 독일 대포 소리인지 좀 생각이라도 했으련만, 덮어놓고 쏘는 판이라 장님처럼 탕탕탕탕 자꾸 쏘니까, 타넨베르크 벌판은 그저 하얀 연기뿐이고, 러시아 사람끼리 서로 대포질만 자꾸 했어요. 그만 컴컴한 화약 연기 속에서 러시아 놈이 러시아 놈을 다 죽여버렸어요.

러시아 사람이 다 거꾸러져 죽은 뒤, 힌덴부르크는 "자, 저놈들이 다 죽었나 가봐라"라고 명령을 합니다. 서른여섯 사단이 죄 거꾸러져 죽었단 말이죠. 그냥 대포고 뭐고 다 깨지고. 그제야 힌덴부르크가 대략 수습할 것만 수습해가지고 위용을 갖추고 있으니, 러시아 황제는 친애하는 군대 서른여섯 사단이 다 없어져서 퇴위할밖에 수가 없지요. 이렇게 러시아 황제가 퇴위하고 케렌스키Aleksandr Fyodorovich Kerenskii(1881~1970)*가 대통령이 됐던 겁니다. 그것이 소위 요담 의회에서 멘셰비키Men'sheviki**라는 파가 되는데, 멘셰비키라는 것은 소수, 적다는 것이고, 반대로는 볼셰비키Bol'sheviki,*** 대다수란 말이오.

법률생활에 반하는 경제생활의 폐해

케렌스키는 의회정치를 했는데, 본래 돈푼 없는 구차한 사람이 부자가 되면 그런 버릇이 좀 생기는 모양이지요? 이 케렌

---

* 러시아의 정치가. 1917년 이월 혁명 후 사회 혁명당 당수로서 임시 정부의 수상 겸 총사령관에 취임하여 반혁명 세력의 중심이 되었다. 10월 혁명으로 실각하여 1918년 미국으로 망명하였다.

** 러시아 사회 민주 노동당의 자유주의적 온건파로. 레닌이 이끄는 급진파인 볼셰비키와 대립하였다. 당의 지도적 역할을 부정하고 합법적인 테두리 안에서 혁명 운동을 펼칠 것을 주장했다.

*** 다수파라는 뜻으로, 1903년에 제2회 러시아 사회 민주 노동당 대회에서 레닌을 지지한 급진파를 이르던 말. 멘셰비키와 대립하였으며, 1917년 10월 혁명을 지도하여 정권을 장악한 뒤 1918년에 당명을 '러시아 공산당'으로 바꾸었고, 1952년에 다시 '소비에트 연방 공산당'으로 바꾸었다가 1990년에 소련의 해체와 함께 해산되었다.

스키도 괜찮은 사람이고 법률 하는 사람인데, 좀 조심을 하지 않고 크렘린Kremlin(러시아 황제가 사는 곳이었다가, 1918년 이후 소련 정부 청사 역할을 함) 궁에서 제일 예쁜 배우랑 같이 자다가, 이게 소문이 났어요. 진짜 그랬는지 공산당이 지어낸 소린지는 모르겠지마는 자꾸 선전을 하니까, 무식한 러시아 백성들은 케렌스키 알기를 우습게 알았습니다. 그러니 의회에서 케렌스키 당은 점점 적어지고 볼셰비키가 많아져서 카렌스키를 내쫓아, 케렌스키는 미국으로 달아나고 공산당 정부가 선 거지요.

이것은 법률생활에 반대하고 경제생활로 전 세계를 향해 나아가겠다는 생각에서 출발한 것으로, 그것은 종합적 즉각(아 프리오리)으로 얻은 판단이 아니라, 단지 소위 아 포스테리오리에 의지해 보복적으로 나온 생각이기 때문에, 인류에게 불행을 가져오게 했던 것입니다.

그들은 아무 계획 없이, 물건을 오로지 똑같이 나눠 먹겠다고 했어요. 그런데 약국에서 전표를 죄 해주면, 병 없는 놈도 약을 타러 가게 되거든요. 이 세상이 천국이 아닌데, 어떻게 카를 마르크스의 생각대로 돌아가며, 레닌이라는 친구가 어떻게 러시아를 천국으로 만들 수 있겠습니까.

러시아에서 제일 농사 잘 짓는 곳이 유크레인(우크라이나)이라는 곳인데, 유크레인 사람들은 자기네가 농사지은 것을 전부 도시로 가져가버리니까, 속이 상해서 씨앗을 다 삶아 먹어버렸어요. 씨앗을 삶아 먹어버리니 1천5백만 군중이 1차대전 후 대량으로 굶어 죽게 됐던 것입니다.

그래서 그때 자선사업을 잘하는 미국 사람들이 육군 소장을 시켜 스위스를 통해서 곡식을 갖다주러 갑니다. 애당초 기일을 정해서 들어갔다 나왔더라면 그 사람들이 죽지 않았을 텐데, 이 사람들이 자꾸 물건을 주면서 계속 들어갔단 말이지요, 1천5백만이 사는 곳으로. 당시 유크레인 사람들은 자식을 죽여 먹고 있는 판이었는데, 아 뚱뚱한 미국 소장 놈, 그거 그만 죽여서 먹어버렸습니다. 구제 사업하러 들어갔던 미국 사람들 다 죽어버렸습니다. 순전히 탁상공론으로 남을 질시하고, 또 계획이라곤 전혀 없이 한 일로 인해서, 이런 인류의 불행이 찾아왔던 것입니다.

우리가 이 우주를 참 정성스럽게 생각하고 실행 여부를 검토해봤다면, 어떻게 그런 불행이 동유럽에서 나왔겠습니까. 우주에 대해서 아 프리오리의 판단을 얻지 않고, 경솔하게 함부로 하는 일은 역사에 남기지 말아야 할 것입니다.

우리 인류의 발전에 정신생활, 법률생활, 경제생활이 어떠한 역할을 하더라는 것을 대략 얘기하였습니다. 이 세 가지가 한꺼번에 잘 운용될 때에는 행복을 제공하지만, 각각 운용될 때에는 비참한 생활을 남겨줬습니다. 우리 국토가 분단됐느니 뭐니, 또 언제 전쟁이 일어나느니 하는데, 이런 소리들도 한편 카를 마르크스가 저질러놓은 일이라고나 할까요? 우리 인생의 궤도가 잘못되면서 오는 것일 거예요.

떳떳하고 똑똑한 사람 되기

7

저번 시간까지는 내가 보고 연구했던 것, 그러니까 사람이란 어떻게 살아야 되겠다고 하는 것까지 얘기했어요. 그런 모든 삶은 이 세 가지 생활, 즉 정신생활, 법률생활, 경제생활에서 출발하는 것입니다. 그 출발이 어떻게 운용되어야 하느냐 하면, 여러 분야의 학문과 역사에 의지해야 합니다. 우리는 이 것을 연구하는 과정에 있는 것입니다.

일 년 365일과 원 365도

이 우주에 있는 모든 것은, 삐딱하고 모나더라도 그 실체는 둥근 것입니다. 자연 자체가 둥글기에 성장을 해가는 것이에요. 둥근 궤도에 얹혀 있기 때문입니다. 대신, 사람이 조작하는 것은 전부 모가 났어요.

우리가 한 해 365일이라고 하는 것은, 일종의 추상이지 어떤 365일이 실제로 있는 것은 아닙니다. 지구가 태양을 한 번 도는 데 365주야가 된다고 했어요. 그것은 저번에 내가 달력 얘기할 때 잠깐 얘기했지요. 또 여러분도 중·고등학교에서 상식으로 다 배웠을 테니까 내가 특별히 말하지는 않겠습니다.

우리가 모든 원을 365도로 측량하게 된 건, 우리 습관이 365일을 한 주기로 삼아서 그래요. 그런데 그것이 얼마 후에 와서는 잘 맞지 않습니다. 365일만 가지고는 맞지 않아서, 법왕 니콜라이가 관천기觀天機를 만들어가지고 태양을 측정합니다. 그 결과 365일하고, 1/4이더랍니다. 그래서 매 4년마다 하루를 더 늘렸지요. 그것을 '윤년'이라고 하는 것입니다.

그러면 우리나라에는 '윤달'이 있는데 왜 서양에는 '윤년'이 있느냐 물어볼 수 있어요. 지구가 태양을 도는 데 365와 1/4일이니까, 4년이면 하루를 더하게 돼서, 4년마다 한 해를 윤년이라고 했던 것입니다. 그러면 우리가 윤달이라고 하는 것은 뭐냐. 그것은 달을 가지고 얘기했다, 그 말입니다. 서양에서도 달도 쓰고 해도 썼고, 우리도 달도 쓰고 해도 썼지요. 농사짓는 사람이 소위 24절기를 곡우니 망종이니 입하니 하는 것은 순전히 태양의 궤도를 가지고 말하는 것입니다. 그러나 한 달, 두 달 하는 것은 고기 잡는 사람에게 퍽 필요해요. 달에 의지해서 해수海水가 이동하니까요.

그래서 유럽 방면에서도 저 발틱해 근처나 북해에 위치한 '헬골란트Helgoland'라는 섬, 스칸디나비아 근처 사람들, 또 스코틀랜드 사람들은 다 달에 의지합니다. 달에 의지한 월력을 가져야 배도 띄우고 집에도 돌아올 수 있는 거지요.

그런데 우리 인류는 이 365도 1/4이라는 게 옛날부터 의심이 됐던 것입니다. 우리는 둥그렝이(원)를 잘 구분해서 보지 못해요. 둥그렝이 하면 오직 둥그렝이일 뿐예요. 그 둥그렝이 이름은 365와 1/4이라고만 해요. 파리통 같은 둥그렝이나 사발 뚜껑 같은 둥그렝이나, 저 남산 꼭대기에 있는 레이더 같은 둥그렝이나 다 365와 1/4입니다.

그러면 조그만 대포알도 있고 큰 대포알도 있는데, 이건 어떻게 구분하느냐. 직경을 재서 '직경이 얼마다' 합니다. 원은 원인데, 작으나 크나 365와 1/4이지마는, 그 직경을 가지고 얘기하게 되면 구분할 수 있다, 이겁니다. 저 지엠시GMC(자동차 회사, 여기서는 지엠시 회사의 트럭)가 끌고 다니는 105mm 대포는 주둥아리 직경을 재서 105mm가 되더라는 겁니다. 또 75mm 박격포니 뭐니 그런 거 다 직경을 재서 얘기하게 되는 거예요.

아인슈타인의 위대한 발견

우리는 실제로 본 것도 없고, 실제로 들은 것도 없어요. 우리는 이 우주 자체를 전부 추상적으로 얘기해왔고, 애당초 추상에다가 그 기초를 세워놨습니다. 그러니 학문은 다 100분의 1 정도 맞으면 적당합니다. 학문하는 사람들은 다 이 우주를 멀리서 이렇게 더듬어요. 대략 이렇게 했단 말입니다.

그랬다가 아인슈타인Albert Einstein(1879~1955)의 상대성 원리에 의해 비로소 조금 더 가까이 더듬게 됐습니다. 다음에 여러분이 또 어떠한 원리를 발견할 때에는 우주를 이렇게 직접 쥘 때도 있겠지요. 그래서 소위 로켓이라고 하는 것, 미사일로 태양 궤도에 올리느니 뭐니 그런 소리는 다, 아인슈타인의 상대성 원리에 의지해서 된 겁니다.

그럼 상대성 원리라는 건 뭣이냐. 자동차를 타고 달리면서 물건을 앞으로 내던지면 물건 중량은 더 무거워져요. 왜 더 무거워지는가 하니, 거기에 풍압이 가해지니까 그래요. 또 만약 물건을 뒤로 던질 것 같으면 물건이 자체보다 가벼워져요. 그건 왜 가벼워지는가 하니, 풍압이 밀어주니까 그렇고요.

이런 것들을 보면, 이제 우리는 여러 사람이 말하는 소위 우주 시대에 접근해간다는 겁니다. 뭔가 하니, 이 미사일 같은 것을 던져서 능히 궤도에 올릴 수 있다는 생각을 가지게 된다는 겁니다. 전에는 그런 생각을 가질 수 없었겠지요. 애당초 깜깜한 사람들이 깜깜한 방에 가서, 어느 모퉁이에 무슨 물건이 있나 알지도 못하는데, 그 속의 물건을 볼 수는 없었던 것입니다.

시방 우리가, 한 오륙십 먹은 사람이 세 살 적 얘기를 하면서 아주 소상하고도 분명히 얘기하면, 그 사람을 두고 신통하다고, 그걸 다 기억을 해뒀냐고 하지요. 거기서 좀 더 넘어서 말하면 "아이고 저건 점쟁이로군" 해요. 우리 사색으로 도무지 측량할 수가 없으니까. 측량할 수 없는 것은 해결할 수 없는 것이라고 생각했어요. 그래서 옛날 사람들이 전에 생각할 수 없는 물건들을 요새 사람들이 생각해내는 걸 보면 아주 신통하다고 그래요.

그러나 본래 신통이라는 건 세상에 근본이 없어요. 예를 들어, 우리가 산수를 배웠는데, 그걸 산학이라거나 수학이라고 하지 않고, '산술'이라고 합니다. 왜 그러냐 하면, 하나에다가 하나를 겹치면 둘이 되는 이런 것은 누구든지 알 수 있지마는, 겹치는 수와 감하는 수와 또 곱하는 수와 나누는 수를 한꺼번에 뒤범벅해서 내놓으면, 방법을 아는 사람은 알지마는 방법을 모르는 사람은 전연 손댈 수 없습니다. 요런 경우에 우리 세상 사람은 '술법'이라고 그래요. 그걸 그래서 '산술算術'이라고 하는 것입니다. 그것과 마찬가지로, 우주 자체는 가장 정연하게 있는 건데, 우리 자신이 여기를 만질 만한 기능이 없었던 것입니다.

그래서 여러분이 학교에 다니며 배우고자 하는 것이, 우주에 들어가서 만지고 다닐 만한 방법을 얻자는 것이겠지요. 전 시간까지 우리의 궤도는 무엇이며, 이 세상을 어떻게 대할 것인지에 대한 기초를 마쳤습니다. 그동안 우리는 이 세상에 일어난 것에 참여하려고 하지 않았습니다. 우리 자신이 의심이 나기 때문이지요. 오늘날에 와서야 겨우 궤도를 찾아서, 그런 궤도면 향상되겠다 싶은 것입니다. 이제 문제는 이 궤도를 어떻게 운전하느냐 하는 겁니다.

옛날 사람들이 말하기를, 소위 "혈액작용이라는 것은 무엇이든 상대를 거스를 적에 자기가 결함을 당한다"라고 하였습니다. 그러면 상대를 거스르지 않으려면 평소 무슨 연습을 해야 하느냐.

사람은 누구나 몸뚱이를 가졌는지라, 사람과 사람이 부딪치면 남의 걸 달라고 하는 것이 원칙이에요. 지금은 문명사회라 달라는 말이라도 하지마는, 전에는 덮어놓고 먹어버렸어요. 상대가 쪼그마하면 아주 송두리째 홀딱 집어삼켜버리고, 좀 크면 그놈의 옆구리 좀 떼어먹고, 또 원체 크면 그놈의 발밑에 있는 흙 조각이라도 먹는 게 습관이라, 서로 먹느냐 먹히느냐 그것이 이 세상 사는 모습이었습니다. 거기 급급하기 때문에, 우리의 정신은 도저히 발달할 여유가 없었고, 조금도 휴식할 여가가 없었습니다.

그럼 여기서 우리가 뭘 연습해야 하느냐. 남에게 달라는 마음을 내지 말고, 남이 달라면 주는 마음을 내는 연습을 해야 한다, 그 말이에요. 그래서 차라리 뺨을 맞는 것이 좋아요. 맞은 뒤에 고통이란 건 참 심하겠지만, 맞는 것쯤은 그까짓 피부가 잠깐 후에 도로 살아나면 괜찮아요. 그러나 맞은 뒤 그 정신적 고통이라는 것은 민족이나 생명체나 개인을 아주 파멸로 집어넣는 거요. 누구를 대하든 그자가 달라고 그러면, 조끄만 물건을 달라고 하더라도 자기의 생명까지 생각하기 때문에 전부 싫다 합니다. 도무지 달라는 소리는 아주 듣기가 싫은 거지요. 그 대신 준다는 소리는 아주 듣기가 좋아요. 그러게 통째 먹고 싶으면, 늘 뭐든지 많이 주겠다고 그러면 그놈이 따라옵니다. 따라온 뒤에 살짝 주워 먹어버리면 되지 않아요? 이것이 이 우주의 현상이오.

남이 달라거든 목이라도 주시오

그러니까 안 잡아먹히려면, '뭐든지 달라거든 준다'라는 마음만 내세요. 준다는 마음만 내면 우선 편안하고, 귀가 밝아 들을 수가 있습니다. 우리는 대개 주더라도, 적어도 이유가 닿아야 주지, 이유가 닿지 못하고는 줄 수가 없어요. 그래서 큰 야단이 나는 일이 한두 가지가 아닙니다. 그러니까 누구를 대할 때든지, 달라고 그러거든 속으로 '그래라' 그러면 화평하고, 속으로 '어이 싫어' 이러면 야단이 나는 거예요. 그러니까 언제라도 주는 마음을 내고 들어보라, 그 말입니다. 어이가 없나요?

예를 들어, 누가 "네 모가지 좀 떼어주쇼" 하면 속으로 그러라고 그러고는, "어떻게 떼어줄까, 방법이나 얘기해봅시다. 거 재미있겠소" 그러란 말입니다. 그래서 그 사람이 방법을 가르쳐주는데, 그 방법을 실행하지 않으면 어떻게 될까요? 안 주고 견디다가 "나 주고 싶지 않아" 하면, 상대도 "그래? 뭐 할 수 없지" 그러겠지요. 그럼 진짜 목을 따겠나? 그놈이 어떻게 하겠어요?

그러므로 이 세상을 대할 적에, 언제라도 달라거든 속으로 주는 마음을 내어라, 그 말입니다. 주는 마음 내는 것은 우주에 평화를 그냥 건설하는 것입니다. 반대로, 싫다거든 얼른 또 그만둘 줄 아셔야 합니다. '주겠다는 마음'에 최면이 걸려서 주면, 남이 싫다고 그래도 억지로 주려고 야단을 치는 겁니다. 그런데 주려고 하는데 안 받는다고 해서, 전쟁이 나고 사람을 죽이고 하는 일이 많이 있어요.

그러니까 누굴 대하든지, 싫다거든 얼른 그만둘 줄 알아라, 자기가 필요치 않은 물건 함부로 팽개치지 말고, 뒀다가 필요한 사람이 달라거나 필요한 사람이 있으면 슬쩍 내줘봐라, 그 말입니다. 그것도 생색내서 이렇게 주지 말고, 슬쩍 놓고 돌아서봐요. 집어서 쓰나 안 쓰나. 안 쓰면 내버려둬두고, 또 갖다 둬두고. 주워 쓰거든 시치미 뚝 떼어버려라, 그 말입니다.

이렇게 되면 그다음 어떻게 되느냐. 줬다는 마음이 생겨요. 그런데 주기 싫은 마음을 연습해서 줬다는 마음이 생기면, 제가 또 남의 걸 얻으러 덤비기가 매우 쉽습니다. 그래서 은혜는 갚을 수 없는 사람에게 베풀라고 하는 겁니다. 주는 마음, 평화스러운 마음을 연습하자는 것이지, 그 물건 자체를 준다는 마음을 가질 필요가 하나도 없다는 말입니다.

그런데 줬다는 마음을 쥐고 있는 귀신(사람)이 되면 어떻게 되느냐? 자기는 항상 고통으로 나아갈 겁니다. 준 뒤에 후회가 나니까요. '그걸 괜히 줬지, 어휴! 그땐 겨울이니까 줬지. 여름엔 도저히 줄 수 없어.' 이런 것은 모두 자기 자신을 멸망으로 이끄는 거예요. 무슨 행동을 하든, 그 행동은 자기가 책임을 질 수밖에 없습니다. 자기가 책임을 지자면, 한 일에 대해 후회가 날 만한 일은 처음부터 하지 말아야 해요. 후회하지 않는 일만 자꾸 연습하면, 성나는 일은 저절로 없어집니다.

성이라는 게 왜 나는가 하니, 내가 마음에 미안한 걸 가지고 있는데, 그 미안한 소재를 누가 건드리면 성이 왈칵 나버리는 게요. 그러니깐 처음부터 미안한 일을 안 하는 연습을 하고, 무슨 행동을 하더라도 책임을 지가 지는 거요.

요새 젊은이들 얘기하는 걸 옆에서 가만 들어보면 아주 재미가 있어요. "애, 책임은 내가 질 테다, 내가 져." 이건 다 쓸데없는 거짓말이에요. 내가 지긴 뭘 내가 져. 또 "네가 책임을 질 테냐?", 이러면 자기 생명을 그냥 줘버리는 거예요. 아버지가 낳아서 똑똑히 하라고 그랬지 누가 죽으라고 그랬나요? 남에게 책임을 미루는 건 핑계를 대는 거고, 그런 핑계를 대는 사람은 이 우주에서 살아갈 능력이 절대로 없는 자라는 얘기예요.

언제라도 제 마음에 미안한 일 하지 않으면 성나는 마음이 잘 나지 않습니다. 성나는 마음이 없다는 것은 여러분이 잘 알 수 있을 것입니다.

그다음, 욕을 참아라. 아, 당장 욕을 보는데 어떻게 참는단 말이오? 가슴에다 못을 탕탕 박는데, 어떻게요. 그러나 능력 있는 자는 애당초 '이 고깃덩어리(몸) 이건 내가 필요해서 썼지만, 이 정신은 내가 아니로구나' 그래요. 자기의 정신을 쑥 빼서 들여다볼 수 있는 자는, 가슴에 못 박힐 적에 별 고통이 없을 겁니다.

그렇지만 이 몸뚱이 고깃덩어리 자체에 정신이 붙잡혀 있는 자는 영락없이 제 마음 가운데다 못을 박을 거요. 이 가슴에 못 박는 것은 아마 견딜 수 없는 일이 될 것입니다. 그런데도 원망이 생기지 않는다면, 그 사람은 물론 정신이 육체에서 능히 떠날 수 있는 사람입니다. 이러한 것은 다 자기에게 미안한 일을 하지 않는 연습을 하는 자가 능히 할 수 있습니다.

우리가 이것을 연습할 수 있는 쉬운 방법이 있습니다. 가령 누가 날 보고 욕을 하고 침을 뱉을 적에, 다른 어떠한 사람이 다른 어떠한 사람에게 침을 뱉고 욕을 한다고 생각할 것 같으면, 나는 옆에서 재미나게 그걸 들을 수 있으리라고 생각해요. 자기가 그렇다면 생각할 여가도 없이 눈물이 펑펑 쏟아지고 복수를 하게 되겠지만, 다른 사람이기 때문에, 왜 때리는지 왜 침을 뱉는지를 알 수 있을 거예요. 그러면 거기서 판단이 잘 될 것입니다. 그렇게 되면, 사람이 사람을 죽일 일도 없고 때릴 일도 전연 없을 거요. 왜냐하면, 사람이란 것은 제 생명을 아끼기 때문입니다.

사람이 노루, 토끼, 소 같은 것은 곧잘 죽이는데, 사람을 죽이면 이놈이 밤에 꿈을 꾸고 지각知覺을 합니다. 소인 줄 알고 죽이고 노루인 줄 알고 죽였으면, 많이 죽여도 괜찮을 텐데 말예요. 사람을 죽이면 겁이 나서, '허 참, 내가 사람을 죽였어, 내가 사람을 죽였어' 하며, 술도 못 먹고 아무것도 못 하게 돼요.

결국 죄라는 것은 드러나게 마련인데, 이 사회의 여러 사람이 정해놓은 법률을 조끄만 마음이 위반할 수가 없다, 그 말이오. 그래서 자기최면에 걸려 정신착란을 일으키게 됩니다. 세상에서 말하기를, 죄를 범하고는 살 수 없다고 하지요. 그러나 근본은, 죄를 범하고 살 수 없다기보다는, 정신이 약하면 살 수가 없는 겁니다. 마음에 미안한 짓을 하고 어디 살 수가 있어야지요. 마음에 미안한 일을 절대로 하지 말고, 그다음 자기라는 것을 잠깐 쉴 줄 알아야 하는 거예요.

그래서 이와 같이 세 가지(경제생활: 주는 마음, 법률생활: 자기에게 미안한 일 없는 마음, 정신생활: 욕을 참는 마음)만 잘 준비해서 한 백 일만 실행하면, 여러분은 아주 떳떳한 사람이 되고 골치가 좋은 사람 됩니다. 그러지 못하고 이 세 가지 마음(탐심: 갖겠다는 마음, 진심: 성내고 스스로에게 미안한 마음, 치심: 욕을 참지 못하는 마음)을 연습하면 불과 백 일 만에 당신들이 죽을 수도 있어요. 이 세상은 죽는 사람을 죽이지, 산 사람은 도저히 죽일 수 없는 거요.

여러분이 이 세상에서 성공하고 싶거든, 마음에 미안한 짓 하지 말고, 자꾸 부지런히 노력해봐요. 다른 놈 다 떨어져도, 당신은 아주 똑똑히 서서 뭐든지 마음대로 할 거란 말입니다. 다른 사람보다 마음이 굽졌기('굵다'의 방언) 때문이지요.

자식은 부모를 공경해야 한다는 얘기가 있는데, 이게 무슨 말이냐 하면, 부모가 자식을 사랑하는 것은 우주 자연의 이치예요. 하고 싶고, 저절로 되고, 안 할 수가 없고 그런 거지요. 그러나 자식이 부모를 공경하는 것은 정반대입니다. 이 몸뚱이 조직은 부모로부터 받은 것이라, 몸뚱이에 한해서는 부모가 절대니까, 절대에 대해서 미안한 마음을 가지게 되면 이 몸뚱이가 마음대로 발전할 수 없습니다. 그러니까 부모에 대해서 공경하는 마음을 자꾸 연습해서 자기 마음을 떳떳하게 해야 합니다.

이 떳떳해진다는 것은 일정한 시기, 적어도 백 일, 천 일, 3천 일…, 이렇게 지나면서 굳어지는 것이기 때문에, 삽시간에는 어려운 거예요. 이를테면, 우리가 영생의 길에 있는 한 여관에 들른 것을 이 일생의 삶이라고 해봐요. 아마 60 먹은 이가 세 살 때 생각나듯이 전에 여관에 들었던 때가 생각이 난다면, 그것을 뭐라고 말하겠습니까? 그것을 불교에서는 숙명통宿命通*이라고들 말하지만, 이런 데서는 희귀하게 들릴 겁니다. 여러분은 이런 소리 들어본 일이 없을 테고, 또 그런 사람이 있으리라고 생각할 수도 없겠지요.

스스로 마음에 미안한 게 없어야

나는 지금 살아 있는 사람 중에서도 그런(숙명통이 있는) 사람들 꽤 봤고, 산중에서 한 4백 명 가르친 사람 중에서도 그런 사람 많이 봤어요. 제 마음에 미안한 것을 하지 않고 이 우주를 이해할 수 있으면, 그 정신의 밝음이 그와 같이 발전하는 것입니다.

---

* 육신통六神通의 하나로, 자신은 물론 다른 존재의 전생前生을 알 수 있는 능력.

이러한 골치를 가지면 우리는 능히 비평도 할 수 있어요. 예를 들면 시방 시사 문제 같은 거죠. 저번 시간까지는 시사 문제 같은 건 얘기하지 않았습니다. 왜냐, 여러분이 인생이라는 게 무엇이며, 어떻게 운행되고 어떻게 발전한다는 것을 알기 전에는, 이 우주를 판단하려고 하면 자기 생명을 깎아 들어가게 되기 때문입니다. 자기 자체가 건전하지 않은데, 어떻게 우주를 비평할 수 있겠어요. 자기 자체가 먼저 건전해지도록 연습해야지, 이 우주부터 비평할 수는 없는 것입니다.

그런데 우리가 그 방법을 알고, 또 시방 얘기한 세 가지, 즉 경제생활, 법률생활, 또 정신생활을 잘 연습하게 되면, 이 우주를 어떻게 파악해야 하는지 알 수 있고, 세상을 비평하고, 현금의 소식을 능히 얘기할 수 있을 것입니다.

그러면 여러분은 또 그러겠지요. '원자탄을 터뜨리면 공기가 오염돼서 죽는다는데, 인간이 그렇게 파리 목숨 같으면 세상 살 이유가 뭐 있나요?'라고.

전에 어느 프랑스 천문학자가 계산을 좀 잘못했는지 어땠는지, 따져보니까 1919년 8월 15일에 다른 위성 하나가 지구에 요렇게 아주 가까이 다가와서 돈다고 했어요. 그러면 그 위성의 대기권과 이 지구의 대기권이 서로 맞닿아 진공이 돼버리겠단 말이죠. 진공이 돼버리면 아마 이 지구는 한 30분 동안 공기가 없어지리라, 이런 계산을 해서는, 그 3년 전에 떡 하니 발표를 했지요.

30분간 공기가 없어지면, 숨을 쉬어야 하는 생물이 살 수 있겠습니까? 그 통에 파리 사람들은 그만, 모든 재산을 팔아서 실컷 먹고 마셨답니다. 왜 실컷 먹고 마셨을까요? 천년만년 살 줄 알고, 술도 맘대로 못 마시고 돈도 마음대로 못 썼었는데, 8월 15일에 죽는다고 하니까, '어차피 경칠 거, 다 팔아서 막 먹고 막 쓰자' 한 거죠. 그래서 다 팔아먹고 났는데, 그 8월 15일이 멀쩡하게 지나갔어요. 이거 어떻게 해요? 그냥 속절없이 망해버린 거지요.

요새 심심찮게 나오는 말이 무언가 하니, 일본에서 간밤에 비가 왔는데, 빗물 속 방사능 수치가 아주 위험한 수준이라는 겁니다. 우린 아직 죽지 않았지만, 그래도 요새, 어저께 죽은 사람들이 전부 방사능이 묻어서 죽었는지 누가 알아요? 그러니 이런 세상에서 어떻게 살아, 허무하게? 살 마음 하나도 없지요.

그러나 그거 괜찮소. 이 세 가지 생활만 완전히 준수한다면, 방사능이 하필 우리 콧속으로 콕 집어 쫓아 들어올 리 있겠어요? 설령 그렇다 해도, 거기서도 살 수 있도록 우리가 또 능력을 갖추겠죠. 우리 몸뚱이는 옛날에 없던 능력이 새로 생겨요. 삼복더위에 철공장에 있는 사람이 질식해 죽을 거 같지만, 감기 드는 법이 없어요. 땀을 줄줄 흘리니까 신진대사가 잘 되는 거지요. 시원한 물 한 잔 마시면 아이스크림 먹은 것보다 더 좋고, 이러니까 한여름 잘 지내고 나면 아주 싱싱해서, 가을엔 밥도 잘 먹고 이런단 말이지요. 그런데 좀 팔자 좋은 사람이어서 서늘한 데 드러누워 아이스크림이나 먹고 부채질이나 하면, 여름내 감기가 들어 겨울엔 아주 죽어 난단 말이에요. 왜 그럴까요? 그게 기능을 제대로 쓰지 않아서 그래요.

그러니까 우리가 다음에 혹시 방사능을 먹더라도, 방귀 풍풍 뀌고 잘 살지 누가 알아요? 그런 거 걱정할 필요 없어요. 미리 걱정 안 하는 거예요. 단지 이 경제생활, 법률생활, 정신생활을 잘 운용하게 되면 그까짓 것쯤 아무 일도 아닙니다.

예를 들어, 한 석공이 40년 돌질을 해서 폐 속에 돌가루가 들어, 그만 죽어버렸습니다. 폐 속에 돌가루가 들어갔어도, 어떤 사람은 폐 한 쪽을 떼어내고 잘 사는데, 그놈은 폐가 두 쪽인데 왜 죽었을까요? 왜 그런가 하니, 이놈이 돌질을 하기가 싫었던 겁니다. 마음에 미안한 일을 날마다 하니까 죽은 거지, 돌가루가 들어서 죽는 게 아니에요. 돌가루가 그 몸뚱이에 들어와도, 그 마음이 미안함에 머물지 않으면 그 돌가루 피하는 일을 곧잘 하게 됩니다.

우리 어려서 그런 거 많이 봤더랬지요. 어떤 아이는 동전을 먹고 죽었는데, 어떤 아이는 동전을 똥으로 누고 산단 말이에요. 재미있지요. 우리 할아버지가 폐병이 들어 돌아가셨으니 나도 폐병 들어 죽어야 한다면, 손자 20~30명이 다 폐병 들어 죽어야 옳을 테지요. 그런데 그중 몇 놈만 폐병 들어 죽어요. 그놈들은 이 세 가지 생활 연습 잘못한 놈이란 말입니다. 어떤 놈이 죽는가 하니, 마음에 미안한 거 하는 놈이 잘 죽어요.

내가 그런 일 한번 당했어요. 1925년에 유학에서 돌아왔는데, 그때, 독일에서 만났던, 조선 사람으로 아주 유명한 의학박사를 몇 해 만에 다시 만났어요. 나하고 한참 앉았다가 내가 기침을 하니까 그 의사 말이,

"자네 그거 저 안됐네."

"뭐가 안됐단 말인가?"

"아, 그거 스트렙토마이신을 한 30개는 구해야 되는데…."

"왜 내 집에 와서 약 구하는 소릴 해?"

"아니 자네가 걱정이란 말이야."

"뭐가 걱정인데?"

"자네 잔등이 좀 보자구."

"봐라."

"허어, 3기는 되겠는데."

급살 맞아 죽겠다, 그 말이에요. 그렇게 해서 그 놈을 보내놓은 뒤 내가 불안해 죽겠단 말이지요. 정말인가, 아주 그런 생각이 들면서 그놈한테 포로가 됐지요. 그놈은 결핵을 연구했고, 우리나라에서 처음으로 의학박사가 되었거든요. 아, 그놈의 말, 이건 백 박사가 한번 욕은 해줬지만, 속이 걸린단 말이에요. '허, 어찌해야 할까. 그거 스트렙토마이신을 가져야된다는데.'

이게 무슨 까닭일까요? 미안에 머무는 일을 하면 이렇게된다는 말입니다. 죽으면 뭐 그리 걱정인가, 그 말이에요. 내가 시방 정신을 자꾸 가다듬으며 잘 살면, 죽은 뒤에도 잘 살

지 누가 알아요? 죽은 뒤를 아는 자 하나나 있어요? 자기 스스로 미안치 않으면 얼마나 정신이 발전되고 완전해질지를 분명히 알게 되고, 또 자기가 연습해보면 의심날 거 하나도 없어요.

그런데 만일 이런 데 대해 어떤 사람이 거짓말을 한다고 합시다. 내가 갑인년甲寅年(1914)에 유점사楡岾寺*에 갔는데, 어떤 충청도 사람 하나가 앉아서 얘길 합니다. 그 절의 중이 모두 모여서 듣고 있어요. 나도 가서 들었는데, 그자의 말이 걸작이에요.

"여보, 이 세상은 이제 번개를 잡아서 불을 켠다우. 그런데 금강산에서는 석유 등잔만 켤 게 뭐 있어?"

"그럼 석유 등잔을 안 켜면, 저 참기름을 짜서 켜나?"

"그러니까 번개를 잡아뒀다 켜면 되지. 그거 번개를 잡아뒀다 켜는 거, 서울 가면 왜 전등이라고 있잖아. 그게 모두 번개를 잡아서 켜는 거라구."

내 하도 어이가 없어서 그랬어요.

"거, 번개를 잡아 도대체 어디 가둬두오?"

"그거 각 우편국에다 두지요."

"거기서 뭐 궤짝을 짜서 넣어두오?"

"다 두는 데가 있습니다."

아주 이 녀석이 큰소리친단 말이에요. 근데 거기 백여 명

---

* 강원도 고산군 서면 금강산에 있는 삼국시대 창건된 사찰.

이 다 그렇게 곧이듣고 앉았는데, 내가 그렇지 않다고 그러면 나만 미친놈 될 거 아닙니까. 잡기는 어떻게 잡느냐 그랬더니만, 할 말이 없으니깐 잡는 법이 다 있대요.

그래 저런 인간도 밥을 먹고 다니나 싶어서 그 뒤에는 밥을 먹는 걸 물끄러미 보았죠. 그럼 또 내가 자기가 좋아서 그렇게 본다네요. 이런 성가신 노릇이 있나. 자, 이게 어떻게 돼서 이러냐.

이 세상에는 시시각각 접하는 수수께끼가 여간 많지 않습니까. 그런데도, 예를 들어 러시아에서 인공위성을 만들어 공중에 던졌다는데도, 어떤 사람 하나 그걸 이상하게 여기는 사람이 없어요. 가만히 눈치를 보니까, 여러 놈이 죄 그렇다고 그러니, 그냥 어쩔 수 없이 '그런가 보다' 하는 모양이더라고요. 야, 이건 유점사에서 번갯불 잡았다는 놈 얘기하고 뭐 달라야지요. 내 귀엔 똑같이 들린단 말예요. 그런 일에 대해서 도무지 모르겠는 건 마찬가지니까요.

그러니까, 지혜를 알려고 할지언정, 비평하려고 달려들 건 하나도 없습니다.

마음을 어떻게 닦고 기를 것인가

8

지금까지 사람이 산다는 것을 정신생활, 법률생활, 경제생활, 이 세 가지로 얘기했습니다. 이 세 가지가 건전할 때 인류가 어떻게 발달된다는 것도 얘기했고, 저번 시간부터 이에 대한 실례도 들어왔습니다. 오늘 얘기할 것은 마음을 닦는 수심修心과 마음을 기르는 양심養心입니다.

흔히 세상에서는 이 두 가지를 혼동할 때가 많이 있어요. 마음을 닦는다는 것은, 정신생활이나 경제생활이나 법률생활 자체에 옳지 못한 것이 있다면 그것을 적나라하게 들춰내는 것입니다. 마음을 기른다는 것은 그 중 하나를 키워 기른다는 것이에요.

'청렴하다'라는 말을 봅시다. 예를 들어 중국 사람 말에, "염관廉官이 무후無後라, 청렴한 관리는 뒤끝이 없다"라는 말이 있어요. 왜 그러냐, 마음이 청렴하기 때문에, 그 사람의 마음의 원인이 청렴이어서, 그 결과가 자기 몸뚱이에 나타난다는 말입니다. 자기가 청렴하자니까 제 자식이나 남에게도 청렴하라고 하고, 먹을 것도 청렴하게 하니, 청렴한 관리는 뒤끝이 없다고 한 겁니다. 그렇다 보니 또 청렴을 나쁘다고 하는 사람도 있게 되는 것이지요.

금강산과 신선과 인간

저번에 내가 예를 든 것도 그에 대한 얘기입니다. 무슨 금강산 생활을 자랑하자고 한 얘기가 아니었어요. 내가 한창 궁했을 적에 금강산에 한 10년 있었기 때문에, 거기 속을 잘 알아서 그래요. 아마 우리나라 사람으로서는 금강산을 보긴 봐야 될 겁니다. 거기 가보면, 신라의 유명한 사람이라든지 고려 때 유명한 사람이라든지 또 이조 때 유명한 사람치고, 글 하나씩 안 쓰고 이름 안 적어 놓은 사람이 없어요. 금강산은 아주 재미있는 곳이에요. 아무리 유명한 사람이라도 금강산에 제 이름이 적혀 있지 않으면 유명하다 할 수 없을 성도예요.

거기 만폭동萬瀑洞이라는 곳에 "소동냉랭疎洞泠泠",* 성길 '소疎', 고을 '동洞', 찰 '냉泠', 즉 "성긴 골짜기가 차고 차다"라고 씌어 있어요. 그 만폭동은 여름에 가면 참 시원해요. 아주 산이 높고, 세 골짜기에서 물이 막 쏟아지고 그래서 아주 시원하고 좋습니다. 아무리 여름이라도 거기 가서 서 있으면 시원하고, 조끔 있으면 서늘하다가, 더 있으면 추워요. 그래 거기서 오래 지탱할 수가 없어요. 거기 바닥 돌에 꼭 적당한 시가 하나 있습니다. "소동은 냉랭疎洞泠泠이요, 풍패청청風佩清清이라, 성긴 골짜기가 차고 찬데 바람결은 맑고 맑더라."

이 글은 어디서 나온 것인가 하니, 갈홍葛洪(284~363)**이라는 사람의 글인데, 그의 저서가 한 6백 권 돼요. 그 사람이 우

---

* 《호고와선생문집好古窩先生文集》〈북유록北遊錄〉 중 '청학지하靑鶴之下'에 나오는 구절. "有疎洞泠泠風佩清清八字 左題葛洪書 未知何人冒穉川之名也."

** 동진東晉 시대의 의약학자이자 도가道家 사상가. 《포박자》 등을 지었다.

리나라 금강산에 와서 적어놨느냐, 어떤 사람이 그 사람 글이 좋아서, 똑 만폭동에 어울려서 써놨느냐, 그것은 모르지요.

그러나 아무튼 호사가들은 갈홍이라는 신선이 여기 와서 돌아다녔다고, 그런 터무니없는 소리들 해요. 신선은 막 하늘로 다닌다니까 그렇게도 했는지 모르지만, 보지 못했으니 할 말은 없고, 여하간 어떤 사람이 써놓은 것만은 사실이에요.

그 글을 생각하면, 첫 번에는 서늘하여 좋고, 두 번째는 자꾸 생각할수록 나중에는 추워서 으슬으슬하고, 그만 뼈다귀까지 덜걱덜걱하도록 추워요. 저건 마음을 기른 자예요. 조촐해지겠다고 마음을 길러, 결과에는 뼈다귀 속까지 조촐해져 버린 사람이에요. 저렇게 되면 신세가 따분하게 되는 것이, 짐승하고나 놀지 사람하고는 놀 수 없어요. 그 사람이 오면 먼 데서부터 찬 기운이 나니까 슬슬 피할 수밖에 없죠.

그래서 중국 사람들이 신선을 뭐라고 얘기했는가 하니, 장자莊子의 《남화경南華經》*에 이런 소리가 있어요. "막고야산邈姑射山**에 유신인언有神人焉한데, 막고야산에 신인이 있는데, 작약綽約은 약처자若處子하고, 모양다리는 똑 시집 안 간 색시 같고, 기부肌膚는 약빙설若氷雪하고, 살은 얼음과 눈 같다." 벌

---

* 《남화경》은 《장자莊子》의 다른 이름으로, 《남화진경南華眞經》 또는 《장자남화경莊子南華經》이라고도 한다. 《도덕경道德經》과 함께 고려·조선의 지식인들이 즐겨 읽던 대표적 도가서道家書로서, 특히 문체가 유려하여 애호되었다.

** 《장자》〈소요유逍遙遊〉 편에 나오는 말로, 북해의 신선이 산다는 섬.

써 좀 으슬으슬하지요. 아무리 여자가 예뻐도 좀 따뜻해야지, 이건 막 추워대니 좋을 수가 없단 말이죠.

"흡풍음로吸風飮露하고, 밥도 먹지 않고 바람이나 이슬이나 먹고, 승운기乘雲氣 어비룡御飛龍, 구름 기운을 타고 나는 용을 부려 하늘에서 놀고", 이런 사람을 신선이라고 그래요. 우리는 추워서 신선을 할 수가 없어요. 그렇게 추운데 공중에 떠 돌아다녀봤자, 뭐 재미없을 거요. 이런 종류를 신선이라고 그러는데, 그이한테는 사람은커녕 먼지도 하나 붙을 수가 없을 거요.

승려 한산의 선시

거기서 좀 내려와 장안사 앞에 가면, 옛날 저 당나라 때에 있던 천태산天台山의 한산寒山˙이라고 하는 사람의 시가 붙어 있어요. 뭐라고 했는가. "일주한산一住寒山에 만사휴萬事休라, 한 번 한산에 머무니까 일만 일이 다 쉬어버린다." 그것은 보통 사람이 복잡한 도시에 있다가 산중에 가면 아마 금방 느낄 수 있을 겁니다. 그런데 "갱무잡념괘심두更無雜念掛心頭라, 다시 잡된 생각이 마음에 오르지를 않았다", 즉 쓸데없는 생각

•　시에 능했던 승려. 천태산 국청사國淸寺의 풍간선사豊干禪師의 제자.《한산시집》을 남겼다.

을 자꾸 배제하고 닦았던 것입니다.

그러면 그 사람이 아무것도 안 하느냐. 아니, "한어석실제시구閑於石室題詩句라, 한가할 때에는 깎아지른 듯한 돌멩이에다 시 지어서 글도 쓴다", 그 말입니다. 그때그때 즉흥적으로 생각이 떠올라 아무 구애 없이 썼단 말이죠. 남과 비교하겠다든지, 자기가 뭔가를 기념하겠다든지, 그런 것은 전혀 없어요. 그렇게 하고 나니까 세상일이 다 쉬어져 무슨 생각도 마음에 올라오지 않아서, 어떤 때에는 시도 지어서 써 붙인다는 겁니다. 그러니 그 마음 쓰는 것이, "임운환동불계주任運還同不繫舟라, 마음대로 하기를 매이지 않은 배 같다"라는 겁니다.

일주한산만사휴一住寒山萬事休
갱무잡념괘심두更無雜念掛心頭
한어석실제시구閑於石室題詩句
임운환동불계주任運還同不繫舟

한산에 오롯이 머무니 만사가 쉬어서
다시금 마음에 거리낄 잡념이 없어라.
한가히 바위에 시구나 끼적여놓으니
맘대로 움직여 풀어진 배같이 노니네.

사람은 자유를 퍽 좋아해요. 누구든지 아마 자유를 희구할 것입니다. 그러나 그것은 상대적 자유이지, 절대적 자유는 아닐 겁니다. 절대 자유는 모두 무서워하고 또 할 마음이 잘 안나는 것입니다. 가장자리 없는 바다, 아마 여기서 중국 사람들은 대략 만경창파萬頃蒼波라고 그러는데, '만경'이라는 건밭이랑이 만 개나 되는 그런 광막한 벌판, 그런 벌판에 비할만한 바다입니다. 그 바다에다 쪼그만 배를 아무 구애 없이띄워놨다고 해봅시다. 기가 막힐 거요. 이놈이 제멋대로 떠돌니 어떡하겠어요. 제멋대로라 자유인데, 너무 자유로워서 건잡을 수 없게 되거든요. 그러면 무서운 생각밖에 안 나겠지요. 그런데 그 사람은 어떻게 마음을 쓰는가. 돼가는 대로, 만경창파에 매이지 않은 배같이 합니다. 그러면 저 사람의 심정은 어떤가. 수만 명이 오더라도 싫다지 않을 것이고, 또 한사람도 안 오더라도 심심하지 않을 것이다, 그 말입니다.

왜냐하면, 자기 마음에 무슨 생각을 올리지 않으니까, 또그렇다고 이 세상을 배척하는 것도 아니니까 그래요. 저런사람을 마음 닦은 사람이라고 얘기를 하게 돼요. 마음 닦은사람은 차갑지도 않고 또 만만해 보이지도 않아요. 그래서그 사람에게 물으면 우리의 문제를 해결할 수 있을 거라는말입니다.

우리의 문제라면 대체 무엇을 말하는 것일까요. 일용 사물에서 제기되는 문제 같은 것이지요. 우리가 그것을 잘 해결할 것 같으면 그때그때 우리는 안정된 생활을 얻지만, 그렇지 않고 한 번이라도 어디가 막혀 있는 상태라면 우리 생활은 퍽 침체될 것입니다.

늘 말씀드렸던 것과 마찬가지로, 예를 들어 여러분이 가장 좋아하는 사람, 가장 믿음직한 사람이 죽었다고 해봐요. 나이로나 건강으로나 죽을 때가 안 됐는데 죽었을 거 같으면, 어째 죽었느냐, 그런 문제는 여러분들이 어떻게 해결을 할까요? 만약 요새 보통 신식으로 하는, 예수교식 말대로 '하느님이 필요해 데려갔다'라고 한다면 수긍이 될까요? 왜 하느님은 반드시 우리 집 아무개가 필요했을까, 이 세상에 그득하게 (사람은) 많은데…. 이런 것은 우리에게 문제를 해결해준다기보다는 많은 의문을 주지요.

모든 일은 마음이 일으키는 것

그러므로 하느님이 있느니 없느니, 그런 말이 필요가 없어요. 우리에게는 당장 아침에 일어나 저녁때까지, 알 수 없는 문제를 해결하는 게 가장 필요할 것입니다. 우리는 의지를 가진 사람이지, 의지가 없이 맹목적으로 있는 물건이 아니기 때문이지요. 의지를 가진 사람이란, 무슨 행동을 할 적에 의지로 한다는 말입니다.

그래서 심지어 저 살인 도구를 보더라도, 사자 잡는 총보다도 사람 잡는 총이 아주 더 지독하단 말이에요. 사자는 아무리 용맹스럽더라도 대뇌 발달이 사람만 못 하니까. 사람 눈은 전연 매의 눈만 못하고 발톱은 사자의 발톱만 못하고 생긴 모양은 남에게 위협을 줄 만하지 않지만, 골치(머리, 지능)가 있기 때문에, 사람에게 쏘는 총은 사자에게 쓰는 총보다 한 열 배의 정밀함을 요구하게 돼요. 또 사람 감옥이 사자 감옥보다 월등히 좋아요. 이놈이 골치를 쓰니까.

동양의 학문은 원체 골치 밝은 사람이 써놓은 것이기 때문에, 첫 번에 막연히 보면 잘 알 수가 없어요. 그래서 전에 우리 어른들이 나더러 그저 글은 자꾸 읽어야 된다고 하셨습니다. 그래, '알면 그만이지 뭘 자꾸 읽어야 될까' 하면서도 자꾸 읽었지요. 자꾸 읽었더니만 내용을 알겠단 말이에요. 내용을 아니까 재미가 났죠.

그런데 언젠가 선생이 나더러, "너는 문리文理가 안 생겼다"라고 그래요. 그 문리가 뭔지 알 수가 있나요. 그 뒤에 나보고 또 그래요.

"문리는 한문 글자 속의 의미를 죄 알면 그게 문리란다."

"아, 그건 제가 《동몽선습童蒙先習》* 배울 적부터 알았는데요."

"아니, 네가 3년 전에 벌써 알았단 말야?"

"알고말고요. 저더러 얘기하라면 금방이라도 할 텐데요."

"어디 해봐라."

거 쪼르르 얘기했지요. 이렇게 자꾸 읽을수록 작자의 마음하고 통하게 되는 거요.

• 조선 중종 때 학자 박세무朴世茂, 민제인閔齊仁이 《천자문》을 익히고 난 초학 아동들의 교육을 위해 지은 책.

지난 뒤에 들은 얘기지마는, 저 합천 해인사에 어떤 중이 한문 공부를 잘 해볼 생각에 최고운崔孤雲이 지은 《사산비명四山碑銘》*을 자꾸 읽었던 모양이에요. 어느 날 저녁땐가 어슴푸레한데 허연 영감님이 나타나더래요.

"너 그거 뭘 읽니?"

"《사산비명》요."

"누가 지었니?"

"최고운이가 지었지요."

그러니까 아무 말도 안 하고 가더랍니다. 한 서너 달 후에 앉아 읽는데 또 그 영감님이 나타나서,

"그건 뭐냐?"

"《사산비명》요."

"누가 지었니?"

"최치원이가 지었지요."

아, 또 그랬단 말이에요. 그저 그런가보다 그러고 자꾸 읽

---

* 통일신라 학자 최치원이 지은 비문 가운데 자료적 가치가 높은 네 편을 모아 엮은 금석문집이다. 네 편의 비문은 ① 충청남도 보령시 성주면 성주리 성주사 터에 있는 숭엄산성주사대낭혜화상백월보광탑비명崇嚴山聖住寺大朗慧和尙白月葆光塔碑銘(국보 제8호), ② 경상남도 하동군 화개면 운수리 쌍계사 경내에 있는 지리산쌍계사진감선사대공령탑비명智異山雙溪寺眞鑑禪師大空靈碑銘(국보 제47호), ③ 경상북도 경주시 외동면 말방리 대숭복사에 있었던 초월산대숭복사비명初月山大崇福寺碑銘, ④ 경상북도 문경시 가은면 원북리 봉암사 경내에 있는 희양산봉암사지증대사적조탑비명曦陽山鳳巖寺智證大師寂照塔碑銘(국보 제315호)이다. 위의 네 군데 산 이름을 취하여 일반적으로 '사산비명'이라 일컫는다.

었지요. 언젠가 또 읽고 있는데 그 영감이 또 나타나더니,

"그건 뭐냐?"

"《사산비명》요."

"누가 지었니?"

"최치원이가 지었지요."

그러니까 그 노인이 손으로 따귀를 치면서,

"이놈아! '최고운 선생님'이 지었다고, 그렇게나 좀 말하려무나. 이 망할 자식아."

그 뒤에 그 중이 멍텅구리가 돼버렸어요. 그래서 누구든 번쩍하면 "어, 최고운 선생님!" 했어요. 그게 그만 그때 유명한 얘기가 돼서 우리네 귀에까지 전해온 겁니다.

그러니, 그런 말씀을 읽을 때엔 공경심을 가지고 읽어서 우리나라 사람들이 골치가 퍽 밝아졌어요. 그것을 일종의 '즉심시불卽心是佛(마음이 부처다)'이라고 그러는 거예요. 그거 한 마음 자기가 전하는 건데, 공부를 할 적에 공경심이 없을 것 같으면 마음이 모이질 않아요.

그러면 최고운이 해인사 가야산에서 육신등공肉身騰空*을

---

* 육신을 가진 채 그대로 하늘로 올라감. 신라 출신 김가기가 중국 종남산에 가서 도를 닦아 신선이 되어 대낮에 백일승천白日昇天하였다는 기록이 있다. 사람들이 다 보고 있는 대낮에 몸이 그대로 하늘로 올라갔다는 것이다. 신선 중에서도 최고 등급이 백일승천인데 육신등공과 비슷한 의미이다. 유명한 에밀레종을 조성한 성덕대왕의 형인 보천태자는 오대산에서 좋은 샘물로 차를 달여 먹고 불보살들에게 차 공양을 하며 수도한 덕에 육신등공肉身騰空을 했다고 《삼국유사》에 전해진다. 그 외에도 불가佛家에는 육신등공한 여러 스님들의 이야기가 전해진다.

해서, 귀신이 되어 거기 그렇게 왔을까요? 그건 아니지요. 그 중이 글 배울 욕심만 가득하지, 그 글 지은 사람에 대한 공경심이 없으니까, 자기 자체의 모순을 나타낸 겁니다. 그런 것은 마음 좀 닦아보면 대략 알 수 있는 문제들이고, 우리나라에 그런 얘기가 종종 있는데, 여기서 우리가 무엇을 요구하게 되는가 생각해볼 문제입니다.

마음 닦는 자는 자꾸 자기의 마음이 밝아져요. 어떻게 밝아지느냐. 내가 말한 바와 마찬가지로, 바람이 나무를 지나가는 것과 같이, 나무를 지날 적에 없지 아니하고, 지나간 뒤에 또 있지를 아니하는 것과 같이 해야 됩니다.

그러면 우리는 어떠한가요. 무슨 일을 당할 적엔 멍하니 들여다보고 오뚝이 모양으로 골치가 띵하고, 그 일이 지나간 뒤에는 궁리를 들입다 하고, '아, 이렇게 대답을 했더라면 좋을걸, 저렇게 대답을 했더라면 좋을걸' 하며 밤새도록 이놈의 몸뚱이가 화끈화끈 달아올라요. 신경쇠약이 돼서, 요새 의사가 하는 말로 정신분열증이라고 그런다나 뭐라고 그런다나. 그렇게 된다는 거예요. 평소에 자기 마음을 닦을 줄 알았으면 알 건데, 아 이걸 못 하겠다고 자꾸 어렵다고만 하니, 어려운 생각이 앞서니까 정신분열증이 되고 마는 거지요.

어저께도 토론회에서 보니까, 그 뭘 하겠다는 사람들은 다 골치가 동그스름하고 몸뚱이를 좀 가눌 줄 알아요. 그렇지 않고 몸뚱이를 이렇게 흐들부들하는 자는 아무것도 못 해요.

한번은, 학교에 웅변대회가 있어서 학생들이 연습을 좀 했어요. 어떤 이들은 부끄러움을 많이 타던데, 웬걸, 이들이 넓은 마당에서는 못 그러면서 골목 이 모퉁이 저 모퉁이에서는 소리를 질러대요. 이런 것들은 다 컴컴한 걸 요구하는 마음예요. 컴컴한 마음은 떳떳하지 못한 마음이란 말입니다. 떳떳치 못한 마음은 컴컴한 걸 요구하게 됩니다.

그래서 그 학생들도 남이 들으면 안 될까 봐 몰래 모퉁이 가서 연습을 하는데, 그래도 웅변대회 일등은 해야 되니까 거기서 또 소리소리 지릅니다. 자, 그러니 소리 지를 테면 마당에 가서 지르면 더 좋은데 마당에서 지를 용기는 없고, 천생 껌껌한 속에 가서 지를 용기밖에 없는 게로구나, 그 말이지요.

이런 것들은 다 우리의 무지에서 오는 것으로, 우리 생활을 창피하게 만드는 겁니다. 그런데 저 톨스토이Leo Tolstoy(1828~1910)*의 《부활》 같은 데를 보면 알 수 있듯, 직업의식이란 건 아주 떳떳해야 합니다.

예를 들면, 시방 보세요. 미국 국무장관 덜레스John Foster Dulles(1888~1959)**가 죽었지요. 서방 3대국 외상들은 슬퍼서 워싱턴에 갔을 서예요. 그런데, 러시아 외무대신은 가기 싫었지만 어쩔 수 없이 체면 때문에 지남철 모양으로 따라갔을 거요.

---

* 러시아의 작가.《전쟁과 평화》《안나 카레니나》《부활》 등을 썼다.

** 미국의 52대 국무장관(1953~1959) 역임.

분위기가 그래서 갔는데, 갈 적에는 비행기를 따로 타고 갔어요. 다른 사람들은 군용기를 타고 갔고요. 그런데 그 장소에 가서는 이자가 어떡하느냐, 그 말입니다. 공산당이 예수꾼 기도하는 데 같이 기도를 해야 옳을까요, 안 해야 옳을까요? 이놈 마음이 둘이 됐지요. 둘이 되니 미안 천만이지요.

그런데 벌써 미국 신문에서 지껄이거든요. "공산당은 하느님이 없다 하겠지마는, 그렇다고 그 와중에 고개를 바짝 들고 서 있을 바에야 덜레스 장관 영결식에 오긴 왜 왔나?" 이렇게 빈정거리는 소리를 듣거든요. 이제 그렇게 한번 얻어맞으니까, 거기서 다시 비행기 따로 타고 올 맘이 없게 된 모양이지요. 그래서 할 수 없이 미국 군용기에 함께 탔으니, 공산당 외무대신 하나와 서방측 외무장관 셋, 그렇게 네 놈이 탔단 말이지요. 이틀 지간에 대서양을 두 번 넘어야 되는 팔자가 그렇게 뭐 좋지는 않지요. 한 번쯤 넘으면야 좋지만, 그걸 직업적으로 또 넘자면 호강이 아니죠.

한반도 농락한 열강의 외교 행태

미국 사람들은 항상 비밀협정 하는 것을 싫어할까요? 그에 대해서는 역사로 우리가 증험해볼 수 있어요. 조선 말에 우리하고 미국하고 통상조약을 제일 먼저 했고, 또 상호 원조 협정도 그때 있었습니다. 그러니까 우리가 1910년 일본에 점령당할 적에, 미국이 일본에게 뭐라고 말할 수 있었을 겁니다.

그때 미국 사람이 주선해서 미국 포츠머스에서 러시아와 일본이 강화조약을 하게 됐어요. 미국이 중간 역할을 하게 됐던 모양이지요. 미국은 그때 필리핀을 손에 넣지 않으면 동남아시아에서 무역상 큰 차질이 있으니까 손아귀에 넣어야 되는데, 일본이 성가시게 굴면 그걸 할 수 없거든요.

그러니까 그때 이시이 기쿠지로石井菊次郎라는 일본 사신과 로버트 랜싱이라는 미국 사신이 비밀조약(1917년, 랜싱-이시이 협정)을 맺어, "미국이 필리핀을 점유하는 데 일본은 이의가 없다, 일본이 한국을 점유하는 데 미국은 이의가 없다", 이렇게 비밀문서를 작성했습니다.* 그런데 이건 미국 헌법이 용납하지 않는 거예요. 미국은 그 누구하고도 비밀협정을 하지 못하게 돼 있어요. 공개적으로 국회를 통과해야 하는데, 시어도어 루스벨트Theodore Roosevelt(1858~1919), 이시이와 랜싱, 이런 사람들이 모여서 그런 비밀문서를 만들었단 말입니다.

그럼 여러분은 그게 비밀문서인데 어떻게 내가 아느냐고 하시겠지요. 1922년 5월에, 시어도어 루스벨트의 책상이 그

---

* 랜싱-이시이 협정은 1917년에 미국 워싱턴에서 중국에 대한 정책을 조정하기 위해 미국과 일본이 맺은 협정으로, 미국은 일본의 중국에 대한 특수한 권익을 승인하고, 일본은 미국의 중국에 대한 문호 개방 정책을 승인하였다. 이때 미국 국무장관 로버트 랜싱Robert Lansing과 일본의 워싱턴 특사인 이시이 기쿠지로石井菊次郎가 교환한 각서가 모호한 문구로 인해 논란이 되자, 1923년에 추가로 각서를 교환하면서 폐기했다.

때까지 정리가 안 된 상태였어요. 그래서 그 책상을 정리하던 중, 서랍 속 밑바닥에서 일본과 미국 사이에 비밀협정한 문서가 나타났습니다. 그 문서가 세계에 공개된 뒤에는, 세상에 유명한 시어도어 루스벨트 대통령이 미국 헌법을 위반한 대통령이 되고 말았단 말이지요.

그때는 내가 독일 유학 중으로, 현대외교사 수업을 듣고 있었는데, 독일 선생님의 말이 그래요.

"이 세상은 힘센 놈들이 그 중간에 있는 약한 놈을 찜 쪄먹고 싶으면 쪄먹는다. 그냥 쪄먹어도, 또 그놈들이 뼈다귀까지 갈아서 다 먹어버려도 약한 놈은 항거도 못 한다. 그 실례로, 미국과 일본이 비밀협정을 맺어 코리아 사람을 그렇게 다 삶아 먹어버렸다. 삶아 먹어서 시방은 흔적도 있지 않다."

그렇게 말하니까, 독일 학생이 쓱 뒤를 돌아보면서 나보고 "넌 뭐냐?" 그래요. 이놈이 또 밖에 나와서까지, "넌 뭐냐. 코리아 사람 아니냐?" 하더라고요. 그때 나는 자세히 모른다고 그랬지요. 뭐, 그럼 어떻게 해요?

그런데 그 장난을 하던 그 미국이 프랭클린 루스벨트 시대에 와서는 소위 얄타 비밀협정*을 했습니다. 그 얄타 비밀협

---

* 얄타회담(1945. 2. 4~11). 제2차 세계대전 종반에 소련 흑해 연안의 얄타에서 미국·영국·소련의 수뇌들이 모여 독일의 패전과 그 관리에 대하여 의견을 나눈 회담. 얄타회담의 일부 조항은 태평양과 만주에서 일본을 패배시키는 데 소련의 지원이 절실히 필요하다는 가정에서 체결된 것이었다. 그러나 소련의 참전은 지연되었고, 미국의 원폭이 투하(1945. 8. 6)된 뒤에 참전하여(8.8), 참전한 지 불과 7일 만에 일본은 항복하였다.

정은 미국의 막대한 재산을 축내고 불명예를 조성하게 했습니다. 그러니까 미국 국회에서, "이제 안 된다", 그 말입니다. "누구에게도 어떤 언질을 주지 마라." 미국 상원의원들이 회의 갈 적마다 하는 소리예요. 그래서 대통령은 "이번에는 언질을 주지 않겠다" 했지요. 원체 얄타 비밀협정에 혼이 나서 그렇습니다.

그래서 전혀 비밀협정을 못 하게 된 오늘날, 흐루쇼프Nikita Khrushchyov(1884~1971, 전 소련 총리)가 아이젠하워 대통령을 만나기로서니, 공갈협박쯤 가지고서 일이 될까요? 시대가 달라졌는데요. 그런데도 시방 자꾸 만나자고 하는 게 무슨 까닭인가 하니, 미국 대통령을 갖다 놓고 으르고 치고, 밑구멍으로 철포를 갖다 대면 또 '헉' 할는지도 모른다 싶은 거요.

흐루쇼프가 왜 그런 희망을 갖게 되는가 하니, 현재 미국 대통령이라는 사람이 백림(베를린) 미군 사령관으로 있을 때, 백림 문제를 그 꼴로 만들어놨기 때문이란 말이지요. 공산당 땅 깊숙이 100마일 속에 들어가 있는 백림에다 연합군을 6천 명이나 놔두었으면서도, 다닐 길 하나 제대로 마련해두지 않았다, 그 말입니다. '러시아하고 나하고 친구인데, 길 마련하지 않기로서니 무슨 문세이겠나. 어련히 잘 다닐까' 했는지 모르죠. 그러나 이건 아주 상식 밖이란 말입니다. 도둑놈을 친구라고 그래놓은 셈이니까….

공산당 지역 100마일 속에다가 백림 연합군을 섬처럼 만들어놓고, 길도 안 만들어놨으니 어떻게 하려는 작정인가, 미국 대통령도 기가 막혔지요. 다른 사람이 그랬으면, 그때 사령관이 대체 누구냐 욕했을 터입니다. 그러나 제가 사령관으로 있을 때 해놨으니 할 말이 하나도 없죠. 러시아 놈이 길을 막거든 하늘로 날아다니지 뭐….

백림으로 들어가는 길이 여섯인데, 5월 27일에 그 길들을 막는다고 그러니까, 벌써 4월 27일부터 미국에선 만일 막거든 공중으로 날아가자고 하는데, 러시아 놈들은 정책 꾸밀 것도 없습니다. 미국 신문에 그 속이 다 나타나니까.

그러니까 러시아 사람이 "공중으로 날더라도 높이 날면 안 된다"라고 해요. 그러나 공중에 무슨 한도가 있겠어요? 공중에 날면 날았지, 만 피트는 못 난다, 2만 피트는 못 난다, 3만 피트는 못 난다 하니, 그건 왜 그러냐. 만 피트를 날면 독일 안에 있는 군사시설을 죄 사진 박을 수가 있거든요. 1만 5천 피트를 날면 동 백림 주위를 사진 박을 수가 있고, 3만 피트를 날면 러시아 레닌그라드(지금의 상트페테르부르크) 반쯤까지 사진을 박을 수 있기 때문에 못 하게 하는 겁니다.

그러니까, 미국 사람이 약았지요.

"아니, 언제 공중으로 날아다니는 거 고도 재봤나? 우린 그런 거 없어. 마음대로 날아."

"글쎄, 날면 위험하니까 말라고 그러는 거지."

"위험은 무슨 위험, 위험은 내가 당하지, 안 그래?"

"원자탄 싣고 날아가다 떨어지면 우리가 다치지 않아?"

그것도 또 그럴듯한 소리다 그 말이에요.ᆞ

이런 수수께끼가 대체 왜 나오는 것이냐? 미국 대통령은 자기가 저질러놨으니 가서 한번 만나 봐도 괜찮을 텐데, 요 다음에 러시아 사람이 또 백림같이 그렇게 함정을 파놓고서 조르는 일이 다시 생길지 누가 아느냔 말이에요. 그러니까 미국 대통령은 계속 안 간다고 그러고 있습니다. 그걸 두고 미국 백성들이 한쪽에서는 "좋다, 가지 마라" 그러고, 또 한 쪽에서는 "거, 대통령이 뭐 겁나나. 한번 가봐", 이런단 말이 지요.

그다음에 또 뭐라고 하는가 하니, 미국에서는 "어떻든 백 림만은 내놓지 않을 테야. 백림의 군대는 안 내놓을 테야"라 고 하고, 영국에서는 "아니, 뭐 그렇게 뻣댈 게 뭐야. 조끔 줄 이면 어때." 이런 소리를 하거든요. 아, 이러니 대통령이 그만 푸들푸들 해버린단 말이오.

이러한 세계 열강의 틈바구니에서 우리 국토가 반으로 끊어 지니 우리는 속이 상해 못 견딜 것이, "저런 맹꽁이 녀석, 한 대 갈기면 되겠는데 왜 못 그러냐?" 그 말입니다. 그런데 그 러면 너무 위험해요. 한번 "땅!" 할 수도 있겠지만, 그러다 연 기 한번 풀썩 나서 우리가 그만 다 죽어버리면 어떡해요? 저

---

* 제2차 세계대전 후 1948년 6월부터 1949년 5월까지 소련이 독일의 수도 베를린을 11개월 동안 봉쇄해, 미국·영국·프랑스 연합국의 점령지인 서 베를린을 소련 군정의 동독 관할 아래 동베를린으로 흡수하고자 했다. 이 를 베를린 봉쇄라고 한다.

경무대의 이 박사는 "아, 그거 죽어도 좋지, 공산당한테 죽는 겐데 뭐. 한번 죽기는 다 마찬가지지." 그러나 이건 아무것도 없는 거지 형편이라 하는 소리지요. 미국 부자들은 죽는 게 좋을 리 있소? 저거 암만해도 위험하단 말이지요.

자, 그러면 이런 현상들이 어디서 나오는 것이냐? 이것이 옳은 판단에서 나온 것이냐, 아니면 그저 고깃덩어리(몸, 육신)가 죽을까 봐 그러고 있는 것이냐? 그런데 사실 시방 죽게 된 고깃덩어리 놈이라면, 제가 구하려 한다 한들 구할 수 있겠어요?

덜레스 미 국무, 암에 꺾이다

미국 국무장관 덜레스의 병이 재미있습니다. 남이 죽게 생겼는데, 무슨 재미인가 그러겠죠? 덜레스라는 이 사람이 원체 비행기를 타고 전 세계를 많이 다녔거든요. 미국 국무장관 중에 외국여행을 제일 많이 한 사람이 덜레스라는데, 사실은 미국 사람 전체 중에서도 제일 여행을 많이 한 사람입니다. 맨날 비행기를 타고 다니니 꽁무니가 배기고, 또 궁리를 들이 해대니 변비가 됐을 건 사실이지요. 그래서 변소에 가 한참씩 앉았으니 이게 탈장병이 나겠습니까, 안 나겠습니까? 탈장병이 났지요.

그래 탈장 때문에 성가신데, 요새 좀 늙어가니 더 찌뿌드드

하고 나빴던 모양이지요. 그래서 요 창자나 살짝 좀 베어버리면 될까 하고 병원엘 들어갔더니, 진찰한 결과 대장에 암이 생겼대요. 이거 야단이 났습니다. 그러니 꽁무니 탈장병 고치러 간 일은 다 틀려버리게 됐어요. 탈장은 고치나 마나 한 것이, 대장에 암이 생겼으니까요.

어떤 의사 말이 대장에 암이 있어도 방사능으로 치료만 하면 된다 그러거든요. 그래서 쩨지도 않고 속으로 치료를 했더니 좀 나아진단 말이에요. 그래 공원에 산보도 좀 해보라 해서, 한 30분 갔다 오더니 좋다고 그러거든요.

"저 플로리다 남방에 가서 좀 며칠 쉬다 오쇼. 쉬어서 별일 없으면 아주 괜찮은 거요."

그랬는데 웬걸, 한 닷새 쉬고 나니까 몸뚱이가 뻣뻣하고 기가 막히더란 말이에요. 그래서 비행기를 타고 병원에 다시 갔더니, "여보, 암이 온 몸뚱이에 퍼졌소." 그 소리 들으니 뭐 덜레스는 일어날 재간이 하나도 없지요. 그래 그만 '씩' 해버렸어요. 아주 싱겁지요.

그런데 이 덜레스가 무슨 일을 했느냐 하면, 먼저 루스벨트가 공산당 좋다고 했던 정책을 완전히 뒤집었어요. 뒤집어놓고, '미국의 군비가 정돈되고 삼대만 시나면 공산딩은 없다', 이런 정책을 한 겁니다.

이렇게 군비 간신히 만들어놓고 반공 정책도 죄 만들어놨는데, 소련을 때리려고 보니까 소련에 원체 원자탄이 많단 말이에요. 그래서 저놈을 때리면 죽기는 죽는데, 거기서 원자진原子塵이 풀썩 나오면 우리도 죄 죽게 생겼어요. 그러니 칠 수가 있나요. 치기는 쳐야겠는데 칠 수가 없고, 마음속에는 '원자진 방사능이 전 세계에 퍼지면 다 죽는다', 그 마음을 가졌습니다. 그 마음이 미국 국무장관의 마음이거든요. 그러니까 그놈의 몸뚱이가 꼭 그렇게 돼버렸어요.

처음엔 아주 간단하게 탈장 수술을 하러 들어갔다가 대장암이 발견돼, 대장암을 고쳤더니 온 몸뚱이가 전부 암이 돼버리고 말았단 말예요. 방사능이 쫙 퍼져버린 것이지요. 이것만 보더라도, 우리의 삶이라는 것은, 이 한마음이라는 것이 자기가 지어서 자기 세계에 바치는 것입니다. 그런데 우리는 시방 다 살아 있고, 덜레스 씨의 세계는 벌써 방사능이 죄 퍼져서 그만 알링턴 국립묘지에 가서 드러눕게 되었어요.

이런 소릴 하면 아마 그러겠지요.

"왜 하필 당신은 요렇게 해석하고 있소? 요렇게 해석하니까 당신을 점쟁이라고 그러지 않느냐?"라고요.

자기 마음의 소리를 잘 들어라

그래서 여러분에게 항상 부탁하는 것이 무엇이냐 하면, 남을 볼 적에 남들을 다 훌륭하다고 생각하면 자기 마음에 훌륭한 인격자를 그리게 되고, 자기 마음에 훌륭한 인격자가 그려지면 그 마음이 원인이 돼서 그 결과가 자기 몸뚱이에 비친다는 것입니다. 그런데 사람들은 항상 남들이 다 나쁘다고 생각을 해요. 그 나쁘다는 것이 자기 마음에 비치면, 그것이 결과가 돼서 자기 몸뚱이에 나쁜 것이 온다고 내가 누누이 말했습니다.

이런 것은 다 무엇을 의미하는가. 자기의 마음은 자기가 보지 못하는 것이다, 마음만 보지 못하는 게 아니라 자기 소리도 듣지 못하는 것이다, 이겁니다. 자신을 과대평가해서 자기의 소리는 참 좋으리라고 생각했기 때문에, 자기의 소리가 나쁘리라고 생각지를 않았기 때문에, 제 소리를 녹음해서 들려주면 아주 진저리를 쳐요. 내 소리가 저럴 리가 있나? 오죽하면 그걸 두고 다른 사람 목소리라고 합니다. 원체 제 소리는 왕창 좋다고 여기다 보니, 진짜 제 소리인데도 곧이들리지 않을 정도가 된 겁니다.

제 소리만 그런 것이 아니라 제 얼굴도 그렇습니다. 여기 여러 사람이 있지마는, 제 얼굴에 대해 제대로 곧이들리지 않을 것입니다. 내 얼굴이 요렇게 나쁘게 생겼을 이치가 없지요, 잘나야 하거든요. 행여나 어떤 이가 제 얼굴을 보고서 좀 시원치 않게 생겼다고 하면, 그놈 아주 죽이려고 덤발 거예요. "왜 내가 시원치 않게 생겼어?" 그러거든요. 제가 진짜 잘났다면 그 사람을 죽이려 할까요? 잘났으면 뭐 죽일 거 없지요. 그런데 자기가 원체 못났기 때문에, 저더러 못났다는 놈을 보면 기가 딱 찬다, 그 말입니다. "인마, 못났어도 좀 잘났다고나 해줘야 내가 위안이 되지", 그런 말입니다. "못난 놈

보고 못났다고 그러면, 아주 죽으란 말이냐", 이렇게 되는 거거든요.

그렇다면, '나'라는 한 생각이 이 우주하고 나를 자꾸 격리시키는 것이고, 부단히 격리시키니까 그로 인해서 모든 불행이 자꾸 우리에게 오게 되는 겁니다. 이러한 예들은 우리 역사에도 많이 있지만, 시방 현실에서도 여간 심한 게 아니에요.

흐루쇼프가 미국 대통령하고 둘이 만나 정상회담을 하자고 하자, 덜레스는 무슨 생각을 하는가 하니, '저자들이 비밀회담에 참여한다고 그러는 거 보니까 뭐 양보할 게 있겠다. 그럼 양보하면 어떻게 하느냐, 저자가 백림을 양보하는 대신 다른 엉뚱한 수작 하지 않을까?' 또 이런 딴 궁리를 해요. 이런 것도 정신분열증이지요. 자기 마음의 귀추와 그 나아가는 행로를 모른다면, 그런 사람에 대해서는 정신분열증을 얘기할 수 있을 겁니다. 왜 그렇게 정신이 맑은 사람, 건강한 사람, 전 세계를 요리하는 그 사람들이 어째서 그렇게 이랬다, 저랬다, 그 야단을 칠까요. 자기에게 이로운 입장에서 남을 추측하면 그런 생각이 생기게 되는 것입니다.

또 미국은 민주주의이기 때문에 언론이 많고, 언론이 많기 때문에 모든 정책을 신문에서 비평을 하니까, 미국 사람만 정책을 만드는 데 골똘하지 러시아 사람은 정책 만드는 데 그렇게 고생스러울 것도 없어요. 미국 신문만 종합해서 보면, 미국 사람들이 다 말해놨거든요. '우리가 이렇게 말하니까 러시아 사람이 이렇게 말했지', 다 신문에 적어놨어요.

또 러시아 사람이 인공위성을 던지느니 뭐니 그렇게 했는데, 사실 러시아 사람이 인공위성 던지기 3년 전에, 텍사스 대학의 스미스와 싱거라고 하는 두 교수가, "위성을 처음 만들어서 발사를 해야 되겠다. 근데 만드는 데 한 백만 달러 들겠다. 성공할 것 같으면 그다음에 인공위성을 쏘아올려야 되는데, 그거 5백만 달러 들겠다", 이렇게 여론을 일으켜봤는데 아주 냉담했어요. "이런 미친 영감쟁이들, 백만 달러, 5백만 달러를 공중에 내버리잔 말이야?" 이러니까 이 교수들은 공중에 띄울 수 있는 인공위성의 설계도를 모두 완성해서 잡지에다 발표를 했어요.

그랬는데 약삭빠른 러시아 친구들이 그걸 만들어서 한 개를 툭 던지고 나니까 미국에서 야단이 났어요. 이제 우린 죽었다, 그 말입니다. "저놈들이 원자탄을 그 인공위성의 잔등이에다가 떡 실어놓으면 어디 떨어질지는 모르지 않나. 이젠 죽었다", 그 말입니다. 그래, "우리 과학자는 뭘 하는 거냐. 이 경칠 놈들, 어서 띄워라", 이래서 시방 돈을 곱절 쓰면서, 뭐 그렇게 되는 거지요. 이렇게 자기 한마음에 줏대가 없으면 이런 일이 벌어지는 것이니, 가치 없는 이 백 박사도 그런 것에 대해서 비평할 수 있는 게냐, 그 말입니다.

백림 봉쇄와 숨 가쁜 세계정세

9

내 비평 한 가지를 여기다 내놓을까 합니다. 뭔가 하니, 지금 5월이지요. 5월은 사람이 다 죽는 달이라고 그래요. 그게 정말 곧이들립니까? 백림(베를린)이라고 하는 도시가 있는데, 서울보다 아마 한 세 배쯤 클 거요. 그 도시가 공산당 속으로 깊숙이, 100마일 깊숙이 들어가 있어요. 100마일이라면 서울서 평양까지 거리로 치면 대략 맞을 거예요. 그러니 공산당 속으로 100마일 쑥 들어가서 미국 사람, 영국 사람, 프랑스 사람이 있으니, 이 공산당 입장에서 보면 가슴에다 화살 하나 박아 놓은 거와 같지 않겠어요? 속상해 죽겠다 싶겠지요.

그저 돌아가는 속(내용, 상황)을 모두 속여야겠고 제 백성도 속여야겠는데, 이 뻔뻔스러운 미국 신문기자나 영국 신문기자나 프랑스 신문기자들이 거기 들어앉아 죄다 내용을 폭로하고 있으니, 그 사람들 뒤둘 맘이 나겠어요, 안 나겠어요? 안 나겠지요. 그러니까 5월 여드레 날쯤 "가거라 이 자식들, 거기 있으면 빵떡(폭탄) 먹는다" 그런단 말이에요. 이 빵떡으로 전 세계가 다 죽는다고.

소련과 서방국들의 치열한 대치

그런데 공산당은 저는 안 죽을 작정으로 마스크를 하고는, "게 다 죽는다!" 하고 엄포를 놓았단 말이에요. 기자들이 모두 부르르 떠는데, 왜 부르르 떨까요? 지갑 속에 달러가 북적

북적한 놈은 절대로 죽기 싫거든요. 그러니 어떤 놈은 "그거 (베를린) 줘라 줘" 해요. 뭐 뒤에 어떻게 되든 당장 살아야 되잖아요. 그런데 그거 참, 어떤 담대한 놈은 시방 죽으나 내일 죽으나 마찬가진데 버티고 보자고 해요. 그러나 버텼다가 터지면 뭐 어떻게 될까, 미국은 대서양이나 건너가지만 여기는 뭐 그 자리에서 직접 당하는데, 이거 곤란한 거예요.

미국에선 2억 시민이 대서양 건너에 앉아서 러시아 눈치만 흘끔흘끔 보면서 뭐라고 하냐면, "이놈들아, 안 된다. 백림 안 내놓겠다" 그랬지요. 그랬더니 러시아가 "너 백림 안 내놓으면 빵떡이다", 또 이놈이 이러거든요.

그래 빵떡이라고 그러는데 어떻게 하겠어요? 미국도 "나도 빵떡이 있어"라고 합니다. 그래서 똑 고양이가 쥐 잡아먹듯 야단을 쳐가지고는, 결국 어느 날 회담을 만들었습니다. 5월 열이렛날 나가라 그랬으니까 5월 보름날 떠억 회담을 열었다, 그 말이지요.

그런데 어디서 들으니까 아프가니스탄에 러시아 군대 두 사단이 들어갔다고 하거든요. "아뿔싸, 이렇게 미리 엄포를 놓고는 저쪽에서 터지는구나." 이거지요. 한국 전선에서 또 뭐 나온다, 대만에서 또 금문도金門島, 마조도馬祖島를 점령한다, 중동에서 이라크를 공격한다, 이 야단법석들을 하는데 그게 다 어디서 하는 소리인가 하면, 소위 크렘린에서 그런 방송을 해요. 그래서 서방 친구들이, 달러 주머니 가진 놈들이 그만 뒤꽁무니만 빼면, 그 통에 슬쩍 백림을 먹어버리면 매우 좋겠거든요. 그래서 시방 그리 하고 앉았지요.

그런데 또 이쪽(미국, 서방)에선, 백림을 만약 내주면 전 유럽이 삽시간에 그놈들한테 먹혀버릴 것 같고, 러시아 사람의 시커먼 배짱을 알 수가 없더라 그 말이에요. 그러니까 백림은 못 내주겠다고 하는 겁니다. 그런데 이제 또 재미있는 것은, 공산당 속으로 100마일 들어가 있는 백림을 봉해버리면 그 한가운데서 어떡하겠어요?

그래서 시방 백림 회담을 하는데, 러시아 사람이 프랑스, 영국 사람들보고 백림에서 물러나라고 그러거든요. 그때 러시아는 무슨 생각인고 하니, 시방 러시아 군대 23사단이 동부 백림에 있는데, 그걸로 별안간 후딱 유럽을 먹어버려 세계를 적화시키고, 자기네가 제일가는 국가가 될 작정인 겁니다.

어쨌든지 제일가는 놈은 천국에 속히 간단 말이에요. 제일이니까 높아서 그래요. 히틀러도 천국에 속히 가고, 무솔리니 Benito Mussolini(1883~1945)*도 속히 가고, 또 일본 도조 히데키 東條英機(1884~1948)**도 속히 간 것을 보면, 높이 선 사람은 다 하늘에 속히 올라가지 않아요? 그와 마찬가지인데도, 시방 러시아 사람들은 제일가려고 저러는 중이거든요. 그런데 저 미국에선 또 그건 안 된다, 그러고 있는 겁니다.

---

* 제1차 세계대전 이후 혼란과 불안 속에서 세계 최초의 파시즘 국가를 탄생시킨 이탈리아의 수령.

** 태평양전쟁을 주도했다가 사형당한 일본의 A급 전범.

그것이 시방 회담인데, 보면 재미있지요. 서방 측 일괄안은 시종일관 어떻게든지 러시아가 백림을 못 먹게 하는 것이고, 러시아의 대안이라는 것은 어떡하든지 독일, 프랑스, 영국이 백림에 머물러 있지 못하게 한다, 시방 이 격투입니다.

미소 정상회담을 둘러싼 살바 싸움

그래서 흐루쇼프가 정상회담을 하자는 것이거든요. 미국 대통령과 코를 맞대고 서로 만나보자, 그 말입니다. 그럼 러시아 사람은 왜 자꾸 이것을 요구하느냐, 미국 대통령은 부잣집 자식이거든요. 공갈을 해도 좀 효과가 나고 아첨을 해도 효과가 난단 말이지요. 그래서 스탈린 같은 코카서스의 산적 녀석이 프랭클린 루스벨트를 얄타에다 갖다 놓고는 "황송합니다, 참 추우시겠습니다", 이러는 통에 루스벨트가 "그래라, 그래라", 다 해버렸던 거거든요. 그게 소위 얄타협정이라는 겁니다.

이번에도 흐루쇼프가 좀 만나서 구워 삶아볼 양으로 정상회남을 하자는 겁니다. 정상회담을 한다고 할 적마다, 미국 국회에선 무슨 소리를 하는가 하니, "우리 대통령이 어디 가서 어떤 언질을 줘서는 안 된다, 무얼 하든지 그것만은 안 된다", 이럽니다. 왜 그런가 하니, 루스벨트 때 원체 당해봐서 그렇습니다. 그래서 "4국 외상 회의에서 그럴듯하게 장단이 맞아야 가지, 장단 안 맞으면 안 간다", 아주 또 그래요. 반면 영국에서는 "그건 세계 평화에 대해 성의 없는 소리 아니냐? 조건이 나쁘거나 좋거나 정상회담은 해야 돼", 또 이럽니다. 그러니까 워싱턴에서는 러시아 놈보다 영국 놈이 조끔 더 나쁘지 않은가, 그러면 우리(소련과 미국)가 원자탄을 서로 바꾸기로 한 것*도 이거 잘못한 거 아니냐, 자꾸 이런 말이 나오기 시작을 한단 말이에요.

또 한 가지는, 미국 의회에서 대외 군사 원조를 더 이상 하지 말라는 거였어요. "우리 미사일이 미국 안에 충분하니, 어디서든지 러시아가 날치면 그들만 재깍 부숴버리면 그만이지, 뭐 때문에 대외 원조를 해서 군대를 보내고 뭘 주느냐", 또 이렇게 된단 말이에요.

그러면 시방 인도의 네루 같은 사람은 어떻게 되는 것이겠습니까? 영국 2백 년 식민지 통에 백성이 굶어죽게 되니까 속히 공업을 일으켜서 먹여 살려야 되는데, 공업을 속히 이

---

* 2차대전 이후 유엔 총회에서는 1952년 1월부터 원자력위원회와 일반군축위원회를 통합하여 12개국 유엔군축위원회를 설치하고 뒤이어 1954년 초에는 미국·영국·프랑스·캐나다·소련 등 5개국의 군축소위원회를 설치하였다. 그러나 미국과 소련의 냉전 상황 속에서 군축조약과 같은 구체적인 성과를 얻지 못하였으며, 1950년대 말부터의 미소 전면완전군축안도 이루어지지 않았다. 1960년대의 '평화공존'으로의 흐름을 배경으로 1963년 '부분적 핵실험금지 조약'을 시초로 1968년 핵무기비확산조약, 1971년 해저비핵화조약, 1972년 세균독소무기금지협약, 1977년 환경변경기술사용금지협약 등 부분적 조치를 정한 일련의 조약이 미소의 주도권 하에 제네바 군축위원회 등에서 작성되었다.

루자면 자본을 약간 가져야지요. 우리나라 인구 2천만이나 3천만 되는 거 먹여 살리는데도 이렇게 20억 원 넘게 드는데, 인도는 적어도 인구 3억 5천만이 그 광막한 토지에 있으니, 그들을 다 먹여 살릴 만한 공업을 만들자면 돈이 막대하게 들거든요. 그러니 어떤 한 나라에서 줄 수가 없단 말이지요.

그래서 네루가 미국 양반더러도 "돈 좀 주시오" 해서 갖다가 공장 만들고, 러시아 사람더러도 "돈 좀 주시오" 해서 갖다가 공장 만들고, 이러니까 이게 중간치기거든요. 어떡하든 저희 인도 백성이 굶지 말아야 되니까요. 시방 달라이 라마 같은 사람이 인도에 왔는데도 말도 변변히 못 하고, 그저 중국하고는 친해야 되고 뭐 어쩌구 이런 소리 하는데, 우리가 봐도 꽤 답답하지마는, 네루 그 사람 사정이 자기 백성을 먹여 살려야 되겠다, 그 말입니다.

정력 낭비하면 오래 못 사느니

내가 금강산에 온 지 한 7, 8년쯤 되었을 적에, 서울에서 변호사 및 사람이 찾아왔어요. 금강산에서 청년 30여 명을 지도하고 있다는 소문을 듣고, 백 박사가 어떤 사람인가 염탐하러 온 겁니다.

"스님께서는 세상 공부도 많이 한 분인데, 산중에 있는 것보다는 사회에 나가 활동하면서 젊은이들을 지도하는 것이

더욱 바람직하지 않겠습니까?"

"아직 때가 되지 않았소."

"산에 들어온 지 7, 8년이 되었다면, 목적은 충분히 달성하셨을 텐데요"

"저기 앞산에 활엽수들이 많이 눈에 띄는데, 거기에 무어라고 쓰여 있는지 아시오? '모든 정력을 낭비하는 자 속히 죽느니라', 그렇게 읽지요. 그렇게 내가 마음보가 되기 때문에 시방 금강산에 붙어 있는 거예요. 만일 요다음에 내가 책을 좀 더 잘 읽을 지혜가 있을 것 같으면, 아마 이 금강산에서 나 보기는 좀 어려울 겁니다. 어째 그럴까요? 생각을 해보우. 정력을 낭비하는 자는 속히 죽느니라. 그러니 속히 죽을 놈이 뭐 내려갈 수 있어요? 산중에서 그저 어름어름 있고 죽기만 기다리는 거지요."

"그럼 요다음으로 잘 읽는 건 뭔가요?"

"'모든 정력을 낭비치 않는 자는 오래 사느니라', 그렇게 읽을 때가 올 거란 말이지요."

"아니, 그렇게 알면 그렇게 당장 읽으면 되지 않습니까?"

"허, 그게 그렇게 용이치 않거든요. 아는 것하고 실행하고는 전연 달라요."

그럼 어째서 그 산에 있느냐, 오래 살려고 그래요. 오래 사는 사람이면 어디를 못 가겠소. 하지만 속히 죽는다 하니, 갈 수가 없단 말이지요. 오래 살면 왜 못 가겠습니까?

모든 침엽수는 다 조직 자체가 낭비할 수 없게 돼 있어요. 그러니까 아무리 온도가 높고 수분이 높더라도 마음대로 쓰지를 않아요. 활엽수가 한창 푸를 적에 침엽수는 늦게 푸르지요. 그러나 활엽수가 다 죽어서 떨어진 뒤에는 침엽수가 새파랗고 아주 정력을 더 내지 않습니까? 그것을 상록수라고 부르는 것처럼, 내가 시방 세상 읽기를 그렇게 읽어야 되겠다, 이겁니다. 숨는다는 건 누구든지 할 수 있을 거예요. 그렇다고 모든 사람이 학자가 되라는 것은 아니에요. 학문은 곧 실행할 수 있어야 생명이 붙어서 길어지는 것입니다.

그렇다면 실행이라는 것은 곧 무엇일까요? 내가 산중에 있을 때 말한 것과 마찬가지로, '모든 정력을 낭비하는 자는 속히 죽느니라', 그것은 내게 아주 가까이 있는 일이었습니다. 그때 나라 잃어버린 신세로, 도시에 있을 수 없어 산속에 들어앉아 있으니, 아마 어쩔 수 없었을 거예요. 그때 왜 내가 '모든 정력을 낭비치 않는 자는 오래 사느니라', 그렇게 마음이 안 나왔을까요? 알기는 알면서도 마음이 그렇게 되지를 않은 거요. 도무지 되지를 않으니 어떻게 하겠소. 뭐 별수 없지요. 그때 산중에 있다가 도시에 잠깐 나오면 아주 재미가 없어요. 그래서 어서 산중에 가서 있어야 되겠다 싶었어요. 시방도 그런 병이 들었는데, 집 짓다가도 그런 병이 들면 어서 속히 짓고 어디로 가야지요. 갈 데가 어딘지 모르지만, 마음이 가야 되겠다는데 어떻게 하겠어요?

일 자체가 괴롭다는 것은, 자기가 노력하기 싫다, 그 말이겠지요. 그러면 노력을 억지로 많이 해야 하느냐, 꼭 해야 할 만큼만 최소로 해야 하느냐, 그게 문제겠지요. 그것이 아직 몸에 배지 않은 것입니다. 그래서 '모든 정력을 낭비치 않는 자는 오래 사느니라'라는 것이 솔직하게 제 마음에서 나올 적에, 이 우주는 괴롭지 않게 되는 것입니다.

원자탄이 인류를 위협하는 시대

미국의 국무장관은 전 세계를 요리하는 사람이거든요. 그런데 참 큰일 났단 말이지요. 빌어먹을 원자탄이 자꾸 생겨서 자꾸 실험을 하니까, 그 분진이 공중에 올라갔다가 비에 묻어서 떨어지는데, 저놈의 비가 이젠 제법 독했단 말입니다. 그래서 그 비가 떨어지니까 어디에서는 온 벌판의 파란 잎사귀가 하얀 잎사귀로 변하더래요. 그런데 또 어디는 풀잎사귀가 빨간 잎사귀로 변했대요.

그래서 시방 미국 사람들, 지식인들 생각에, 이제는 전쟁하기도 어렵게 생겨먹었단 말이지요. 원자탄이 조금 있을 적에 탕 쳤으면 그거 괜찮았을 텐데, 이제 원자탄이 원체 많아서, 저걸 터뜨렸다간 그놈의 연기가 퍼져 전 세계 사람이 죄다 죽어버릴 테니, 이걸 어떻게 하는가가 문제가 되었습니다.

그런데 요 지간에 또 소문 들어오길, 서장西藏에 중국 놈만 있는 게 아니라 러시아 사람이 두어 사단 왔다네요. 러시아 사람이 그 춥고 그런 데를 왜 갔나 하니, 제일 높은 곳에다가 미사일 기지를 만들어놓는대요. 거기에서 미사일을 쏘면 1천 5백 마일 정도를 죄다 폭발시켜버린답니다. 그럼 뭐 우리도 다 죽었지요. 우리 죽은 뒤엔 그 연기가 미국 사람도 그만 잠 재워버리게 됐단 말예요. 자, 이거 미국 사람들 어떻게 해요. 그러니까 이젠 때려주기도 늦었고, 큰일 났단 말예요. 저번에 좀 때려줬으면 좋았을 텐데, 여론 때문에 그렇게 못 했고.

그러니까 덜레스 생각에 다른 건 없어요. 그놈 원자탄을 터뜨리면 전 세계로 퍼져 다 죽겠다, 이거예요. 그런데 이상스럽게, 그이 병세가 그렇게 됐단 말씀입니다. 대장에 암이 생겨 방사능으로 치료를 해서 아무 일이 없어, 플로리다에 가서 좀 돌아다니다 괴로워서 왔더니, 암이 전 몸뚱이에 다 퍼졌어요. 덜레스가 세상에 대해 걱정하는 그대로 돼버렸지요.

그런데 정말 그이 말대로 우리가 다 죽을까요? 안 죽어요. 그렇게 동시에 감염돼서 죽게 되면, 우리 몸뚱이에 저항력이 생기겠지요. 별안간에 감염이 되면 급살을 맞겠지만, 뭐 별안간에 그렇게는 안 될 테고, 또 우리에게 급살 맞아 죽을 원인이 없으면 옆에서 여럿이 급살을 맞아 죽더라도 안 죽어요. 가만히 보면 염병이 돌 적에도, 옆 사람이 다 죽는데 안 죽는 사람도 더러 있지요. 그런 거 걱정할 거 하나도 없어요.

내가 보았는데, 이승만 대통령이 충무로 광장에서 얘기를 하고 있었어요. 바로 대통령 뒤에서 어떤 놈이 독일제 모젤 총을 들고 섰는데, 총을 쏴보지 못한 놈이라 그저 붙잡고 부들부들 떨거든요. 총이란 본래 이렇게 한 번 잡아당겼다 놓은 후에 다시 잡아당겨야 탕 나가는 겐데, 이놈이 겁나서는 자꾸 잡아만 당기고 있으니 나갈 턱이 있나요. 이놈이 부들부들 떠는데, 뒤엔 치안국장이 앉아 있었어요. 이놈이 육혈포를 가지고 이 대통령 뒤에서 야단을 치는 걸 보고서, '저놈이 장난하는가, 미친놈인가' 하다가, 별안간에 정신이 나서 이놈을 와락 껴안았지요. 대통령은 뭣도 모르고, "좀 가만히 있으라고, 나 연설하는데" 했습니다.

어때요, 요 이야기 재미있지요? 이 박사는 이 박사대로 연설하고 앉았고, 치안국장 윤의경이는 윤의경이대로 "장난인가" 그러고, 이놈은 또 이놈대로 부들부들 떨고. 허, 우리는 거기 앉았다가 만약 "탕" 터졌다면 다 경치는 판이지요. 어휴, 그런 구경은 안 가는 게 매우 좋아요.

돌아와 생각하니, 이것이 무엇인가. 뭐 유전병이라면 할아버지의 손자들이 이십 명이면 이십 명, 죄 할아버지 핑계를 대고 그대로 죽어야 유전병이지요. 그렇지만 할아버지가 폐결핵으로 죽었다고 그 손자 이십 명이 다 폐결핵으로 죽는 법은 없어요. 그 속에 약한 놈 몇이 죽는데, 그럼 그게 할아버지 폐결핵하고 무슨 절대적 상관이 있냐는 말예요.

그러니까 이것이 뭐냐. 오직 자기 마음에 원인을 잘 지으면 그렇게 몰살되는 것도 아니라는 겁니다. 그러나 시방은 여하간 옆에서 말하는 걸 보면, 아는 사람들은 그렇게들 걱정입니다.

덜레스가 백림 문제를 가지고 제네바에서 얘기할 때, 상대가 좀 터무니없는 소리를 하면 "여보, 당신 말대로 경우가 그렇게 되면, 그 뒷일은 어떻게 되지?" 이렇게 물었어요. 그런데 그 옆에서 덜레스를 보좌하고 있던 한터라고 하는, 덜레스 제자쯤 되는 장관이, "그건 안 돼." 막 이렇게 야무지게 나가거든요. 미국 사람들이 평소에 한터에 대해서, '요 사람 좀 약한데' 하며 걱정했는데, 옆에서 막 "그렇게 하면 안 돼" "안 해" 이렇게 하는 거 보니 아주 똑똑하단 말입니다. '아, 한터 장관 참 좋군', 그렇게 되었습니다. 전에는 그렇게 하면, 미국서도 "그런 장관은 좀 없는 게 좋소. 그런 회담 참여하지 마시오." 이랬는데, 시방은 그렇게 꽉꽉 들이대면 아주 좋다고들 그래요.

예전에는 그렇게 강경한 걸 사람들이 좋아하지 않았지요. 예를 들어, 20년 전에 영국 사람들이 처음 러시아 사람을 불러다가 얘기하게 된 일이 있어요. 그때 러시아 사람이 어떻게 질기둥이(성질이 아주 끈질긴 사람) 노릇을 하는지, 이놈이 대답도 안 하고 대답 아닌 것도 하지 않고서 못되게 구니까, 로이드 조지David Lloyd George(1863~1945)*가 이렇게 말합니다. "여보, 당신들, 내일 11시까지 그렇다든지 아니라든지 양단간에 대답을 해주오." 그때까지 아무 말 안 하고 있으면 그만

---

* 　영국의 정치가. 제1차 대전 후 강화회의에 영국 대표로 참석하여, 미국의 윌슨 대통령 및 프랑스의 클레망소 수상과 함께 베르사유조약에 조인했다.

내쫓아버릴 작정을 한 거예요.

로이드가 오후 2시에 이렇게 선언했는데, 그날 런던 상공회의소하고 런던의 상업단체 셋이 의결을 해서 결의문에, "만일 러시아 대표를 당장에 내쫓는 대표가 있다면, 그 대표는 우리의 대표가 아니다"라고 써서, 그 전보를 로이드 조지한테 오후 5시에 전달했더랍니다.

로이드 조지가 그 전보를 받고서, 내일 일을 무마하기 위해서라며 프랑스 대표를 7시에 초청했어요. 그래서 내일 11시에 회의를 하지 말고 날짜를 연기하자고 하니, 프랑스 대표가 절대로 할 수 없다고 해요. 그러니 로이드 조지가 기가 막혀서 프랑스 대표더러 말해요.

"클레망소는 참 복이 많소. 당신 같은 외상을 뒀으니 말이오. 그러나 이 일 자체로 말하면, 이 상황을 좀 참작해주지 않으면 안 되겠소."

조르주 클레망소Georges Clemenceau(1841~1929)라는 이는 당시 프랑스의 총리대신이었습니다. 그래서 결국 로이드 조지가 밤중 10시에, 다음 날 오전 11시에 러시아 대표 만나는 걸취소하고, 다시 오후 2시에 만나겠다고, 이렇게까지 됐거든요.

로이드 조지라는 사람은 유명한 정치가였지만, 그 전보 한장이 그의 마음대로 일을 추진하지 못하게 했고, 그럼으로써 로이드 조지 자신은 국민의 소리에 그대로 복종하는 훌륭한 재상이라는 소리를 듣게 됐던 것입니다.

그러니까, 그때와 시방이 전연 다른 것입니다. 그때는 로이드 조지가 러시아 대표에게 유화宥和를 한 것이 영국 시민의 생각이라고 할 것 같으면, 시방은 한터가 러시아 사람에게 경우에 맞지 않는 건 맞지 않다고 팍팍 들이대는 것이 필시 민중의 여론이겠지요. 또 전 세계가 시방은 그만큼 공산당을 싫어하게 된 것이고요.

방직 기계를 팔 것인가, 말 것인가

또 한 가지, 그때 러시아 대표들이 무엇을 가지고 왔냐면, 4백만 루블어치 금덩어리를 가지고 왔어요. 1921년 8월에, 방직 기계를 사려고 그걸 가지고 영국에 도착한 겁니다. 7월 엔 먼저 독일에 가서 방직 기계를 사겠다고 했는데, 독일 사람들은 방직기 4백만 루블어치를 러시아에 팔면 자기네가 만든 방직물을 러시아에 팔 수 없다는 이유로, 기계 파는 걸 거절했어요. 그래서 그 러시아 사람들이 그길로 배를 타고 이번엔 런던으로 방직 기계를 사러 갔습니다.

영국 정부에서는, "독일에서도 안 팔았으니까 우리도 안 팔 겠다"라고 했습니다. 그랬더니 바로 이튿날 영국의 각 신문 에서 "4백만 루블의 돈이라면 적어도 2천 명의 실업자를 구 제할 수 있다" "우리가 러시아에게 방직 기계를 안 판다 하더 라도, 그들이 다른 방법으로 입수한다면 어떻게 할 거냐"라 고 했어요.

물론 정부에서는 독일이 방직 기계를 안 팔았으니까 영국도 안 팔면, 러시아는 영원히 방직물을 사야만 할 거라는 생각도 했지만, 실제로는 그 돈으로 차라리 러시아 스스로 방직 기계 설비를 갖출 수 있을지 어찌 알겠는가 싶기도 했습니다. 러시아 사람이 가지고 온 4백만 루블을 영국에 놓고 가게 하는 것이 옳은가, 도로 가지고 가게 하는 게 옳은가에 대해 완전히 결론을 못 짓고 있었던 거지요. 그 신문이 나온 뒤 불과 세 시간이 못 돼서, 영국 정부는 러시아 사람에게 방직 기계를 판다고 승낙합니다.

그때 내가 독일에 있을 적인데, 독일 신문에서 뭐라고 하냐면, "우리 독일 사람들은 방직 기계를 러시아 사람한테 팔지 않았다. 그런데 영국 사람은 팔았다. 4백만 루블을 영국이 쓰기 위해 판 것이다. 표면적으로 우리에게 대단한 손실을 가져온 일이다. 영국에서 기계문명이 발전됐을 적에, 우리 중유럽은 후진성을 면치 못했고 아주 암흑하였다. 그러나 우리에게 들어올 뻔한 4백만 루블의 돈이, 정치가가 잘못했든 우리 여론이 잘못했든, 어쨌거나 영국 런던에 떨어지고 독일에는 못 떨어졌으니까, 독일 사람들이 시방부터 자꾸 발명하고 연구함으로써 그것을 보상해서 극복해야 되겠다." 이러한 여론도 일어난 걸 봤어요.

이렇게 탐심을 일으키고, 그 순간부터 밝지 못한 지혜로 판단한 이런 것이 1921년과 1922년 사이의 여론이었다면, 오늘 제네바회의에서 한터가 "요러요러한 것은 네 잘못이다.

이따위로 하다가는 큰코다친다. 우선 백림 문제 같은 거부터 말해라. 백림 문제 말하지 않으면 정상회담 같은 것도 잘 되지 않을 게다"라고 하는 것은 아마 20년 내로 처음 보는 일일 겁니다.

덜레스는 회의하자고 모였을 때마다, 러시아 대표가 선전할 것 같으면, "당신들이 이렇게 하면 이 끄트머리 결과는 누가 책임지느냐?" 이렇게 말했어요. 이거에 대해 여론은, 덜레스가 바늘같이 남의 감정을 잘 누른다고 말했는데, 이번에 한터가 직접 앉아서 경고를 하는 걸 두고 여러 사람들이 칭찬하는 걸 보면, 이 세상이 이제 또 좀 달라진 겁니다.

정치는 배우되 오염되지 마시오

10

지난 시간에는 두 시간이나 빠지게 되었습니다. 이 학교에서는 공부하는 시간을 퍽 아낍니다. 여태까지는 학교에서, 휴일로 할 만한 어떤 날이 돼도 휴무를 하지 않았어요. 개교기념일 같은 날 다른 학교에서는 당연히 쉬는데, 우리는 자꾸 공부하는 시간 줄이는 거 싫어서 하지 않았어요. 될 수 있는 대로 여러분이 공부를 잘하게끔 하자고 우린 생각했습니다. 선생님들도 학교 방침에 의지해서 될 수 있는 대로 결강을 하지 않습니다. 그렇지만 우리는 새로 나라를 건설해가는 사람들이니, 국가의 동원에는 적극 참여해야겠지요. 사정이 그렇습니다.

우리 젊은이들은 정치를 대단히 좋아해요. 그래서 남들이 정치하는데 우리가 빠진다는 건 좀 수치스러운 일이니까, 국가가 요청하고 민족이 요청하고 그런 경우에는 반드시 참여했던 것입니다. 그래서 여러분이 데모에 잘 나간 것이 사실이에요. 정신없이 도망가야 하기도 하고, 철망을 넘어가다 바지가 찢어지기도 하고, 온통 헌병이 들이덤비니 뭐 폭동이 일어났느냐고 그러기도 합니다.

그것도 좋은 일이에요. 젊은 사람들은 남이 시키는 것은 싫거든요. 자기가 스스로 하는 건 매우 좋고. 그래서 부모님이 그대들을 학교에다 보낸 거요. 학교에서 요런 걸 잘 가르쳐주라, 그 말이지요. 우리 부모들로서는 도무지 그것은 해결이 안 되우. 그렇지만 학교에서도 철망을 넘어가고 그러면, 학교도 손들 수밖에. '하, 저 사람은 우리하고 같이 살기 싫은 사람이로구나', 그렇게밖에 판단이 안 서게 돼요.

그런 판단은 좀 재미없습니다. 그러니 여러분이 학교에서 당부하는 것은 좀 들어주어야 합니다. 그것은 여러분을 위해서 그런 거요. 여러분은 정치에 참여하기를 매우 좋아하잖아요. 그러면 내가 여러분에게 부탁하는 거 기억하지요? 보통 때 똑똑한 사람 하지 말고, 필요할 때 필요한 사람 되겠다, 그렇게 해야 좋습니다.

학생은 학생답게

그러니까 요다음에라도 학교에서 동원이 필요한 경우가 생기면, 그 의미를 좀 잘 밝혀보고, 가능하다면 밑져야 본전이니까 해보는 게 좋아요. 그런데 아주 칭찬할 만한 것은, 그렇게 데모하다가 쫓겨서 도망을 가더라도, 일단 가기만 가면 끝을 맺고 나오거든요. 아주 예뻐요. 그러니까 늘 성과가 좋다고 그래요.

사실은 인생이란 건 깨어진 뚝배기라고 그래요. 뚝배기란 건, 가만 놔두면 필요한데 깨뜨려놓고 보면 흙으로도 못 쓰는 거요. 이건 《채근담茶根譚》*에 있는 말인데, 내가 이 글을 읽어보니까 우리 학교 학생한테 그 말이 아주 딱 옳아요.

• 　중국 명말明末의 환초도인還初道人 홍자성洪自誠의 어록語錄.

학생들이 학교 마당에서 길가로 (데모하러) 나가서는, 시작하면서부터 끝날 때까지 똑 그 숫자로 나가거든요. 그래서 다른 데선 아주 칭찬한단 말이지요. "동국대학 학생들 열심이다, 아주 잘 한다…." 그러니 이런 소리 들으면 좋은데, 또 저런 소리 들으면 아주 섭섭하지요. 뭐냐 하면, 요새 우리 학교 학생들이 누가 가르치지 않아도 곧잘 하는 일 있어요. 담배 피우는 게 일인데, 그래도 가능하면 강당에선 안 하는 게 좋단 말이에요. 강당에서 뻐끔뻐끔 피워서 마치 도롱뇽이 안개 올리듯 하니까, 이제 겨울이면 강당에 있는 학생들을 볼 수가 없을 거요, 안개가 끼어서.

그러면 이게 거꾸로 됐지요. 선생님은 아주 얌전해서 강당에서 담배 피울 생각이라곤 조금도 못 하고, 학생은 선생님만 나가면 발을 책상에다 올려놓고는, 몸을 비비 틀고 담배를 피우고 그럽니다. 이런 걸 다른 사람이 보고는, "당신네 학생은 글 배우는 학생이 아니라 담배 피우는 학생이오?" 그래요. 요것이 금년 여름에 하는 부탁이니까, 방학 동안에 가만히 좀 생각을 해봐요. 내 말이 옳은지, 옳지 않은지. 생각해볼 필요가 있어요.

여러분은 정치를 좋아하고 관심이 많습니다. 그런데 정치는 배울지언정, 절대로 정치 대열에 올라서선 안 돼요. 그러면 미친놈이 돼버립니다. 그러니까 가능한 대로 그걸 삼가주길 바랍니다.

가장 귀한 것은 마음이 밝은 것

사람에게 가장 귀한 것은 마음이 밝은 것입니다. 무슨 일을 하거나 마음이 밝은 자는 일을 수월하게 해치우고, 마음이 어두운 자는 세상 일이 그렇게도 힘이 들어요. 간추려 말하면, 모든 인류의 역사는 일한 것을 적어놓은 것이므로, 우리가 역사를 통해 접하는 것은 다 아주 골치 좋은 사람들이 해놓은 일이고, 판판이 논 것은 하나도 적혀 있을 수가 없습니다.

역사에 적혀 있는 일을 한 사람들은 대부분이 골치가 좋은 사람들인데, 그런 사람들이 인류의 진보에 많은 기여를 했던 것도 사실이지만, 많은 불행을 가져다주기도 했습니다. 그들 중 많은 이들이 대의를 위해서 다른 사람의 생명을 희생시키고 또 생명을 강요하기도 했던 것입니다. 골치가 좋지 못한 사람들은 그들에게 생명을 강요당하는 것을 영광으로 생각했습니다.

예를 들면 중국 역사상 군대를 잘 쓴다거나 군중심리를 이용해서 무슨 일을 잘 도모하기로 유명한 네 사람이 있었는데, '기전파목起翦頗牧', 즉 백기白起,* 왕전王翦,** 염파廉頗,*** 이목

* 전국시대 진秦의 장수. 조趙의 군사를 한단邯鄲에서 대파하고, 항복한 군사 45만 명을 장평長平에서 죽였다.

** 초나라를 멸망시킨 진나라 장수.

*** 조趙나라의 백전노장. 인상여藺相如와 생사를 함께 하는 문경지교刎頸之交를 맺었다.

李牧[•]이라고 합니다. 네 사람 중 제일 꼭대기 있는 사람이 백기라는 사람인데, 골치가 좋아서 전쟁할 적에 쓰윽 그 지리를 살펴보고는, 적군을 한 군데다 싸악 몰아서 꼼짝 못하게 해서 죽여버렸어요.

백기가 산서성 벌판에서 조나라 군대 40만 명을 한 군데에 몰아넣었는데. 이놈들이 익히 백기 솜씨를 알아서 반항을 안 했답니다. 반항을 안 하니 할 수 없어 포로로 잡았어요. 그런데 40만 명이 항복을 하니까 아주 두통거리란 말예요. 저놈들을 종으로 팔아먹나 쪄먹나, 당최 큰일이란 말이죠. 그렇잖아도 중국 북쪽에서는 몽고 사람들 갖다가 장사도 해먹고 물건도 만들게 했고, 당 때에는 우리나라 사람 갖다가 팔아먹기도 했었지요. (우리나라 사람이 저 산서성 저 태행산맥으로 또 진령산맥까지도 많이 있어요. 오늘날까지도 저 신강新疆성 우루무치에는 우리나라 사람 한 몇천 몇만 명이 잘 살아요.) 그러니 그 백기가 조나라 군대 40만 명을 어떻게 할 수가 있어야지요.

본래 이 북쪽 사람들이 좀 잔인해요. 뭐 먹을 것이 없으니까 그런 것이겠지만요. 그래서 그만 한꺼번에 다 죽여버렸지요. 우린 그때 죽이는 걸 보지 못했고 기록도 상세하지는 않지만, 아마 이렇게 죽였을지도 모르겠소.

예를 들면, 일본 사람들이 간도에서 우리나라 사람들을 공

산당이라고 붙들어가지고 50명을 끌고 가는데, 단지 일본 경찰 두 녀석이 총 들고 뒤에 따라간단 말입니다. 그런데 그 50명이 맨손이냐 하면 그런 것도 아니고, 부삽 쥔 놈이 한 여남은 되는데도 붙잡혀가고 있으니, 안타깝기가 짝이 없지요. 가면서도 이 50명이 일본 병정 둘을 보고서 그저 '살려줍쇼, 살려줍쇼' 하니, 여간 이상한 게 아니란 말예요.

그렇게 가다가 그 왜놈이, "저기 가서 땅을 파라", 이러거든요. 땅을 왜 파는지 알아요? 총알이 귀하니까, 한꺼번에 웅덩이를 파고서 묻고 올 작정이란 말예요, 고작 두 놈이 50명을요. 참 대담하지요. '조직력'이라는 게 그렇게 고약한 겁니다. 이거 50명이 전부 왜놈의 조직력에 마취가 돼버린 거예요. 이 두 놈을 그만 때려 죽여버리고 달아나버리면 시베리아 벌판 어디든 숨어 지낼 수 있을 텐데, 근데 이렇게 계속 "살려줍쇼, 살려줍쇼" 하고 있으니 말예요. 그러나 그 두 놈이 살려주겠어요? 그 두 놈도 다 위의 놈이 시켜서 똑같은 형편인데.

그래서 결국 벌판에 데리고 가서 "파라" 해요. 아주 이놈들 자기가 파지. 그러니 50명이 땅을 파면서도 "살려줍쇼" 이러거든. 이런 거지 같은! 골치가 나빠서 이렇게 되는 거란 말예요. 죄 파놓은 뒤에 "열 명씩 들어가거라" 이래요. 다섯 구덩이를 파놨어요. 그러고 나서 열 명씩 들어가면서도 "살려줍쇼" 그래요. 그거 파놓고 50명더러 들어가라니까 어정어정 들어가거든요. 자, 들어가는데 몇 놈만 남겨놨어요. 그놈들 보고 "메워라" 하니, 구덩이 위로 올라오면서도 "살려줍쇼"

이러는 거요. 이게 마취라는 겁니다. 약국의 마약만 마취가 아니라, 그렇게 정신이 마취가 돼버리면 꼼짝달싹할 수 없거든요.

그러니까 제 생명을 자기가 보존해야지, 남에게 의지하게 되면 천생 뭐 그밖엔 안 돼요. 그렇게 다 묻었는데, 한 구덩이 당 두 놈씩 붙어서 묻었으니, 삽 든 놈이 몇 놈인가 말이에요. 그놈들은 정신이 나야 될 거 아닙니까. 그놈들 부삽 들지 않았어요? 척 한 번, 그놈 일본 군인 머리를 친다든지, 그 총대를 든 놈의 손을 때린다든지 하면 될 텐데 안 하고, 이놈도 "살려줍쇼", 이런단 말예요. 이런 빌어먹을. 그래서 일본 병사 두 놈이 멀쩡하게 50명을 묻고 온다는 거지요. 이거 정말일까요, 거짓말일까요?

그런데 우리 인생에는 이런 일이 아주 많소. 그러면 아마 여러분은 그렇겠지요. 우리나라 사람이니까 그렇지, 외국 사람은 그런 일이 없을 거라고. 천만에요. 내가 실제로 봤는데, 내가 프랑스에 처음 발 들여놓은 게 1921년 2월 스무이레 날이오. 마르세유에 상륙해서 아마 보베 고등학교에 3월 초나흩날 갔는데, 석 달을 사니까 이제 신문을 볼 수 있게 되었어요.

신문에 보니까 프랑스에서 대통령을 잃어버렸단 말이지요. 자그마치 석 달을 잃어버렸어요. 아마 전 세계에서 그런 얘기는 못 들어봤을 테지요. 그러나 이 세상이라는 건, 사람 사는 데는 반드시 그런 어리석은 면이 늘 있다, 그 말예요.

대체 어쩌다 대통령을 잃어버렸느냐? 가뜩이나 짤막한 프랑스 말을 가지고, 가만히 보았어요. 그때 대통령 이름이 폴 데샤넬Paul Deschanel(1855~1922)*인데, 대통령이 되면 반드시 알제리를 시찰 가는 법이거든요. 그 알제리를 가자면 마르세유까지 기차로 가고, 거기에서 배를 타고 알제리로 갑니다. 그렇게 갔다가 돌아오는 길이었습니다. 마르세유에 와서, 이제 본국에 돌아왔으니까 특등 침대차에 가서 떡 드러누웠더랬지요. 보통 침대차 같으면 좀 괜찮겠는데, 대통령 침대차는 유리창이 침대만큼 컸어요. 이것을 쓱 돌리면 침대만큼 창이 내려가서, 침대하고 창틀하고 높이가 거의 같아요. 그래서 대통령께서 그만 주무시다가 밤중에 딩구르르 굴러떨어졌어요.

촌 마나님이 논두렁 밭두렁으로 갔더니만 뭉글뭉글한 귀족 같은 것이 드러누웠단 말예요. 그래서 주워다가 아무리 고수련(앓는 사람의 시중을 들어줌)을 해도 중풍이라 말을 해야지요, 어디. 석 달 만에 자기가 대통령이라고 그러더라지요. 그래서 그 마나님이 경찰서에 말해서 도로 데리고 왔어요. 이 소리 들으면 곧이들리는데, 그냥 프랑스 대통령을 석 달 잃어버렸다 하면 도깨비놀음 같거든요.**

그런 거와 마찬가지로, 정신이 똑똑하다는 것은 무슨 일에 마취를 당하지 않는 걸 말합니다. 어떻게 마취를 당하지 않

* 프랑스의 정치인, 언론인, 작가로 1920년 2월 18일부터 동년 9월 21일까지 프랑스의 대통령으로 재임하였다.

느냐? 전에 한산이 말하기를, "한산정상월륜고寒山頂上月輪孤라, 한산 이마빼기 위에 둥근 달이 외롭다." 아무것도 없이 달이 환하게 비추니, 한산은 자기 마음과 달이 둘이 아닌 경지가 돼서 이렇게 말합니다. "괘재청천시아심掛在青天是我心이라, 푸른 하늘에 걸린 것은 곧 내 마음이로구나."••• 이것은 우주와 자기가 구별이 없을 때에 그냥 나타나는 것이지요. 이렇게 되면 우주 안에서 무슨 일이든지 마쳐되는 일을 하지 않게 되는 겁니다. 마쳐되는 일을 하면 결국 후회가 되는 거예요. 어떻게 하면 마쳐되는 일을 하지 않게 될까요. 선입관념을 늘 검토하세요. 선입관념을 검토하지 않으면 퍽 어렵습니다.

늘 자기 자신을 검토해야 합니다. 자기 자신과 우주가 통하도록 지혜를 쌓는다면 능히 검토할 수 있어요. 누구든지 자기 일을 자기 스스로 할 것 같으면, 다른 사람이 자기 생명을 마음대로 흔들지 못하는 것입니다.

•• 프랑스 대통령 폴 데샤넬은 1920년 5월 24일 대통령 전용 열차로 국내 여행 중 수면제를 먹고 자다가 중부 도시 몽타르지에서 창밖으로 떨어져, 잠옷 차림으로 헤매다가 선로공에게 발견됐다고 알려졌다. 그 뒤 9월 21일 사임하였다.

••• 《한산 시집》에 수록된 이 시의 전문은 다음과 같다.
"衆星羅列夜明深(중성나열야명심) 뭇별이 줄지으니 밤이 밝고 깊은데
巖點孤燈月未沉(암점고등월미침) 바위 위에 밝힌 등불, 달은 기울지 않는구나.
圓滿光華不磨寶(원만광화불마보) 가득한 빛은 닳지 않는 보배
挂在青天是我心(괘재청천시아심) 푸른 하늘에 걸린 이것이 내 마음이라."

인간사는 모두 원인-결과의 작용

그러나 자기의 일을 다른 사람에게 시켜서 영광을 얻으려고 하면 자기 생명까지도 지탱할 수 없습니다. 짐승이고 사람이고 영특하다는 것은, 자기 먹을 것은 자기가 준비하고, 남을 건사할지언정 자기를 남더러 건사해달라고 하지 않는 것입니다. 이 우주는 오직 정신이 밝은 사람의 것은 될지언정, 정신이 밝지 못한 자의 것이 되지는 않을 것입니다. 정신이 밝지 못하다는 것은 모든 방면에 포로가 되는 자에게 적용되는 말입니다.

모든 방면에 포로가 아니 되자면 어떻게 해야 할까요? 옛사람들이 말하기를, "천 번이나 태어나고 만 번이나 죽는데, 죽고 살고, 살고 죽는 것은 마치 우리의 한 생각이 일어났다가 꺼지는 것과 같다"라고 했어요. 그러면 똑 알맞습니다. 과거에 가졌던 한 생각이 결말을 지어 이 생生을 만든 것이고, 생을 만들었으면 그것은 또 사死로 돌아갈 것입니다. 그래서 전에 중국 사람들 말에, "시사여귀視死如歸라, 죽음을 고향에 돌아가는 것과 같이 여기라" 했으니, 이는 어떤 관념을 개입시키지 않고 실제를 보는 사람에게 적용되는 말입니다.

그러면, 천 번이나 나고 만 번이나 죽는데 언제 쉴 것인가. 쉰다는 것을 예를 들어볼까요? 우리가 누에를 칠 적에 뽕잎을 잘 썰어서 요렇게 놔주면 알을 깨고 나와요. 나온 것을 '남[生]'이라고 합시다. 그것이 나와선 부지런히 뽕잎을 먹고 자꾸 굵어져요. 그렇게 굵어져서, 이놈이 다 먹고 나면 몸뚱이에 진액이 모이지요. 그래서 이놈이 제 몸에서 실을 내서 제 몸뚱이를 전부 감아, 꼼짝달싹할 수 없게 단단히 결박을 지어서 꼬치를 만듭니다. 우리가 만져보았을 때 물렁물렁하면 그놈이 시원치 않은 놈이고 아주 딴딴한 놈은 좋은 놈이라고 그러지요.

그래서 그 녀석이 거기 들어앉아 그만 변화가 돼요. 나비가 돼서 나와 다시 알 슬고(슬다: 곰팡이나 곤충의 알 따위가 생기다) 죽어버리지요. 이것이 이 우주가 순전히 원인 결과로 돼가는 과정입니다. 그러면 사람도 이 우주에 있는 것이기 때문에 그런 법칙에서 벗어나지 않아요. 우리가 알지 못할지언정, 다 이 원인 결과의 인과원칙을 면하지 못해요.

그러니까 한산이 말하기를, "천생만사하시이千生萬死何時已라, 천 번이나 나고 만 번이나 죽는데 언제쯤 쉬겠느냐, 생사거래전미맹生死去來轉迷盲이라, 살고 죽고 오고 가는데 점점 정신만 미迷해지더라",* 이 말입니다. 무슨 말일까요?

사는 데 고통이 굉장하지요. 생물학 연구한 사람이면 잘 알 거예요. 엄마 배 속에 들어앉은 생체는, 혹 엄마가 어디 부딪

---

* 이 시의 전문은 다음과 같다.
"千生萬死何時已(천생만사하시이) 천 번 나고 만 번 죽으니 언제나 끝날까.
生死去來轉迷盲(생사거래전미맹) 삶과 죽음을 오가니 정신이 어지럽구나.
不識心中無價寶(불식심중무가보) 마음속의 귀한 보배 알지 못하니
猶似盲驢信脚行(유사맹려신각행) 눈먼 당나귀가 발길 내키는 대로 가는 듯하네."

쳐서 결딴이 날는지 알 수 없으니, 자구책으로 가죽 부대 속에다 물을 넣어서 그 속에서 씨가 자라지요. 엄마가 몸부림을 해도 어린애가 죽지 않는 것은 물속에 떠 있기 때문이에요.

이렇게 있다가 세상에 나오니 이 세상의 온도가 어떠우? 여름에는 아마 한 35도 될 것이고, 또 겨울이면 영하 몇 도 될 거요. 사람이 36도 온도를 유지한다고 하면, 방 안의 온도는 아마 18도, 20도 정도 될 텐데, 별안간에 뜨뜻하게 있던 것을 갖다가 쏵 쏟아놓으니 진저리나고 기가 막히겠지요.

태어날 때 이렇게 쇼크를 받으니, 점점 불안한 마음만 나올 것이 아니오? 그러니까 생을 받을 적에 정신은 미迷해지고, 또 죽을 적에도 정신은 역시 미해지는 거예요. 왜 그럴까요? 사람이 좀 건강했을 적에 죽는 것은 뭐 그다지 크게 문제가 되지 않는데, 사람이 건강하지 않을수록 죽는 건 절대로 싫어해요.

전 시간에도 말했지만, 평양에 사는 날탕패* 하나가 하도 노래도 잘 부르고 잘 놀고 그랬는데, 이 사람이 한 70여 세 돼서 죽게 됐거든요. 그런데 그때도 노래를 잘 부르고 익살도 잘 부렸던 모양이에요. 아들이 옆에 가서 가만히 보니까, 아버지가 곧 죽게 됐어요. "아버지 죽는 게 어떻소?" 그러니까 "조금만 기다려라" 하고는, 아주 노래를 부르더래요. 아, 그런데 그러고 죽어버렸어요. 죽어보고 일러주려 그랬는데,

---

* 1907년 이후 서울에서 명성을 떨쳤던 평양 출신 남성 공연 전문 집단.

뭐 일러줄 게 있어야지요. 그만 죽어버렸는데.

그런데 어떤 도를 많이 닦은 이가 떠억 앉아서, "내가 이제 세 시간 후에 죽겠다", 그러더래요. 그러더니 어떤 이가 옆으로 슬쩍 가서 어떠냐고 물으니까, "글쎄, 그걸 뭐라고 비교를 할까. 비교를 할 것 같으면 꼭 소를 산 채로 세워두고 껍데기를 벗기는 것 같다" 그러더래요. 이 사람, 도통한 놈이면 뭘 해요. 어찌나 아픈지 뭐 온 몸뚱이가 안 쑤시는 데가 없거든요. 그건 아주 소를 산 채로 세워 놓고 껍데기 벗기는 거와 한가지라, 눈이 발칵 뒤집혔죠. 그러니까 '살고 죽고 오고 가고 하는데, 점점 마음만 컴컴해진다', 그 말이에요. 그러니 이런 상태에서 어떻게 살란 말이냐, 이겁니다.

"불식심중무가보不識心中無價寶 하면, 마음 가운데 있는 값으로 따질 수 없는 보배를 알지 못할 것 같으면, 유사맹려신각행猶似盲驢信脚行이라, 눈먼 당나귀가 다리로 더듬더듬해서 세상 사는 것과 같다", 즉 앞으로 살아가는 데 있어서 보장된 생명이라는 건 전연 없다, 이 말입니다.

이런 의미에서 여러분 부모님께서 여러분더러 학교에 가서 공부하라고 하는 건, 여러분의 생활이 그저 장님이 밖에 나가 있는 형국이라 언제 어떻게 되는지 모르는 상황이니까, 여러분은 좀 더 눈을 떠서 세상을 낫게 살라 그 말입니다. 여러분이 그 마음 밝히는 방법을 얻는 게 여간 필요한 게 아닌 것이지요.

몸뚱이를 초월하는 마음 연습

이 세상에서 살려면 정기를 안 뺏겨야 되는 거요. 정기를 안 뺏기자면 어떻게 해야 하느냐? 제 마음이 평소 몸뚱이에서 초월하는 연습을 하면 얼마간 몸뚱이를 초월할 것이오. 몸뚱이를 초월한 사람은 앉아서 "내가 내일쯤 죽을 것이다", 그러고는 단정히 앉아서 죽는 겁니다. 그러나 이 몸뚱이가 전부 제 것인 줄 안다면, 이놈이 소리 지르고 어흐흐 하고 죽어버리는 거지요. 그놈이 뭐 속이 썩어서 죽는 것도 아니고, 멀쩡히 낙심돼서 죽어버려요.

의원이 병나면 고치지 못해요. 남의 말은 모두 곧이듣지 않거든요. 죄 곧이 안 듣고는 지가 죽겠다는 말만 곧이들어요. 죽겠다는 마음을 연습하면, 백일이면 어떤 놈이든 다 죽어요. 근데 보통 백일 연습한 놈이 없지요. 백일 못하고 그만 잊어버려요. 자살하는 사람들은 죽는 거 연습하는 게 아녜요. 이 세상 살기 싫은 걸 연습하는 거예요.

그러니까 한산의 말이, 이렇게 세상을 캄캄하게 살면 안 되겠다는 그 말입니다. 무슨 방법으로든 자기 정신으로 자기 몸뚱이를 이끌어가야겠다는 겁니다. 자기 몸뚱이를 자기가 건사하려면 좁쌀밥이라도 제가 벌어서 먹을 줄 알아야 하는데, '엄마가 먹여주겠지, 아빠가 먹여주겠지, 삼촌이 먹여주겠지', 장가를 들어도 그런단 말이에요. 그러면 어떨까요? 그 살림살이 괜찮을까요? 그렇게 살 바에는 차라리 그만두는 거다, 그 말예요.

한 40년 전에, 시방 보면 아마 걸출이라고 할 텐데, '무풍당舞風黨'이라는 사람이 있었어요. 춤출 '무舞' 자, 바람 '풍風' 자, 바람처럼 춤을 춘단 말이지요. 스스로 무풍당이라고 하는 이 키 큰 사람이 누더기로 옷을 해 입고는 떠억 이렇게 서서, "그거 무슨 옷이냐?" 그러면 "갑주(갑옷과 투구)다" 그래요.

그런데 이 사람은 몸이 튼튼하고 장대했는데도, 어디 가든 얻어맞는단 말이지요. 왜 얻어맞나 보니, 발심을 해서 불경을 좀 읽어보니 마음 닦는 게 제일 좋거든요. 그러니 마음 닦지 못한 놈은 모두 중생이라 자기만 못하니까, 저것들을 보고 '해라'를 해야 할까 '합쇼'를 해야 할까 하다가 '합쇼' 할 마음은 꿈에도 안 나고 '해라'를 할 마음이 났거든요. 그리하여 누더기 입은 놈이 떠억 앉아서, 소위 양반이라고 종을 거느리고 다니는 사람들 보고도 "얘" 그러거든요. 얻어맞겠어요, 안 얻어맞겠어요?

이놈이 죽도록 얻어맞지만 또 끽소리 안 하고 잘 맞거든요. (그들이) 중생이니까, 중생한테는 맞아 죽어도 좋으니까요. 나도 어려서 그 사람을 본 적이 있어요. 내가 그 사람한테 말했지요.

"요새 어디를 돌아다니우? 왜 남한테 그렇게 얻어맞고 돌아다니오?"

"언제 내가 맞았느냐?"

"아, 요거 봐라? 아니 무풍도 거짓말하는구나."

"어, 거짓말이라니, 그런 일 없다."

"보은 속리산 사리각 옆 염주나무 밑에 드러누워 있다가, '거기 양반, 이렇게 해라' 했다가 경치지 않았소?"

"그땐 몹시 맞았지."

그때 무풍당이 '하시지요' 했으면 아마 대접을 받았을 겁니다. 한데 애당초 이놈이 남에게 얻어맞을 배짱이니 '해라' 하며 덤비지 않았습니까?

그 뒤에 다른 사람에게 저이가 무얼 하던 사람이냐고 물으니까, 장군이었다고 그래요. 장군인데 아주 골병이 들어 죽을 뻔한 뒤에, 중이 돼 공부를 해서 저렇게 성하다고 그래요.

어떤 경經에, 도인들이 남한테 "해라" 하는 게 나와 있나 보았더니, 아니에요. 자기 마음에 모든 사람이 부처님으로 보일 적에 제 마음이 밝아진다고 했는데, 그런 말은 그 사람 귀에 들리지 않거든요. 골치가 밝은 사람이라면 이렇게 안 할 텐데, 남한테 덮어놓고 "해라" 그럽니다. 그러니 보배가 널린 산에다 데려다 놓아도 가난뱅이 놈은 늘 가난뱅이지 부자 되는 법이 없어요. 한강 가득 그냥 녹두로 죽을 쑤어놨다고 해도, 쪽박이 없어 못 퍼먹고 배가 곯아 죽는다면 어떻게 되겠어요?

그러니까 이런 것은 먼저 경험한 많은 이들이 하는 것을 배우고, 또 그들이 좋다고 할 적에 실험해보고, 또 자기가 특출한 의견이 있을 것 같으면 그들이 보지 않아도 본인이 할 수가 있는 거요. 왜 요런 소리 하는가 하니, 방학 동안에 아무리 자기가 좋은 일 하더라도, 남들이 싫어한다면 자기에게 잘못이 있다는 걸 먼저 알아야 한다는 말입니다.

내가 금강산 있을 적이니까, 한 30년 전 일입니다. 이수훈이라는 사람이 있었는데, 광주지방법원 판사입니다. 일제시대에 판사 하자면 아주 상당했을 거요. 그런데 그 사람이 경주 사람인데, 나보고 이런 소리를 합니다.

"우리 부모님은 논농사를 하는데, 꼭 물을 다 빼놓고 모를 갖다가 호미로 꼭꼭 박아 심어요. 다 박아 심고 물을 다시 받아대니까, 소까지 써서 부지런히 일해도 50섬 이상은 못 지어요. 그런데 전라도를 가보니까 논을 모두 갈아엎고는 적당히 물을 대고 써레질을 해서, 아주 죽같이 해가지고 모를 그냥 꾹꾹 논에 찔러 넣는데, 뭐 백여 섬도 더 하고 이래요. 이런 것을 우리 부모들이 배웠으면 얼마나 좋겠소?"

"그러게. 가르쳐주면 되지, 왜 안 가르쳐주었니?"

"내가 언젠가 그 소리를 했더니, 우리 아버지가 당장 주먹을 쥐고는 '이놈의 자식, 내가 그렇게 농사를 지어서 일본 유학까지 시켰는데, 나 일 년 농사 못 지으면 너한테 뭐가 좋을까봐 그렇게 방해하느냐' 그러오. 그러니 요런 경우에는 어떻게 가르쳐줬으면 좋겠소?"

"그것보단 판사를 잘하면, 네 아범이 좋아할 거야. 그래서 이제 판사 내놓고 나올 때, 네가 어떻게 변통을 해서 경주에다 논을 한 돼기 사란 말야. 그래서 그 전라도 사람처럼 농사를 지어보라구. 그러면 사람들이 '저놈의 자식이 사방 돌아댕기다가 농사 짓기 싫어 저런 장난질을 하는구먼', 그럴 거다 이 말야. 그랬는데 그 농사가 잘되면 '저놈이 귀신이 붙어서, 아마 그 귀신이 해주나 보다' 그럴 게란 말야. 그런 뒤에 또 일 년이 지나가면, '글쎄 나도 귀신이 붙지 말란 법 없으니 나도 좀 저렇게 해봐야지', 요렇게 된단 말이지. 그렇게 해서 어찌어찌 이 방식이 보급이 될지언정, 별안간에 되리라고는 생각하지 마라. 이 세상에 별안간에 된다는 것은 그렇게 용이한 것도 아니고, 무슨 일이든지 그렇게 아무 문제없이 그 민중에게 들어가지 않는다는 것을 잘 알아라."

이렇게 얘기했습니다.

여러분이 실제로 학교에서 배운 것이 실생활에 적용이 잘 될까요, 안 될까요? 안 되면 어째서 안 될까, 그 학문 자체가 적용할 수 없는 것인가, 그 자체에 어떤 모순이 있나, 이런 것을 많이 검토해보세요. 그래서 이제 9월에 다시 만날 때가 되면, 여러분도 재료가 있을 것이고, 나도 그 지간에 몇 달 지내니간 일이 많을 거요.

예를 들면 이번 백림회담 같은 것, 그런 것도 재미있는 일인데, 아마 또 어떤 사람의 안목으론 '금년 가을에 무슨 일(전쟁 같은 큰일) 일어나지 않나' 그런 생각도 할 수 있겠지요. 또 현재 워싱턴의 군비가 완전함에도 불구하고, 시방 서두르며 외국 군사 원조를 전부 폐지하려는 움직임도 있습니다. 또 오늘 발표에 보면, 군사 원조는 다 못 하더라도 한국에는 좀 해야 되겠고, 한국 원조 중에는 한국 공군에 원조하겠다고 합니다. 엊그저께 한국 동해 바다 위에서 미국 비행기가 북한 김일성의 제트 비행기한테 얻어맞아서 그랬는지 모르지마는, 여하간 비행기를 원조해주겠다고 그래요. 이런 거 저런 거 보면, 찬바람이 드높을 적에(가을에) 또 어떤 구경을 하게 될는지요.

앞으로 우리에게 전쟁은 없겠지만

한 가지 믿을 것은, 우리한테 앞으로 전쟁은 없습니다. 그러나 배워야 할 건 많이 있을 거요. 시방 백림 문제를 보면, 그예 러시아 사람도 안 내놓으려고 들고 미국도 안 내놓으려고 들고, 영국 같은 데는 중간에서 좀 눈을 꿈적꿈적 하고 있습니다. 그러니 속상한 사람은 아데나워Konrad Adenauer (1876~1967)*라는 사람이에요. 이제 80여 세 돼서 금년에 좀 고단하므로 그만두려 했는데, 미국 신문기자가 글쎄, "시방 덜레스가 죽은 이 판에 당신까지 빠지면 어떻게 되느냐" 그러니까, "이를 악물고라도 해야 되겠다" 그러더래요.

그런데 우리나라 대통령도 뭐, 여든세 살이나 네 살 됐는데 안 내놓겠대요. 내년에 또 당선돼야 한답니다. 왜 당선돼야

---

* 독일연방공화국(구 서독)의 초대 총리.

하는가 하니, "요렇게들 야단스러우니까, 남북통일이나 돼야 물러가지 어떻게 거저 물러가?" 그럽니다.

그런 일이 있었지요. 전에 요堯임금이라는 사람이, 백두산 근처에 단군의 족속이 외적으로 있을 적에, 하도 고단해서 허유許由라는 사람을 찾아가 이렇게 말했어요.

"일월日月이 출의出矣에 이작화불식而爝火不息하니 기어광야 其於光也 불역난호不亦難乎아, 해와 달이 돋아 밝은데도 횃불을 끄지 않으면 공연히 어려움만 더하지 않겠는가. 시우강의時雨 降矣한데 이유침관기어택야而猶浸灌其於澤也하면 불역로호不亦勞 乎아, 때맞춰 비가 내리는데 물을 대려고 애쓰다니 고단치 않은가."* 그러고는 허유보고, "당신 생긴 걸 보니, 나 같은 놈은 그만둬야 되겠소. 내 대신 임금 좀 허우." 그랬어요.

그러니까 허유가 하는 소리가, "명자名者는 실지빈實之賓인 데 오장위빈호吳將爲賓乎아, 명예라는 건 실질의 껍데기일 뿐 인데 나보고 그런 껍데기가 되란 말이오?"라고 해요. 당신이 임금을 곧잘 하는데, 왜 나더러 하라고 그러느냐는 말이지

---

* 《장자》〈소요유〉 편에 나오는 이야기. 전문은 다음과 같다.
"堯讓天下於許由曰, 日月出矣 而爝火不息 其於光也 不亦難乎.(요임금 이 천하를 허유에게 넘겨주고자 하여 말하기를, 해와 달이 돋았는데 횃불을 끄지 않으 면 어려움만 더하지 않겠습니까?)
時雨降矣而猶浸灌 其於澤也 不亦勞乎.(때맞추어 비가 내리는데 물을 대고 있 으니 헛수고 아니겠습니까?)
夫子立而天下治而我猶尸之 吳自視缺然 請致天.(선생께서 임금 자리에 앉 으시면 천하가 저절로 다스려질 터인데 제가 오히려 임금 노릇을 하고 있습니다. 스스 로 돌이켜보매 모자라니, 청컨대 천하를 다스려주십시오.)"

요. (백정이) 좀 고단하다고, 제사 지내는 사람이 제사 지내려고 백정 대신 소 잡는 법은 없다, 그 말이에요. '소 잡아다 주면 제사는 지내주지. 내가 무슨 필요로 너 대신 그 구덕을 치느냐', 이겁니다.

그러니까 요_堯가 그냥 지나갔겠죠. 그래서 허유가 영천수_{潁川水}에 가서 귀를 씻었어요. 왜 귀를 씻는가 하니, 요가 한 말이 좀 궁리가 되거든요. 그래 궁리를 아주 안 하려고 귀를 씻은 겁니다. 그런데 그때 소부_{巢父}라는 사람이 소를 끌고 오다가,

"별안간 왜 귀를 씻소?" 해요.

"허, 그 요라는 이가 와서 임금을 하라기에 싫다고 했는데, 그의 말을 듣고 귓속이 더러워져서 씻는 거요"라고 했지요. 그러자 소부는 바로 그 옆에서 소에게 물을 먹이려다 상류로 옮겨가더라지요.

"왜 올라가오?" 그러니까,

"그대 귀가 그렇게 더러우니 우리 소 버릴까 그러오." 그러더랍니다.

그러니까 요런 말 저런 말 한 건 무엇이냐 하면, 실제로 자기 배운 바를 자꾸 이용해보고 그걸로 세계를 비춰보라는 거요. 많이 좀 다니며 그런 거 저런 거 보고, 또 이 세상을 보고서 자기가 비평하고 싶을 적에, 자기 자신은 얼마나 잘하나, 그런 것도 좀 살펴보고, 그래서 자기하고 남하고 비교할 수 있을 적에 행복한 것이오. 거기서 옳은 판단 얻는 것은 자기

진로를 잘 나갈 수 있게 하는 것입니다.

우리가 언제라도 뭔가를 처음 시작할 때는 당연히 잘할 수 있겠지만, 결과에 가서도 처음 생각대로 엄청나게 잘되면, 그건 기적이라고 할 수 있어요. 그러나 처음부터 계획을 기적적으로 세우지 말고, 그 결과를 남한테 보일 수 있는 사람이 돼라, 그 말입니다.

곤혹스러운 이승만 대통령

이승만 박사 같은 이는 대단히 재미있습니다. 해방 직후에도 그이가 애썼지만, 미국으로부터 군정을 접수할 적에도, 아무튼 군정 관리나 한국 사람들이 죄 군정 연장해달라고 온통 미국 워싱턴에다 요청하는데도, 아무 말도 없이 착착 모두 접수를 해가지고 정부를 만들었어요. 이건 뭐 사막에 기둥 꽂고 곡식 심어 우리 백성을 이렇게 먹여 살렸던 거요. 그 증거로 말하자면, 피난처 부산에서 올라와 이 동국대학교에 처음 오니까, 우리 학생이 전부 거지예요. 옷이고 얼굴이고 모두. 아, 그런데 이승만 박사가 정치를 하더니 우리가 요렇게 옷도 잘 입고 또랑또랑하게 되지 않았어요?

이러면 이거 고마워야 될 건데, '염병할 놈의 늙은이 정치 한번 더럽게 하네' 한다 말이에요. 이승만 박사 팔자 참 흉업다 말이지요. 잘해줘도 욕은 혼자 먹고 있거든. 그런데 앞에 가서 당당하게 욕하는 놈 있나? 앞에 가서는 아주 "지당하십니다, 잘 하십니다", 그리고는 뒤에 돌아서면 욕하거든요. 이런 거 모두 우리가 깊게 생각해볼 필요 있어요.

내주부터는 시험을 칠 테니, 시험도 좀 똑똑히 치고 그래야 아빠한테 가서 뭐라도 할 말이나 있잖아요. 여기 가끔 동문이라고 찾아오는데, 한번은 얼굴 허연 녀석이 하나 들어와요. 그러더니,

"저는 동국대학교를 졸업했습니다."

"졸업을 어떻게 했니?"

"저, 괜찮은 집 외아들이 돼서요. 그래서 아버지가 돈 주는 대로 등록을 했지요."

"그래서 어떻게 했니?"

"그다음엔 등록한다고 자꾸 돈 받아먹었지요."

"받아먹었는데, 어떻게 됐니?"

"시방 동국대학 졸업한 지는 10년이 돼요."

"그런 학생 돼서는 곤란하다. 어떻게 할 작정이냐?"

"글쎄 시방 한강물이 자꾸 보입니다."('한강에 자살하러 가야하나 싶다'는 농담)

그러더라고요. 어때요, 재미있죠? 그러니까 시방 우리 학생들은 그러지 않을 거야. 자, 오늘 이렇게 하고 마칩시다.

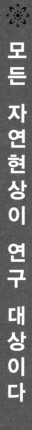

모든 자연현상이 연구 대상이다

11

실생활에서 만나는 기하와 대수

학문이라는 것은, 배울 적에 잘 배워서 그 방식으로 모든 현상을 보고 이해하는 것입니다. 평소에 기하나 대수를 잘하는 사람은 무슨 물건을 보든 계산의 세계에서 봅니다. 예를 들어, 우리가 저기 서쪽에 있는 대문 안 건물을 보면, 기둥이 퍽 크지요. 그러면 '기둥이 그 정도는 돼야 그 집을 지탱하겠구나' 하는 생각을 가지게 됩니다.

그런데 이 집을 보면, 기둥이 저 집 기둥의 한 3분지 2밖에 안 되거든요. '저 집은 기둥이 저렇게 크고 이 집은 이렇게 작은데, 무슨 관계일까?' 이렇게 생각해볼 수도 있겠습니다. 평소 공부할 적에 기하나 대수를 정성스럽게 읽었기 때문에, 사물을 볼 적에 그런 계산이 서는 게다, 그 말입니다.

또 저 건너에 새로 짓는 집을 보면 이 집 기둥의 3분지 2밖에 안 돼요. 그럼 대체 그중 작은 기둥은 얼마나 되는 풍속까지 지탱할 수 있을까 계산을 해보거든요. 초속 30마일을 지탱할 수 있다 할 것 같으면 아마 이 집은 꽤 튼튼할 거고, 석조 기둥은 아마 그보다 더 튼튼하겠죠. 그럼 그 집에 그만큼 튼튼한 기둥이 필요할까요, 필요치 않을까요, 이런 것은 여러 물건을 비교함으로써 비로소 알 수 있습니다. 단지 건물만 그럴까요? 모든 자연 현상에 대해서도 역시 그럴 것이에요.

활엽수와 침엽수의 차이

내가 산중에 있을 적에 다른 사람들은 내가 책을 부지런히 읽을 것으로 생각해서, 나하고 같이 있는 30명 되는 사람도 책을 많이 읽는 줄 알았나 봅니다. 어떤 사람이 왔는데, 복색을 보니 아마 변호사인 것 같아요. 쓰윽 이렇게 누마루에 턱을 걸고 서서 말하는 거예요.

"여기 오래 계셨소?"

"내 좀 있었소."

"무슨 책을 그렇게 읽우?"

"나는 책을 읽지 않소."

"당신이 안 읽으면, 그럼 옆의 사람도 안 읽히오?"

"아, 물론 안 읽히우."

그랬더니 그가 아주 그만 성을 내요. 제 생각이 덧들여졌으니까. 그러고는 나더러 하는 소리가,

"그럼 남의 젊은이들을 다 어떡할 작정이오?"

"그러게 나도 그게 걱정이우."

그랬더니만 그가 나를 멀거니 쳐다봐요. 성치 못한 놈이다, 그 말이지요. 그러고는 "그래 그럼 도무지 책을 읽지 않소?"라고 묻는데, '도무지 안 읽지요, 뭐' 그랬다가는 암만해도 안 되겠어요. 매 맞겠어요. 그래서 읽긴 조금 읽는다고 그랬지요. 그랬더니 그가 물어요.

"네? 읽긴 읽어요? 무슨 책을 읽어요? 제목이 뭐요?"

"저 앞산, 내가 저거 놓고 읽소."

"뭐? 저 금강산 말이오? 저걸 읽는다고요?"

그는 내 말에 어이가 없어서 말문이 막힌 것 같더라고요.

"내 읽는 소리 좀 들어보려오? '모든 정력을 낭비하는 자는 속히 죽느니라.'"

내가 그렇게 읽어주었어요. 그랬더니 그는 아무 말도 못 하지요. 왜 그러느냐는 말도 못 해요.

무슨 뜻일까요? 모든 활엽수는 정력을 낭비하니까, 습기와 온도가 높으면 가짓껏 새파랗게 됩니다. 온도가 낮고 습기가 적어지면 푸른 기운이 누런 기운으로 변하고, 색조도 누렇거나 꺼멓거나 뻘겋거나 이렇게 나타나는 거예요. 그러니까 자연은 나에게 "모든 정력을 낭비하는 자는 속히 죽느니라", 그렇게 일러주었지요.

그런데 그렇게 부지런히 책을 읽었음에도 불구하고, 겨우 요렇게 산중에 들어앉아야 옳으냐는 말입니다. 거기 무슨 이유가 있을 거 아니에요. 그래서 내가 비로소 책을 잘못 읽는 줄 알았더라는 말이에요. 그럼 어떻게 책을 읽어야 잘 읽는 것인가. "모든 정력을 낭비하지 않는 자는 오래 사느니라." 그렇게 읽으면 이제 내가 산중에 이렇게 들어앉아 있는 것이 옳다, 그 말입니다.

"정력을 낭비하는 자는 속히 죽느니라" 하는 건 꾸짖는 마음, 남을 나무라는 마음이에요. 남을 꾸짖는 자는 세상으로부터 격리되지 않으면 안 된다, 그 말입니다. 남을 꾸짖으니까,

성 잘 내는 사람은 세상을 무서워합니다. 성을 잘 내니깐 의견이 협조가 안 되지요. 그러니까 정치를 배우는 사람은 성을 안 내야 됩니다.

이런 예가 있습니다. 판문점에서 중국 놈 상대해서 회담하던 딘이라고 하는 미국인이 있었어요. 그 사람, 참 잘해요. 중공군한테 실컷 욕 얻어먹고 나서도 겨우, "그것도 얘기냐? 그런 소리 하면 너는 감정이 안 나겠니?" 이 말밖에 안 한단 말이에요. 그러니 딘이라는 이는 오장을 막대기로 만들어 넣었나, 우리 같으면 성을 벌컥 내고 회담을 그만둘 텐데, 이 딘은 그 욕 다 얻어먹고 마칠 때쯤 가서, "그것도 얘기라고 하는 거냐? 그러면 무슨 회담에 필요하냐?"라고 한마디 합니다. 그러니까 대체로 정치하는 사람은 성을 잘 안 내야 될 겁니다.

모든 활엽수는 기관 자체가 정력을 낭비하게 돼 있어서, 속히 죽습니다. 그러나 소나무, 잣나무, 전나무 같은 침엽수는, 그놈 조직이 정력을 낭비할 수 없게 돼 있어요. 정력을 낭비치 않으니 겨울에 새파랗게 되고, 또 겨울에 떨어지지도 않아요. 그러니 차라리 '정력을 낭비지 않는 자는 오래 사느니라' 그랬으면 자연 현상을 제대로 보는 건데, '정력을 낭비하는 자는 속히 죽느니라' 하는 것은 거기 제 마음을 갖다가 넣은 것이다, 그 말이에요. 이렇게 세상을 접하면 그건 참 곤란한 겁니다.

이 얘기를 왜 하는가. 요새 세상에 재미있는 일이 있어요. 신문에 나왔으니 여러분도 방학 동안에 좀 보고 들었을 테죠. 미국 대통령하고 러시아 두목(소련 대통령)하고 만나는 얘기인데, 잠깐 서로 만나면 됐지, 왜 그렇게 소리가 많은지요.

왜 소리가 많은가 하면, 전에 프랭클린 루스벨트가 얄타에 가서 스탈린더러 덮어놓고 '좋다, 좋다', 이래서 소위 얄타협정이라는 게 됐단 말예요. 그러면 루스벨트가 멍청해서 그렇게 속았나요? 그건 아니지요. 미국으로서는 영국·프랑스가 제일 친하고 상전 나라니까, 그 백성 자체가 영국·프랑스, 유럽의 지배를 당하고 있거든요. 미국이 독립국가이지만, 정신상으로는 남의 부속국이 아니냐 하는 그런 형편에 있었습니다. 영국·프랑스는 조금만 뭘 하면 미국 정부를 협박 공갈해서 뜯어먹기 일쑤거든요. 그러니까 그걸 오래 지탱하다가는 암만해도 영국, 프랑스의 식민지 역할밖에 안 되겠으니, 영국·프랑스 이외의 세력을 하나 길러야 되겠다, 이거죠. 이때 중유럽의 소위 7천만이라는 독일이 일어나게 된 것도, 역시 당연한 이치지만 미국에 많은 교훈을 주었습니다.

왜 그러냐. 영국·프랑스를 누르기에 앞서서, 두 개의 앞잡이를 두고 있는 것이 매우 좋겠다, 그 말이에요. 이제 히틀러를 깨뜨리고 난 이상, 히틀러 대신 스탈린과 손을 잡은 것이니까, 미국 정책으로선 그렇게 잘못됐을 이치는 없겠지요. 그러나 원체 그 상대방이 무슨 잘츠부르크*에서 난 그림쟁이**거나 저 브라운슈바이크***에서 세금이나 많이 받아내서 자기 영토를 만들고 자기 백성을 기르겠다는 그런 심정을 가진 사람이라면 차라리 괜찮았을 텐데, 이건 노상 코카서스의 산적 비슷한 놈****을 앞잡이로 세워놨으니, 쉽지 않은 일이었겠죠.

이렇게 얄타협정을 해놔서, 우리도 그 얄타협정에 의해 시방 국토가 끊겼고 안남(베트남)도 그래요. 그런데 미국으로선 그게 다 잘한 일인 것입니다. 영국·프랑스를 혼자 상대하자면 성가시니깐, 그 러시아(소련)하고 둘이 나눠 해먹으면 좋을 테고, 뭐 그렇게 나쁠 것도 없지요.

그러나 오늘날 미국이 용공 정책 때문에 국가가 부서진다고 생각해서, 반공 정책으로 국가를 흥하게 하려는 마당에, 얄타 비밀협정이라는 것은 미국 대통령으로서 아주 잘못한 일이 돼버렸습니다. 그러니까 미국 전역에서 대통령더러 "누

- 오스트리아의 서부에 있는 잘츠부르크주州의 주도州都. 모차르트의 출생지이며, 그를 기념하여 1920년부터 '잘츠부르크 음악제'가 해마다 여름철에 개최된다. 악기·인쇄출판·석재·시멘트·양조 등의 공업이 활발하다.

- 잘츠부르크 출신의 유명한 화가인 한스 마카르트Hans Makart(1840~1884)를 지칭하는 것으로 보인다. 그는 역사적 주제나 우의적인 내용을 자유로운 구도와 화려한 색채로 그린 마카르트 양식을 확립하였다. 이 네오 바로크 풍의 양식은 실내장식, 의상, 가구 디자인의 영역에까지 널리 영향을 끼치어, 한때 전성기를 맞는다. 대표작 〈칼 5세의 안트베르펜 입성〉이 있다.

- 독일 북부, 니더작센주에 있는 상공업 도시. 교통의 요지로 미텔란트 운하와 오커강의 교차점 근처에 있다. 금속, 화학, 식품 공업 따위가 발달하였다.

- 스탈린은 러시아 남서부 코카서스 산계에 있는 나라 조지아 출신이다.

구하고 만나지 마라" "누구하고 비밀 약속하지 마라", 이런 소리를 해서 아이젠하워는 러시아 만나길 아주 꺼린다, 그 말입니다. 그런데 크렘린 두목이 미국에 오겠다 하니 재미가 없는 일이지요. 그런 놈한테 또 어떻게 당할는지 누가 알아야지요. 예를 들어, 얼마 전 맥밀런Maurice Harold Macmillan(1894~1986)*이라고 하는 사람이 모스크바 갔다가 또 불가침 조약 하자고 해서 그렇게 아주 간신히 떼어놓고 왔잖아요.

불가침 조약은 히틀러가 잘했습니다. 불가침조약을 맺고서, 이쪽에선 군비를 준비하고 저쪽에선 준비를 안 할 때 바짝 쳐버리면 아주 먹기가 좋다, 그 말이죠. 그러니 저쪽에서도 불가침조약을 마냥 지키고 앉아 있을 수는 없거든요. 그래서 불가침조약 싫다고 그러지요. 그러면 "그럼 네놈은 평화를 좋아하지 않는 사람이다, 같이 살고 싶지 않은 사람이다", 이렇게 된단 말예요.

물론 이제 미국 대통령 만나면 또 흐루쇼프가 "불가침 조약 하세" 그러겠지요. 아이젠하워로서는 이게 서방측 단결에 아주 미묘한 문제입니다. 그래서 아이젠하워가 흐루쇼프를 만나기로 해요. 그런데 미국 국민들은 자기 대통령이 영국, 프랑스나 방문할 줄 알았지 독일에 갈 줄 몰랐는데, 슬쩍 만들어놓고는 본Bonn으로 간다고 그러니 말릴 놈이 없어요. 시간

---

* 영국의 정치가. 제2차 세계대전 이후 영국 보수당 내각의 국방장관·외무장관·재정장관을 역임하였고, 1957년부터 1963년까지 총리를 지냈다.

여유가 없었거든요. 시간 여유만 있으면, 영국 계통, 프랑스 계통의 국회의원이 국회를 흔들어가지고 안 된다고 그러겠지만, 그걸 알기 때문에 영국도 가고 프랑스도 가고 그러고서 얼마 있다가 "본으로 간다" 한 거죠. 그때 독일은 백림 문제로 국제정세가 아주 민감한 지역이었어요.

독일 사람이 러시아 사람을 잘 알아요. 1920년에 프랑스 공산당은 러시아에 복종하겠다고 했는데, 독일 공산당은 복종하지 않았어요. 러시아를 알기 때문이지요. 아이젠하워가 날아간 독일의 아데나워는 어떤 사람이냐, 러시아 상대하던 미국의 덜레스를 장사 지내고 와서 총리대신을 내놓으려 했다가도, "덜레스까지 죽고 났으니 내가 내놨다간 안 되겠다" 라고 했던 바로 그 사람이지요. 아이젠하워가 직접 본으로 날아가 아데나워하고 하룻밤 먼저 잤다는 거, 이런 건 다 아이젠하워가 장기 잘 두는 거지요.

원자탄 실험을 둘러싼 외교 각축

그다음으로는 영국에 갔어요. 그때 제일 곤란한 게 누구냐면 프랑스 대통령 드골Charles De Gaulle(1890~1970)*이었습니다.

---

* 프랑스의 군인, 정치가, 문필가. 제2차 세계대전 시기 자유 프랑스의 지도자로서 대독 저항 운동을 지휘했으며, 전후 프랑스 총리와 대통령을 역임.

프랑스가 영국과 둘이서 미국을 짜 먹었는데, 이제는 어떡하다 영국 하나밖에 안 남았어요. 자기는(프랑스) 아주 업신여기거든요. 왜 업신여기느냐? 주먹이 없다, 그 말이지요.

주먹이란 원자탄인데, 미국이 원자탄을 쓸 적에는 영국 총리대신이 꼭 알아야 된다, 또 영국하고는 원자탄을 나눠 쓰느니 뭘 하느니 별소리 다 하면서도, 소위 네 사람(미국·영국·프랑스·독일)이 사무실을 프랑스에 두면서도 프랑스 정부하고는 아무것도 상의하지 않으니 이걸 어떻게 해요. 그러니까 프랑스도 원자탄 만들어 사하라 사막에서 폭발 시험하겠다고 큰소리칩니다. 그런데 아프리카에 있는 독립국에서 반대를 한단 말이에요. 그중 영연방에 가입한 가나가 절대 반대를 해요.

"이번에 아프리카에서 프랑스 사람이 원자폭탄 시험하는데 막아주지 못하면, 가나는 영국연방으로부터 독립하겠소."

이거 아주 곤란한 문제거든요.

또 한 가지 문제는, 알제리라는 나라가 있는데, 알제리에는 프랑스 사람 5백만 명이 가서 있고, 산업시설이든지 뭐든지 프랑스의 한 부분이라고 할 수 있을 정도예요. 재정 관계든지 뭐든지요. 알제리엔 유리가 사뭇 많아요. 그래서 프랑스는 인도차이나반도 같은 식민지를 다 내놓았지만, 알제리만은 내놓을 수가 없었어요. 그 막대한 재산 시설을 프랑스 본토보다 낫게 해놨으니, 내버리고 올 수 없죠. 그런데 시방 형편으론 어쩔 수 없이 내놓아야 할 형편이에요.

원자탄도 없는데 알제리까지 내놓는다면 프랑스는 도저히 살아갈 수가 없다, 그렇기 때문에 아데나워 같은 사람이 뭐라고 했는가 하면, 프랑스하고 독일하고 합중국을 만들어버리자, 그 말입니다. 프랑스에게 알제리 식민지가 있고 인도차이나가 있고 또 원자탄이 있었으면 아데나워가 그런 소리도 할 수도 없을 뿐 아니라, 프랑스에서 귀도 기울이지 않았겠지요. 그러나 점점 해외 식민지가 없어져가고 이 모양으로 앉아 있으니 그거 안 할 수 있어야지요. 그래서 쉬망Robert Schuman (1886~1963)*이라는 사람이 총리대신으로 있을 적에 그거 참 괜찮겠다고 했는데, 시방 드골도 그러겠느냐 이 말입니다.

재미있는 것은, 아데나워는 독일-프랑스 연방이 되면 독일에 공업도 많고 장사도 잘 할 테니, 프랑스인도 잘 해먹자면 투표야 잘될 거라고 생각했다 말입니다. 프랑스는 모든 데에 약점이 있기 때문에, 독일-프랑스 연방을 하더라도 자기(독일)가 언제라도 윗도리에 위치해 있어야 되겠다, 이렇게 수작을 하니깐 이게 잘 이루어지기가 어려운 판이에요. 프랑스로 말하면 해체하기 뚝 좋게 됐습니다.

그러니 미국 대통령이 얘기했다간 심술밖에 나올 게 없거든요. 런던으로 슬쩍 날아가서 드골을 어떻게 해야 할지 영국 총리대신하고 꿍꿍이를 짰어요. 얘기한 결과, 프랑스가 원자탄 실험을 하면 러시아에서도 할 게 아니냐, 러시아 사람

• 프랑스 총리와 외무장관, 주미대사 등을 역임한 유럽통합의 아버지.

이 원자탄 실험 안 할 테니 너희도 하지 마라, 그래서 프랑스도 미국도 '나도 안 합네', 영국도 '나도 안 합네' 해서 시방 원자탄을 더 터뜨리질 않았어요. 만약 프랑스에서 터뜨리면 러시아에서 계속해 터뜨릴 게다, 그 말입니다.

흐루쇼프는 뭐라고 했는가. "프랑스가 아프리카에서 원자탄 실험을 하면 나도 그걸 계속 할 거다." 이러니 그놈 팡팡 터지면 방사능 때문에 다 죽게 생겼거든요. 그러니 요런 걸 어떻게 만져야 되겠느냐, 둘이 의논한 거다, 그 말입니다. 의논한 결과, 원자탄 실험은 하지 말 것, 알제리 문제는 유엔총회에서 말이 나오더라도 프랑스를 지지해줄 것, 요 교환조건으로 드골의 입을 봉해놓았습니다. 이 정도 봉해놓고 아이젠하워 대통령은 비행기를 타고 미국으로 가는 중이란 말입니다.

지구에서 가장 큰 땅 아시아

여기 또 재미있는 일이 있습니다. 여러분, 지리 배웠으면 잘 알겠지만, 세계에서 제일 큰 땅덩어리는 아시아입니다. 아시아는 중동지방, 중앙아시아, 북극해까지 연하고, 우리 동방 여기까지 다 연했으니 상당히 크지요.

언제라도 대륙이라는 건 중심에 큰 산이 있어요. 아시아에 있는 그 큰 산은 인도 말로 히말라야라고 하는데, 히말라야

는 '눈산'이란 말이지요. 중국 사람은 이 산을 곤륜산이라고
도 그러고요.

어려서 내가 듣기로 무당이 장구를 뚱당뚱당 치고, "산지조
종곤륜산山之祖宗崑崙山이요 수지조종황하수水之祖宗 黃河水라."
그렇게 말하거든요. '산지조종은 곤륜산이라', 산의 할아버지
되는 것이 곤륜산이란 것이죠. 아시아 대륙의 중심부에 우뚝
솟은 산이 있는데 그 산이 아주 높아요.

그런데 그 산(히말라야 산맥에 해당) 남쪽은 인도인데, 그 산
이 병풍석이 돼버렸어요. 그래서 1만 2천 리를 북쪽으로 둘
러싸버렸거든요. 인도 사람은 산꼭대기 위를 도저히 볼 수
없지요. 병풍석이 둘러섰으니까요. 시킴Sikkim이라고 하는 데
서 골짜기를 하나 넘어가는데, 한 네댓 명 다닐 수 있는 그런
길이 있어요. 그 길을 올라가 보면 부탄 왕국이 나와요.

인도라는 데가 원체 언어가 30여 종 이상 되고, 종교 때문
에 서로 말도 안 하고 있으니, 곤륜산(히말라야 산맥에 해당) 꼭
대기 일은 뭐 옛날부터 얘기할 수가 없었을 거요. 그런데 그
꼭대기에 사실 뭐가 사느냐면, 사람이 살아요. 그 꼭대기를
티베트라고 하는데, 여러분들이 아는 서장西藏이라는 데지요.

그 산은 모양이 인도 산과 어떻게 다르냐 하면, 그 산이 동
쪽으로 다섯 골짜기가 뚫렸어요. 그래서 그 다섯 골짜기에
서 물이 내려오는데 제일 북쪽 변두리로 흐르는 것을 황하
라고 해요. 저 사천성 바깥으로 흘러서 진령산맥으로 돌아
서 저 동관진으로 빠지는데, 그 하류는 천진으로 빠져 백하白

河라고 하고요. 또 하나는 쪼개져서 동영東營이라고 하는 데로 빠지는 거요. 그러니까 산동성이라는 것은 순전히 황하 하류의 삼각주일 겁니다. 그 물이 진흙 바닥으로 한 만여 리 (5,464km; 약 1만3천 리) 흐르다 보니까 아주 흙탕물이거든요.

그 하류 지방을 백하라 해요. 흙탕물인데 하애서요. 누르퉁퉁한 물인데 보기 싫게 그렇게 된 거예요. 그 물이 흘러서 바다로 들어가니 우리나라의 서쪽 바다는 누르퉁퉁해서 그걸 황해라 그러지요. 그러니까 대체로 곤륜산 꼭대기에서 흘러 내려온 물이 우리 바다로 오면 그걸 황해라 그래요. 그것이 이제 또 남쪽으로 흐르니깐 상해上海 근처에 또 물이 흐르지요. 그럼 그중 황하에서 물이 제일 맑은 곳은 어디일까요? 청도靑島가 물이 제일 맑아요. 백하와 동영의 중간쯤 거리에 제법 파르스름한 물이 있어요. 그래서 청도라고 그러는 거예요.

둘째 하천은 양자강이라고 하는데, 그것은 저 조금 위로 신강성 위에서 발원해서 중국 대륙을 통해 상해로 빠지는데, 그 물은 1만 2천 리(6,300km; 약 1만6천 리)를 흘러요. 그건 비교적 중국 사천성四川城까지는 맑은 물을 유지해서 푸르스름하다고 그러는데, 우리가 보니까 아주 숭해요. 거무스름한 흙물이란 말이지요.

그다음 또 셋째로 서강 중심부를 통해 메콩강이라는 물이 내려와 흐르는데, 그 강은 중국 운남성을 통해 태국과 인도차이나 중간으로 해서 캄보디아로 빠져요. 그것도 한 1만 2천 리(4,020km; 약 1만 리) 흐릅니다.

넷째로, 메콩강 중간에서, 그러니까 서장(티베트) 고원지대에서 시작해서 흐르는 스와라지라는 강이 있고, 다섯째로, 티베트 서남부에서 시작해서 히말라야 산맥 북단을 가로지르며 동쪽으로 흘러가다가, 다시 인도 아삼Assam 주로 꼬부라져서 방글라데시로 들어가 벵골만으로 빠지는 강이 있어요. 이 큰 강 이름은 브라마푸트라라고 합니다. '브라마'는 하느님이란 말이고 '푸트라'는 아들이라는 거니깐, 바로 하느님의 아들이다, 그 말이지요. 아주 하느님 밑구멍에서 흘러내려오는 물이거든요. 이렇게 다섯 강이 있어, 그 강을 통해 동쪽으로 연락이 되고, 남쪽으로는 도저히 연락을 할 수 없었던 겁니다.

재미있는 것이, 네루Jawaharlal Nehru(1889~1964)*라는 사람은 어떻게 생겨먹은 사람인지, 중공이 인도 국경을 침범했다고 인도의 장군들이 전부 성을 내는데도 불구하고 전쟁을 할 마음이 없다고 합니다. 당사자인 인도는 국경을 침범당해도 전쟁할 마음이 없는데, 오스트리아, 영국, 미국 같은 나라들에서 당사자보다 걱정을 더 많이 하는 그런 기이한 현상이 나옵니다.

본래 중공에서 서장으로 가자면 산이 험악해서 길을 도저히 얻어낼 수가 없어요. 한 가지 길이 있는데, 운남성에서 올라가 브라마푸트라 계곡으로 들어가는 길이에요. 계곡 양쪽이 전부 인도 땅이거든요. 광막한 무인지경이에요. 이 무인지

---

* 인도 독립 후의 초대 총리. 딸 인디라 간디는 훗날 인도의 여성 총리가 됐으며 외손자 라지브 간디도 총리를 역임.

경에 길을 냈어요. 그 길을 통하지 않고는 아무것도 할 수 없는데, 그럼 그 길을 언제 냈느냐. 그 길은 일본과 중국이 싸울 적에 미국 사람이 중공 정부를 돕기 위해서 공로公路로 낸 거예요. 그 길을 낼 적에는 대단히 용이했을 겁니다. 인도 땅이거나 중국 땅이거나 그 길은 그때엔 마음대로 쓸 수 있었으니까요. 인도가 영국 식민지였던 때니까 그 길을 내서 썼던 거예요. 중경重慶에서 트럭을 타고 그냥 캘커타까지 막 내려갈 수 있게 길을 닦아놨던 겁니다.

중공과 네팔과 인도의 분쟁

오늘날 중공이 서장을 손아귀에 넣는다면 무엇이 좋을까요? 그 꼭대기에 있으면 여러 가지가 재미있을 겁니다. 기상 관계에도 좋은 점이 있겠고, 원자탄 같은 것도 대략 신강성 밑에서 많이 하게 되어 군사적으로도 중요한 위치를 가지게 되니 좋겠죠. 지하자원도 막대할 겁니다. 그래서 그걸 먹어버려야 되겠다, 그 말입니다. 먹어버리자면 길을 닦아야 되는데, 그러면 영국 사람이나 미국 사람이 만들어놓은 공로를 이용하지 않으면 안 되게 되었습니다.

그 공로를 이용하자면 자연히 인도 땅, 그 무인지경에 낸 길을 지나가야 되거든요. 그러니까 중공이 서장을 개척할 적에 벌써 삼사 년 전에 지도를 만들었는데, 그 지도에다 그 땅을 중국이라고 떡억 그려놓고는 동남아시아에서 자꾸 팔았소. 팔 적에 네루가 뭐라고 지껄여도 귀에도 담지 않았어요. 그런데 이제 서장을 소탕해보니까, 서장 사람들 대부대가 그리 몰려서 인도로 들어가거든요. 인도로 들어가면 성가신 일이 돼요. 달라이 라마도 그리로 달아났소. 그러니까 중공군 천여 명 대부대가 거기 딱 지키고 있으니까 이제 서장 사람이 어디로도 나갈 데가 없소.

그다음에 시킴*으로 넘어오는 고개를 지키고 서서, 한 대여섯 사람 십여 사람 다니던 길도 또 막아버렸어요. 그러고는 그 밑에 가서 서장 사람을 쫓아가 총도 놓고 곧잘 그러우. 네팔에도 중공군이 들어갔소. 이렇게 중공이 네팔도 침략하고 시킴도 침략하고 아삼도 침략하니까, 아마 네루가 그 요새에다 보초도 세워뒀을 거예요. 그 공로 위에다가요. 이러니 점점 중공군이 인도로 쳐들어온다고 온통 야단을 치고 백성들이 소란하기 짝이 없어요. 인도에 있는 공산당은 '이때가 기회다, 뭐 한 번 해보자' 하고요. 그러지 않아도 인도의 서너 주에서는 벌써 공산당이 정치를 하자 진저리가 나기도 했는데 이런 일이 났단 말입니다.

그러면 네루는 왜 그러고 있을까. 인도라는 곳은 북쪽이 꽉 막혀서, 그 산만 쳐다보고 살지 그 산 너머가 어딘지도 모릅

---

* 인도 북동부에 위치한 주로, 왼쪽에 네팔, 오른쪽에 부탄, 아래쪽에 방글라데시와 국경이 닿아 있는 지역. 티베트 불교를 믿는 독립 왕국이었으나, 이웃 국가들에 연이어 침략을 받다가 1975년 인도의 22번째 주로 합병됨.

니다. 인도 사람들은 옛날부터 히말라야 꼭대기는 천상이라고 그래서, 하늘 사람이 산다고 그랬어요. 그러니까 하늘 사람 사는 데니깐 자기네와는 전혀 상관이 없죠.

그리고 또, 브라마푸트라라고, 네팔 계곡에서 흐르던 물이 인도 쪽으로 휘돌아 방글라데시까지 오면, 인도를 관통한 갠지스강과 합쳐서 큰 삼각주를 이루어 벵골만으로 흘러들어 가는데, 여기가 갠지스 삼각주예요. 여기는 1년에 석 달은 비가 막 쏟아져요. 뭐 뚝뚝 떨어지는 게 아닙니다. 주르르 주르르 쏟아지니 그게 소위 몬순*이라는 거예요. 석 달을 그렇게 비가 와 놓으면 그저 죄다 물이라, 곤충도 맘대로 살고 풀도 맘대로 살아요. 그랬다가 일곱 달을 버쩍 마르게 됩니다. 풀도 말라 죽고 풀뿌리도 말라 죽고 다 죽어버려요. 그렇게 사람이 1년을 치르고 나면 까매지고 말라버리거든요. 그래서 인도 사람이 까맣단 말이지요. 그런데 이들이 굶는데도 자식은 잘 낳거든요. 독립은 부르짖었지만, 막상 해놓고 나니 이제 굶어죽게 됐어요. 네루 생각에 이거 어떻게 하겠어요?

우리나라에서는 수리조합이나 좀 만들고 호미질이나 싹싹하고 그러면 곡식이 나지만, 거기는 그렇게 되기는 틀렸어요. '그러면 공업을 일으켜야 되겠다', 그 말이거든요. 공업을 일으키자면 막대한 자본이 드는데 누구더러 도와달라는 건 어

---

* 건기와 우기의 뚜렷함의 정도가 열대우림기후와 열대사바나 기후의 중간이고, 연평균 강수량은 2,500mm~5,000mm 정도이고, 지형의 영향을 자주 받아 폭우가 자주 발생하는 기후.

불성설이거든요. 그러니까 네루가 널을 뛰어요. 미국 사람더러 공장 하나 해주시오 하는데, 만일 미국 사람이 까다롭게 굴면 러시아는 거저 해준다고 한단 말입니다. 그럼 미국이 '나도 거저 해주마' 해요. 이렇게 해서 시방 공장을 자꾸 만드는 중이에요. 그러니까 공산당도 덧들여서는(건드려 언짢게 해서는) 안 되고 미국 사람도 덧들여서는 안 되지요. 왜 그런고 하니, 굶어죽거든요.

요새는 그래도 제법 인도 무명 자투리가 동남아시아에서 팔리고, 기계도 팔리고, 그래 좀 나아지는 판인데, 빌어먹을 중국이 자꾸 뒷등에서 성가시게 구니, 이 전쟁을 해야 옳아요, 안 해야 옳아요? 그러니까 하는 소리가, "국경은 조금도 양보하지 않을 테다. 그렇지만 총이 아니라 입으로만 할 테다" 그러지요. 그래서 제삼자가 나타나서 요걸 좀 얘기해줄 수 있으면 매우 좋겠단 말입니다. 그런데 러시아가 봄베이(지금은 뭄바이) 총리대신을 떠억 붙들어다 제 사람으로 갖다 놓아요. 그래서 중간에서 잘 좀 해보라고. 이런 현상이 나타납니다.

정치 왕국 위에 있는 종교 왕국

이 세상에는 정치 왕국이 아닌 종교 왕국이 두어 개 있는데, 하나는 여러분이 잘 아는 이태리 로마의 바티칸이라는 국가입니다. 아주 쪼그만 국가로, 예배당을 댓 개 가지고 사는데,

아마도 세납은 전 세계에서 걷어오는 판입니다. 바티칸의 비용은 미국 뉴욕에 있는 스펠먼Francis Joseph Spellman(1889~1967)*이 많이 댄답니다. 그런 천주교 왕국이 하나 있고, 히말라야 꼭대기 높직한 데 불교 왕국이 하나 있습니다.

시방 로마의 왕국에는 예수의 수제자 되는 베드로를 계승하여 가톨릭 교회를 이끌고 있는 법왕法王이라고 하는 사람이 있어요. 파파**라고 그러지요. 그건 '아버지'란 말이거든요. 아버지이고 임금이고 한데, 합쳐서 파파라고 하게 된, 그런 제도가 있어요.

저 곤륜산 꼭대기에는 라마가 있습니다. 부처님은 돌아가는 게 아니니까 자꾸 되살아오고, 되살아오고 그럴 거 아니에요? 라마는 죽을 때 "내가 어디서 태어날 테다"라고 예언을 합니다. 그러면 거기에 가서 그 태어난 아기를 데려다가 길러 다시 라마로 삼습니다. 그런데 라마가 좀 정신이 희미해 그런 예언도 못 하고 죽으면, 옆 사람이 점을 쳐서, 라마가 죽는 날 태어나는 아이를 데려다가 기르곤 합니다.

관세음보살이 그렇게 다니는 건 달라이 라마이고, 아미타

---

* 　미국 가톨릭교회의 추기경. 보스턴 대교구 보좌주교(1932~1939)와 뉴욕대교구 제6대 대교구장(1939~1967)을 지냈으며, 1946년에 추기경에 서임되었다.

** 　교황의 명칭이 'pope'인데, 아버지란 뜻의 라틴어 '파파papa'에서 유래했기 때문이다. 가톨릭 초기엔 일반 사제까지 모두 'pope'라고 불렸으나, 11세기 이후 교황의 독점적 명칭이 됐다.

불이 그렇게 다니는 건 판첸 라마Panchen Lama*라고 해요. 그래서 판첸 라마를 어디다가 갖다 뒀는가 하니, 에베레스트 산 가까이에 시가체라는 도시에 살게 했습니다. 한편 달라이 라마는 서장의 수도인 라싸에서 '포탈라'라는 궁전에 사는데, 왜 포탈라인고 하니, 관세음보살이 보타낙가산에 계시다고 해서 보타라고, 보탈라라고 그래요. 그 포탈라 궁전에 관세음보살과 아미타불이 서서 걸어 다니는데, 그만 운수가 안 좋았는지 광도중생廣渡衆生을 하려 그랬는지, 달라이 라마가 북경으로 다니다가 어째 맞지 않아서 그만 인도로 도망 오게 됐습니다.

달라이 라마를 둘러싼 줄다리기

달라이 라마가 인도로 도망 와서는 전 세계에 호소하게 됐습니다. 그런데 이에 대해서도 네루는 "가만히 계시지요"라고 한단 말입니다. "당신 그렇게 설쳐봐야 별수 없는 것이, 중공 그놈이 애당초 멀쩡한 놈이고, 유엔에 들지도 못한 놈인데,

---

* '위대한 스승'이라는 뜻으로, 라마교에서 달라이 라마 다음 가는 제2의 지도자다. 티베트 제2의 도시 시가체에 있는 타시룬포 사원의 수장으로, 달라이 라마와 마찬가지로 환생에 의해 후계자가 정해진다. 판첸 라마는, 달라이 라마가 입적하면 그 환생자를 찾아 성인이 될 때까지 섭정을 맡는다. 즉, 후임 달라이 라마를 성장시켜 종교 지도자 역할을 제대로 할 때까지 스승이 되어, 최고 지도자 권한 대행을 한다.

당신이 설쳐봤자 별수 있겠소?"라는 입장입니다.

네루가 달라이 라마를 보호해놓고 왜 가만히 있으라고 그러는가 하면, 인도에도 그 산 밑으로는 불교도가 많이 있으니까 괄시할 수는 없겠죠. '그저 밥이나 먹고 들어앉았지 정치 행동은 하지 마시지요', 이런 말입니다. 누군가는 '이런 질깃질깃한 네루 놈이 세상에 있나' 싶겠지요. '대체 이 사람은 무장공자無腸公子(속이 없는 사람)인가 뭔가' 싶을 겁니다.

그러나 내 얘기 들어보면, 그렇게 하는 게 참 현명한 거란 말이지요. 어떻든지 인도 사람 먹여 살려서 똑똑해지기만 한다면, 3억이나 되는 인도 사람이 소리를 지르면, "3억"(명의 힘이 실린) 소리를 지를 거 아닙니까? 그러니까 뭐 까짓 중공이 시방 6억이 된다고 하더라도 뭐, 해볼 만하지 않겠어요?

여하간 인도가 공장을 만들고, 대포를 만들고, 직물을 만들고 이러니까, 중공에서는 여편네고 사내고 애들이고 한데 몰아서 공산당 독려하고 인민공사도 만들고 한창 시끄러운 판이오.

여름에 여러분이 신문 읽는데 못 알아보는 게 있을까 봐 얘기 좀 했습니다. 내 강의는 오늘 하고 그만두지요. 의심나는 거 있거나 신문 보고 틀린 게 있으면 내게 가르쳐주고 그러세요.

짓밟히고 차여온 우리의 20세기

1학기에는 우주 전반에 걸쳐서 대략 얘기했어요. 여태까지 모든 학자들이 연구한 내용을 무슨 학이니 무슨 학이니 그렇게들 말하는데, 우주를 구성하는 재료부터 고찰해서, 그 재료가 어떻게 세계를 구성하는지 살펴보고, 그 세계 위에서 생활이 발전된 과정을 대략 얘기했습니다. 2학기에는 우리의 세계에 대해서 얘기할 텐데, 대략 1905년부터가 될 겁니다. 좀 수치스러운 일이지만, 일본 사람에게 점령되는 그 시초부터입니다.

제1차 세계대전은 왜 일어났나

1905년 이후 우리가 일본의 통치를 받을 즈음, 세계는 동·서양을 막론하고 발전 일로라고 할까, 여하간 달라졌습니다. 그 10년 사이에는 전 세계에서 침략 정책이 절정에 달했던 시기입니다. 그래서 소위 1차대전이라는 것이 종지부를 찍을 때인데, 1차대전이 왜 일어나게 됐느냐. 새로 일어선 중유럽의 7천만 민중이 기존의 영국과 프랑스의 식민지를 나눠 가지자는 것이 그만 불집이 됐던 겁니다.

그전까지 영국과 프랑스가 아메리카에서 싸우고 중동지방에서 싸운 것도 순전히 식민지를 서로 분식分食하려고 한 거였어요. 그런데 중유럽의 신생국 독일이 자기가 차지하겠다고 날치는 데는 좀 어이가 없었단 말예요. 그러던 중, 미개한

슬라브족 러시아마저 동양 방면을 독차지하려고 하니, 영국과 프랑스는 견딜 수가 없던 것입니다. 그래서 어느 방면에서든지 러시아의 남하 정책을 막으려고 영국, 미국 계통에서 애를 썼던 것이고, 프랑스에서는 러시아를 막는 것이 좋기는 하지만, 적극성을 띨 필요는 없었던 것입니다.

그때 미국은 동양에 친구가 있어야 된다고 생각해서, 일본을 친구로 정하게 됐던 것입니다. 누구든지 서로 친하려면 서로를 상대할 능력이 있어야 되는 건데, 그때 일본에는 석탄이라는 자원이 있어서 미국과 협력할 수 있는 여건이 되었어요.

당시 아메리카의 신흥 공업이라는 것은, 물론 중유럽에다 대면 공업이라 할 수도 없지마는, 디트로이트 일대의 자동차 산업이 있었는데, 자기 국민에게 그 많은 자동차를 팔기보다는 해외다가 팔려고 하는 것이 사실이지요. 그렇게 되자면 아마 시장성을 가진 동방의 한 16억 되는 민중을 상대해서 팔지 않으면 안 되게 됐던 것이고요.

그래서 그들의 국내 자동차 수요가 10만 대라면, 자동차 부속품은 한 100만 대 분량을 준비합니다. 그리고 10만 대를 조립해서 본국에 팔아 거우 노임이나 지불하고, 나머지 물건들은 모두 싸서 외국으로 보내게 됩니다. 물론 보험 들고 또 은행융자까지 얻고 해서, 자기 돈은 한 푼도 들이지 않고 해외로 보내게 되는 겁니다. 그래서 그것이 중계무역소로 오는데, 그 무역소가 동양 방면 어디일까요. 요코하마橫浜에서부터 고베神戸 사이의 바닷가에다 조립공장을 세웠어요. 일본 제너럴 모터스, 일본 포드 자동차 회사, 이런 회사들 모두 자기 자본으로 공장을 지어, 아메리카에서 온 부속품을 조립해서 자동차를 만들어 만주와 조선과 중국에다 팔아요.

미국에서 자동차 한 대에 1,000달러 하면, 여기 와서는 700달러나 500달러 정도밖에 되지 않아요. 본국에는 소위 소비세니 생산세니 그런 것이 있어서 비싸지만, 여기서는 미국에서 여분으로 만든 부속품을 싸게 들여와서 싼 임금으로 조립해 만들어놨기 때문에 그렇게 되는 거예요. 그렇게 자동차를 미국보다 싸게 만들어 팔아가지고, 거기서 나온 그 이윤을 미국 공장으로 가져가서 빚 갚고 공장도 발전시키고 세금도 내고 그랬는데, 이것이 그때 아메리카가 처음으로 외국을 향해서 내세웠던 무역 정책이었던 겁니다.

중국과 일본 사이에 낀 조선

동양 방면에는 그렇게 공업시설이 생기게 됐는데, 중앙아시아 방면에서는 어떻게 됐느냐. 중앙아시아 방면에는 인도 콜카타(2001년 이전엔 캘커타)에 이런 시설을 했습니다. 그런데 콜카타는 영국의 세력 밑에 있기 때문에, 그 조건이 아메리카 사람 말고 영국 사람으로 하여금 경영하게 해달라는 것이었습니다. 유럽에 가서는 함부르크, 중동 지방에 가서는 카이로, 영국 지방에서는 리버풀 등, 그렇게 전 세계에 공업시설이 생겼어요.

동양 방면에서는 자연히 일본에다가 성을 쌓아서 러시아 사람들이 북쪽에서 내려오는 것을 막으려고 했지요. 그래서 1905년에는 청국과 일본이 전쟁을 해서, 그만 우리나라에 대한 중국의 종주권을 말살시켜버렸어요. 그러나 일본은 바로 조선을 먹진 못하니깐 우리나라를 대한제국이라는 독립국으로 해놓았는데, 실상은 일본이라는 지팡이를 뒤에다 받치고 대한제국으로 독립을 시킨 것이지요. 그러니 그것, 좀 좋지는 않은 겁니다.

그러자 러시아가 팽창해가지고 떠억 들어오는데, 만주나 산동山東 구석만 먹은 것이 아니라, 우리나라 용암포(평북 용천군)를 다오, 제물포를 다오, 그렇게 척척 들어오니, 이젠 인천 팔미도 바다에 러시아 군함이 떠억 들어오고, 정부가 전부 러시아 일색이 되었습니다. 자, 이거 어떻게 하겠습니까. 그러더니 또 일본 군함이 떠억 제물포에 들어오면서 정부가 전부 일본 일색이 됩니다. 그러니까 우리 정부는 지팡이를 뒤에 받쳐놓은 허수아비처럼, 바람이 이리 불면 이리 건들, 저리 불면 저리 건들, 그러지요. 나라가 그렇게 되는데도 민중은 뭐가 뭔지 하나도 몰랐어요.

궁성에서도 뭐, 엊그저께까지는 중국 놈이 큰소리치다가 삼십육계를 하지 않나, 오늘은 또 일본 놈이 와서 나팔 불고 받들어 총을 하지 않나, 또 언제는 상해에서 무뢰배들을 사다가 궁성 보호를 하지 않나, 어떤 때는 러시아 커다란 병정들이 말을 타고 막 내려뛰고 그러니…. 어이고 무시무시해라.

병정이라는 걸 뽑아 군대를 만들어놓으니, 이놈의 병정이 그저 며칠 전에는 중국 놈 상관 밑에서 따귀를 맞다가, 또 며칠 후에는 왜놈 상관 밑에서 따귀를 맞다가, 또 며칠 후에는 러시아 사람에게서 따귀를 맞다가 그래요.

서울 저 변두리에 백성들 사는 데 가보면, 어떤 놈이 와서는 집을 탕탕 뒤져 색시들을 죄 잡아가고, 어떤 놈은 무슨 일본 돈을 가지고 다니고, 또 어떤 놈이 와서는 우물 두덩의 쌀뜨물을 막 퍼먹고 요강 통을 가지고 다니며 국을 끓여 먹고, 이런 귀신도 우리가 구경했더랬습니다.

러시아가 일본에 진 건 당연

그때 러시아 세력과 일본의 세력이란 건 상대가 안 될 정도로 러시아가 강했는데, 어떻게 러일전쟁에서 일본이 이겼느냐? 그건 뭐 참 이상스러운 일이란 말이지요. 그때 종군했던 러시아 의사가 독일에 와서 책을 썼는데, 그 내용 보면 요절할 일이 많아요.

러시아 군대는 원체 무식한 데다가 징병 자체가 어땠느냐 하면, 저 우랄 근처에서 징병관이 징병을 갔는데, 농부가 나와서 "우리 집은 여편네가 앓고 있고 자식 넷도 다 병들어 드러누웠는데 내가 어떻게 가겠소"라고 하니까, 징병관이 국가 명령이 돼서 어쩔 수 없다고 해요. 그러자 농부가, "그럼, 우리 집으로 갑시다. 거기 가서, 징병관 보는 데서 도끼 들어 여편네 목 치고 자식 넷 있는 거도 뭐 탁탁 치고 갑시다." 이렇게 해서 전쟁에 나오게 됐어요. 그런 사람이 전쟁할 수 있겠어요?

또 러시아가 육전에서 패하게 된 것은 무엇 때문인고 하니, 프랑스에서 돈 5억 프랑을 얻어다 시베리아 철도를 놓았는데, 단선을 놨거든요. 동양 사람에게 웅대하게 보이려고 봉천奉天(지금의 선양瀋陽) 정거장을 썩 잘 지었는데, 레일이 단선이에요.

전쟁 중 어느 날, 러시아 총사령관이 잘 데가 없으니까 레일 위의 침대차에서 잤어요. 그때 봉천 이남에서 패보가 들어오니까, 하얼빈哈爾濱 장춘長春에 있는 군대를 전부 봉천을 통해 남쪽으로 보내야 되는데, 장군께서 레일 위 저 침대차에서 주무시니 그걸 어떻게 하겠어요. 장군이 주무시는 데 깨우면 안 되지. 러시아에서는 양반이 어찌나 굉장한지 양반이라면 털끝도 못 건드리는데, 그때 시대가 전부 그랬던 겁니다. 그래 지원군을 못 보내고, 지원군을 못 보내니까 소위 봉천대전이 일어났다는 것이오.

여하간 어쨌거나 전쟁 끄트머리가 우습지요. 러시아는 발틱함대가 일본에 깨졌다고는 해도, 저 치타Chita(러시아 극동지방의 주)를 근거로 해서 아직 실력이 남아 있어서 그랬는지,

포츠머스에서 강화조약˚을 하는데, 러시아는 패전국이 아니라 승전국 같고 일본은 승전국이 아니라 패전국같이 그렇게 모든 조약을 하게 됐어요.

치타라는 곳은 본래 이름이 없는 곳이었는데, 사람들이 그곳을 오가다 누가 "여기는 중국이다" 말하니까, 다른 이가 "여기는 치타야" 해서 이 같은 지명을 얻게 되었지요. 러시아 사람들이 이동해 내려오다가 중국 관리를 만나게 되었는데, 그가 "이 이상 남쪽으로 내려오지 마라. 여기는 중국이다"라고 했대요. 그래 더 이상 내려오지 못하고 동으로 이동해서, 시방 블라디보스토크니 하바롭스크니 그런 데로 해서, 저 바다 건너 알래스카까지 자기 영토가 된 것이지요.

승전국인 일본은 그 뒤 곧 한국 점령 정책을 폈지만, 돈이 없었습니다. 그래서 미국 뉴욕에서 2천만 달러의 빚을 얻어서 그걸 밑천으로, 자본금 5천만 원의 동양척식회사˚˚를 세워 한국 경영에 착수했던 겁니다. 이렇게 영국·미국이 일본을 앞

• 1905년 러일전쟁 이후 미국의 중재로 미국 포츠머스에서 러시아와 일본이 체결한 조약. 러시아가 일본의 한반도 지배를 인정함으로써 일본은 대한제국에 을사늑약을 체결하게 된다.

•• 1908년에 일본이 한국의 경제를 독점·착취하기 위하여 설립한 국책 회사. 주로 토지를 강점, 강매하여 높은 비율의 소작료를 징수하고 많은 양곡을 일본으로 반출하다가, 1917년부터 본점을 일본 도쿄로 옮기고 동양 각지로 사업을 확대하였으나, 일본이 2차 세계대전에 패전하면서 문을 닫았다.

잡이로 세워, 한국을 그들의 배양체로 삼아 만주를 지키게 해서, 러시아를 못 내려오게 하자는 거였어요.

그때에 사실은 대련大連항이나 그런 것도 다 러시아 사람이 건설했지만 다 옮겨갔고, 하얼빈 이북의 중국 땅에 건설하는 소위 동청철도東淸鐵道 부설권도 러시아에서 가져갔습니다. 러일전쟁의 승전국인 일본은 남만주철도 부설권을 얻어서 주식회사를 만들어 운영하게 됐는데, 역시 일본 사람이 돈이 없었어요. 그래서 그것도 뉴욕에서 5천만 달러를 일본에 줬어요. 5천만 달러는 일본 돈으로 1억 원이니까, 1억 원을 자본금 해서 남만주철도주식회사가 발족됐던 겁니다.

남만주철도주식회사는 철도 길에서 좌우 30리가 자기 보호지역이에요. 상당히 커요. 대련에서부터 관동주 조차지 이북으로 저 장춘까지, 철도 레일에서 좌우 쪽으로 30리라는 건 아주 큰 영토지요. 거기서 세납을 받아가지고 일본이 관동군이라는 걸 유지하게 됐습니다. 그렇게 해서 일본이 만주와 한국을 먹게 되었는데, 이것은 영국과 미국이 러시아 남하를 막기 위해서 그렇게 했던 것입니다.

그런데 처음에는 일본이 별안간 우리나라와 외국과의 인연을 끊을 수가 없으니, 뒤로 10년간은 관세든지 뭐든지 전과 똑같이 하겠다고 했어요. 그래서 10년지간까지는 외국의 얘기도 들어오게 되고, 외국 선교사의 사업도 활발하게 되고, 또 외계 소식이 상당히 들어왔습니다. 그것이 합방된 지 10년인 경신년(1920년)에 가서 마치게 됩니다.

이상스럽게도 1차대전이 일어나서 영국이 그렇게 모략을 했다든지, 자기가 수단을 부렸다든지, 어떻게 해서든지 미국이 참전하게 돼가지고 속히 마친 것이 1919년입니다. 그러면 그때 우리 사정은 어떻게 됐느냐. 그해만 지내면 일본의 상품도 세 없이 들어오게 돼버리고, 외국의 문화는 들어오지 못하고, 외국 상관商館은 우리에게 오지 못하게 되고 절연이 됐던 때입니다.

한국인들 눈뜨게 한 민족자결주의

그러니까 우리가 그렇게 절연이 되게 된 그때에 식자 계급은 대단히 걱정하고 있을 판이지만, 10년 유예기간을 그렇게 보내게 됐고, 10년 지나서는 순전히 일본 사람이 와서 무조건 짓두들기는 게 일이되었지요. 소위 무반武班 정책이라고, 그때 치안이라는 것은 경찰이 아니라 소위 헌병이라는 것, 헌병 보조원이라는 것이 했는데, 우리나라 사람은 헌병을 하지 못하고 헌병 보조원을 합니다. 또 우리나라 관리로 아마 높은 벼슬은 헌병 보조원 감독이거든요. 그래서 "감독 나리, 감독 나리" 했어요. 상당히 높았지요.

그래서 그들이 우리를 통치하게 됐을 적에, 우리 고종 황제님이 뒤로 무슨 외교도 하려고 애도 쓰고 이러는 통에, 일본 사람이 살짝 그이를 죽였다우. 분하게 되었지요. 분하니까 마지막 임금을 장사라도 두터이 지내겠다고 그러던 중인데, 밖에서는 1차대전을 치르고 강화조약을 합니다. 그때 미국은 영국과 프랑스에 부채를 잔뜩 줬기 때문에 강화조약에서 발언권이 세지게 되고, 그래서 미국 대통령 윌슨Thomas Woodrow Wilson(1856~1924)*이라는 사람이 파리강화조약에 가게 되었지요. 그때 우리나라 사람들은 그런 기회를 놓치지 말아야 되겠다고 생각해서, 기미년에, 그러니까 이태왕李太王 돌아가신 그 인산因山**을 계기로 전국의 사람들이 모두 서울에 모였을 적에 "대한 독립 만세"를 불렀다는 건 여러분이 잘 알 겁니다.

일본이 통치한 지 꼭 10년 만에 자기들(일본인들)은 그만하면 안돈安頓하리라고 생각했는데 만세운동이 일어났고, 또 그 만세운동이라는 것을 자기들 자신이 전연 몰랐던 것이라서, 한국 사람이 어떤 사람인지 알려고 애썼어요. 그래서 총독부 자체도 사건을 어떻게 처리할지 몰라 본국에 물어봤고, 그 결과 그저 차별 없이 때려죽여라, 이렇게 되니까 다 차별 없이 때려죽였던 것이 사실입니다. 일본 사람의 잔인성이라는 것은, 우리가 임진왜란 역사를 봐도 알 수 있듯이, 그자들이 사람을 잘 죽여요.

---

* 미국의 28대 대통령. 민족자결주의를 제창하고 국제연맹 창설을 제안.
** 임금과 그 직계, 곧 태상왕太上王·왕·태자太子·태손太孫 및 그 부인들의 장례. 인봉因封. 국장國葬.

사무라이가 칼을 만들어가지고 잘 드나 안 드나 보고 싶으면 무슨 짓을 하냐면, 저희 집 종 모가지를 싹 베어요. '그 참 잘 드는구나', 이러는 판이지요. 조금 착한 놈은 친구한테 편지를 해요. "너희 집 종 하나, 칼 시험할 놈 있으면 우리 집 종하고 바꾸자." 그러면 그 주인 놈이 자기 종에게, "너 이 편지 가지고 아무 댁에 가거라." 그러면 이놈 멋도 모르고 가지요. 가서 땅에다 납작 절을 하고 고개 들면 아주 턱 친단 말예요. 본디 그렇게 하던 민족이라, 사람 죽이는 거 재미가 나서 임진왜란 때 우리나라 사람을 싹싹 죽였거든요. 그런데 또 저 합방하기 전에 의병 죽인다고 고렇게 싹싹 다니며 또 죽였지요. 또 기미년에 싹싹 다니며 죽였어요.

이런 망할 짓을 하다가 그 뒤에 언제 9월에 진자震子(1923년 9월 일본 관동 지방에 일어난 대지진을 말함)가 났는데, 도쿄가 모두 두려움에 빠지니, 미즈노 렌타로水野鍊太郎(1868~1949)라는 내무장관, 이 빌어먹을 녀석이 "모두 조선 사람이 불놓은 거 아니냐. 조선놈 닥치는 대로 죽여라" 그래서 또 죽이지 않습니까? 그때는 내가 유럽 가 있을 적인데, 요코하마에서 1만 5천 명을 죽였답니다. 바보들. 이렇게 사람 잘 죽이는 이웃 놈을 만나났는데, 6·25통엔 북쪽 놈이 또 내려와서 모가지를 싹싹 베니까, 이놈의 고개가(목이) 어디로 가야 할지 알 수 없습니다. 남쪽으로 향해도 부러지고, 북쪽으로 향해도 부러지고…, 이제 정신 차릴 시대가 왔어요.

남 죽이려 하면 자기가 죽는다

어떻든지 남 죽이려는 생각을 가지면 지가 죽는 거고, 남 죽이려는 생각을 가지지 않으면 지가 죽는 법이 없어요. 그러니까 우리는 남 죽이지 말고 떳떳이 얘기로 하고요, 따귀 때리는 것쯤은 괜찮습니다.

그러면 왜 우리나라 사람이 그렇게 잘 죽느냐. 이거 파리 목숨으로 돼서 그러냐. 아녜요. 이 친구들이 양반이 상놈 죽이기를 좋아하고, 또 서자가 원자 죽이기를 좋아하고, 이래서 집안싸움을 잘해요. 그래서 외국 사람한테도 그렇게 모가지가 싹싹 부러지는데, 임진왜란 때도 상당히 죽었어요.

한편 우리도 임진왜란 때 왜놈들을 꽤 죽였어요. 임진왜란을 일으킨 도요토미 히데요시豊臣秀吉(1537~1598)가 죽기 전에, 조선 땅에 왜놈이 20만 명이나 있었다고 해요. 전쟁이 끝나고 그놈들이 아직 나가지 못했을 때, 어떻게 사발통문을 했는지 사흘지간에 왜놈 20만 명을 죽여버렸대요. 통문이 뺑뺑 돌면 사발통문이라고 그래요. 사발같이 돈다고. 글자를 써가지고 요렇게 돌려요. 그런 걸 보면 우리도 때론 곧잘 죽인 모양이에요.

영국과 일본

영국이란 나라는 앵글로와 색슨, 두 민족이 모인 겁니다. 앵글로는 라틴 계통의 민족이고 색슨은 독일 계통 민족이거든요. 그러니 어떤 놈을 임금으로 갖다 놔야 좋으냐 그겁니다. 앵글로를 왕으로 두면 영국 본토백이들이 들고일어날 것이고…. 그러니, 색슨을 갖다 놓으면 좋겠거든. 그래서 독일 하노버에 가서 작센코부르크고타(지금의 윈저 왕가)라고 하는 오래된 궁전 속에 사는 독일 사람을 보고는, "당신 독일 사람이지? 영국 왕이 되고 싶거든, 영국 백성의 일에는 절대로 간섭을 마시오"라고 합니다. 재미있지요? 임금이 백성의 일에 절대로 간섭을 말라는 조건이 붙는다면, 옛날 임금하고는 내용이 다른 셈입니다.

그렇게 임금을 세워 놓으니, 그건 왜 그렇게 했느냐? 대통령보다 값이 싸거든요. 대통령은 새로 취임하면 체면 유지를 위해서 여편네도 옷 한 벌 해줘야 되고, 아들놈도 학비를 물어줘야 되니 세금이 많이 들거든요. 그러니 이 독일 놈 하나를 붙들어다 놔두면 전에 입던 옷 있고, 여러 기업체에서 몇 분의 몇씩 동냥 주듯 내놓을 테니 그게 꽤 되거든요. 그 돈 가지고 먹고 살면, 임금 월급은 조금 줘도 아주 잘될 거요.

또 그걸 임금이라고 갖다 세워 놓으면, 우편국에 가도 좋단 말이지요. 농부가 소포를 부치러 가면, 소포 영수증에다가 "황제의 어명으로 이 영수증을 준다", 이렇게 써준단 말이지요. 이건 참 고맙단 말이에요. 그러니 우편국이 번창하거든 요. 무슨 관공서가 백성에게 주는 영수증은 전부 황제의 어명으로 주니깐, 아주 복종을 잘하고 할 도리도 잘하니 안 그러겠어요?

1925년에 대영박람회를 열었는데, 처음 나온 박람회 입장권이 어디 팔려야지요. 수지가 안 맞으니 할 수 없어서 발칸의 조그만 왕들을 불러, "영국 왕이 대영박람회장에서 만나자고 한다"라고 광고를 하면 또 입장권이 많이 팔려요. 그래서 뭐든 필요한 일만 있으면 임금을 팔아먹는단 말예요. 또 외국에서 손님이라도 오면 임금 의장병 두었다가 무엇에 써요? 받들어 총을 하면 아주 좋아합니다.

하루는 독일 사람이 보니까 의장대가 무기를 들고 나가더래요. '허, 이거 중국에 내란이 났다더니 거기를 가는 모양이군' 하고 따라가니까, 런던 부두로 가더라나요. 가서는 모두 받들어 총을 하고 있는데, 배가 하나 들어오더랍니다. 그 속에서 미국 희극 배우들이 한 4백여 명 내리니까 그걸 보고 모두 받들어 총을 하더래요. '아하, 이놈들이 또 이렇게 의장대를 팔아먹는구나' 했다지요.

그런 돈 잘 버는 솜씨가 일본하고 통하게 됐어요. 왜 그렇게 영국이 일본을 도와주느냐 하면, 일본을 가만히 놔뒀다간 그놈이 인도를 먹을 거 같단 말예요. 영국이 인도를 통치하는 데 수비병 6천 명이면 되니까, 3억 인구에 대해서 6천 명으로 통치하자면 비용도 퍽 싸게 먹혀 좋아요. 그런데 왜놈 때문에 걱정이니, 동맹을 맺는 게 매우 좋겠다 싶은 거지요. 그래서 왜놈하고 동맹을 맺으면서 무슨 수작을 해놨는가 하니, '일본 육·해군은 영국 황제가 지휘할 수 있다, 그 대신 동양 방면에 와 있는 영국의 육해군은 일본 황제가 지휘할 수 있다', 그러고는 일본 놈한테다가 지휘장을 하나 떠억 갖다주니까 요놈이 얌전을 피우느라고 인도에는 오지도 않더라, 그 말입니다. 요렇게 해서 모든 이해관계로 그렇게 해놨으니, 우리가 질식할 수밖에 없지요.

해외에 알려진 독립만세운동

그래서 이제 독립운동을 해도 미국 사람이나 만나야 어떻게 얘기할 수 있는데, 우리가 3월 1일에 독립선언을 할 때 우리는 자세히 몰랐어요. 외국 사람의 눈에 들어갈 건가, 말 건가. 그래서 정동 예배당 목사 현순玄楯(1880~1968)* 씨가 독립선언서를 종이에다 써가지고 망태기 만들어 담아서 떠났단 말예요, 아주 벌벌 떨면서.

---

* 독립운동가. 목사. 1919년 3·1운동에 적극 참여하였고, 그 후 상하이에 밀파되어 평화회의의 주창자인 미국 대통령 T.W. 윌슨과 평화회의에 독립청원서를 보내 한국독립의 필요성을 강조하였다. 임시정부 제1회 임시의정원臨時議政院 회의에 참여하고, 제2회 의정원 회의에 참석하여 임시정부 외무위원에 선임되었고 다시 내무차장이 되었다.

기미년 3월 1일은 언제인가 하니, 미국의 만국구제회˙ 회장이 동양 시찰을 다니다가 부산항에 들어온 때였거든요. 참, 그것 공교하기도 하지요. 이 사람들이 서울역에 내려서 재빠르게 독립선언서를 입수해서, 이튿날 북경에 가서 그걸 영문으로 번역해서 쫙 발표했으니, 우리나라 대표가 상해에 가서 독립선언서를 받을 여유가 없었지요. 또 돈도 없고요. 그래서 우리나라 독립선언서는 미국 만국구제회에서 먼저 발표를 했어요. 북경에서.

그런데 1912년~1914년간에는, 말하자면 기미년 나기 5~7년 전인데, 그때에는 우리나라 사람이 일본에서든 상해에서든, 어디서든지 미국 배를 타고 운임만 내면 미국으로 갈 수 있었어요. 미국 항구에서 "여행권 있느냐" 물어보면 "내가 왜놈이 싫어서 왔는데, 뭐 그러냐?" 그러면 받아주거든요.

그때 미국은 외국 사람을 안 들이게 이민법이 되어 있었어요. 그런데 그 당시, 하와이에 일본 사람이 많거든요. 미국 사람 생각에, '저이들 골칫거리다, 암만해도 왜놈이 자꾸 재미없는 생각을 하는데, 전쟁이 났다가는 하와이는 쑥밭이 될지도 모른다', 이렇게 걱정이 돼서 가만히 생각해보니, 조선 놈이 왜놈을 싫어한다더라, 그 말입니다. 그러니 '조선 놈 오는 건 슬그머니 놔두자, 눈감아 둬두자', 그런 판이거든요. 그렇

˙ '대한인국민회大韓人國民會'로 추정된다. 1910년 미국에서 조직되어 기미독립선언서를 처음 영문으로 번역해서 발표한 단체로, 미국 샌프란시스코와 하와이의 한인협회를 중심으로 결성했다.

게 됐으니깐 조선 사람이 "내가 왜놈 싫어서 왔는데 무슨 잔말이야", 그러면 아주 좋다고 받아줘요. 아마 유럽 사람이 아메리카에 간다면, 아메리카에 좀 친교가 있는 사람 이외엔 그렇게 될 수 없어요.

그러나 동양 사람이 미국 가서 사람 노릇 한 경우는 별로 없어요. 특히 서부 캘리포니아 지방에서는 동양 놈은 똥 치우는 놈이나 유리창 닦는 놈, 마룻바닥 닦는 놈밖엔 안 되었으니까요. 유명한 안창호安昌浩(1878~1938, 독립운동가, 사상가) 씨도 거기 가서 똥간 치워주고 유리창 닦고 그렇게 살았지요.

서부 지방 가서 조선 사람이라고 했다가는 사람대접 못 받고, 연주회장에도 못 들어가고, 커피집에도 못 들어가요. 애당초 거기선 사람대접 못 받아요. 그런데 동부 지방에 가면 대접을 좀 받아요. 동부 지방은 대개 유럽에서 온 노동자들이 많고 동양 사람은 좀 적으니까요. 새로 만난 민족이니까, 요거 좀 대접을 하게 되지요. 미국 가게 되면 뉴욕 근처로 가야 좀 대접을 받지, 저 서부 지방 샌프란시스코 근처에서는 뭐 사람 형편 되지 않아요.

또 유럽 방면에 가면 아주 괜찮지요. 동양 사람이 떠억 나타나면, 우리가 서양 사람 보는 거와 한가지예요. 우리가 '어떻게 양인은 돈도 많고 부자고 지식도 있고 그럴까' 생각하는 것과 한가지로, 유럽 사람들은 동양 사람만 보면 '지식도 있고 부자고, 뭐 아주 양반이고 그런가 보다' 그렇게 된단 말이죠.

내가 프랑스에서 해변에 갔었는데요. 파리 사람은 상류 계급이 가는 데가 있고, 중류나 하류 계급이 가는 데가 있어요. 나는 중류 계급쯤 가는 데를 갔는데, 거기 제일 좋은 호텔이 카지노 호텔이라고 하는 덴데, 하루에 한 30프랑에서 40프랑 받아요. 뱃심 좋게 거기 가서 있으면, 그 사람들과 친해지기 쉬워요. 우리는 독상에서 먹지만 양인들은 100명이고 200명이고 한 상에서 먹어요. 멀리 있는 소금 접시를 잡아당기다가는 옆의 놈이 밥을 못 먹겠으니, 아무리 외국어가 서툰 놈이래도 심부름시킬 수밖에요. "소금 건네주시오" 그러면 곧 잘 집어줘요. 아주 재미가 있지요. 나도 집어주고 이렇게 되면 얘기가 되지요. 얘기가 되고 이제 옆방에 나가 담배를 피우고 있으면 또 얘기가 되고.

그런데 우리가 가서 한 15일 되도록 말을 안 했어요. 프랑스 사람은 처음 보는 동양인에게 말도 잘하고, 참 말이 많습니다. 그런데 우리가 한 보름간 말 한마디 안 하고 있었더니, 하루는 웬 점잖은 사람이 다가와 "아, 참 실례가 많았습니다", 그러거든요. "여보세요. 프랑스 사람은 새로 본 사람 보고 실례가 많다고 그럽니까?" 그랬더니 "아니, 손님이 외국에서 오셨는데, 인사도 못하고 보름씩 흘끔흘끔 봤으니 그린 실례가 어디 있소?"라고 해요. 그러냐고 했더니 그 프랑스 사람 하는 말이, "1차대전 전에는 동양 사람만 만나면 다 훌륭하고 모두 점잖은 사람인 줄 알아서, 길에서든 어디서든 만나면 먼저 인사를 했습니다. 그런데 1차대전 때 중국 노동자 10만 명이

와서 도시에 돌아다니기에, '하, 동양 사람도 시원치 않은 물건이 있구나' 그렇게 생각했습니다. 그 뒤부터는 동양 사람을 한참 본 뒤에 참 점잖아야 인사를 하게 되는 풍속이 생겼습니다. 그런데 당신은 보름을 둬두고 보니까 꽤 점잖더구먼요. 그래서 인사를 하는 거요"라고 그래요. 어때요. 재미있지요? 유럽에선 동양 사람이 요쯤 돼요.

그런데 아메리카는 얘기가 안 되우. 저 캘리포니아 지방은 그만두고, 요 시카고 지방만 가도 동양 사람을 무시해요. 동양 놈이 옷이라도 잘 입고 나가면, "저 자식이 아마 빨래쟁이(세탁소 사람)인데, 손님 옷 입고 나왔나 보다" 그래요. 옷 잘 입고 갔다간 위층에서 "여보시오, 우리 집 빨래가 많으니 좀 주워가지고 가시오" 그럽니다.

일본인 때문에 해외에서도 피해

그러면 이런 것들은 무엇을 얘기할까요. 애당초 우리가 1921년경 유럽에 갔어요. 도시가 바바리아*인데, 거기서 혹 공일(휴일) 날 몇이 모여 산보를 가면 사람들이 우리보고 일본 사람 아니냐고 그래요. 조선 사람이라고 하면, 대체 조선

---

* 독일 남부의 주州 이름으로, 백성욱 박사가 유학한 도시인 뷔르츠부르크가 바바리아주의 주도州都이다.

은 어떤 곳이냐고 물어요. 중국과 일본 사이에 커다란 나라가 있는데 그 이름이 조선이라고 그러면, '몇십 년 전에도 여기 당신 같은 사람이 있었는데 그게 다 조선 사람이로군', 그러거든요. 뭔가 알아보니깐 그때 일본 사람들이 그 바바리아 연대에 견습사관으로 갔었는데, 그 사람들이 있을 적 얘기더군요. 뒤에 들으니까 제2대 조선 총독이었던 데라우치 마사다케寺內正毅(1852~1919)가 견습사관으로 그 바바리아에 가서 있었다고 해요.

그런데 1차대전 때에 이상한 현상이 나타났어요. 유럽 사람들이 자기의 생활만 제일이고, 자기가 사는 양식이 세상의 법칙이라는 생각을 잔뜩 품었다가, 1차대전을 치르고 나서는 허무를 느끼게 됐던 것입니다. 유럽 사람은 늘 전쟁을 하고 정복해서 자기의 문화를 선전해왔고, 그래서 그것을 인류 사회에 대한 역사적 기여라고 생각했는데, 1차대전을 치르고 나니까 자기의 문화라는 것은 여지없이 결딴나게 됐던 것이에요. 그래서 민중은 분노를 느낀 나머지, 기독교의 문화라는 것은 멸망밖에 초래하지 않는다고, 그렇게 생각도 했던 것입니다.

2차대전에 들어와서 그러한 사실을 조목조목 들 수 있게 됐소. 예를 들어, 예쁜 딸이 죽으면 고민하게 돼요, 사람이라. 본래 제 자식을 사랑하는 것은 우주의 이치입니다. 또 자식이 부모를 공경하는 것은 지은知恩 보은報恩이라, 은혜를 알고 은혜를 갚는 것이니까 향상되는 거예요. 그러니 예쁜 자식이 죽었는데 고통을 느낄까요, 안 느낄까요? 그때 그들이 가는 곳이 어디냐. 예배당입니다. 예배당에는 젊거나 늙었거나 시커먼 옷을 입은 신부라는 사람이 있습니다. 그 사람은 그저 대답하는 사람이고, 묻는 사람은 지금 고통받는 일이 있어서 찾아온 사람일 것입니다.

"내 딸이 왜 죽었는지 서러워죽겠소." 그렇게 물으면 신부는 "예, 당신 따님은 하느님이 필요하셔서 데려갔습니다"라고 매우 간단하게 답합니다. 그러면 딸 죽은 부모는, 1차대전까지는 "아멘" 그러고 말았는데, 2차대전 후에는 고개를 삐딱하게 하면서, "왜 하필 우리 딸만 데려갔을까요?"라고 해요. 자, 이런 대답은 그들로서 도저히 용납되는 것이 아닙니다. 이러한 생각 저러한 생각은 시방 우리가 이 국토를 만들어가는 데에, 우리에게 여간 큰 영향을 준 게 아닙니다.

국력은 교육에 의해 좌우된다

엊그저께도 영국 사람이 OEC* 관계로 내 사무실에 떡 들어오더니 "한국엔 너무 학교가 많아"라고 아주 무슨 꾸짖듯 말하더라고요. 농림부 직원들은 잔뜩 와 있지, 내 꼴이 무슨 꼴

---

*   경제조정관실Office of Economic Coordinator. 6·25전쟁 중인 1952년 체결한 '한미 경제 조정에 관한 협정'에 의해 구호물자를 주관하던 대표 기관. 1959년 말 USOM으로 명칭 변경.

이냐 말예요. "예, 참 그렇지요. 그런데 한국에 대학이 많은 것을 나는 영광으로 압니다", 그랬지요. 또 이렇게 덧붙였습니다.

"영국, 프랑스에는 왜 대학이 적은가 하니, 통치자가 백성 똑똑해질까 봐 겁이 나서 안 만든 거요. 근데 중유럽의 미개 민족인 인구 7천만의 독일이 별안간에 새로 일어나서, '연구 대학이 스무 개, 또 공과대학이 스물다섯 개, 그래서 마흔다섯 개'라고, 할 적에 모두 흥봤습니다.

그러나 그들이 대학생이 많아 지천이 되니까, 소학교 선생 까지도 전부 학위 있는 사람이더니, 1차대전과 2차대전의 많은 수수께끼는 그들이 다 풀어버렸지요. 그들이 만약 대학을 많이 안 했더라면, 시방 중유럽의 7천만이라는 건 명색 없는 물건이 됐을 겁니다.

또 칭기즈칸의 정복 전쟁 후에 몽고족의 후손으로 유럽에 두 부족이 나타났는데, 첫째, 핀란드의 훈Hun이라는 민족과 중유럽의 헝가리라는 민족이 있습니다. 우선 훈이라는 민족 은 인구가 3백만밖에 되지 않아요. 북극권 내에 들어서 토지도 나쁜 데다, 러시아 옆에 있어서 으레 점령을 당할 법도 한데, 여전히 독립을 유지하고 있어요. 이것은 무슨 뜻일까요? 그 민족의 교육 정도가 45%나 되기 때문입니다.

또 역시 러시아 부족 안에 말썽 잘 부리고 독립운동 잘하는 우크레인(우크라이나)이라고 있습니다. 우크레인은 교육 정도 가 15%예요. 그러니, 일본 사람이 잘나서 우리를 점령했을까요? 천만에요. 우리가 무식했기에 일본에 점령당한 겁니다. 그러니까 우리는 자꾸 대학을 만들어서, 해방 직후 소학교 문간에는 중학교 간판 붙이고, 중학교 문간에는 대학교 간판 붙이고 하면서 우리 알맹이를 충실히 채우려 하고, 또 그걸 자랑스럽게 여기는데, 그걸 잘못됐다고 그러면 되겠습니까?"

그랬더니 그자가 할 말이 있어야지요. "당신 유럽 갔다 왔습니까?" 그래서 "조금 갔다 왔소"라고 했지요. 그러니까 뭐 얘기 다 했습니다. 다음 시간에 또 이어가겠습니다.

나라를 잃고 우리는 강해졌다

서세동점西勢東漸과 풍운의 한반도

1800년부터 복작복작하게 살던 유럽 사람들은, 주기적으로 흑해 연안에서 생긴 흑사병에 의해 몰살을 당하기를 반복해오다가, 그것을 면하게 되니 인구가 장족長足으로 팽창해요. 인구가 팽창하니까 땅을 구하러 다니게 되었고, 로마 사람들이 배를 만들어 중동 지방으로 나가고 했던 것이 그들의 전문 습관과 같이 됐어요. 유럽에서 영웅이 나오면 으레 중동 지방으로 가는 게 일이었소.

콜럼버스라는 사람이 서반아(스페인)의 후원을 받아 아메리카를 발견하게 된 것 역시 동방으로 진출하려는 그들의 습관에서 비롯된 겁니다. 지구가 둥글기 때문에 서쪽으로 돌아가도 동방에 갈 수 있을 것으로 생각했던 것이지요. 그런데 동쪽으로 자꾸 나가게 된 것은 비단 1800년경 이후의 일이 아니에요.

그 이전으로 소급해보면, 알렉산더 같은 사람이 인도를 정복하러 간 일도 있었습니다. 그들은 또한 동방 사람 칭기즈 칸이 카스피해를 넘어 시방 러시아라는 델 정복해서, 그들의 후손이 북유럽의 핀란드와 중유럽의 헝가리를 만들었다는 사실도 기억하고 있었습니다. 그렇기에, 동방으로 먹을 것을 구하러 많이 왔어요.

처음에 아주 가장 가난뱅이 나라인 포르투갈 같은 나라, 또 홀랜드(네덜란드) 같은 그런 나라에는 홀아비가 원체 많았는데, 국가에서 그들을 어떻게 생매장할 수도 없고 해서, 배를 만들어 몇백 명씩 태워 양식을 실어서 띄워 보내고는 했어요. 그런 이들이 자꾸 동방으로 가다가 배에서 죽는 사람도 있어서, 프랑스 사람들은 남부 인도에 접촉할 땅을 만들어 자기들 상행위하는 항구를 만들게 되었지요. 그것이 대략 인더스강 하류에 집중되었는데, 요새 그 지역에서 많이 나는 포도나 코코아 같은 그런 것도 그때의 유물일 것입니다.

그런데 유럽 사람 가운데 배를 잘 만들고, 대포도 좀 싣고 다니는 사람은 좀 큰 배를 가졌거든요. 그때 우리에게도 유명한 영향을 끼쳤던 일이 있습니다. 포도아葡萄牙(포르투갈) 사람들이 일본 나가사키長崎에 상륙했다가 우리나라 동래 울산까지 왔는데, 그때 우리가 그들에게 담배를 배우게 되었어요. 그래서 그 시기에 우리 민중에게 소위 '담바구 타령'이 많이 알려졌습니다. '담바구야, 담바구야, 동래 울산에 담바구야, 너희 나라는 어떤데 우리나라에 왜 왔냐.' 이런 타령이 있는 것은 다 우리나라 사람들이 새로 본 물건을 인식하려고 많이 노력했기 때문입니다.

그때 포르투갈 홀아비를 실어 온 배는 마카오라는 곳에 정착해서 뿌리를 내리고 살게 되었어요. 시방 마카오 사람이라는 것은, 포르투갈 홀아비들이 와서 남방 중국 여자하고 결혼해서 낳은 일종의 포르투갈 종자라서, 키가 조그맣고 얼굴은 가무스럼해요. 상해 근처에서 타자원 사무원으로 봉직하고 있는 사람, 그거 모두 마카오 출신들이에요.

영국 사람들은 인도 캘커타를 중심으로 해서, 인도 사람들 가는 대로 따라다니게 됐으니, 저 식민지 싱가포르로 해서 미얀마로 해서 인도차이나 삼국에까지 왔습니다.

청나라 무너뜨린 아편전쟁

지도를 펴놓고 보면 재미있는 게 하나 있는데, 소위 홍콩이라고 하는 데입니다. 거기는 광동성廣東省 끄트머리 쪼그마한 섬인데, 영국 사람의 손에 들어감으로써 동양에는 사달이 생기게 됐어요. 그러면 그들이 왜 그렇게 쪼그만 발판을 가지고 동양에 진출하기 시작했느냐? 유럽 사람의 생각에, 국가라는 것은 얼마만 하다는 크기의 한도라는 것이 있는데, 히말라야 동쪽의 이 커다란 나라는 막대한 인구의 제국이라 함부로 손댈 수 없다고 생각했습니다.

도광道光* 19년(1839년)에 있었던 일입니다. 대체로 추운 지방 사람은 좀 덜하지만, 더운 지방 사람들은 몸뚱이의 고통을 많이 느껴서, 그 고통을 줄이기 위해 풀잎 같은 거를 혹 씹어도 먹고 피우기도 하고 그러거든요. 인도에 가면 사람들이 요만한 쇠 절구에다 파르스름한 잎사귀를 놓고 퐁퐁 찧어요. 그럼 그 잎이 거무스름하고 불그스름해져요. 그걸 입에다 넣

---

* 청나라 선종 도광제의 연호. 1821년에서 1850년까지 30년간 쓰임.

으면 입이 뻘게지는데, 일종의 마취제입니다. 몸뚱이에 기생충도 많고 고통이 많은 사람이 입에다 넣으면, 고통이 줄게 되거든요.

양귀비도 역시 그런 마취제의 일종으로 쓰였는데, 야생 양귀비를 그대로 쓰면 되면 상품 가치가 없으니까, 거기서 진을 내서 까만 조각을 만들어 아편이라고 그랬어요. 왜 아편이라고 하게 됐는가 하면, 까매서 까마귀 '아鴉' 자를 쓰고, 그놈이 또 조각으로 돼 있어 조각 '편片' 자를 썼어요(지금 '阿片'으로 쓰는 게 일반적임). 그래서 고약 덩어리 같은 놈을 만들어, 입에 많이 넣으면 죽고 조금 넣으면 고통이 좀 없어져요. 그것을 조금 발전시킨 것이 불에다 구워서 연기를 마시는 건데, 이런 건 인도 사람들이 좋아하고 또 잘했던 것입니다.

영국 사람들은 인도 사람 뒤를 따라다니면서 이런 것을 자꾸 공급해주기도 하고 그 주위 상인에게 공급해주기도 하다가, 차차 인도 사람을 앞장세워 중국에 아편을 팔게 되었어요. 그러니까 중국에서 상하 여론이 일어나게 되고, 여론이 일어나니까 그놈 도대체 어디로 들어오는 거냐 했지요. 그게 바로 향항香港(홍콩)으로 들어온다는 거예요.

아편 싣고 온 배가 상사를 자꾸 내려놓는데, 그놈만 피우면 그만 아무 고통도 없고 좋아서 빈들빈들 드러눕게 되고, 사람은 말라가고 못돼진단 말이에요. 그래서 도광 19년, 중국 정부에서 조그만 목선에다 대포를 준비해서, 그거 싣고 오는 배에다가 대포를 한 대 메겼던 모양이에요. 그랬더니 아니나

다를까, 쇠배에서 그보다 더 큰 대포가 탕탕 터지는데, 별수 없지요. 그것이 소위 아편전쟁의 발단이 되었던 겁니다.

그 전쟁이 결국 어떻게 됐는가 하면, 영국 사람이 남경南京에도 들어오게 되고 홍콩도 아주 자기들이 가지게 되고, 홍콩에서 그런 장사를 마음대로 하게 되니, 이거 야단났거든요. 이제는 까만 아편 덩어리만 들어오는 게 아니라, 까만 두루마기 입은 사람들이 왔다, 그 말이에요. 그렇게 와서는 "하느님 믿읍시다" 하거든요. 그런데 중국 사람이 알아보니깐, 인도차이나 삼국이 하느님 믿다가 다 결딴이 나고 말았단 말이지요. 하느님 믿는 건 좋은데, 하느님 믿으라는 중이 임금의 스승이 돼서 국토를 마음대로 하는 안남安南의 전례를 보고, 중국 사람들이 모두 기가 막히다고 온통 야단이 나요. 그래서 서쪽에서 오는 그거 믿는 건 그만둬야 되겠다 합니다. 그때 우리나라에서는 무엇이 생겼는가 하면, 동학이라는 게 생겼지요. 서학이 싫어서 동학을 했단 말입니다.

동학운동과 중국의 영향

시방 경운동慶雲洞(서울 종로구)에 가면 천도교당이라는 게 있는데, 그게 동학이에요. 그렇게 우리나라에 동학이 생겼는데, 그럼 동학은 중국에는 없고 우리나라 사람이 완전히 독창적으로 한 걸까요? 최제우崔濟愚(1824~1864)*라는 사람이 저 경주에서 도통을 해서 그렇게 됐다고 그러지만, 중국에서 먼저 했어요.

중국에서, '서양 사람의 하느님은 아편과 똑같은 것이니, 우리는 동방 사람이 한 걸 해야겠다', 그래서 산동성에서 공자 사상을 중심으로 하는 반종교 단체가 나왔다, 그 말입니다. 그것이 소위 의화단義和團입니다. 그 의화단을 비적이라고 말하지만, 그들은 서양에서 들어오는 아편이나 천주교 같은 걸 막으려고 발단이 됐던 거예요. 이자들이 선교사나 기독교도들을 멸하겠다는데, 걱정 없이 살아오던 산동성이 이렇게 되자, 여기로 전 세계 사람들이 달려들게 됐어요.

그 전쟁 결과, 중국 청조의 문종文宗(1831~1861, 함풍제라고도 함)이라는 이가 열하로 피난을 가고, 연합군인 양인들이 처음으로 북경성에 들어가 제 마음대로 하게 됩니다. 중국의 어떠한 항구든 전부 외국 사람에게 맡겨라, 그렇게 돼버렸단 말이에요. 상해도 내놓고 천진도 내놓고, 중국 한복판에 있는 한구漢口까지 죄 내놨소.

전 세계에 이 소문이 쫙 퍼지니까, 아주 물씬물씬한 고깃덩어리 맛 좋은 놈이 동방에 드러누웠다는 걸 알고 "모두 동으로!" 합니다. 동쪽으로 가면 배가 부르고 부자가 된다는 것이 유럽 사람의 생각이었어요.

아메리카에서는 어떤 이들이 동으로 가게 되었는가 하니,

• 한국 자생 종교 동학의 교주.

시골 사람, 산골 사람, 무식하고 아무것도 모르는 농사꾼이나 굶주린 그런 사람들이 보따리를 싸 짊어지고 갔어요. 적어도 화약 덩어리라도 있고, 배 조각이라도 있으면 동으로 간다, 그 말입니다. 가기만 하면 쇠배에다 그득 물화를 실어서 오는데, 금도 있고 비단도 있고, 이거 참 엄청나게 좋단 말이죠. 그래서 동쪽으로 자꾸 갔던 겁니다.

영국은 인도를 병탄함으로써 부자가 됐지만, 사실은 중국에 아편을 갖다 팔아서 큰 부자가 됐던 거요. 그래서 영국 사람이 극동 방면에 조직해놓은 경제 기구가 저 홍콩 앤드 상해 뱅크Hongkong and Shanghai Bank입니다. 또 저 상해에는 홍콩 앤드 상하이 뱅킹 코퍼레이숀The Hongkong and Shanghai Banking Corporation이라는 게 있는데, 그런 은행들은 다 자본금이 없어요. 홍콩과 상해에 있는 영국 상인이 가지고 있는 돈이 곧 은행의 자본금입니다.

야, 이건 아주 재미있습니다. 돈 한 푼도 안 가지고 지폐를 발행하는데, 중국 대중은 이 지폐가 자기 나라 신용권보다 더 좋으니, 그것을 땅에 묻어두기도 하고 가지고 있다 화재를 당하기도 해요. 그런 일이 생길 때마다 홍콩 앤드 상해 뱅크에서 발행한 종잇장 돈이 알차게 되니, 그게 다 그들의 재산이 됐어요. 제3대 대통령 펑궈장馮國璋(1857~1919)*이라는

---

* 중국의 군인, 정치가. 위안스카이袁世凱와 협력하고 즈리파直隷派의 수령이 되어 안후이파安徽派와 대립하였으며, 중화민국 대총통 대행을 지냈다.

사람 집에 불이 났는데, 그 집에서 타버린 홍콩 앤드 상해 뱅크 수표가 2천만 달러가 넘었다고 합니다.

그것뿐인가요. 우리나라에서 홍삼을 갖다가 상해에다 파는데, 홍삼 판 값이 1년에 한 4만 냥 돼요. '냥'이라는 것은 우리가 쓰는 엽전 100닢을 말하는 게 아니라, 은 한 냥을 가지고 냥이라고 하거든요. 중국의 화폐는 은전인데, 그건 중국이 만든 것이 아니라 멕시코 사람들이 만든 달러를 그냥 갖다 쓴 거예요. 그것이 중량으로 일곱 돈 칠 푼인데, 좀 보태서 한 냥을 만들면 그게 냥이라는 거다, 그 말이에요, 그래서 해관海關에서 관세는 전부 냥으로 썼어요. 그때 우리나라에서 홍삼을 갖다가 상해 같은 데 중국 방면에 수출하면 1년에 한 4만 냥 됐습니다.

그 4만 냥을 은행에 저축해 가지고 있다가, 책임자인 민영익閔泳翊(1860~1914)*이 죽어버리니까, 그 사람의 재산이나 그런 돈도 전부 속공屬公(임자가 없는 물건이나 금제품, 장물 따위를 관의 소유로 넘기는 것)이 돼버리고 만 거요. 그래 일본 사람들이 그거 찾으려고 재판도 여러 번 하고 그랬으나, 처음에는 공금이라고 해서 찾을 수 없었어요. 나중에 또 개인의 재산으로는 상속자가 분명치 않으니 뭐니 그래서, 결국 얼마간 찾아왔는지 아닌지…, 이런 일도 있게 되는 겁니다.

• 명성황후의 조카로 입양된, 온건 개화파 인물.

이렇게 되니까 자연히 영국의 해군이 와 있게 돼요. 영국의 해군이 주둔하게 되니까, 프랑스도 인도차이나 삼국을 지키기 위해서 해군을 파견합니다. 그런데 독일은 자기들이 원체 너무 늦어서 어떻게 할 수가 없게 되었거든요. 그래도 뭐좀 먹어야 되니까, 의화단 무리가 들끓고 그러던 청도靑島에다 선교사를 보내서 하느님 믿으라고 합니다. 그런데 아, 그 검정 두루마기를 입고 돌아다니니 그거 뭐 중국 민중이 그만 때려죽였습니다.

그러니까 이제 독일 정부로서는 그거 대단히 좋은 일이거든요. 중국 정부에다 대고, "우리 선교사가 하느님 믿으라고 그랬는데 당신 민중이 때려죽였소. 대신 갚으시오" 그러더란 말이지요. 그러니 중국 정부는 "아유, 그러면 청도라는 땅덩어리를 한 배미 주리다" 그랬죠. 그래서 청도가 독일의 땅이 됐어요.

그 청도 먹은 독일 사람은 아주 재미있는 사람들이거든요. 청도에서 시작해서 철로를 놔서 사천성四川省으로 갔다가, 중경重慶에서 다시 서장 라싸로 갑니다. 라싸에서 아프가니스탄을 경유해, 중동 지방을 통해 유럽까지 가는 철로를 놓으면 좋지 않으냐, 이런 꿈을 꾼단 말입니다. 산동성에 앉아 소를 잡아보니깐 하루 5만 필도 잡겠거든요. 그런 거 모두 육지로 실어 보내면 매우 좋겠다, 이러한 설계가 중유럽의 그중 미개한 민족인 독일이 뒤늦게 중국에 와서 산동성을 개척한 일화라고 보면 될 겁니다.

조선에 나타난 서구 외세

이렇게 시작하고 발전한 그들이 우리나라에는 오지 않았겠습니까? 처음 우리나라를 방문한 것은 미국 배입니다. 무장을 하고 바다에 떠 있는 섬들로 쓰윽 가서, 별일 없으면 대포나 쾅쾅 놓고 들어가서 정탐하고 이러지요. 처음에 미국 배가 와서 평양 대동강에 올라갔다가, 평양 사람들이 약아서 그 하류에다 흙더미를 갖다 쌓으니 이놈들이 못 내려왔거든요. 그래서 조선 사람들이 이걸 알차게 죄다 먹어버렸지요. 쇳조각도 다 먹어버리고 그랬단 말예요. 그때는 미국 조야朝野라는 게 도시에 몇 사람밖에 없으니, 시골에 가서 돌아다니는 거는 알 필요도 없었고, 그러니 보물섬 구하러 다니던 놈들이 몇 죽은 것이야 뭐 그렇게 미국에 문제 될 것이 없었더랬지요.

이렇게 됐다가 나중에 해군이 제법 조직되고 그러니까, 해군이 쓰윽 돌아서 우리나라 한강, 강화도에 처음 들어왔어요. 그러고는 바닷가에서 그들이 내리거든요. 물을 얻어야 되니까요. 시방은 바닷물의 염분을 빼서 곧잘 바닷물로도 밥 먹고 다니지만, 그땐 그렇게 할 수 없었어요. 샘에서 염분 없는 물을 얻어야 되니까, 우선 물을 좀 구하느라고 내렸거든요. 그런데 그들이 운수가 불길해서 그런지, 아니면 우리나라 사람이 원체 똑똑해서 그런지, 그때 강화 군수가 아주 제법이었던 모양이에요. 무장한 우리나라 군대가 척 가서 인사를 하고 "왜 왔느냐?"라고 했어요.

"아, 우리가 물이 없고 나무가 없어서 왔습니다."

"응, 물은 저기 있는데, 우리 군대 호위 하에 물을 떠가거라."

"그래, 야 이거 굉장하구나."

그러고는 아무 말도 못 하고 가버렸지요.

그러고는 일본의 포구에 들어갔는데, 들어가니까 되지 못한 촌놈이 칼을 빼들고 지랄을 한단 말예요. '에이 빌어먹을 놈' 하고 쾅쾅 다 쏴 버렸지요. 쏴버리고 거기 들어가서 막 소탕하고 그랬단 말예요. 그것을 소위 흑선黑船이라고 그래요. 일본 놈 그깐 사무라이가 그까짓 칼 가지고 무슨 대적이 되나요. 이렇게 도쿄만 근처를 후려갈기는 통에 이놈들이 겁이 나고 해서, 그 뒤에는 빌어먹을 그놈이 또 들어오면 우리 같이 잘 삽세, 뭘 합세, 이랬어요. 그때 이자들(일본인들)이 자극을 받아서 총도 만들고 대포도 만들고, 이렇게 똑똑해졌어요.

미국의 군대와 군함이 그러고 간 뒤에 우리나라에는 아무도 안 오거든요. 이렇게 똑똑하게 호위해서 물까지 떠준 놈한테 먹을 게 하나나 있어야지요. 안 들어왔다, 그 말입니다. 그러니 그 통에 그만 우리는 잠자고 말았습니다. 그때에 단단히 한 대 놔서 조정의 대신이 몇 죽었더라면, 정신이 번쩍 나서 우리가 왜놈보다 더 잘했을 건데, 그만 일이 틀어졌으니 그게 복인가 해인가 도무지 모르겠더란 말입니다. 여하간 매는 먼저 맞는 놈이 좋더라고, 왜놈은 그만 그렇게 됐어요. 그 뒤에 우리는, "양인들 아무것도 아니네. 말로 똑똑히 타이르니 말 잘 듣고 다 가더라"라고 했어요.

그러다가 중국에서 의화단이 일어나서 그 야단을 치고 그러는 걸 보고, 우리도 그 검정 두루마기 입고 하느님 믿으라는 중은 깡그리 죽여버리는 게 좋겠다, 그런 생각이 났단 말이에요. 그때 흥선대원군이라는 이가 권력을 잡았는데, 자기가 사람을 한 만 명 죽여야 할 팔자라 하거든요. '어떤 놈을 죽여야 될까? 아하, 그놈들, 하느님 믿으라고 그러고 프랑스군대 데려오겠다는 그놈 죽여버리는 게 좋겠다', 그 말입니다. 그런데 그때는 자식을 낳으면 어려서 으레 죽거든요. 열살이나 돼야 아마 살긴 살겠다, 그랬어요. 이렇게 인구가 없는데 대원군이 만 명을 죽이려 덤비니, 상당히 피해가 컸을거란 말이지요.

이제 예수꾼들이 예수를 선전할 수 없게 되니까 천진에 사람을 보내지요. 천진에 와 있는 프랑스 함대더러 그 얘기를 했답니다. 얘기를 떡 하니, 이자들이 쇠배에 대포로 강화도에 와서, 덮어놓고 대포를 쾅쾅 지르니 할 수 있나요. 한강으로 꺼면 배가 스르르 올라와서, 한강 다리 바로 옆에 뜨윽 서서 이러는데 뭐 재간이 있어야지요. 그래 별 저항도 못하고 그냥 있으니까, 이놈들이 그만 슬그머니 나가버렸단 말예요.

프랑스 군함이 돌아간 뒤에, 이제 저놈이 또 오면 어떻게 하느냐 걱정이 되지요. 그때 어떤 모사가 말하기를, "또 와도 좋소. 그놈은 배에다가 까마귀 깃을 붙여서 그렇게 소르르 잘 날아가니까, 우리는 백로 깃을 붙이면 더 잘 날아갈 겁니다." 아, 그래서 애먼 백로만 자꾸 잡아다가 백로 깃을 목선에다가 붙여요. 그런데 아무리 붙여도 요지부동이에요. 일은 다 틀어진 거지요.

그럼 어떻게 하느냐? 좋은 수가 있어요. 양화도楊花渡(조선시대, 한강 북쪽에 있던 나루)에다 모래를 자꾸 쏟아부으면 물이 얕아져서 배가 못 올라올 거거든요. 그래서 양화도에다 자꾸 넣었지요. 그러고는 강화도에서 싸움을 들이 했는데, 그때 프랑스는 그저 대포알이나 좀 소비하고 말 줄 알았더니, 프랑스 육전대가 몇십 명 죽어서, 그 함대 사령관이 본국 정부의 책망을 들을까 그만 달아나버렸어요.

자, 그 배짱을 했으니 뒷일이 어떻게 됐겠어요? 당시 유럽 사람들은 동양에서 좋은 물건 많이 실어 나르려고 큰 함선이 상당히 많아서, 프랑스 동양함대가 2만 톤이 되었는가 하면, 영국 동양 극동함대는 3만여 톤이나 되었어요. 또 독일이 청도를 새로 경영하느라고 함대가 2만여 톤이나 됐어요.

이렇게 다들 동방에서 보화 덩어리를 찾느라 난린데, 저 북쪽에 있는 러시아는 가만히 있었겠느냐. 가만히 있지 않았어요. 우랄산을 넘어 시베리아를 통과해 치타까지 왔습니다.

그런데 이 시베리아는 원체 개척하기 어려운 곳이란 말예요. 그래 그 개척하는 방법이 어땠는가 하면, 누구든지 돈 백 냥만 내고 말을 달려서 온종일 갔다가 도로 돌아오면 그게 제 땅이 되었습니다. 그런데 욕심 많은 놈이 너무 멀리까지 달려 그날 못 돌아오니까 백 냥만 날리는 판입니다. 이렇게 되니

시베리아 개척이란 건 참 어렵고 또 어려운 일이었습니다.

그런데 영국, 프랑스, 독일이 동쪽으로 자꾸 가서 보물을 얻어오고 캐오고 야단치니까, 러시아로서는 가만히 있을 수가 없거든요. 그래 프랑스 정부의 돈 5억 프랑을 얻어가지고 시베리아 철도를 놓게 된 것이오.

러시아는 이렇게 철도를 놓고 하면서 만주에다 군대를 보내놓게 되었는데, 그때는 일본이 청일전쟁에 이겨서 만주를 먹은 판이었어요. 그래서 일본이 러시아 군대가 만주에 오지 못하게 간섭하려고 하니까, 러시아가 영국, 프랑스, 독일과 합세해가지고 일본더러 만주를 내놓으라고 하거든요. 내놓지 않으면 가만두지 않겠다고 하는데, 이건 뭐 일본 함대라는 것이 해상에서는 꼼짝할 수 없으니 어떻게 하겠습니까.

그러면 그 이면으로는 어떻게 됐을까요. 유럽에서 남쪽으로 내려오는 러시아 세력을 저지한 것이 영국과 프랑스라고 칩시다. 그러면 극동 방면에서 러시아가 남쪽으로 내려오는 것을 저지하는 세력은 미국과 영국이었습니다. 이들이 처음에는 일본을 자기들의 수중에 두고 마음대로 했는데, 일본이 차츰 똑똑해지자 자기가 앞장서서 대륙을 개척하려고 드니, 그냥 놔둘 수 없는 일이거든요.

한편, 그 당시 일본에 있던 프랑스 공사의 위세가 얼마나 대단했었냐면, 프랑스 함대가 요코하마에 들어올 때 일본 해군이 예포를 쏘지 않으면, 그날 저녁으로 프랑스 정부에게 금 한 덩어리를 선물로 주어야 했답니다. 그때 일본 내각은 사람 수가 아주 적어서, 오늘 문교부 장관 하는 사람이 내일은 또 육군 장관도 하고 이런 판이었습니다.

승해주勝海舟°라고, 아주 착하디착한 사람이 그날 막 해군 장관이 되었는데, 요코하마에 프랑스 군함이 들어올 때 일본 군함이 예포를 안 했다고 시비가 났어요. 그러니 각의에서 하는 소리가, 저런 승해주 같은 박복한 녀석이 해군을 맡더니 이런 재앙이 일어난다고 야단을 하거든요. 그래서 승해주가 "이번 일은 내가 해결해보겠다"라고 그랬더라지요.

그래서 승해주가 요코하마에 가서 프랑스 함대를 방문했는데, 함대 사령관이라는 건 군인이지 외교관은 아니거든요. 일본 해군대신이 왔다니까 좋아서 군함을 모두 자랑하고 대포도 보여주고 그랬어요. 그런데 승해주가 돌아다니면서 보다가 눈물을 흘리고 울더랍니다. 왜 우느냐 물으니, "당신 나라는 이렇게 군함도 좋고 대포도 좋은데, 우리는 형편이 없어 기가 막혀 운다"라고 했답니다. 그러니까 함대 사령관 말이 "아, 어디든지 새로 시작하면 그렇지, 우리도 처음엔 다 그랬다. 당신네 나라도 앞으로는 퍽 좋아질 것이다"라고 했어요.

프랑스 함장이 이렇게 동정해주니, 그 틈을 타서 승해주는 또 이런 말을 합니다. "그래요. 당신네 배가 들어올 적에 이번에 우리 군함이 예포를 못 놓은 건 용서해줄 거로 알고 있어요", 이럽니다. 그러니까 프랑스 사령관 놈은 저한테 아첨하

•   가쓰 가이슈(1823~1899), 일본 막부 시대 말기의 개화파 정치가.

니까 덮어놓고 그렇다고 답변을 했지요. 다시 프랑스 공사가 와서 예포 안 났다고 온통 시비를 하니까, "내가 저 횡빈横浜(요코하마)에 가서, 함대 사령관한테 괜찮다고 용서 받아가지고 왔소"라고 해서 넘어갔답니다. 이런 얘기를 보면, 일본이 그때엔 형편이 없었던 거죠.

이토 히로부미와 일본의 종주국 행세

그러던 일본이 차차 자라나서 자기네를 도와줄 듯하니까, 중국에 보내는 앞잡이로 삼습니다. 그래 청일전쟁을 할 적에 영국 기자가 저 이토 히로부미伊藤博文(1841~1909)*한테 물었어요. "일본 군대로 중국을 능히 정복할 수 있겠느냐?" 그러자, "중국 전체를 정복할 수는 없지만 증례성 하나는 마음대로 할 수가 있다"라고 했어요. 증례성이라는 데는 그때 인구가 2천5백만이고 북경 정부가 있는 뎁니다.

그런데 그 청일전쟁 때에, 중국 황제가 저 열하로 도망갔을 적에 상해에서는 가부키자歌舞伎座(가부키 공연장. 가부키는 노래·춤·연기가 함께 어우러지는 일본의 전통 공연예술)가 그대로 연극을 했다는 얘기가 있는 걸 보면, 중국에서는 서로 통신이

---

* 근대 일본 건설과 한국 병탄에 앞장선 초대 한국 통감. 하얼빈 역에서 안중근 의사에 의해 피살됨.

잘 되지 않았던 것입니다.

이와 같이 종주국이 형편없게 되는데, 한국이 별일 없겠느냐 말이에요. 그때 일본 사람은 "한국에 대한 종주권을 주장하던 중국은, 자기가 불리하면 한국을 모르쇠 하다가, 필요하면 자기네 땅이라고 그런다", 이렇게 전쟁의 핑계를 댔단 말이에요.

당시는 종주권을 행사하기 위해 온 세계가 우리나라에 와 있던 상황이라, 일본이 "동양평화를 위해서"라고 그런 소리를 하면서, 자기네가 청일전쟁을 일으킨 행동을 정당화하는 주장을 한 겁니다. 중국의 종주권을 한국에 도로 돌려주라는 핑계로 전쟁을 해서 일본이 청일전쟁을 이기게 되니까, 일본 사람이 저 중국의 종주권을 말소한 까닭에 우리가 황제를 했단 말입니다. 벌써 우리가 일본의 수중에 다 들어가고 만 것입니다.

그러나 일본은 청일전쟁에서 수득收得한 만주의 권리를 영국, 프랑스, 독일, 러시아, 네 나라의 권고에 의해서 내놓게 돼요. 그러니까 러시아 사람은 점점 만주를 점령하게 되고, 산동반도도 그냥 들어가서 점령하게 되고, 그다음에 압록강을 건너오게 되고, 압록강 건너와서는 우리나라 용암포를 갖다가 조차租借를 하게 되었어요. 또 인천 제물포도 마음대로 들어오게 되니, 들어온 뒤에 이제 우리나라 집안이 어떻게 됐겠소.

그땐 중국에 붙은 사람은 사대事大당이라 하고, 일본에 붙은 사람은 개화당이라고 하고, 러시아에 붙은 사람은 로서아당이라고 했어요. 길거리에 사람도 없는 서울에, 그런 당들이 욱시글욱시글 하는 판이었지요. 그때 이완용李完用(1858~1926)*이라고 하는 사람은 친일파요, 이범진李範晉(1852~1911)**이라는 사람은 친러파인데, 이 사람이 러시아 공사로 가서 있었어요.

외국에 공사로 가면 대접을 받을 만한데, 노자를 잘 안 보내줘서 외교관들의 불평이 대단했습니다. 정부에서 돈을 보내주는 사람이 이용익李容翊(1854~1907)***이라는 내장원경內藏院卿인데, 이 사람이 돈을 안 보내줬거든요. 그래 "이용익이 그놈은 죽일 놈이다", 이렇게 됐단 말입니다. 그 돈이라는 거 뭐, 별안간에 급조하자니 할 수 있나요. 그래서 금을 파게 돼요. 우리나라에서 금광을 처음 시작한 것이 그 이용익인데, 그가 금을 만들어 일본 은행권으로 바꿔 보내주고 이렇게 됐던 것입니다.

그 뒤 러시아가 중국을 다 차지하게 되니까, 영국, 프랑스, 독일은 자기의 권익이 침범되지만 그렇다고 러시아하고 싸우긴 싫고, 그러니까 일본 사람 부추겨서 전쟁을 하게 했던

---

* 한말 을사오적신의 한 사람이며 일본에 나라를 팔아먹은 매국노로 불림.

** 주 러시아 공사 역임. 을사늑약 후 비분 자살.

*** 보부상 출신으로 한말의 황실 재정을 담당했다. 개혁당을 조직해 친일파와 맞섰다. 보성학원(고려대)을 설립했으며 해외에서 구국운동을 펼치다 블라디보스토크에서 사망.

겁니다. 일본 사람은 그때 힘이 참 없었어요. 군함이라고 두 척 있었는데, 그것도 하나는 중국 군함을 인천항에다 그냥 몰아넣고, 자객이 들어가서 중국 군대를 죄 죽여버리고 빼앗은 것입니다. 그 뒤 네덜란드에서 두어 척 더 사오긴 했어도 그런 배 가지고는 도저히 뭘 할 수 없으련만, 여하간 뭐 안 할 수도 없었어요. 영국과 프랑스가 자꾸 하라 그러기도 하고.

그때 영국은 직접 나서서 도와주었고, 프랑스는 러시아에게 5억 프랑을 줘서 시베리아 철도를 놓게 했으니만큼 러시아와 동맹관계에 있었음에도 불구하고, 일본에게 정보를 제공하게 됐던 겁니다. 말하자면 영국과 미국 세력이 러시아가 남쪽으로 내려오는 것을 막기 위해서 일본을 방패로 썼던 것입니다.

특히 영국은 일본을 키워서 러시아 세력을 막으면서, 자기들 인도 방비가 약하니까 일본 군대를 영국 황제 통치하에 두는 것이 좋대서 소위 영일동맹이라고 하는 것을 만들었던 것인데, 그 덕을 일본 사람이 많이 봤느냐, 영국 사람이 많이 봤느냐? 일본 사람이 많이 봤던 것입니다.

일본 사람들의 도덕 관념

우리는 외교적으로 고립이 되고, 일본 사람들은 그렇게 외교적으로 사방이 튼튼했어요. 그때 일본 황제는 영국의 극동함대까지 동원할 수 있는 권리를 가지고 군림해 있는 판이니, 우리로서는 별수 없었겠지요. 여하간 우리는 일본 사람 밑에서 40년을 고생한 겁니다.

그런데 일본 사람은 도덕 수준이 꽤 얕아요. 그럼 우리는 잘났느냐. 우리가 잘난 게 아니라, 우리나라 기후가 일본보다 좀 나아요. 날이 뜨뜻하면 사람이 벗고 살게 되고, 벗고 살게 되면 예절이 적게 됩니다. 일본 저 나가사키 같은 데 보면 겨울에 벗어도 얼어 죽지 않아요. 그러니 그까짓 옷 입는 날이 불과 며칠 안 되니, 애당초 옷에 대해 상관이 없게 되고요. 거기는 주택도 그래요. 창에다가 종이를 붙이면 문둥병이 일어나게 됩니다. 그러니까 밤중에도 종이를 붙일 수 없고, 가리긴 가려야 되니까 창문 살을 할밖에요. 왜인들 창문을 보면 모두 줄을 족족족족 한 게, 종이를 안 바르려고 그렇게 해놓은 거예요. 그 문틈으로 바람 잘 들어오라고요.

그러니까 옷이든지 주택이든지, 그들이 풍기문제는 잘 얘기하지 않게 돼요. 경술년(1910년) 전후해서 도쿄에 가본 사람들은 알겠지만, 그때 일본 도쿄 목욕탕에는 남녀 없이 누구나 들어가서 다 같이 목욕하고 이런 판이거든요. 으레 늙은이는 잠이 없으니까 식전 깜깜할 때 목욕탕에 들어가 앉았으면, 젊은 계집애들이 벌거벗고 들어와요. 그러면 이제 왔냐고 하는 판이니 뭐 형편이 없지요.

그런 그들이 우리한테 와서 잘난 척을 하자니 힘이 들거든요. 말 안 들으면, "빌어먹을 자식, 죽여버린다" 하며 살아왔는데, 그렇게 10년이 지났을 때 이제 소위 유럽 사람들의 전쟁이 나게 됐어요.

전쟁이 안 날 수가 없는 것이, 중유럽의 7천만이라는 민중은, 영국과 프랑스가 전 세계 식민지를 독차지한다는 것이 도저히 생각할 수 없도록 분한 거예요. 그러니까 "너희만 식민지 가지고 먹을 게 아니라 나도 좀 같이 먹자", 그렇게 된 거예요. 그래서 소위 1차대전이라는 것이 아니 일어날 수 없게 됐던 것입니다.

1차대전 전쟁 상인 로스차일드 가문

1차대전이 일어난 배경에는 재미있는 일이 있어요. 유럽 각국이 무기를 만드는데, 별안간 영국에서 무기를 요렇게 만들었다 하면 중유럽의 무기는 또 요렇게 만들어야겠다는 식으로 자꾸 경쟁이 되거든요. 거기서 재미있는 것은, 영국서 무기를 만드는 사람이 유대 사람 로스차일드(독일어 로트실트 Rothschild의 영어식 발음. 프랑스어로는 로쉴드), 또 프랑스에서 무기 만드는 사람은 그 로스차일드의 둘째 동생, 독일서 무기 만드는 사람은 그 로스차일드의 셋째 동생이란 말이에요. 이 녀석들이 한집안에서 무기를 만드니 똑같이 만들밖에요. 거기서 서로 누가 잘하느냐 경쟁하는 판입니다. 형제라면 꽤 우애도 있을 텐데, 그 형제는 우애보다도 돈이 더 중요해요.

아메리카에서도 그런 일이 있었는데, 형이 뉴욕에서 시카고까지 가는 기차를 놨단 말이지요. 아우는 저 캘리포니아에서 소 5만 두를 사서 시카고에 몰아왔어요. 그러고는 형더러 하는 소리예요.

"내가 소 5만 두를 뉴욕으로 가져갈 텐데 1킬로에 얼마씩 받겠소?"

"그거 아마 3전은 줘야 되겠다. 이제 그걸로 중간역도 만들고 뭣도 만들고 해야 되니까."

그런데 그때 시카고에서 뉴욕까지 가는 철로가 둘이었는데, 하나는 형 거고 하나는 정부 관리 하의 주식회사 거거든요. 그래서 그 회사에 가서 "소 5만 두를 뉴욕까지 나르는 데 운임이 얼마나 들겠소?" 그러니까 역시 "3전이오" 그러거든요.

"여보, 아니 그거 저 중간역 좀 잠깐 썼다가 내놓으면 그만이지. 그걸 다 셈에 넣고 그러는 거요?" 아, 그랬더니만,

"그건 어떻게 아느냐?"

"우리 형님 집에서 그렇게 계산을 하던데."

"에이, 그러면 조금 적게 받아야겠군."

그래서 2전 5리에 계약을 해버렸지요. 형이 말하기를

"이놈의 자식아, 우리 집안끼리 해야지, 그걸 그랬어?"

"허, 집안은 무슨 집안? 돈이 제일이지 뭐."

이런 판이거든요. 이런 판이니 영국의 로스차일드나 프랑스의 로스차일드나 독일 로스차일드가 역시 그렇다 그 말입니다.

그래서 이자들이 경쟁을 들이 하는데, 극동 방면에도 무기를 팔아먹고 애급(이집트) 방면에도 팔아먹어요. 그런데 그들이 다 육혈포 가지기 좋아하니까 죄 만들었는데, 이제 공장에 재고가 자꾸 생긴단 말예요. 무기를 잔뜩 만들었으니 어떻게 하느냐 그겁니다. 그러니까 할 수 없이 부딪치는 수밖에 없단 말이지요. 부딪치면 서로 이로운 것이, 독일하고 영국하고 싸우면 두 형제가 다 부자가 될 거란 말입니다. 프랑스하고 싸워도 역시 좋고. 그래서 이 형제들이 장난을 해서 제1차 전쟁이 일어났다는 겁니다.

결국 전쟁이 터지고 말았는데, 독일 군대가 파리를 네 시간 만에 점령했어요. 미개한 독일이 파리를 네 시간 만에 점령했으니, 아마 뽐낼 만하겠지요. 더군다나 프랑스는 오랜 전통을 가진 나라니까. 어찌나 신이 나고 좋은지, 독일의 소위 저 빌헬름 2세라는 카이저가, "세상에는 황제가 단 하나다", 아주 이랬단 말예요. 뽐낼 만했어요. 그랬더니, 재빠르게 사회민주당 당수 아데나워라는 자가 다니면서, "만일 이 포츠담 궁전에 앉았던 빌헬름 2세가 승자가 된다면 이 세상은 눈깔이 먼 게다." 또 이러거든요. 백성의 기운이 그렇게 왕성한 중유럽의 7천만은 결국 파리를 놔두고 도로 망하게 됐거든요. 왜 망하게 됐느냐?

그때 아메리카 사람들이 무슨 장난을 했는가 하니, 영국, 프랑스에게는 외상으로 주고, 독일에게는 현금을 받고 식량과 군수품을 팔았어요. 영국 사람이 생각하니, 이대로 내버려두다가는 백년 천년 전쟁을 계속할 거고, 아메리카 사람만 부자가 되게 생겼거든요. 그래 꾀를 내어, 미국에게 "독일 군함을 가장해 대서양에 떠 있으면서 실지로 와서 전쟁을 구경해라. 영국, 프랑스가 망하면 너희까지 당한다"라고 해요. 미국이 "전쟁을 구경하다 죽으면 어떻게 하느냐" 그러니까, "죽지 않도록 우리가 보장한다."

이래서는 양키 뚱뚱한 부자들 한 2천5백 명을 배에다 잔뜩 싣고는, 이놈을 슬슬 영국 쪽으로 끄는 게 아니라 서반아 앞쪽 바다로 끌었단 말예요. 거기 카나리아라는 군도가 있는데, 안개가 늘 끼어 있는 데거든요. 물도 뜨뜻하고 그런 데다가 턱 갖다 놓았단 말예요. (그때 독일군 잠수함이) 그놈의 배를 한번 탕 쏘니까 이놈 부자 2천5백 명이 그만 물로 전부 들어가 버렸어요. 그러니 이제 그것들이 욕을 할 게 아녜요?

"죽일 놈, 참 흉업다. 남을 쏴서 이렇게 결딴을 내놓느냐?"
다음 이야기는 또 이어서 합시다.

제 2 차 세계대전과 무고한 한국인들

14

1차대전 때, 미국이 일본에 중계 무역지를 두고 무역을 하게
된 건, 우리나라에는 석탄이 없고 일본에는 석탄이 있었기 때
문일 것입니다. 판로 자체가 동양과 만주와 중국인데, 기존의
중계지가 인도 캘커타에 있기 때문에, 적어도 이 싱가포르 동
쪽으로는 일본 내에 무역 중계지를 두고 팔게 했던 것입니다.

아메리카는 유럽에 산재하던 유대인에 의지해서 비로소
공업이 시작됐고, 약간의 프랑스 궁정 관리들, 스코틀랜드 재
상財商들이 가서 공업을 형성했습니다. 순전히 유대 사람의
자본이 투자됐던 것이고, 그들은 물건을 만들어서 본국에 팔
기보다 해외에 내다 파는 것에 더 주안을 두었지요.

유대인들이 만들어간 미국 경제

그때 미국에서는 모건 컴퍼니라고, 모건의 가족들 한 3백여
세대가 미국을 지배하던 시대입니다. 동양척식회사의 자본
금 2천5백만 달러도 모건 컴퍼니가 뉴욕 시장에 걸었던 것이
고요. 그래서 우리나라를 일본 사람이 통치할 수 있는 자본
도 거기서 대줬어요. 또 시방 러시아 사람이 장춘에서 만주
를 통해 대련까지 철도를 놓는 일도 모건 컴퍼니에게 5천만
원 채무를 지고, 1억 원의 자본금으로 회사를 만들어 만주를
경영하게 되었던 것입니다.

1차대전 때 영국과 프랑스가 힘을 합쳐 독일과 전쟁하게

되니까, 미국의 재벌인 유대인들은 영국, 프랑스에 빚을 주고 독일 사람한테는 현금으로 물건을 팔고 그랬습니다. 자본을 줬으니 이자를 따먹고 살 거니까 미국 정부가 살아가는 것쯤은 문제가 없었을 겁니다.

그때 미국은 유대 사람의 돈 가지고 대통령이 나곤 했는데, 유대 사람의 돈을 가지고 대통령이 됐다가 유대 사람의 말을 안 들으면 슬쩍 죽여버리기도 했어요. 시어도어 루스벨트 같은 사람도 뒷구멍으로 유대 사람한테 얘기해서 선거운동 하고 이랬거든요.

유대인들은 영국 사람과 프랑스 사람에게 빚 주는 일도 했어요. 이자만 가져도 앉아서 먹고사니까요. 다시 말하자면 영국, 프랑스의 종놈들이 이자 해다 꼬박꼬박 바치면 자기들 잘살고, 그 세납 받아쓰는 미국 정부도 잘살고, 이렇게 할 심산으로 뭐든지 잘 줬지요. 그래서 영국, 프랑스는 그저 외상으로 얻어다 쓰고, 독일은 현찰로 사서 쓰고, 이렇게 해서 그 전쟁이 한참 갔어요.

그러다가 영국 사람이 가만히 보니 안 되겠으니까 이간질을 해서 독일하고 미국하고 그만 맞붙여 전쟁을 해버리지요. 전쟁은 속히 끝나고 말았는데, 끝난 뒤 자기들 미국 자본가의 생각은 전부 꿈이 돼버리고 말았어요. 1차대전을 치르고 나서는 유대인의 경제 상태가 곧 몰락을 향해 갔고, 아메리카 경제 상태도 몰락 상태를 밟지 않을 수 없게 됐던 것입니다.

전쟁 치르고 난 뒤 영국, 프랑스의 과부가 각각 80만이에요. 아주 많지요. 그런데 독일은 과부가 3백만이랍니다. 우리 국군 수효가 얼만지 알아요? 이런 소리 기밀이라지만 그저 한 70만 명 쳐도, 그게 전체 과부라고 해도 많은데, 3백만이라면 뭐 그만 쑥밭이 다 된 셈이지요.

여하간 어쨌거나 그렇게 돼서, 참전 미국 군인이 아주 재미스럽게 됐어요. 전쟁을 합네 해놓고, 병원 시설 무슨 시설만 잔뜩 만들고는 전쟁이 기울어져갈 적에야 병정들이 왔어요. 와서는 그것도 시간제라나 8시간 노동을 해야 한다더니, 또 전쟁을 어떻게 8시간이나 하나, 전쟁은 4시간만 하고, 4시간은 농사짓는 걸 도와줘야 되겠다, 하거든요. 그때 프랑스 농사는 전부 새색시들이 짓는데, 미국 병정이 가서 집적거리니 견딜 수가 있나요. 프랑스 병사가 하루 한 1원쯤 쓴다고 할 것 같으면, 미국 병사는 한 14원쯤 쓰니, 돈 있겠다, 미끈미끈한 젊은 놈이겠다, 뭐 프랑스 여자는 다 말아버렸단 말이에요.

그래서 명령이 나기를, 그때 미국이 여자가 귀하니까, 미국 병정 하나가 프랑스 여자 둘은 데리고 갈 수 있다고 그랬단 말예요. 그래서 한 팔에 하나씩 안고 대서양을 넘어갔거든요. 그 뒤에 또 다섯은 갈 수 있다 그랬단 말예요. 그러니까 그것이 독일에도 통용이 돼버렸어요. 이거 한 놈이 다섯씩 데리고 가니까, 뉴욕시에는 여러 가지 사회문제가 일어나기 시작합니다. 미국 색시들은 뒷전에서 손가락이나 물게 됐으니 사회문제가 자꾸 일어나는데, 영국, 프랑스에서 이제 하는 소리가, "우리는 빚 갚을 수 없다" 그럽니다.

"너희 뻔하지 않니? 한 근에 5전짜리 사탕을 갖다가, 우리 도와준다고 10전에 주지 않았니? 그러니 우리는 사탕 반 근밖에 먹은 게 없는 셈이고, 밀가루 한 부대 15원 하는 거 30원 붙여 보내지 않았니? 뭐 돈 한 푼 대서양에 넘어온 일이 없어. 그리고 또 1천 달러짜리 탄환을 가져왔지만 불발탄이 돼서 죄 드러누웠으니, 독일 놈은 하나도 안 사가고 우리만 사가지 않았니? 독일 놈 대포는 와서 콩콩 터지고 너희가 만든 대포는 다 와서 드러누어버리고 그러니 도저히 우린 갚을 수 없다"라고요.

수력발전을 통해 산업을 일으켜

빚을 졌는데 안 갚으니 이거 어떻게 해요. 그래서 미국 정부에서는 무슨 일을 했는고 하니, 미국이 영국과 프랑스에 꾸어준 만큼 돈을 만들자 그 말예요. 정부에서 하자니까 아주 쉽지요. 종이에다 쩔꺽쩔꺽 박아내면 되는 거니까.

그 돈을 만들어가지고 이제는 발전發電을 하는 수밖에 없습니다. 아메리카에 좋은 계곡이 많이 있는데 장마 통에 물이 막 고여요. 그 물을 받아 농사를 지으니 농사가 될 둥 말둥 합니다. 그것으로는 일도 안 되겠고, 정부에서 다시 돈을 모아 우선 컬럼비아 계곡부터 막아서 물을 모읍니다. 물을 모은 뒤 전기 발전을 하게 돼서 별안간 전력이 많게 돼요.

미국에는 우리나라 20배만 한 농산지가 있지요. 오하이오 벌판이 개척되니깐 별안간 공장을 세워요. 전기도 있겠다, 공업 원료도 있겠다, 이제 기술자만 데려오면 돼요. 여태까지는 미국이 기술자도 필요치가 않았거든요. 그래서 닥치는 대로 기술자를 데려오니 중유럽의 굶어 죽은 귀신, 이런 것도 모두 같이 올 수밖에 없지요.

이놈들이 가서 만들어대는데, 자동차가 전에는 1분에 서너 대씩만 나와도 많이 나온다고 했는데, 이제는 1분간에 여남은 대씩 쏟아지니 어디다 다 팔겠어요? 돈푼 있는 미국 놈은 자동차 살 놈 다 샀고, 다른 나라도 다 그렇고, 뭐 어떻게 하나? 할 수 없이 만든 놈이 사서 타는 수밖에 없지요. 그래서 모든 생산품이 국내를 향하게 되었어요. 또 이때를 계기로 전 세계에서 수력발전 산업이 굉장히 많이 나타났어요.

이때 우리나라는 석탄도 없고 아무것도 없는데 무엇이 있는가. 높은 산 깊은 계곡, 여름에 장마만 지면 물이 사람을 잡아먹고, 호랑이가 사람 잡아먹고, 남기(나무)가 사람 잡아먹고 이러는 판입니다. 왜놈이 주머니에 있는 돈 톡톡 털어가지고 백두산 밑에 가서 그 골짝골짝 흐르는 물을 막아 전기를 해보니까 꽤 나오거든요. 그래서 서쪽으로 흐르는 강은 동쪽으로 넘겨 전기가 되고, 동쪽으로 흐르는 강은 서쪽으로 넘기고, 그래서 추지령楸池嶺(강원도 회양군 안풍면과 통천군 벽양면 사이에 있는 고개) 쪽에서 한강으로 내려올 물을 동해로 넘겨서 발전을 해요. 또 흥남에 있는 거는 서해 당진 부두로 갈 걸 동해로 넘기고, 또 허천강盧川江(함경남도 풍산군 안수면의 옥련산玉蓮山에서 발원해 갑산군을 지나 압록강으로 흘러드는 하천) 같은 건 동쪽으로 넘기고. 그렇게 해서 전기가 별안간 백만이나 수를 세니까(발전량이 급격히 증대되니까) 그 왜놈들이 뭐든지 좀 더 해보게 되고, 그러다가 똥 대신 화학비료를 쓰게 되고, 이렇게 돼서 일약 공업지대가 됐단 말이죠.

사방에서 수력발전을 할 적에 우리나라 함경도도 일약 부자가 됐었소. 우리나라 도道 중에 함경도가 그중 빈약한 도여서 행정을 할 수 없을 정도였는데, 수력발전소가 생긴 뒤 제일가는 부자 도가 됐더라고요.

미국에선 농산물이 넘쳐서 걱정

아메리카의 경제가 그렇게 발전하게 되니, 정부는 부를 분배할 필요가 있다고 생각해서, 유대 재벌에게 상속세를 많이 내게 만들었어요. 시방 아메리카 자본이라는 것은 전 국민에게, 말하자면 전 노동자에게 평균 분배를 해서 민주주의 경제가 형성됐습니다.

이런 거추장스러운 것을 왜 하게 됐을까요? 한쪽에서 공산주의적 부를 얘기하니까 그런 겁니다. 공산주의란 무엇이냐? 그것은 노동자들이 이윤을 전부 먹겠다는 생각으로 했던 것이니까, '네 것이 내 것이고, 내 것도 내 것이다' 그런 말이지요. '부자 놈의 것은 내 거고, 내 거도 내 거다' 그 말이에요. 아주 재미있는 소리입니다. 이것이 소위 공산주의식인데, 시방 민주주의식은 '일했으니 돈이 좀 남을 테고, 돈이 좀 남거든 그렇게 잘살자'예요. 아메리카가 덮어놓고 부자는 아니에요.

이렇게 급속도로 공업이 발전되고 나니, 다음으로 두통거리는 무엇이냐. 전에는 강물이 사람을 잡아먹었는데, 1차대전 이후에는 전부 댐을 해서 개간이 잘 됐기 때문에 이제 농사가 수북수북 쏟아지게 되고, 농부가 전에는 곡식이 없어 못 먹더니 이제는 곡식을 끼고 앉아 울어요. 왜 우는가 하니, 옷이 있나 돈이 있나, 곡식 속에 파묻혀서 돈은 한 푼도 없거든요.

그렇게 전국 농민이 세납을 못 바치게 되니 정부가 살아갈 수가 있어야지요. 그래서 농산물을 정부에서 사면 농부가 돈이 생기고, 돈이 있으면 세금을 내고, 남으면 구매력이 있을 것이다, 그러면 이 아메리카의 공산품을 농부들이 소비할 것이다, 이러한 견지에서 과잉농산물을 정부에서 구매하기 위해 세금을 만들어 썼습니다.

정부가 그 돈으로 농산물을 사면 농부가 세금을 내니, 우선 국가가 순환이 되지요. 또 농부가 남은 돈으로 양복을 사 입고 그러니까 방직공장이 돌아가게 되고요. 결국 남는 문제는 정부가 사들인 저놈의 곡식을 어떻게 하면 좋겠냐 이거지요. 저 곡식을 누구한테 돈 받고 팔았다가는 큰일이거든요. 돈 받고 팔면 그만큼 세금을 줄이라고 할 텐데, 세금이란 새로 만들기가 어려워요. 줄이긴 쉬워도 늘리긴 퍽 어려운 건데, 그거 줄였다간 요다음 해에 다시 농산물을 살 수가 없으니까, 이제 정부가 농산물을 끼고 앉아서 울게 됐단 말입니다.

이걸 장차 어떻게 해야 하나? 돈 받고 팔지도 못하고, 그렇다고 거저 남 주기는 아깝고. 요놈을 꽁꽁 싸서 뒀다가 먹었으면 좋겠는데, 이놈이 썩으니 이걸 어떻게 하느냐 그 말예요. 그래, 옳다 좋다, 저 남극은 얼음덩어리라니까 거기에 구멍을 뚫고 그 속에 갖다 뒀다가 배고플 적에 갖다 먹으면 좋겠다, 그겁니다. 그런데 해마다 가서 얼음 구멍을 파고는 거기다 넣고 온다니, 이것이 할 일이냐, 그 말입니다.

그러니 '어떤 지방에 재앙이나 일어났으면 좋겠다, 우리 과잉농산물 한 몇천에서 몇십만 톤 주게', 이런 식으로 미국 정부가 별안간 도덕군자가 돼버릴 수밖에 없지요. 자기 돈 벌려고 하던 것이, 이제 남이 망하거들랑 곡식을 갖다 주고 인심이나 써야 되겠다, 그렇게 되어버렸습니다.

인도가 독립한 뒤 벵골만 지방에 굶어 죽은 귀신이 많을 때에, 미국에서는 댓바람에 "식량 좀 주랴? 밀가루? 아니면 곡식으로 주랴?" 그러면서 주고서는 한 푼도 안 받아요. 그러면 곡식 받는 나라는 "한 푼도 안 받으면 어떻게 해? 우리 백성이 거지 베짱이 되게?" 이렇게 돈 받고 팔라고 나와요. 그러면 미국은 그 돈을 지금 받지 않고 뒀다가 나중에 합의해서 같이 쓰자고 합니다. 이것이 해외에 대한 미국의 경제 정책이란 말이지요.

미국이 시방 요대로 40년만 가면, 각국에서 1년 예산 뽑을 적에 미국 정부에 다 얘기해야 돼요. "금년에 우리 살림살이하는 데 돈이 얼마가 필요하우. 그러니 당신이 우리나라에 쌓아둔 돈 좀 쓸까요, 말까요?" 이렇게 물어보게 됐다, 그 말입니다. 미국에서 "쓰지 마라" 그러면 별수 없이 못 쓰고, "써라" 그러면 써야 될 거니까, 천상 전 세계가 미국 양반한테 꾸벅꾸벅하게만 돼버렸지요. 그러니까 미국은 이대로 나가면 한 이삼십 년만 있으면 그냥 세계의 천자님이 될 것입니다.

유럽에서는 보통 나이 20부터 40이나 50까지 벌이를 해도 그저 유럽 돈으로 한 40만 마르크가 되기 쉽지 않거든요. 20만 마르크면, 우리나라 돈으로 10만 원 내지 20만 원 되는데, 그게 일평생 번 돈이란 말이에요. 그래서 은행에 갖다 둬두고 이자를 따 쓰는데, 그러면 그 돈은 공업 자본으로 나가고 전쟁 때 군사 공채로도 나갔던 것입니다. 이것이 소위 당시 유럽의 경제 상태란 말이지요.

그럼 시방 아메리카는 어떠냐. 농산물이 그렇게 급속도로 생산되고, 모든 것이 기계화되었기 때문에, 이들이 1년에 버는 돈은 적어도 20~40만 달러가 된단 말예요. 연년이 그렇게 돈을 주머니에다 넣으니 이 농부들이 우쭐할밖에. 그래, "돈은 있다. 내년에도 이만큼 생길 테니 어디 구경이나 갑세." 이렇게 됩니다. 그래서 그 친구들이 해외에 갖다 쓰는 돈이 한 해에 6억 달러 내지 12억 달러가 된대요.

또 한 가지 두통거리는, 부자라는 게, 이제 제 배 안 다치려거든 전쟁은 하지 말아야겠다 싶거든요. 그래서 미국 국민은 "왜 내 자식이 총을 들고 나가냐, 돈이 이만큼 있는데" 하게 되고, 정부는 "그러면 세금을 내라. 우리가 대포알을 연구해서 될 수 있는 대로 남이 덤비지 않게 하겠다." 이것이 미국 군비의 근본인 것입니다. 전쟁을 하려고 대포알을 만든다기보다, 대포알을 많이 만들어놓으면 다른 놈이 쳐들어오지 못하게 된다, 그 말입니다. 그래서 방어무기를 자꾸 만들지, 공격무기는 안 만듭니다.

처음엔 농부들이 "세금은 낼 테니 어떡하든지 전쟁만 안 하게 해다오" 하더니, 이제 정부한테 뭘 하느냐고 물어봐서, 정부에서 무얼 한다고 그러면 그만하면 안 되겠느냐고 따지거든요. 요새 소위 팔매질(미사일 발사)을 갖다가 6천 마일씩 던지고 하니까, 아 이제 그 팔매(미사일)가 많이 생겼으니, 군사원조도 그만두고 외국 원조도 그만두라고 합니다. 이것이 현실이다, 그 말입니다.

민족자결주의와 독립운동

1차대진 후에 우리는 강화조약이라는 것에 의지해서, 소위 민족자결주의라는 얘기를 처음 들었고, 유럽에 가서 민족자결주의라는 걸 구경해보니 그거 재미나는 말이더라구요.

유럽 사람들은 기껏해야 중국 땅덩어리만 한 땅을 요모조모 나누어 내 나라, 네 나라 하고 앉았는데, 말도 거의 같아요. 프랑스 말, 독일 말, 영국 말 배우느라고 우리는 진이 다 빠지지만, 사실 그 사람들 입장에서 보면, 프랑스 말이란 건 순전히 라틴 말 계통에서 나왔고, 영국 말이라는 것은 라틴 말 계통과 저 독일 말 계통이 범벅된 말이거든요.

예를 들면 '조심하시오'는 프랑스어로는 '아땅숑attention' 그러고 영어로는 '어텐션attention' 그런단 말예요. 그러나 프랑스어에는 단조롭게 '아땅숑' 하나만 있지마는 영어에는 아땅숑 하나만 있는 게 아니오. 독일 말로 '조심하우'는 '포어지히트Vorsicht' '앞을 보시오' 그래요. 영어는 이걸 그대로 갖다 '룩 아웃Look out' '내다봐라' 그래요. 영어에는 이렇게 조심하라는 말이 두 종류가 있는데, 하나는 색슨이고 하나는 앵글로입니다. 요렇게 됐으니까, 네 것 내 것이 그렇게 분주하게 내려왔지요.

이제 여기서 공업이 경쟁을 하게 됩니다. 예를 들면 시방 우리 생각에 독일의 쇠가 퍽 좋은 줄 알 거요. 그런데 독일 목공소에 가서 도구를 보면 전부 영국 거요. 왜냐하면, 강철은 영국밖에 없거든요. 옛날부터 영국 쇠가 제일 좋아요.

그런데 이런 일이 있었어요. 1차대전 때 독일 황제의 말안장이 상했던 적이 있어요. 말안장을 영국에서 사왔는데, 영국하고 전쟁을 하니 말안장을 다시 쓸 수가 없게 됐거든요. 그래서 시자侍者더러 독일 사람 중에 말안장 하는 사람이 있느냐 물어보니까, 베크만이라고 백림에 있대요. 그래 그 베크만이라는 이를 불러다가 말합니다.

"이 안장은 영국서 가져온 건데, 시방 전쟁을 해서 안장을 어떻게 할 수 없으니 좀 고쳐보겠느냐?"

그러니까 베크만이 칼을 꺼내 안장 껍데기 가죽을 쭉쭉 쨌어요. 그래서 가죽을 홀떡 벗기니깐 그 속에 베크만이라는 자호字號('상표'의 방언)가 있어요. "어떻게 된 거냐?" 하니, "독일서 만든 걸 영국 사람만이 잘 알아준다", 그 말입니다. 독일 사람이 알아주지 않아서 영국 사람한테 팔면, 영국 사람이 사다가 얇은 가죽으로 껍데기만 입혀서 독일 황실에 바치는 것이지요.

"이거 제가 만든 겁니다."

독일 황제가 그때서야 한숨을 후 쉬면서, "이젠 말은 마음대로 타게 됐군" 했답니다. 재미있지요? 독일서 만든 물건을 영국 사람이 사다가 도로 독일에 되팔아요. 본래 그 정도는 돼야 공업이 되는 거거든요. 그런 종류의 물건이 독일에 많아요.

루트비히 에르하르트Ludwig Erhard(1897~1977)*라는 사람이 독일의 경제하는 사람이자 부수상이며 탁지대신度支大臣(경제 담당 장관)인데, 이 사람이 요새 우리나라에 왔다 가지 않았습니까? 그 사람도 역시 그렇게 했어요. 독일에서도 방직물을 많이 생산하지만, 일본 물건을 사들이거든요. 백성들에게 자극을 줘서, 될 수 있는 대로 좋은 물건을 싸게 만들어 해외에 내도록 하려는 생각이었단 말이지요.

---

* 독일의 관료·경제학자. 독일 연방공화국 연방경제장관, 부총리, 총리 등을 역임.

그런데 유럽 사람들은 그렇게 조그만 땅덩어리 나라이기 때문에, 어디 놈이 어디 놈인지 알 수가 없어요. 그래서 독일 사람더러, "너 프랑스 사람이 어떻게 생긴 줄 알지?"라고 물으면, "프랑스 말을 쓰게 되면 알 수 있지 그전에는 몰라"라고 그래요. 프랑스 사람도 독일 사람이 어떻게 생겼는지 전연 모른단 말입니다. 이렇게 되니까 소위 게부어츠우어쿤데 Geburtsurkunde(출생증명서)가 필요한 겁니다.

1차대전 중에, 독일의 열두 살 먹은 아이가 이 출생증명서를 가지고 프랑스 파리에 가겠다고 그랬어요. 시방 여기 같으면 얘기도 안 되지마는 거기서는 얘기가 됐어요. 스위스 중립국을 통해서 파리시 정부에다 통지했더니, 파리시 정부에서 교전 중이니 스위스를 경유해서 들어올 것 같으면 받겠다 했어요. 부모가 파리에서 독일 영사로 있을 적에 낳은 아이거든요. 파리에서 출생신고를 한 아이다, 그 말입니다. 그러니까 아무리 전쟁을 하더라도 거절할 권리가 생기질 않습니다. 마찬가지로, 백림에서 태어나지 않은 사람이라도 백림에서 직업을 얻으면 백림 사람이 되는 것입니다.

우리는 거꾸로, 일본 사람이라야 직업을 얻고, 우리는 직업을 못 얻게 됐던 것이에요. 그래서 그곳에서 태어난 사람이 그곳을 통치할 수 있고 요리할 수 있다는, 서양의 이 민족자결주의가 우리에게 희망이 되었고, 그래서 우리가 독립운동을 하게 됐던 것입니다. 또 이것을 통해 우리는 세계에 대한 인식을 얻게 됐던 것입니다.

그러나 그때는 일본 사람이 연합국 측에 의지해서 승전했으니까, 일본 사람의 잘못이 있더라도 말할 수 없었습니다. 남의 나라 집어먹는 것은 강한 자의 떳떳한 노릇이지, 그렇게 나쁜 노릇도 아니었던 때이니까요.

그것을 1차대전 이후의 강화조약이라고 한다면, 2차대전 때에는 어떻게 됐었느냐. 아메리카에서는 그때 1차대전을 치르고, 소위 수력발전이라는 걸 해서 기본산업이 융성하니까 아무 요구나 불평도 하지 않았던 것이지요. 미국 상원이나 미국 정부에서 알링톤 국립묘지 근처로 죽 모여 유럽의 장래 문제를 걱정했는지는 모르지만, 저희 농민이 그만큼 부유하니까 전혀 전쟁하기 싫었던 거예요.

독일의 1차대전 패망과 재건

그러면 제2차 세계대전은 어떠한 이유로 발생하게 됐느냐? 1차전쟁을 치르고서 영국, 프랑스 사람이 중유럽의 7천만을 그냥 살릴까, 죽일까, 죽이는 게 좋다 그 말입니다. 그래 52억이라는 배상금을 갖다가 내리 눌러가지고 "이거 해 바져라" 그랬어요.

그때 미국에서는 "배상금 받지 마라" 그랬거든요. 그러니까 클레망소Georges Clemenceau(1841~1929)*라는 사람과 로이드 조지라는 사람이 당장 미국에다 대고 이렇게 말해요.

"당신은 빚 준 이자까지 달라는데, 그걸 우리가 어떻게 물겠소? 독일 놈이 다 물어야 되지. 그러니까 독일 놈한테서 배상 안 받을 수 없소." •

이렇게 하고는 군사관리위원이 들어가서 돼지도 내라, 소도 내라 하니, 독일 사람이 "우리는 뭘 먹으라고?" 했습니다. 그랬더니 "너희는 쥐새끼나 먹어라" 이렇게 되는 판이니, 악이 안 날 수가 없단 말입니다. 소위 '훙거가이스트Hungergeist'라고 그러는데, 중유럽의 7천만이 전부 그만 아귀 귀신이 돼버렸어요.

그래서 독일 사람들이 있는 대로 배상금을 바치는데, 배상으로 바치는 물품 가운데 식당차가 6백 개니, 무슨 일등차가 몇백 개니 이런 식입니다. 그러면 이들 독일인은 무슨 장난을 하는고 하니, 어떻든지 좋게만 만들어놓으면 되지 않아요? 이건 프랑스 놈 갖다 줄 테고, 튼튼하게만 만들면 그만이에요. 무겁거나 말거나 상관없지요. 또 그때는 프랑스 놈이 어찌나 아둔한지 '중량이 얼마 이하가 돼야 된다' 그런 소린 하나도 없었거든요. 좋긴 좋아요. 그러나 어찌나 무거운지 선로로 끌고 다닐 수가 있어야지요. 너무 무거워서 쓸 데가 하나도 없단 말이지요.

이런 짓을 자꾸 하게 되니, 미국 사람은 "그 사람들에게 밑

•　프랑스의 정치가. 상원의원과 총리 겸 내무장관을 지냈으며, 제1차 세계대전에서 프랑스를 승리로 이끌었다. 파리강화회의에 프랑스 전권대표로 참석하였고, 베르사유조약을 체결하였다.

천을 대줘서 일을 시켜 배상을 받아야지, 그러지 않으면 다 굶어 죽어 안 된다"그러거든요. 그러니까 영국과 프랑스 사람은 이렇게 얘기합니다. "밑천 줘서 물건을 만들어서 그놈들이 통통히 살찌면 우리가 또 죽게? 밑천도 주지 말고 해놓으라고 그래야 돼."

이것이 1차대전 후의 사후 처리였다, 그 말입니다. 이런 일을 겪게 되는 독일에서는 어떻게 됐느냐. 자기들은 밑천을 만들어야 되겠으니까, 소위 전 독일의 생산품을 잡혀서 그 생산품에 대한 이자 화폐라고 하는 걸 만들어서 공업을 일으켜요. 그리고 미국에서 독일에 금덩어리를 줘서, 소위 골든 마르크라는 것으로 부흥을 하게 됩니다.

그때 히틀러라는 사람이 연대장으로서 바바리아 수도에서 야단치다가 붙잡혀 정신병자로 8년을 갇혀 있다 나와요. 그 후 그자가 국회에 가게 되었는데, 국회에 가서 이렇게 말합니다.

"이렇게 모두 굶어 죽을 거 같으니, 도무지 현 정부도 재미가 없다. 그런데 나한테 4년만 권리를 줄 거 같으면 다 먹여주마."

이랬거든요. 여하간 먹여준다니까 "그럼 먹여다오" 그래버

• 히틀러에 대한 본문의 내용은 사실과는 다소 차이가 있다. 히틀러는 1914년 제1차 세계대전이 발발하자 군에 입대하여 무공을 세워 1급 철십자상을 받았고, 패전 후 1920년 군에서 제대하였다. 이후 정치 선동가로 활동하다가 1921년 국가 사회주의 독일 노동당 당수가 된다. 1923년 11월 바이마르 정부로부터 정권을 탈취하기 위하여 뮌헨 폭동을 일으켰으나 실패, 체포되어 5년 형을 선고받고 수감되었으나, 1년 정도 복역하고 석방됐다.

렸단 말이지요. 그래서 히틀러가 집권을 합니다. 히틀러는 뭐, 하늘의 별 따는 놈인가요? 뭘로 먹여요.

그때 남아메리카에는 식량이 잔뜩 쌓여 있지만, 북아메리카와는 달리 공업이 없거든요. 그러니까 남아메리카 사람들이 뭐라고 하냐 하면, "세계 어디든 쇳조각으로 물건 만드는 재주꾼 중 배고픈 자들 있으면, 우리가 곡식을 줄 테니까 먹고서, 우리가 쓸 만한 기구 좀 만들어다오"라고 했어요.

이러한 것이 남아메리카의 현실이니까, 히틀러는 집권한 뒤에 재빠르게 스페인과 국교를 맺고, 소위 국가사회주의자들의 반대에도 불구하고 스페인을 통해 남아메리카의 식량을 무조건 가져다가 밥 굶는 사람들을 먹입니다. 그렇다고 거저 두고 먹이기만 하다간 안 되겠거든요. 그러니 할 건 없고 길을 닦았지요. 그것이 소위 하이웨이라고 하는 겁니다. 자동차만 다니는 길이 됐지요.

길을 닦으려니까 먹이긴 먹였는데, 그 농산물 값은 뭘로 줘야 되느냐가 남았습니다. 그래서 탱크에 달던 디젤엔진을 조금 더 작게 해서 껍데기를 씌워 폭스바겐이라는 차를 만들었지요. '폭스Volk'란 독일 말로 '백성'이란 뜻이고 '바겐Wagen'이란 '수레'란 뜻인데, 그런 수레를 만들어 자꾸 길에 굴려 도로세를 받았지요.

그 차는 그전(1953년 2월 화폐개혁 이전) 우리 돈으로 5천 원, 한 5백 달러 정도면 살 수 있었어요. 정부에서 돈을 꿔줘가며 사게 만들어, 전국에 한 5천 대 나갔습니다. 그러니까 도로

세를 내게 되지요. 도로세를 내니까, 그걸 가지고 기계를 만들어 남아메리카의 곡식 값을 갚게 되었어요. 그렇게 되니까 이제 히틀러가 거기에 두꺼운 생철을 입히니 소형 탱크가 돼버렸단 말이지요.

히틀러의 집권과 2차대전 발발

그때 유럽에 탱크가 5천 대가 있다면 영국, 프랑스는 두 손 들어야 할 처지거든요. 그러나 이자들은 독일이 무슨 짓을 하는지 깜깜하게 몰랐습니다. 그런가 보다 했는데, 어느 날 히틀러가 영국, 프랑스 대표를 좀 오라고 그러더니만,

"라인란트Rheinland* 점령한 것은 좀 내놓으시오."

"아니, 별안간 무슨 소리를 하느냐?"

"이 이상 당신들이 라인란트를 차지하는 건 안 좋아. 그러니까 나가시오."

"뭘 믿고 그러나, 당신 힘 있어?"

"우리에게 조그만 탱크가 5천 대가 있어. 너, 그거 당할 수 있어?"

"어, 그거 어려운데, 뭐 그럼 잘 있으오."

---

* 제1차 세계대전에서 승리한 프랑스를 비롯한 연합국은 휴전협정과 베르사유조약에 따라 라인강 좌안左岸 지역을 점령하고, 우안右岸 지역을 비무장화하기로 정하고, 자르 지방은 국제연맹의 관리하에 두기로 하였다.

이렇게 됐어요. 여기서 이제 히틀러가 또 무슨 짓을 했느냐? 1차대전 때에 이자들이 비행기 몸체는 네덜란드에다 해놓고, 날개는 덴마크에다 해놓고, 또 쾰른에다가 모빌 엔진 모빌유 같은 거 만들어놨다가, 프랑스한테 들켜서 경을 친 일이 있습니다. 독일 안에서는 비행기 만들지 말라고 그랬거든요.

그런데 미국이 독일에게서 받아야 할 1차대전 배상금이 10억 마르크예요. 그 10억 마르크를 뭘로 줄까 하니, 그때 미국이 비행선을 하나 해줬으면 좋겠다 그랬거든요. 그래서 이자들이 비행선을 만들었어요. 비행선 이름이 체펠린입니다. 독일 사람 체펠린Ferdinand Graf von Zeppelin(1838~1917)*이 체펠린이라는 비행선을 만들어, 그걸 타고 미국에 갔어요. 그게 아마 비행기로 대서양을 횡단해서 미국 가기는 처음일 겁니다.

그때 그걸 만드는데, 프랑스 파리에서는 기상 통보도 안 해주고 프랑스 영공을 넘어가면 안 된다고 협박합니다. 그러나 고공 2천 마일 이상 떠서 달아나버렸으니, 프랑스 사람도 할 말 없었지요.

그다음에 1923년엔가 다름슈타트** 공과대 학생들이 한 사람 타는 비행기, 강철 비행기를 만들었어요. 조그만 잠자리

---

* 　독일의 비행선 개척자.

** 　다름슈타트는 헤센 주에 속한 도시로, 프랑크푸르트 라인마인 지역의 남쪽에 있다. 과학연구소, 대학, 첨단 기업들의 중심지이다. 다름슈타트 공대, 다름슈타트 전문대학, 개신교 전문대학EHD 등의 대학에 약 4만 명의 대학생들이 있다.

비행기(헬리콥터)라고 하는 건데, 그것이 신작로에서 스르르 가다가 훌쩍 날아버려요. 그때가 우리가 독일에 있을 적인데, 양키 손님들이 와서 아주 좋다고 당장 4천 대를 주문해갔어요. 그걸 미국에 팔게 되어서, 독일에 강철 비행기, 잠자리 비행기가 자꾸 생기게 됐어요.

자, 이놈들이 이거 뭣에 쓸 게 있어야지요. '옳다, 이걸 가지고 벌이를 하면 좋겠다.' 그래서 중유럽 각국에 다니면서,

"당신네 우편 예산이 얼마요?"

"얼마만큼이다."

"그 반만 주면 우편은 우리가 다 맡아서 해주마."

그랬단 말이지요. 싸니까 다들 그렇게 하라고들 했어요. 그러니 이자들이 아침에 쪼그만 비행기를 타고 쪼그만 나라에 갔다가, 우편물을 죄다 걷어서 백림에 갖다 놓아요.

그런데 그때 우편물을 싣고 남아메리카에 가자면, 함부르크에서 75일 항해를 해야 되는데, 75일이면 바다에선 상당히 길거든요. 75일간 항해해서 뱃삯 주자니 번 돈 다 없어지지 않아요? 그래서 메서슈미트(세계 최초의 양산 제트 전투기)라는 큼직한 비행기를 만들어서 서반아(에스파냐)까지 갖다 놓아요. 그런데 서반아에서 브라질까지 날아갈 수가 없거든요. 거리도 멀고 중계지가 없어서요. 빠른 시일에 브라질까지 우편물을 넘기지 못하면 돈 좀 번 것도 다 없어지게 생겼어요. 그래서 골치를 짜내서 대서양에 있는 카나리아 군도를 중계지로 만들어요. 그 카나리아 운무 지대를 경유해서 브라질까

지 가요. 브라질은 남미 각국에 우편 나눠줄 만한 능력이 없으니까, 독일 사람이 조그만 비행기로 남아메리카 전역에 우편물을 전부 나눠주다 보니까 독일 비행기가 전 세계를 돌게 됐어요.

이처럼 당장 탱크가 5천 대 동원될 수 있고, 비행기가 전 세계를 돌아다니게 됐으니 영국, 프랑스가 어쩌겠어요? 그때 바로 히틀러가 라인강 유역의 연합군 점령지역을 내놓으라고 그랬던 겁니다. 그래서 영국, 프랑스 사람은 손들고 나갔는데, 이제 네덜란드 사람을 협박하니, "그러지 마라, 그러지 마라", 아주 이래요. 영국, 불란서 사람들은 말을 잘 듣는데, 이 쪼끄만 놈이 말 안 들어, 그래 "요 자식" 하며 따귀 한 번 때렸더니, 영국, 불란서가 "음, 독일 놈, 저 히틀러란 놈이 그저 쪼끄만 어린 놈 따귀를 때렸다" 하면서 또 전쟁이 일어난 겁니다.

그러면 2차대전이란 것은 누가 일으킨 것이냐. 영국, 프랑스가 1차대전 사후 처리로 중유럽 백성 7천만을 굶겨 죽이려 하다가 일어나고 만 것입니다.

독립운동은 양반만 하는 것이다?

일본이 처음 한국에 들어왔을 때는, 만주에서 하듯 그렇게 용이하게 하지는 못했어요. 먼저 소위 그 일본의 무사들이 부산에 와서, 비공식으로 무기를 반입하기 위해 먼저 광산을 만들고, 광산에다 화약이나 그런 것을 저장해두었다가 언제든지 민중을 가장해서 무기를 사용할 수 있게끔 했던 것입니다.

우리나라에서는 그때 징부의 시원치 않은 점을 고치고, 서양에서 들어오는 예수교를 막기 위해서 동학이 생겼습니다. 이때 비공식으로 일본에서 온 자들은 동학을 도와 정부군에 대항하게 만들어, 우리 민중을 환란 속에 몰아넣으려고 했습니다.

정읍에서 전봉준全琫準(1855~1895)이라는 사람이 민병을 일으켰는데, 그들이 동학군입니다. 그 사람 별명이 '녹두장군'인데, '전녹두全綠豆, 전녹두' 하고 유명했습니다. 그 전녹두가 무기를 어디서 얻어 쓰게 되었느냐면, 오가키 다케오大垣丈夫(1862~1929),* 다케다 한시武田範之(1863~1911)** 같은 사람들한테서 얻었는데, 그들은 일본의 사무라이 출신들이었지요. 우리가 임진왜란 당시에는 8, 9년을 왜인하고 싸우느라고, 웬만한 지식 있는 이들은 다 화약도 만들 줄 알고 막대기로 총자루도 깎고 쇠통을 부어 총도 만들 줄 알았지마는, 이제 그건 다 잊어버렸습니다. 그러니 화약도 만들 수 없었기 때문에 이들에게서 얻어 썼지요.

오가키 다케오 같은 사람은 나중에 합방 후에도 와서, 반도평론이라고 하는 것을 주청해가며 민중에게로 침투하려들었습니다. 그는 전봉준을 도와 내란을 더 키우려고, 부산을 떠

• 언론인, 대한자강회 고문을 역임.

••• 명성황후 시해와 조선 침략에 앞장선 일본 승려.

나 마산으로 가서 광산에 묻어뒀던 화약을 말에다 실어 오기
도 했지요.

그런데 왜놈들이 우리나라에 처음 들어와 10년간은 양반
을 건드리지 않았으니 양반들은 아무 말 안 하고, 늘 양반 눈
치만 보는 백성들은 양반이 아무 말도 안 하니 뭐 별수가 있
어야지요. 본래 우리나라에 의병이 좀 있었는데, 실은 의병대
장이 다 양반들이었습니다. 양반이 뭐라고 그래야 백성은 말
을 듣는 것인데, 말을 안 하니 짐작을 할 수가 없죠.

나도 어려서 상놈이었는데 독립운동을 했단 말이지요. 그
래서 우리 집에서 날 불렀어요.

"애, 요새 너 독립운동을 한다는데, 그거 너 누가 하는 건지
아니? 양반이 하는 거야. 우리 상놈은 눈치만 보고 사는 거
지, 양반이 하는 걸 상놈이 하면 어떡하니?"

그래 나는 말했어요.

"암만해도 내가 우리 가문을 없애야 되겠습니다."

없앤다는 건, 사형선고를 하겠다, 그 말입니다. 그거 참 곤
란하더군요. 그래 내가 다시 그랬지요.

"내가 못된 행동을 해서 왜놈이 잡으려 하면, 그때 나를 잡
아다 주면 상도 타고 좋을 거요."

그러니 가만히 있더구먼요. 그 뒤에는 내가 좀 곤란한 것
이, 왜놈도 피해야 되고 우리 집 일가도 피해야 되게 생겼어
요. 그러니까 내가 똑똑해지긴 했어요. 그때 만약 우리 집 일
가를 피하지 않았으면 벌써 잡혔을 겁니다.

그때 상해로 그렇게 다니다가 아는 사람들이 모두 잡혀갔는데, 판결문을 보니 대략 '사기취재詐欺取財(남을 속여서 재물을 빼앗음), 부녀유린', 이렇게 쒀서就書가 돼 있어요. 독립군이 적어도 치안교란이라든지, 내란이라든지, 이렇게 돼야 요다음에라도 행세를 할 텐데, '사기취재, 부녀유린' 이렇게 되니 조금 곤란하거든요. 그래서 '나는 잡히더라도 부녀유린이나 사기취재, 그런 죄목은 걸리지 않겠다', 그렇게 늘 유의를 하고 다녔더니 잡혀가질 않았어요.

잡혀가지 않은 게 다행이죠. 왜 그런고 하니, 그때 몰래 숨어 댕기면 여자 동지 집에도 가게 된단 말예요. 근데 그때 내가 스물두 살인가 그렇고 그 동지는 스물세 살 먹은 여잔데, 저의 시부모가 안방에 있음에도 불구하고 남자를 건넌방으로 불러들여 문을 딱딱 잠근단 말예요. 이거 제삼자가 보면 미친 거와 한가지지요. 그래도 그렇게 해야 돼요. 할 수 없어요. 그래서 수근수근 얘기를 하는데, 또 인제 조금 있으면 아주 이쁜 여자들이 저 《독립신문》을 요기다가 넣어 와서 그 방을 똑똑 두들겨요. 그러면 고것도 들어가서 또 잠근단 말이죠. 그래서 어떤 때는 잠근 방 속에 색시가 한 너덧이 있게 되니, 이거 어떻게 하면 비윤리를 범하지 않나, 참 곤란한 일이었습니다. 이런 걸 억지로 피했지요.

사실 그때 독립운동은 순전히 중학교 졸업생 2만 명이 했다고 말할 수 있습니다. 그때 중학교라는 것은 최고급 학교였어요. 왜? 일본은 자기는 상등이니까 높은 학교를 다니고, 우리는 저희 심부름을 시키기 위해서 보통학교 또는 조금 나은 고등보통학교, 요렇게만 다니게 해놨단 말이에요. 소위 고등보통학교가 중학이지요. 근데 자기들은 같은 도시 안에서도 일반 아이들은 소학교와 중학교에 다니고, 고등학교는 일본 가서 다니고, 요렇게 만들어놨기 때문에, 아주 조선 놈은 그저 저희 종놈이거든요. 종놈이 일본 가서 공부를 좀 해가지고 와서 저희와 같아지면 곤란을 느끼게 될 처지란 말이에요.

여하간 그때 보통학교만 졸업해도 편지도 한 장 제법 쓰고, 어디 가서 정치도 제법 잘 얘기하고, 또 외국 정치가들 이름도 죽 외우는 정도였어요. 똑 요새 학생들 활동사진 배우 이름 외우듯 말이지요. 그런데 학교 졸업하고 나서 한 3년만 되면 주보酒甫(술꾼)가 되어, 뭐 밥만 얻어먹으면 그만이다, 이렇게 되는 판이에요.

왜 그렇게 되었느냐. 우리가 더 나아갈 수 있는 주위 분위기가 안 되다 보니 그런 거요. 그때 많이 걸린 신경쇠약, 폐병, 이거 모두 망국병들이거든요. 낙심이 돼서 그렇게 되었던 거지요. 그 뒤 기미년 독립만세운동을 하고 나니까 왜놈들이 어떻게 하냐면, 그전에는 우리 한인들에게는 순사를 시켜도 순사 보조원, 헌병을 시켜도 헌병 보조원, 어떻든지 전부 저희 보조원이지 진급되지 않게 이렇게 꾸며놨었는데, 기미년 독립운동이 일어나니깐 이게 마비 상태가 된 겁니다. 그래서 조선인도 말단 순사를 시켜준다고 합니다.

사실 우리가 독립운동을 했어도, 그때 왜놈한테 심부름하던 놈들 지위만 올라갔지, 뭐 그때 독립이 된 건 아니에요. 여하간 문화정치니 뭐니 한다며 신문도 하라고 해서, 《동아일보》도 그때 생긴 거요. 그러니까 사람이라는 게 그래요. 그저 발뒤꿈치라도 물어야 좀 대접을 받는 거지, 노상 착한 척만 하면 안 돼요. 그래서 왜놈한테 우리가 만세를 부르니, 만세만 부르면 아주 그놈들이 질색을 하거든요. 여하간 만세를 자꾸 불러놓으니까 조선 사람 대접이 조금 나아지게 되었지요. 우리는 그때 그 운에 의지해서 그래도 외국에도 갔었고요.

시방 앉아서 보면, 소위 사색四色으로 양반끼리 정치 다툼하던 붕당朋黨이라는 게 있었는데, 나라가 망하든 말든 자기 붕당만 잘되면 된다는 생각으로 꽉 차 있던 그러한 것은, 왜놈 통치 동안 퍽 없어졌소.

양반의 뿌리가 뽑힌 일제 강점기

우리로서는, 남에게 권리를 박탈당하고 있을 때, 2차대전이 기회라면 기회를 줬다고 할 수 있을 겁니다. 일본 사람에게 점령당한 지 40년간을, 늘 산중이나 먼 지방에서 의병이 일어나서 반항하기는 했지만, 원체 교육 정도가 낮아서 민중이 확실히 자각을 가지지 못했습니다. 일본은 통치의 도구가 총과 칼이어서, 그때에는 전부 헌병 정치를 했습니다.

총독부에는 두 가지 기구가 있는데, 하나는 정치하는 정무

총감이고, 하나는 백성을 탄압하기 위한 경무총감인데, 경무 총감은 소위 헌병을 가지고 정치를 하는 군인이었어요.

그럼 그러한 민족의 수난 속에서 우리는 어떠한 이익을 얻었느냐. 어떠한 역사에서든, 문화 민족은 외계의 침범이 있을 적에 항상 자신의 능력을 갖추려는 양상을 보이는데, 우리는 그때에 양반이 없어지고, 또 상놈도 적어지구 그랬던 겁니다.

일본 사람이 처음에 들어와서 상놈은 경을 치지만 양반은 건드리지를 않았어요. 그런데 그 뒤에 2차대전 이후에는 그 '양반'이라는 글자가 없어지고 '요보'라는 것이 돼버렸지요. 그래서 그때는 "양반 사람이" "양반 사람이" 그렇게 말했다고요.

그 뒤 양반이 차차 없어지게 되는데, 그럼 도대체 그 양반의 유래는 무엇이었을까요? 문관은 가슴 한가운데다 학을 그려서 그걸로 자신이 문관임을 표시했고, 무관은 가슴에다 호랑이를 그려서 무관임을 표시했어요. 그래서 문관·무관이 임금 앞에 좌우 쪽으로 서서, 문반, 무반 이렇게 양반이라 그랬습니다.

대략 무관이라는 것은 지방에 국경 방비 사령관, 남해바다를 통괄하는 통제사 같은 걸 하는 이들이었지요. 문관은 정부에서 영의정 이하로 그런 벼슬을 하는 사람들이었어요.

사상 방면에도 이런 것이 있었어요. 불교가 우리나라를 한 1천5백 년 동안 정신적으로 지배를 해왔는데, 처음에는 종파가 18종이나 됐었소. 그런데 그 18종을 죄 깨뜨려서 선종禪宗·교종敎宗, 둘로 나누었어요. 부처님의 마음을 닦아서 깨우치려고 하는 게 선종이라면, 부처님의 얘기를 적어놓은 경책을 연구하는 것을 교종이라고 그랬지요. 그래서 서울 안에다가 선종 본산, 교종 본산, 둘만 두면 됐는데, 전에는 18종 본산을 다 둬두어야 했던 것입니다.

그러던 것이 어떻게 일이 잘되려고 그랬는지 못 되려고 그랬는지, 서산대사(1520~1604)*라는 이가 퍽 영특해서 선종에서도 득도를 하고 교종에서도 득도를 해버렸거든요. 그래서 선종·교종의 양종을 뜨윽 해버렸단 말이지요.

우리나라 불교가 양종이 되어버린 거와 마찬가지로, 지배층도 그만 양반이 되어버리고 말았소. 그런데 그놈의 양반이 왜놈들 통치 40년에 아주 뿌리가 쏙 빠지고 말았어요. 그래서 내 그때도 한 소리인데,

"정치는 양반이 하는 거지 상놈이 하는 게 아니라지만, 시방은 나라가 망해서 양반이 없소. 그러니까 양반 상놈 따질 일이 없게 된 상황인데, 상놈이라고 해서 나라조차 안 찾아놓으면 어떻게 하느냔 말이오. 나라 찾아놓은 다음에, 양반이 정치를 하든 상놈이 정치를 하든 하면 좋지 않겠소." 그러면,

"글쎄 이놈아, 그렇게 하면 그게 역적이지 그게 사람이냐."

이렇게 생각이 드는 데는 별수가 없어요. 그런데 곰곰 생각해보면 나도 그런 사람이거든요.

유럽에서 돌아온 다음에도, 장가를 가라고들 그러는데 안

---

* 임진왜란 때 승병을 일으켜 일본군을 크게 물리친 조선의 승려.

갔어요. 이거 뱃속 종을 만들어놓을 수는 없다 그 말이에요. 나는 적어도 대한제국에서 태어났으니까 내가 독립운동할 자격은 있는데, 일본 통치 밑에 태어나는 내 자식은 독립운동할 자격도 없겠다고, 그렇게 생각했던 것입니다. 이것이 그때 아주 올바른 생각이었어요. 법적으로 맞고 또 형편으로도 맞아야 되니까요. 적어도 학문하는 사람은 언제라도 그 실제를 직시해야 될 것입니다. 직시하지 않으면 원망이 앞서게 되고, 원망이 앞서면 이 세상은 도저히 그들의 세상이 될 수가 없는 것입니다. 이해가 되지 않으니까요.

이렇게 일제 동안에 우리의 소득이 뭐냐. 이런 소리 하면 아마 나더러 시원치 않은 사람이라고 말하겠지만, 학자적 견지에서는 나쁜 것이 있으면 좋은 것도 있을 거라고 봅니다. 좋은 것은 없고 전연 나쁘기만 하다면 그건 나쁜 걸로 그냥 둬두겠지만, 좋은 것이 있다면, 이것이 문화민족의 한 수난기에 얻은 것이 아니냐, 그렇게도 생각해볼 수 있다는 것입니다. 왜 그런가 하니, 우리로서는 도저히 어쩔 수 없었던 양반의 뿌리를 이때 뽑아버렸기 때문입니다.

애당초에 양반들은 백성을 자신의 재산으로 알지, 같이 사는 동무로 알지는 않았단 말예요. 그저 양반이라고 하면, 상놈은 줄에 묶여도 아무 말도 안 하고 있거든요.

"왜 묶여 있소?"

"그 양반이 묶으셨으니까."

이렇게 양같이 착한 백성들이다, 그 말입니다.

양반이라는 계급을 일소해버리고 나서, 소위 일본 가서 대학 졸업한 사람이 돌아와요. 모두 돈푼 있는 집 아이들인데 아주 신경과민이 돼가지고, 폐병쟁이로 얼굴이 노래서 돌아다니는 거예요. 내가 산중에 한 10년 있을 적에, 우리 집은 폐병 요양소가 됐었습니다. 오는 게 전부 폐병쟁이요.

그중 한 녀석이 어떻게나 신경과민인지, 이 녀석 소원이 뭔고 하니, 저희 집이 불났으면 좋겠다고 그러거든요. 그러다 한 백 일 있으면, 불은 나지 말고 때 되면 가서 돈이나 얻어 쓰는 집이 됐으면 좋겠다고, 그렇게 말하더라고요. 그래 그 뒤에 내가, "너의 아버지니까 불평이 많지, 이웃집 영감이라면 꽤 친절할 것이다"라고 했더니, 그건 그렇다고 그래요. 그러니까 제 마음이 미우면 제일 가까운 집안 식구가 밉고, 집안 식구가 미우면 차차 이 세상에서 자기가 살아갈 수가 없는 겁니다.

어느 날, 젊은 사람이 하나 와서 아주 달게 굴면서 나를 좀 보자고 해요. 그래서 둘이 만났더니만, 이 녀석이 주먹으로 마루를 치면서 그럽니다.

"왜놈들을 다 죽여버려야 되겠소."

저게 나를 떠보려고 그러나, 그래서 물었죠.

"대체 왜 그러는 거냐?"

"아, 시방 현실이 그렇지 않소?"

"일본 제국 판도 밑에 있는 우리 반도인데, 왜놈을 죽여버리면 어떻게 하잔 말이냐?"

"글쎄, 그러니까 산중에 있는 선생님보고 얘기하는 거 아니오?"

"정말 그렇게 할 마음이 있니?"

"아, 있지요."

"그럼 방법을 연구해야 되겠다."

"그것 좀 가르쳐주시오."

"일본 놈 시대에, 도지사 할 만큼 군사를 모으고 지껄여야 백성이 곧이듣는다. 요 다음에 독립이 되더라도, 일본 놈 시대에 도지사를 해야 요 다음에 대통령쯤 하거든."

"아이, 나 그 대통령 바라지 않소."

"바라지 않기는 뭘 바라지 않아? 이놈아, 도지사 할 수 없다는 말이지? 망할 녀석 같으니. 너 이 녀석 쫓겨온 녀석이야."

그러니까 고개를 푹 수그린단 말예요.

"아닌 게 아니라, 시방 영산포에서 왜놈의 가마니 4천 개를 팔아먹고, 시방 결속結束 판결을 받았어요."

"이런 빌어먹을 녀석. 네가 미우니 왜놈이 밉지, 왜놈이 뭐가 실지로 미워? 이거 파출소에서 오면 어떻게 할 작정이냐?"

"하, 그러니 그저 얼른 말씀을 좀 해주세요."

"이쪽으로 한 30리쯤 가면 꼬부라진 데가 있으니, 거기 가서 막이나 치고 이 쌀이나 먹다가, 왜놈이 주의 안 하거든 그때 달아나라. 요 빌어먹든 놈."

그래 보냈지요. 막 보냈는데 쏜살같이 순사부장이 왔습니다. 쌕쌕거리면서 물어요.

"여기 누구 왔지요?"

"응, 시방 왔소."

"어디 갔나요?"

"글쎄, 저 산으로 갔는지 이리 갔는지 모르겠소."

"아니, 여기 있지 않소?"

"글쎄 없다잖소, 이 사람아."

"뭐라고 합디까?"

"왜놈 다 죽여야 된다고 그럽디다."

"아, 그래요? 그래서 뭐라고 했소?"

"남을 죽이려 하면 제가 먼저 죽는다고 그랬소. 죽이지 말라고 그랬소."

"선생님, 알아듣게 말씀해주시오."

"내 책임이 바로 그거요. 알아듣게 해주는 거. 들어봐요. 사람이 남 죽이는 마음 가지고는 못 살아. 저 진나라 장수 백기白起는 항복한 조나라 군대 40만 명을 죽이고 백치가 됐어요. 그런데 독일의 힌덴부르크 장군은 러시아 36사단 다 죽이고도 백치가 되기는커녕 대통령 하고 잘 죽었어요. 그러니까 백기는 그 마음이 사람 죽이는 마음이었고, 힌덴부르크는 사람 죽이는 마음보다 조국을 지키는 마음이었어요. 누구든지 죽이면 못쓰는 거거든요."

"그러나 나는 서양 얘기 못 알아듣습니다."

"아둔한 사람은 못 알아듣는 거요. 여하간, 그대는 중학교 다녔소?"

이 녀석이 아무 말도 못 해요.

"이시다 미쓰나리石田三成(1560~1600)*라고 있소. 사쓰마薩
摩(일본 규슈, 가고시마 현 서반부의 반도)에서 병정을 일으킨 사
람인데, 그 사람이 잡혀서 교토京都로 끌려왔소. 구루마에다
가 기둥 말뚝을 박고, 하루종일 그 사람을 그 속에다 넣고는
새끼를 둘러서 이렇게 해서 햇볕이 내려쬐고 그랬어요. 교토
근처에 와서 목이 말라 물을 좀 달라니까, 병사들이 생감을
따다 주면서 먹으라고 그랬소. 이시다가 '목마를 적에 생감을
먹으면 백 일 안에 해소가 들려 죽는데, 나는 못 먹겠다'라고
그러니, 그 병사가 '경도에 가면 금방 사형당할 텐데 뭘, 잔말
말고 먹어라' 그랬대요. 그러자 이시다가, '내가 대의명분을
가지고 했는데, 내가 나쁜 일을 했나. 교토 가면 나 죽일 사람
도 없고, 죽을 일도 없다, 이 녀석아' 그랬소. 병사가 할 수 없
어 물을 떠다 먹였다는데, 그 뒤의 역사를 보면 이시다 미쓰
나리가 경도에 가서 죽었는지, 안 죽었는지 알 거 아니오?"

그랬더니만 이놈이 여기 앉아 있다가는 역사도 못 배운 자
식이라는 소리 듣겠다 싶어, 그만 서둘러 달아나버렸다, 그
말입니다.

자, 이렇게 양반은 양반대로 동무 죽이고, 쌍놈은 쌍놈대
로 난리 좀 났으면 좋겠다고 합니다. 무슨 소린고 하니, 양반

---

* 도요토미 히데요시의 총애를 받은 가신. 세키가하라 전투에서 도쿠가와 이
에야스에게 패해 처형됨.

놈 죄 급살 맞아 죽었으면 좋겠다, 그 말예요. 양반이든 상놈이든, 아래위가 다 양반 놈들 급살 맞아 죽었으면 좋겠다고 마음을 먹었어요. 남산골 샌님이 역적 나기만* 기다리듯, 그 놈 죄 급살 맞아 죽기만 기다린다는 겁니다. 그래서 자고 일어나면 종로 네거리에 아무 참판이 목이 베여 떠억 드러누워 염라국에 갔으니까, 또 뒤에 오는 놈 있어야 되고…. 한때 우리는 이렇게 살았던 거예요.

마음속에 도사린 일본이 문제

그랬던 것이 차차 양반도 없어지고 점점 우리 백성들이 하나로 돼가면서, 왜놈을 미워하는 생각이 굉장하게 됐어요. 그랬다가 왜놈은 다시 쳐다볼 수도 없고 내쫓을 수도 없는 사람으로 알게 됐단 말예요. 그래서 나는, "왜놈이 왜성대倭城臺**는 점령했을지 모르나, 우리 가슴속은 점령한 일이 없다. 그런데 왜놈이 우리 가슴속에다가 파출소를 집어넣었기에 우리를 점령하게 되지, 우리 가슴속에 파출소를 넣지 않게 되면

• '남산골 샌님이 역적 바라듯'이란 가난한 사람이 엉뚱한 일을 바라는 걸 비유적으로 이르는 말이다.

•• 서울 중구 예장동·회현동1가에 걸쳐 있던 지역으로, 임진왜란 때 왜군들이 주둔한 데서 마을 이름이 유래되었다. 일제 식민통치의 시발점이 된 지역이다.

걱정할 게 없다"라고 얘기한 일이 있어요. 나 자신 또한 파출소 앞에만 가면 다리가 벌벌 떨리고 아주 나빠요. 순사가 기침만 한 번 해도 깜짝 놀라고, 그래서 세상에 아주 가기 어렵고 고약한 데가 순사 앞이고 파출소 앞인데, 이걸 내가 가슴에서 빼내지 못해서 그만 내가 순사 두목이 돼버렸습니다.

순사 두목이라는 게 내무장관인데, 그게 되니 몹시 좋지 않더이다. 내가 식전이면 운동을 다니는데, 형사가 옆을 따라다니거든요.

"왜 이렇게 가까이 오는 거냐. 호위하려면 저만치 가서 이렇게 하는 거지, 왜 이렇게 하는 거야. 아, 제발."

이렇게 빌었어요.

전에 내가 산중에 다닐 적에, 산중에서 그중 흉한 자가 광산군인데, 정말 나빠요. 저건 사람도 아니고 아무것도 아니다 싶었어요. 그런데, 그 형사 두목을 몇 달 하다가 내놓고 나니까, 또 광산쟁이 두목이 돼요. 그래서 내 그때 말하기를, "어떻든지 내 마음속에 언짢은 건 절대로 가지지 말아야 되겠다." 내 마음속에 가지면 그게 내가 돼버려요. 내가 어떻게 순사 두목이 될 줄 알았나, 그 말예요.

그러니까 언제라도 자기 마음에 그런 것을 넣지 말아야 될 것이다, 그 말입니다. 그래서 마음이 가난한 자는 복이 있다는 게요. 왜 그런고 하니, 마음속에 아무것도 없으면 밝을 것이란 말이죠. 하늘이 그의 나라다, 그 말이에요. 그러니까 언제라도, 학문하는 사람이 마음속에 밉거나 좋은 걸 가지면 학문은 되지 않는 것입니다. 학문이 되기 전에, 그중 미운 것이 그냥 지가 돼버리니까요.

그래서 나는 시방 경찰이 밉던 마음도 뽑아내고, 광산쟁이 밉던 마음도 뽑아냈어요. 경찰 하다가 잘못되면, 도둑놈밖에 될 게 없어요. 왜 그러냐 하면, 경찰의 눈에는 죄 나쁜 놈밖에 없거든요. 그런데 다행히 내가 경찰 두목이 돼서 나쁜 놈이 되지 않고 요기 와 앉아 있는 거 보면, 그래도 그건 건진 겁니다.

그러니까 여러분도 주의해요. 어떻든지 마음에 거추장거리는 거 있거든 얼른 빼버려야 돼요. 얼른 빼버려야 거기에 대한 걸 알지요. 그런데 시방도 다 빠지지는 않았어요. 파출소 앞에 가면 재미가 없거든요. 보통 집에 다니는 거보다 아주 못해요. 그거 어쩐지 시원치 않은데, 내가 이럴 적에는 아마 이승만 대통령은 갑절은 더 싫을 거요. 얻어맞기도 지독하게 얻어맞았으니까.

가슴속에 무서운 순사가 있는 한, 학자 되기는 어려워요. 공평한 생각이 퍽 없을 테니까. 그래서 언제라도 무슨 일을 할 적에 냉정해야 합니다. 냉정이란 무엇이냐. 미워하지도 말고 좋아하지도 말고, 그 사물 자체를 연구할 수 있는 것을 냉정이라 합니다. 우리 학생들은 그 방법을 익혀야 하는 겁니다.

이러한 방법을 익히지 않고는, 학문은 도저히 어렵습니다. 언제라도 학자적 입장이라는 것은, 물건 자체를 능히 보고 이해할 수 있고, 또 아무리 무서운 사람 앞에서라도 능히 얘기할 수 있고, 그래야 돼요.

그런데 막상 독립을 해놓고 보니, 일본 사람한테 아첨하고 일본 사람 앞잡이로 다니던 사람들이 다 득세합디다. 시방도 국회에 가면 태랑太郎이, 차랑次郎이가 다 앉아 있고,* 장사판에도 일본 사람 심부름하던 태랑이, 차랑이가 다 앉았단 말예요. 그래서 이승만 대통령이 일본 대사관을 한국에 안 놓으려 했어요. 여기에 일본 대사관이 있으면, 그따위 태랑이, 차랑이들이 중앙청보다 거기에 먼저 가려고 할 것이기 때문이란 말이지요.

그래서 뭐든 백성에게 잘못이 있다면, 무식한 이들에게 잘못이 있다면, 지식 있는 이의 가르치는 방법이 약했기 때문입니다. 이런 걸 학자로서는 유의해야 됩니다. 학문하는 이가 어떻게 고칠까 궁리해야 해요. 인습으로 됐거나 일시 풍조로 됐거나, 어떻든지 내 몸의 상처인 것만은 사실이니까. 그 상처를 뽑아내는 데는 상당한 지식이 요구될 것입니다.

---

* 태랑太郎과 차랑次郎은 일본 발음으로 '타로' '지로'로 읽는데, 일본 남자들에게 흔한 이름이다. 친일을 했거나 일제 때 득세했던 사람들이 국회에 많다는 뜻.

만민평등 이룩한 문화민족의 명암

일제 40년 지간 우리 살림의 고통과 손해는 이루 얘기할 수 없었습니다. 그래도 이익이라는 것이 있었다면, 소위 양반이라는 정치계급을 타파했던 겁니다. 이것이 여간 좋은 게 아닐 겁니다. 비로소 우리가 만민평등이 된 겁니다.

소수의 양반만 정치를 하고 평민은 정치를 하지 않는다는 사상은, 우리 민족 특유의 것이 아니라 중국에서 온 것입니다. 중국 사람은 사실 그래요. '누가 통치자로 오든, 밥 잘 먹여주고 잠 잘 자게 해주면 되지, 꼭 어떤 민족이어야 할 필요는 없다. 내가 정치에 참여해야 할 필요는 없다'라는 것이 그들의 생각입니다.

우리의 학문과 문화

중국에서는 패군沛郡 출신의 평민인 유방劉邦(B.C.247?~B.C.195)*이 한漢나라를 세워 4백여 년 이어졌어요. 그 때문에 중국에서는 양반 사상이 철폐됐지만, 우리나라 백성들은 양반계급 이외에는 정치를 해서는 못쓴다는 생각을 가졌었습니다. 통치자 자신도 역시 그랬고요. 보통사람이 글을 배우는 것은 대단히 좋지 않은 것으로 여겨졌습니다.

특히 함경도와 평안도는 정치로부터 제외된 지방이라, 거

---

* 진나라에 이어 중국을 두 번째로 통일한 한나라의 제1대 황제. 한 고조.

기는 비교적 문명이 적었어요. 함경도는 왜 제외를 하는가
하니, 조선의 건국자 이성계李成桂(1335~1408)가 함경도 사람
이라서, 함경도 사람이 똑똑해지면 자기를 집어먹겠으니까
등용하지 말라고 했던 것입니다. 그다음에, 평안도 사람은 홍
경래洪景來(1771~1812)*가 난리를 일으킨 곳이고, 또 고려 때
묘청妙淸(?~1135)**의 난리도 평양을 중심으로 일어났으니까,
거기 사람들은 역적꾼이라 안 된다 했어요.

그런데 우리는 중국 역사 같은 것은 대략 짐작하는데, 묘
청의 얘기 같은 것은 모릅니다. 이런 거 보면 우리 학문이 전
연 없었어요. 우리나라 사람이 중국 사람을 모욕줬다거나 우
리나라를 잘 지켰다거나 하는 역사는 중국 사람이 대단히 싫
어했으니까, 중국 사람한테 아첨하기 위해서 죄 빼버렸어요.
마찬가지로 일본 사람도 지난 40년간에, 저 충무공 이순신의
비를 갖다가 땅에다 묻어버리고 그런 소리 아예 하지도 말라
고 했던 것입니다.

바로 우리 집안에도 그런 일이 있었어요. 요 밑에 내려가
면 충북 영동군 황간黃澗 옆댕이에 동악 씨라고 하는 사람이
있었는데, 그 동악 씨란 양반, 아주 괜찮은 이였어요. 그런데
왜인들이 어기 왔을 저에 동악 씨의 비석을 파묻어버렸어요,

---

* 1811년 평안도 일대에서 정권 타도와 지역 차별 철폐를 외치며 봉기했으
  나 실패.

** 한미한 승려 출신으로 고려 지배층을 흔들고 서경 천도운동을 벌이다 반
  역죄로 몰락.

왜 아주 없애버리지 않고 파묻어버리기만 했냐면, 원체 일본 사람들의 간이 쪼끄맣거든요. 중국 사람 같으면 아주 없애버렸겠는데, 그래도 뒤둔 것은 간이 좀 작아서 그랬던 거지요.

그러나저러나, 우리가 이제 확실히 만민평등이 돼서, 누구나 나라를 지켜가겠다는 생각을 가지게 된 것은 참 다행한 일일 것입니다. 우리에게는 원래 그런 전통이 있습니다. 신라 때에는 누구든지 자기 국토를 지키겠다는 마음을 다 가졌었지, 정치계급만 그런 마음을 가진 것이 아니었습니다. 이제 우리가 왜정 40년을 치르고 나니까, 비로소 우리가 신라 사람이 된 거예요.

이래도 대통령 탓, 저래도 대통령 탓

시방은 아주 정치를 잘합니다. 조그만 여학생들이 정치 얘기를 하는가 하면, 다방에서도 아무나 정치에 대해 한마디씩 잘해요. 아무튼, 지게꾼이 밥을 못 빌어먹어도 이승만 잘못이고, 또 장에 가서 반찬거리를 사다가 찌개를 끓이다 잘못돼도 이승만 탓이니까요. 이런 일은 민중이 정치에 대해서 큰 관심을 가지기 때문입니다.

전에는 양반 얘기하면 당장 죽는 걸로 알고, 으레 선반에다 뜨윽 올려놔두고 우리하고는 다 상관없는 것으로 알았겠지마는, 지금은 그렇지 않아요. 어쨌든 뭐가 잘못됐으면 이승만

이 나쁜 거거든요. 여하간 이런 건 이승만 박사에겐 불경한 일인지 모르지만, 민중이 정치에 관심을 가졌다는 것은 대단히 좋은 걸로 나는 알아요. 이렇게 왜정 40년을 지내며 우리의 정치의식이 높아진 것은 좋은 일이지만, 눈에 보이지 않는 손해를 우리가 막대하게 입었지요.

왜인들이 처음 올 적에는 참 구차했어요. 벌거벗고 여기를 왔고, 여름만 되면 다 벌거벗고 다녔지요. 버선도 신는 법이 없어서 겨울에도 맨발로 다니는데, 우리나라 사람은 그때 옷은 다 입었으니까 흉을 보고 지냈거든요.

"참 저놈은 쌍놈이다."

이렇게 한 40년 흉을 보다보니까, 이제 우리나라 사람은 죄 벌거벗고 왜인은 죄 입었어요. 남을 흉보면 자기가 그렇게 돼버려요. 전에는 여름에 남촌에 가면, 여기 가죽만 차고 벌거벗고, 납작 나막신을 신고 뻗적뻗적하고 다니는 걸 보고 모두 고갯짓을 했는데, 이제 내가 유럽에 갔다 와서 보니, 북촌에도 그따위 화상이 아주 많단 말이지요.

유럽 민족들은 기후가 아주 나빠서 몸뚱이를 잘 싸고 그래요. 시방도 양복 여기에 왜 단추가 이렇게 있는 줄 압니까. 이 인색한 양인들이 왜 이걸 쓸데없이 붙이겠어요? 하도 추워서 바람이 들어오니까 여기서부터 단추를 했던 것이 습관이 돼서, 이렇게 붙여놓은 겁니다. 이런 거 보면 우습지요. 그런데 그게 다 사실이거든요.

그러던 유럽 사람들이 따뜻한 아메리카에 가서 살다 보니,

여자들은 따뜻하니까 아주 발가벗고 돌아다니거든요. 시방 한남동 유엔촌에 가면 아주 발가벗고들 다녀요. 문명국가 사람이 그러니까 그거도 좋아 보이지요. 이렇게 시방 우리는 서양 문명에 대해 맹목적인 게 많아요.

우리 집에도 그런 일이 하나 있었는데, 여학생들이 병만 나면 병원으로 쫓아가서 물딱총(주사)을 맞아요. 맞기만 하면 낫는단 말이지요. 그런데 안 낫는 게 있어요. 내과 질환 같은 건 물딱총 몇 대를 놔도 안 낫거든요. 그럴 때는 할 수 없이 한의사한테 가서, 그 풀뿌리 잎사귀 그런 걸 갖다가 먹으면 이놈이 나아요. 그러면 그때 가서 비로소 이제 우리나라 사람이 되는 거예요.

시방 우리 살림이 학교 교육만 가지고 살아갈 수 있느냐, 도저히 안 됩니다. 늙은이 교육도 동시에 있어야 돼요. 아마 요새들 연애하는 젊은 사람들이 서로 좋아서 집이나 한 칸 짓고 살면, 그거 며칠 못 살아요. 애당초 처음 만날 적에도 지들끼리 좋아 만났기 때문에, 둘이 싫어서 언짢으면 그만 헤어져버리거든요. 중간에 중재할 이가 하나도 없어요. 그러니까 가능하면, 장가를 가고 싶거든 늙은이더러 물어보고, 헤어질 적에도 한번 물어보고 헤어지는 게 좋습니다. 그러면 웬만해서는 안 헤어져요. 그러니까 그런 것도 사는 지혜지요.

고운 인심과 배려는 어디 가고

이처럼 우리가 눈에 두지도 않던 일들이었는데, 밖에서 침투해 들어온 게 제법 있습니다. 고약한 게 또 하나 있지요. 우리 어려서, 어떤 사람이 배가 고프다고 문밖에 앉았으면, 엄마한테 가서 밖에 굶은 사람이 있다고 그러면 엄마가 먹던 밥이라도 줬어요. 이제는 어림도 없습니다. 자기는 밥을 통통 먹고 자기 집에 쌓아놓았어도, 문밖에 누가 밥 못 먹는다고 하면, "우리는 사흘씩 굶었소", 이따위 수작하거든요. 왜 이렇게 인색할까요? 왜놈 때문입니다. 저희끼리는 좀 통할지 모르나, 우리 사람하고는 통하지 않으니까 우리 사람한테 인색하게 굴어서, 우리도 그만 어떤 상황이든 인색하게 굴게 됐단 말예요.

내가 그런 거 어저께도 한번 쓰윽 당해봤어요. 저녁에 장터에 나갔는데 오줌이 마렵단 말야. 그래서 여기저기 뒤져봐도 으슥한 데가 없는데, 요새 청계천 막느라고 뭐 칸을 쳐놓고 거기 도구 둔 데가 있거든. 문이 열렸어요. 쓰윽 들어가서 오줌을 막 누기 시작하려는데 어떤 인부가 소리를 질러요.

"으! 오줌누지 말라고."

"그럼 어디다 눌까?"

"아, 저 길에다가."

"아, 길에 사람이 욱시글득시글한데 거기 가서 눠? 제발 가만히 둬라. 이 늙은 놈이 죽겠다. 오줌 좀 누고 보자."

그런데 그래도 안 된다고 그래요. 어휴, 이거 왜놈이 가르쳐준 거로구나, 기가 막히지요, 그게. 이런 것은 전에 일반 늙은이들이 겪어보지 못한 겁니다. 급하다고 그러면 우리나라 사람 뭐 안 뒷간도 곧잘 얻어 쓸 수가 있었어요. 이런 게 왜정 40년에 생긴 아주 독과 같은 것이에요.

그런데 왜놈들이 우리더러 뭐라고 불렀는가 하니, 양반더러는 양반이라고 하고, 보통 쌍놈들에게는 '여보'라고 하는데, '여보'가 발음이 잘 되지 않으니 '요보'라고 했어요. '요보'라고 불러서 성을 내는 듯하니까 '요보 상'이 됐단 말예요. 그런데 그건 우리나라 사람들 제일 듣기 싫어하는 소리거든요. 그래서 그 '요보 상' 소리 안 들으려고 지가 일본 이름을 지어 가지고 부릅니다. 왜놈인 척하느라고요. 그런 '요보 상'들이 시방 국회의원도 곧잘 해요. 시방 여기도 보면, 일본 사람 따라다니던 사람이 더러 있어요. 그들에게 "아마 그게 타로나 지로겠지"라고 하면, 그놈이 성을 벌컥 냅니다.

그렇게 이제 조선 사람이 점점 기를 쓰고 왜놈 노릇을 합니다. 그러나 왜놈 노릇이 어디 별안간에 그렇게 잘 되나요. 왜놈 노릇 잘하자면 30년은 연구해야 되는 겁니다. 한 30년 연구하면 아주 왜놈처럼 돼버리는데, 일제 말기에 보면, 머리도 왜인처럼 깎고 몸뚱이도 왜인처럼 하고 말도 왜인처럼 쓰고 그런 것이 진고개(지금의 서울 중구 충무로2가 일대) 바닥에 그득했어요.

아마 치안국에 있었다가 시방 어디 도지사로 갔지요? 늙은 사람이 아주 고대로 왜놈이거든요. 왜 그런고 하니, 제 마음이 자꾸 왜놈을 하려고 해서 그래요. 그놈이 부처님이나 하려고 했으면 부처님이 꼭 됐을 사람이고, 임금을 할라 그랬으면 임금이 꼭 됐을 사람이란 말예요. 그렇게 정력을 들여서 왜놈을 고대로 만들어 가진 거 보면, 참 알지 못하게 본 손해란 말입니다.

그런데 조선인이 이구동성으로 '요보 상'은 다 듣기 싫어하고, 또 '조센징(조선인)'도 싫어한단 말이죠. '조센징'이라고 부르다가, 조선인도 싫어하니까 '선인鮮人'이라고 그랬습니다. 그러다가 그것도 듣기 싫어하니까 '반도인'이라고 했지요.

시방 잠깐 이런 역사 자료를 살펴보았소만, 우리에게 남은 이런 거, 좀 치명상 되는 거 많이 있어요.

희망이 없는 민족은 질식한다

그 뒤에 일본 사람은 어떻게 됐느냐. 일본 사람이 처음에 우리나라를 먹을 적에는 참 조심했고, 또 그래서 그때는 아주 벌거숭이들이 왔었어요. 그전에는 일본 시모노세키에서 도쿄까지 가는 기찻길 연변에 썩은 초가집이 많았는데, 합방당한 지 10년 만인 기미년에 가보니까 초가집이나마 반반해졌거든요. 그러더니 만주를 먹은 뒤에 가보니, 초가집이 전부 문화주택이 되었어요.

또 일본 여자는 내의가 없었는데, 우리나라 먹은 지 10년 만에 내의가 조금씩 생기더니, 만주를 먹은 뒤에는 외투까지 생기게 되고 그랬어요. 그들의 경제 상태를 보면, 처음에는 아메리카 뉴욕의 중계지로서 이문이나 따먹으면서 유산 계급이라는 것이 비로소 생기게 되었고, 그 뒤에는 백성들 자체가 좀 윤택하게 된 겁니다. 그러더니 이들이 점점 조선 사람 같은 이들을 사람으로 알지 않게 됐습니다.

일본은 도쿄만이라는 데가 김의 생산지로 아주 유명한데, 군수공장의 쇳물이 들어가 김이 다 죽어버려서, 우리나라 다도해에 김 생산지를 만들어가지고 갖다 먹었어요. 그러면서 다도해 섬사람들이 밥을 먹게 되고 옷을 입게 되고 자식들을 가르치게 됐어요.

그런데 그 다도해 섬사람들이 제일 싫어하는 것은, 뭍사람들이 자기들을 업신여기는 겁니다. 그들은 몹시 업신여김을 당한 한恨으로 자식들에게 전부 법률을 가르쳤어요. 그래서 그 법률 배운 사람들이 대략 목포 같은 전라남도에서 취직할 것 같으면, 그 섬사람들이 저 육지 사람들을 여지없이 그만 박아치고, 이렇게 해서 우리 법조계에는 오직 보복심만 양성됐어요. 그래서 법률가들이 그다지 참 좋지 않게 되어서, 해방 이후에도 그런 일이 많이 있게 됐던 것입니다.

누구누구 잴 것은 없지만, 법원 속이나 국회 속에 대략 그때의 섬사람들, 김을 팔아서 공부한 사람들이 많아요. 광양만 이쪽으로, 이런 출신들이 사뭇 똑똑한데, 섬사람의 근성을 가지고 육지 사람 미워한 예가 더러 있습니다.

그래, 이런 일들은 우리에게 무엇을 얘기해주느냐. 해방 직전까지는 민족 자체가 아주 질식을 해버렸단 말이지요. 도덕이라는 건 상관도 없고 오직 그저 자기만 살면 되겠다는 거, 그것을 익혀 와서 우리는 질식을 당했던 것입니다.

본래 문화민족이라는 것은 희망이 없으면 질식을 당하는데, 질식되는 증거가 두 가지로 나타났어요. 한 가지는 소위 폐병인데, 그건 성을 잘 내기 때문입니다. 그다음에는 굶어서 생긴 구차한 병인데, 이건 탐심을 여지없이 발하기 때문입니다. 그렇게 두 가지 병에 지배되어 질식당했던 것입니다.

해방이 되고 나니까 죽었던 놈이 도로 깨어난단 말예요. 죽었던 놈이 깨어나면, 분명 착할 이치는 없지요. 죽을 적에 악하던 그것이 다시 발로하게 되거든요. 그래서 이들이 이제 깨어난 뒤에는 뭐든지 훔쳐 먹어요. 왜놈의 것 잘 훔쳐 먹어야 똑똑한 놈이었거든요. 으레 아무개가 부자 됐다 그러면, 그놈이 어째 부자가 됐을까 해요. 아, 이러저러해서 왜놈을 속여 넘겨 먹었다고 하면, 그거 참 잘했다고 하지요. 또 일본 사람은 으레 아무개가 실패를 하면 왜 실패를 했나, 그 밑에 있던 조선 놈이 떼어먹고 달아났다 하지요. 그기 "아다리마에あたりまえ(당연하지)", 으레 그렇게 하니까, 두 민족 사이에는 어떻게 융합할 수 없는 그런 감정이 침투해 들어갔던 겁니다.

우리는 다시 깨어났는데, 악독한 놈이나 악에 받친 놈이나 그저 눈치를 보아가면서, 옆의 놈이 '악' 그러면 따라 '악' 하고, 옆의 놈이 무서워하면 무서워하고 그래요. 그래서 아무튼 전차 안에서 왜인들을 봤을 때 왜놈이 눈을 부라리면 꿈쩍 못 하고, 또 어떤 때는 왜놈이 좀 기운을 쭈그리면 "저놈 때려라" 이런 소리나 하고, 이런 창피 막심한 일이 많이 나왔습니다.

전쟁이 남겨놓은 부작용

이렇게 살다가 정신이 나서 밥을 먹게 되었는데, 제 밥 먹을 때에도, 제 밥값을 반쯤 떼놓고 먹어야 속이 좋단 말예요. 그러니 뭐 제 살림도 반쯤 떼먹는 놈이 부모 살림쯤 으레 떼먹게 되고, 그런 데다 저 만주 가서 살던 사람, 중국에 가서 살던 사람, 일본서 살던 사람들이 모두 발가벗고 들어왔으니, 이후를 가늠하기 어렵게 됐어요. 남의 밑에서 40년 동안 죽어 있던 이런 주권 없는 불쌍한 백성들이, 이제 광복한 지 한 3년 되니 정부 수립 초기에는 눈이 벌겋게 다 한자리 차지하러 다니는 거예요.

　나 돈암동 살 땐데, 누가 문을 똑똑 두드려서 열어주니,

　"이 집 내놔."

　"왜 내놓으라고 그러우?"

　"어 이거 접수하자."

　"이 사람 정신이 없나? 우리는 여기 대대로 살았는데."

　"아, 그거 무슨 소리야. 적산敵産(적국의 재산)인데."

하루에도 이따위 놈을 아주 몇번씩 만났어요. 그래서 송구하게 들어앉았는데 언제 죽을지도 모르겠고, 또 식전 열 시쯤이나 오후 두 시쯤 마당에 나가 좀 돌아다니면, 저 신설동에서부터 여자 우는 소리가 '아야야!' 나고, 또 정릉 고개서도 '아야야!' 소리가 나는데, 그게 뭐냐면 모두 강도질당하는 소립니다. 왜 그런고 하니, 무경찰 시대가 되어서지요.

그래 정부 수립을 해놓고 나니 전쟁이 나서, 부산으로 피난을 갔어요. 부산은 재미있는 것이, 부가 편중된 곳입니다. 서울서 돈푼이나 있던 사람은, 부산 가서 서울 돌아가기를 기다리며 방 한 칸 얻어가지고 가만히 들어앉았어요. 그러나 이북에서 맨몸뚱이로 왔거나 서울서도 맨몸뚱이로 온 사람은 재빠르게 장터에 보자기 펴놓고 앉았거든요. "다이아징' 사려, 뭐 사려." 이러고 앉았단 말예요. 그런데 바로 이것이 우리나라의 부가 편중되기 시작한 계기입니다. 방에 가만히 들어앉아 있던 사람은 서울 돌아와서 먹고사느라 죄 팔아서 집칸도 없어지고, 그 국제시장에서 수건 펴놓고 '다이아징 사려' 하던 사람은 시방 모두 간판 붙이고, 무슨 제약회사 또 무슨 약품 회사, 뭐 이런 것도 차렸지요.

약품만 그런 게 아녜요. 양복 장수도 그 꼴이란 말이지요.

---

* 설파다이아진sulfadiazine. 폐렴구균, 연쇄상구균 따위의 세균성 질환에 효과가 있는 설파제. 흰색이나 엷은 황색의 결정성 가루로 부작용이 적고 폐렴·임질·화농증 따위의 치료에 쓰임. 약이 귀했던 당시에는 많은 사람들이 이 설파다이아진을 만병통치약으로 여겨 일상적으로 애용했다.

서울서 양복 하던 놈은 다 싸 짊어지고 부산 가서, "다니면서 한 개씩 팔아서 연명이나 하자. 언제든지 서울만 가면 된다", 이랬지요. 그러던 사람은 서울에 돌아와서 집도 팔아먹게 됐단 말예요. 그런데 부산서 이놈의 것도 사다 걸고, 저놈의 것도 사다 걸고, 국제시장에 하코방(상자처럼 작은 빈민촌의 허름한 집)을 해놓고 옷을 팔던 사람은 서울 돌아와서도 다 벌여놓고 앉았단 말이지요. 그러니까 돈푼 있던 놈은 부산 한 번 갔다 와서 거지가 되고, 거지는 이제 좀 돈푼 있는 놈이 되고 그랬던 겁니다.

이런 것은 어느 나라 어느 역사에서든지 다 볼 수 있어요. 여기서 무슨 사고방식이 생겼느냐. '돈이 없어야 살겠다는 의지가 생긴다', 이렇게 생각하지 않고, '누구 물건이든지 주머니에만 넣으면 내 거다', 이런 생각이 났다는 말입니다. 이런 것은 왜놈이 가르쳐준 것이 아니라, 전쟁이 가르쳐준 건데, 어떻게 하든지 남의 계집이래도 뺏어서 제가 가지면 된다, 그 말이에요. 문제가 하나도 없어요. 남의 서방이래도 쓱 뺏어 가지면 되거든요.

이러는 판이니 아주 생존경쟁이 극렬해서, 색시들이 어떻게 하는고 하니, 군이 시집갈 필요가 없어요. 그저 같이 좀 살아보다가 싫증 나면 금방 헤어지는 게 매우 좋거든요. 한번은 내가 양장점 주인더러 물어봤지요.

"옷이 잘 팔립니까?"

"네, 주문은 상당히 들지요."

"주문 들면 괜찮구면요."

"아주 망해요."

"왜 망합니까?"

"부부가 와서 옷을 맞추면 선수금으로 5천 원을 받는데, 5천 원 받고 그놈을 재단해 뜨윽 걸어놓으면 안 찾아갑니다."

"아니, 왜 안 찾아가요?"

"벌써 헤어졌대요."

"그러면 그걸 다른 사람한테 팔아먹지 그럽니까?"

"여자 옷은 팔아먹질 못 해요. 그 사람한테 꼭 맞게 해줘서. 남자 옷은 그래도 팔리고요."

"여자 옷은 그럼 아주 망하겠군요."

"여자가 혼자 와서 맞추면 깔축없이(조금도 축나거나 버릴 것 없이) 찾아가지요. 남자하고 여자하고 둘이 와서 맞추는 건, 그건 안 돼요."

이런 현상들이 다 뭐냐면, 전쟁이 가르쳐준 교훈입니다. 그럼 요것은 왜놈이 지나간 끄트머리 독소지, 직접적인 왜놈의 독소라고는 할 수 없겠지요.

허나 이제 이렇게 되고 나니까, 집을 지어도 자재를 떼어먹어야 돼요. 떼어먹지 않고는 지을 수가 없거든요. 그런데 이제 좀 떼어먹고 집을 지어 남한테 팔아버리면 문제가 없는데, 그 집에 자기가 들어앉아 보니까, 집을 저따위로 지어서는 안 되겠거든요. 좀 탄탄히 지어야 되겠다, 그 말입니다.

그래서 벽돌집이 시멘트 콘크리트집이 되고, 요새 신식 하이칼라 집을 떠억 지어놨지요. 불이 나니까 막대기로 지은 집은 홀딱 타버리고, 콘크리트 집은 안 타거든요. 6·25 지낸 뒤 일곱 해가 됐는데, 이제는 집을 지으려거든 좀 탄탄히 콘크리트로 지어야 되겠다고 해서 비로소 집 꼴이 좀 돼가고 있는 겁니다. 전에 지은 집은 어떤가 하니 흔들흔들하고 기왓장이 떨어지는데, 이제는 발길로 차도 안 떨어지게 생겼습니다. 이거 우리나라 사람이 요만큼 또 된 거죠.

그다음에는 또 뭘 했는가. 무슨 공업을 하든지 달러가 있어야 하니까, 달러를 얻어가지고 이제 물건을 만들어요. 전에 만져보지 못하던 거니 신통하거든요. 우선 갖다가 해보면, 재주야 있거나 말거나 이게 세계 제일이랍니다. 그래서 요새는 세계 제일 제조단은 모두 우리나라 사람들이에요. 인쇄도 세계 제일, 입에 빨간 칠 하는 것(립스틱)도 세계 제일, 저 신발도 세계 제일, 심지어 케케묵은 불교도 세계 제일, 그럽니다. 세계 제일이 왜 이렇게 많을까요? 세계에서 그중 납작하던 놈이 돼서, 한이 붙어서 세계 제일, 그러는 겁니다. 그래서 자동차도 세계 제일, 또 무슨 공장이든 소개할 적에 세계 수준보다 낫다고 해요.

그런데 사실, 지금으로서는 우리가 세계 수준보다 더 나을 일이 도무지 하나나 있어요? 뭐 하나 제대로 만들지도 못하면서, 남의 기계 갖다가 이제 좀 뭘 하는 거로 세계 제일이라 할 건가요? 그러면서 이제 무슨 짓을 떡 하느냐면, '아, 이게 우리가 세계 제일이니까, 저 상공부에서 그 물건 외국에서 들여오지 못하게 하라', 이럽니다. 그래서 그 물건 안 들여오면 또 비싸진단 말이죠.

애당초 미국 사람 말이 그거였어요.

"한국이 공업을 일으키자면 상당한 세월이 걸릴 테니까, 우선 우리가 원조를 해주겠소. 소비 물자를 3분의 2로 하고, 건설 자재를 3분의 1로 해주지요."

그랬더니 이승만 대통령 말이,

"아니, 어서 속히 해서 왜놈보다 나아야 되는데, 이건 무슨 청처짐한(아래쪽으로 좀 처지고 느슨한 듯한) 소리요."

이렇게 영감님이 막 떼를 썼단 말예요. 그 통에 온갖 공업 기계가 들어오는데, 글쎄 내가 인쇄기를 사들이겠다고 했는데 안 된다 이 말예요. 이 백 박사가 떼를 써도 잘 안 되더군요. 그래서 장사꾼을 시켜서 떼를 썼더니, 일이 됐단 말이지요. 그래 이제 아마 동국대학에는 인쇄기가 투입됩니다.

조선 민족의 뿌리와 아시아

여태까지는 1905년부터 해방 때까지를 얘기했습니다. 우리의 근대 외교사는 1905년부터 시작했다고 볼 수 있습니다. 이제 유럽의 외교사에 대해 알아보겠습니다.

알렉산더 이후 더 커진 동방 탐구욕

유럽 사람들은 동방을 염두에 두고도 동쪽으로 가지 않고, 지구가 둥그니 반대 방향으로 가도 동방에 닿을 수 있다는 생각으로 항해하다, 중간 경로인 아메리카라는 새로운 땅을 발견했습니다.

그럼 이것이 전부 어디서 기인한 것이냐, 알렉산더의 동방 정복부터다, 이 말입니다. 알렉산더 군대는 동쪽으로 아라비아사막을 건너 인도까지 쳐들어갔습니다. 그 기록은 인도 학자들과 그리스 사람들이 모여서 확인한 것이고요.

그들은 인도까지 들어왔지만, 북쪽은 꽉 막혀 있고, 동쪽은 소위 정글이라는 아주 깊은 산림으로 뒤덮여, 습기와 온도가 높고 독한 짐승들이 많아서 사람이 도저히 감내할 수 없을 정도의 땅이기 때문에, 동쪽으로는 더 이상 넘어가지 못했습니다.

그 뒤 몇몇 대상隊商들이 동서양을 오가며 무역을 하였는데, 이때 중국 사람들은 사막과 정글 너머에 로마제국이 있음을 알게 되었고, 진나라 '진秦' 자를 써서 대진국大秦國*이라고 불렀습니다. 한때는 이 대상들이 중국의 도자기를 로마에 갖다가 매매할 적에, 똑같은 양의 금을 주고 샀다는 얘기도 있습니다.

그래서 마르코 폴로Marco Polo(1254~1324)** 같은 모험가도 생겼습니다. 그때 마르코 폴로가 중국에 가서 본 것, 예를 들면 서양에서는 아직도 화약을 쓰지 못했는데, 중국에서는 화약을 쓰더라는 그런 얘기는 원나라 때의 일이었습니다.

북쪽 변방의 부족이 중국의 땅을 흔들고, 그 중국 땅에 와서 제국을 건설한 것이 소위 몽고의 칭기즈 칸이고, 그의 자손들이 중국 대륙을 개척해서 으뜸 '원元' 자, 원나라라고 했던 것입니다. 이러한 일들은 모두 우리 동방 민족에게 사달이 많았다는 것을 보여줍니다.

옛날에 중국 본토에 '야후'라는 족속이 있었는데, 야후라는 것은 황하 유역에 사는, 중국 한족의 시조가 되는 황제족黃帝族***을 말해요. 그들이 황하 유역을 따라 우리나라 서해까지 내려왔고, 또 한쪽으로는 산동성과 하북성 사이의 동영까지

- 중국에서 전한前漢 이후 로마 지역을 부르던 이름.

- 이탈리아의 상인·여행가. 1275년 중국 원나라에 도착해 17년 동안 머물며 아시아와 인도의 통상을 전담, 후에 《동방견문록》을 펴냄.

- 한족漢族의 직계 선조가 되는 선진先秦 시대의 화하족華夏族은 여러 종족이 모여 이루어졌다. 그중 핵심 주체였던 황제족黃帝族은 처음에는 희수姬水 유역에 거주하다가, 인구의 증가와 함께 강성해지면서 점차 그 세력 범위를 오늘날 감숙성 동북부와 섬서성의 경계 지역까지 확대하였고, 후에 황하 유역과 주변 일대에 거주하던 많은 종족집단을 정복하였다.

내려왔습니다. 산동반도는 황하의 하류 지방에 있는 삼각주예요. 그 지역에 가보면 맨 모래고, 돌멩이가 없어요. 또 땅에 염분이 많아서 밀가루나 강냉이 같은 것만 되고, 쌀 같은 것은 잘 되지 않아요.

훨씬 뒤에 '하夏'라고 하는 나라도 역시 산동성에 기초를 두고, 산동성에서 다시 장안까지 들어간 것을 볼 것 같으면, 애당초 중국은 만주와, 시방 탁록涿鹿 평야라고 하는 북경 앞의 벌판에서 시작해서, 점진적으로 동해, 즉 우리나라의 황해로 나아가며 개척할 적에 비로소 생겨난 나라일 것입니다.

그러면 탁록 평야는 애당초에 황하를 끼고 내려온 그 중국 민족의 땅인가, 그렇지 않으면 벌써 동쪽에 어떤 민족이 있어서, 그 민족이 만주 평야를 점거하고도 남아서 북경 평야까지 나갔던 것인가, 그들이 그냥 황해로 해서 산동반도까지 무인지경으로 올라갔는가, 산동반도에도 역시 민족이 있었는가, 이런 것들은 우리에게 많은 문제를 제기합니다.

백두산 꼭대기서 났다는 우리 조상

그러면 조선 민족이라고 하는 것은 대체 어떻게 된 것일까요. 정말 하늘에서 백두산 꼭대기에 뚝 떨어졌을까요? 혹은 산골 개천 섶에서 따뜻한 기운을 받아, 무슨 미생물이 발전돼 사람으로 진화한 것일까요? 아니면 아시아나 유럽의 어딘가에 먼저 둥지 잡은 사람들이 옮겨온 것일까요? 이런 것이 문제가 됩니다.

그럼 전 세계적으로 어디서 처음 사람이 나왔겠느냐 하면, 대략 시방까지는 파미르고원에서 났거나, 멕시코고원에서 났으리라고 추측합니다. 내가 전에 얘기한 대로, 파미르고원에서는 사람이 났다기보다도 아마 유인원 무리가 많이 살았을 것입니다. 그 유인원들은 파미르고원의 조건이 좋아서인지, 아마 얼마간은 있었을 것입니다. 그런데 인구가 자꾸 많아지니까, 먹을 것과 영양소가 부족해져 오래 있지는 못했을 것입니다. 그래서 파미르고원을 떠나서 곤륜산맥을 넘어 동쪽으로 서쪽으로 갔단 말이지요.

곤륜산은 동쪽으로 골짜기가 다섯이 났고 서쪽으로도 서너 개가 있었는데, 그 골짜기가 유인원이 다니기 똑 좋게 됐던 모양입니다. 물도 먹고 또 물속의 고기도 잡아먹고, 그래서 내려가기가 편치요.

파미르고원에서 아프가니스탄 산악지대를 거쳐 곤륜산맥 북쪽에 이르는 지역을 서장(티베트)이라고 하는데, 그리 거쳐 다시 동쪽 계곡으로 들어서서, 어떤 민족은 황하 상류인 신강성 저 이북 편으로 가서 물꼬를 따라 내려왔는가 하면, 또 어떤 민족은 거기서 갈라져서 저 신강성 분지를 넘어 우랄산 등으로 자꾸 타고 북쪽으로 갔다, 그 말입니다.

우리가 옛날 기록을 볼 것 같으면, 황제黃帝(화하족의 시조로, 모든 문물과 제도를 확립한 중국 문명의 개조開祖)가 배를 만들어

썼다고 하니, 아마 배를 가진 민족들은 잘 내려갔을 거예요. 그러나 몽고 사막 벌판에서는 속히 가기가 좀 어려운데, 말 같은 것을 이용하면 상당히 빠르게 이동할 때도 있었지만, 오래 걸릴 때도 있었을 것입니다. 이렇게 그들이 동으로 자꾸 나왔어요.

그래서 이들이 동쪽으로 가다가, 중간에 대흥안령이라는 산맥이 시베리아 벌판에 있어서 거기 웅거해 있게 되고, 그러다가 이들의 모습이나 특색이 점차 다양하게 변하게 돼요. 그중 일부가 거기서 또 동쪽으로 갑니다. 거기에 동쪽으로 가로지른 산맥이 있는데, 그 산맥이 시방 만주에 있는 장백산맥입니다.

장백산맥에서 훤한 벌판으로 물이 흘러내려 갑니다. 그 물이 햇빛을 받을 때 일곱 광선 중 청색을 제외하고는 모두 흡수해서, 그 청색이 강에 그대로 반영이 되니까 물이 퍼렇지요. 조금 더 깊으면 아주 까맣거든요. 그래서 그걸 흑룡강黑龍江이라고 그랬지요. 용이 있어서라기보다도 꺼멓다, 그 말입니다.

장백산은 길이가 대략 2천5백 리 정도 돼요. 그것이 퍼런 벌판에 길게 누우니까, 원체 허옇게 높고 기다랗대서 그 산 이름을 장백산長白山이라고 합니다.

황제와 치우의 대결, 그리고 탁록평야

장백산 언저리에는 시방도 그때에 있던 나무를 아무도 베어 내지 않아서 거기를 수해樹海라고 그래요. 일본 사람이 연전에 거기를 개척하려고 했을 땐데, 80년을 윤벌輪伐(다시 나무가 자랄 수 있도록 삼림의 일부를 나누어 순차적으로 벌채하는 것)을 해도, 아직도 적당하다는 겁니다. 언제라도 목재를 마음대로 얻어낼 수 있다는 거요.

그 수해에서 동남쪽으로 올라가면 상봉이 있는데, 그 상봉은 원체 높아서 허여니까, 남쪽에서는 백두산이라 부르고 북쪽에서는 장백산이라고 불러요. 중국 사람은 긴 '장長' 자, 흰 '백白' 자, 장백산, 남쪽 사람은 애당초 그 꼭대기가 허예서 백두산, 이렇게 불렀어요.

우리 조상은 그 백두산 꼭대기에서 났다는 거예요. 왜 그 꼭대기를 좋아하는가 하니, 구렁텅에 난 놈은 아주 나쁜 놈이지만, 높직한 데서 난 놈은 좋은 놈이라는 거죠. 그래서 우리 조상은 높직한 데서 났다 해서 백두산 꼭대기에서 났다고 그랬단 말이에요. 그 산꼭대기에서 동쪽으로 흐르는 물을 송화강松花江이라고 해요. 송화강이라는 건 만주 말로 '텡게르오쓰'라고, '하늘 물'이라고 그럽니다.

그런데 그들은 다 하늘을 참 무서워해요. 왜 하늘이 그렇게 인식되었냐 하면, 그들이 여러 대에 걸쳐 오랜 세월 동안 시베리아 그 벌판에서 믿을 것은 아마 하늘밖에 없었기 때문일 겁니다. 그래서 하늘에 뭐 반짝거리는 게 없으면 하느님이 성낸 게고, 반짝거리는 게 있으면 하느님이 좋아하는 거고요. 원체 넓은 하늘을 보고 이렇게 눈치를 챘으니, 제 가슴속도 좁지는 않았겠지요. 그래서 이들 민족은 좀 많이 넉넉했을 거예요.

그런데 황하 계곡을 따라서 내려온 민족들은 아마 사막에 있는 민족만큼 하늘을 그렇게 넓게 보지는 못했을 거예요. 요렇게 된 골짜기에서만 하늘을 봤을 테니까요. 그래서 황하에서 내려온 이들은, 결국 탁록평야에 와서 동쪽에서 오는 민족하고 대결할 적에, 아마 좀 시원치 않았던 겁니다. 몽고사막에서 널찍한 하늘 보고 살던 사람의 책략과, 좁디좁은 황하계곡 속에서 생각하던 사람의 생각은 전연 다를 것이니까요.

그때에 황제黃帝 같은 사람은 재주가 아주 많은 사람이었어요. 화살도 만들고, 수레도 만들고, 배도 만들고 이런 사람이었지요. 그리고 그와 대결하는 동쪽 민족에는 치우蚩尤라는 사람이 있었는데, 기록에 보면 치우는 능작대무能作大霧, 즉 큰 안개를 피울 줄 안단 말예요. 이런 걸 보면, 치우는 하늘하고 매우 가까운 친구란 말이죠. 그러나 황제는 배나 수레를 만들 줄 알고, 화살을 쏠 줄만 알았으니, 아마 그 사람하고 하늘하고는 관계가 적은 사람이라고 얘기할 수 있을 것입니다. 그래서 동쪽 민족인 치우라고 하는 사람한테 단단히 골탕 먹은 게 사실이고, 그럴 때마다 탁록평야는 그만 저 동쪽 민족의 손에 들어갔던 것입니다.

동쪽 민족은 근거지를 백두산에다 두고 만주 평야를 지나서 황하 유역에까지 들어갔으니까 원정군이고, 중국 민족은 황하 상류 지방에서 차차 내려오면서 번식한 거니까 미약하기는 상당히 미약했을 것입니다. 그런데 그때 말이, 그 뒤에 하夏나라 은殷나라, 또 주周나라에 이르기까지, 탁록평야를 지배하는 자는 천하를 제패한다고 그렇게들 말을 했어요. 그래서 동쪽 민족은 동쪽에서 내려와서 황하 유역을 거쳐서 산동반도를 점거했던 것입니다.

그런데 산동반도의 그 벌판은 산이 적어서, 제남濟南의 태산泰山˙ 하나를 제외하고는 편편한 모래사장인데, 거기에 아홉 가지 '이夷'라는 부족이 있었다고 해요. '夷'라는 것은 중국 사람들이 동방 민족을 가리키는 말인데, 큰 '대大' 자 속에 활 '궁弓'을 넣었거든요. 이 사람들이, 키가 멀쑥한 것들이 활을 잘 쏜다, 그런 말이지요. 그래서 동방 민족을 '이夷'라고 불렀는데, 그 '이'가 산동반도에만 아홉 종족이 있단 말입니다. 내주萊州에 있는 건 '내이萊夷', 서주徐州에 있는 건 '서이徐夷', 이렇게 해서 죽 물꼬를 따라 장안長安˙˙까지 있었던 모양이에요.

그때 우禹라는 사람은 에당초 산동반도에서 발족해서, 그

˙　중국의 다섯 명산인 오악 가운데 하나로, 예부터 신령한 산으로 여겨졌다. 최고봉은 1,535m 높이의 옥황봉.

˙˙　중국 한漢나라의 수도. 수隋, 당唐 때까지 계속 도읍으로 자리 잡은 도시.

이족들이 없는 데까지 갔단 말이죠. 그곳이 시방 장안이라고 하는 덴지도 몰라요. 그러나 그들은 언제라도 이 이족들의 협력을 얻지 않으면 도저히 통치를 할 수가 없었단 말예요. 그래 이족들의 협력을 얻고자 단군을 찾아왔어요. 단군이라는 사람은 동방 민족의 영도자 격으로, 대발병大發兵 몇천, 몇만 명을 했던 것 같아요. 단군이 이족들에게 통첩을 하면, 그 이족들이 다 우禹를 도와주었으니까.

또한, 단군의 신하인 고수瞽叟라는 사람에게는 순舜(고대 중국의 전설상의 천자. 요堯의 뒤를 이어 천자가 됨)이라는 아들이 있었는데, 순은 시방 말하는 옹기를 잘 다루었다고 합니다.

옹기라고 하는 것은 검정 흙을 갖다가 그냥 불에다 구워내는 걸 말하고, 도기라는 것은 검정 흙에다가 잿물을 씌워가지고 불 속에서 빤들빤들하게 구운 걸 말해요. 그때 도기가 있었는지 옹기가 있었는지 모르나, 시방도 북경에 가면 요임금의 밥그릇이 있는데, 그게 한 4천 년 됐다고 하거든요. 그런데 난 보지는 못했어요. 봤더라면 좀 요런 때 얘기가 잘 되는 건데 말입니다.

단군의 자손과 만주와 요순 시대

기록을 보면, 고수의 아들 순은 그 옹기를 요임금의 궁전에 가지고 가서 팔았고, 또 순이 그걸 짊어지고 오면 요임금이 잘 샀답니다. 요임금은 순을 좋게 보아, 자기의 아들이 똑똑하지 않은 것은 아니지만, 동방족인 순을 후계자로 만들어 그 사람에게 전위傳位를 했다고 합니다. 그러니까 순은 단군의 자식이고, 단군의 부족인 것이 사실이에요. 순임금이 제일가는 중국의 대표 인물이라는데, 뭐 내 보기에는 순이라는 게 단군의 자손이에요.

또 문왕文王(중국 주周나라의 시조)이라는 사람이 꽤 똑똑한데, 문왕도 역시 산동 사람이란 말예요. 산동 사람이라면, 그 사람이 중국 사람일 이치가 없죠. 그러니 문왕도 이족이지요. 말하자면 단군의 족속이라 그 말입니다. 또 공자도 산동성에서 태어났거든요. 그러니까 공자도 역시 단군의 자손이라고요. 그러면 중국의 문화라는 게 아무것도 아니게 됐어요.

어쨌거나 단군의 족속이라는 문제는 상당히 중요했지만, 중국 사람들이 중국을 통치하는 데 별문제가 없었어요. 그러나 몽고 사람이 중국을 통치할 적에는 문제가 생겼습니다. 이놈들이 만주와 우리를 다 괴롭게 굴었어요. 그자들은 중국 민족보다는 오히려 이 백두산 남쪽 사람들하고 혼인하려고 애를 썼어요. 역사를 알아서 그랬는지, 조그만 민족끼리 정치적으로 협력이 돼야 큰 민족인 중국 사람을 잘 정탐해주리라고 생각했는지 모르나, 고려조는 전부가 몽고, 저 원나라의 사위가 됐었어요.

몽고의 노국공주*가 와서 공민왕恭愍王(1330~1374)과 부부가 된 사실은 우리가 주목할 일이고, 또 우리나라에 아직도 몽고 말이 남아 있는데, 예를 들면 뭐든지 나쁜 일을 하는 사람을 '꾼'이라고 부르는 것도 그런 겁니다. 요새는 '상여차喪輿車'라고 하지만, 상여차라는 것이 생기기 전에는 상두라고, 가마 같은 걸 비단으로 싸가지고, 그 속에다 송장을 담아가지고 다니는 게 있었어요. 상두 메고 다니는 사람은 상두꾼, 무거운 돌멩이 들고 다니는 사람은 담擔꾼, 나뭇짐 하는 사람은 나무꾼, 이렇게 '꾼' 자가 붙은 말은 몽고 말이랍니다.

왜 그런 말이 남아 있느냐면, 이렇습니다. 몽고에서 고려왕을 사위로 삼고 약대(낙타과 동물을 통틀어 이르는 말)를 선물로 보냈대요. 그런데 약대는 사막에서나 필요한 거지 우리 같은 산골에서는 필요치가 않거든요. 발이 그렇게 생겨서 산에 오르지도 못하고, 벌판은 얼마 안 되니 필요가 없죠. 그런데 약대를 한 천 두씩 이렇게 주니까, 이 약대를 어떤 다리 밑에다가 몰아넣고 죽여버렸다지요(개성 초입인 송남동에 약대다리가 있음). 약대는 워낙 이상스러운 물건이 돼놔서, 그것이 나타나면 백성들이 모두 놀라고 맘대로 만지지도 못하고 그랬는데, 몽고 사람을 불러오니까, 말을 잘 듣더래요. 그래 뭐든지 어려울 적엔 몽고 사람 '군'을 불러댔던 거예요. 그래서 '꾼' 같은 말이 남아 있는 겁니다.

- 원元의 황족 위왕魏王의 딸로, 1349년 원나라에서 고려 31대 왕인 공민왕과 결혼했으나 1365년 난산難産으로 죽었다.

수·당 대군을 물리친 역사

그런데 그것이 다음에 명明*이 됐지요. 몽고하고 일가가 되는 고려조를 집어먹으려는 이성계李成桂로서는 '옳다' 하고 명나라를 섬기게 됩니다.

나중에 조선 중종 때 《동몽선습童蒙先習》이라는 책이 나오는데, 우리 어려서는 그 책을 다 읽었어요. 그 책의 끄트머리에 뭐라고 쓰여 있는가 하면,

"어희於戲라. 아국我國이 수벽재해우雖僻在海隅하야 양지편소壤地褊小하나, 예악법도禮樂法度와 의관문물衣冠文物을 실준화제悉遵華制하여, 인륜人倫이 명어상明於上하고 교화행어하敎化行於下하여, 풍속지미 모의중화風俗之美 侔擬中華하니, 화인華人이 칭지왈소국화稱之曰小中華라 하니, 자기비기자지유화야玆豈非箕子之遺化耶리오. 차이소자嗟爾小子는 의기관감이흥기재宜其觀感而興起哉인저."

"슬프구나, 우리나라가 바다 옆에 붙어 있어 땅덩어리는 작지만, 그런데 하는 짓은 중국 사람과 똑같구나. 그래서 중국 사람이 조선을 조그만 중국이라고 그렇게 말하더라. 감격하지 않느냐? 너희들은 이런 걸 잘 지켜서 중국 사람의 종놈 노릇만 잘하면 그게 나의 소원이다."

---

* 몽골족이 세운 원元나라를 멸망시키고 한족漢族이 세운 통일왕조(1368~1644).

이런 걸 써놓은 걸 볼 것 같으면, 중국 가서 말썽 안 부리는 거, 그런 걸 좋아했던 것입니다.

내가 한나라 《사기》를 읽었는데, 한무제漢武帝 때에 국고가 남으니까 크게 발병發兵을 했어요. 백두산 남쪽을 쳐부숴 한사군漢四郡을 뒀다고 해요. 그 후에 고구려 때에는 수나라와 당에서 백만 명씩이나 쳐들어왔어요. 이런 거 보면, 한漢 때부터 수와 당을 거쳐서 우리나라에 많이 쳐들어왔는데, 그때에 물론 우리가 다 죽지 않았던 것을 보면 뭐 막아내는 장수가 있었을 거 아닙니까. 한두 명이 아닐 거예요. 특히 을지문덕乙支文德 같은 사람은 우리 역사서에 대서특필할 명장인데, 중국 사람들 눈치 보느라 우리나라 사람들이 자청해서 그 기록을 다 없애버렸어요.

또 전에도 말했지만, 일본 사람이 우리를 40년간 점령하고 있을 적에, 이순신 장군의 비, 사당, 그런 걸 다 땅에 파묻어버렸다, 그 말예요. 우리가 똑똑한 사람이 상당히 많았겠지만, 중국과 일본 등살에 자기 자신이 스스로 역사를 없애버리는 그런 짓을 했다, 그거예요. 왜놈 시대에도, 우리 조상이 왜놈한테 좀 나쁘게 했으면, "나는 그 사람 아들 아니오", 이렇게 하는 사람들이 있었어요.

그냥 여기서 '천황폐하 만세' 부르면서 밥 잘 먹는데 왜 불평을 하냐, 나라는 무슨 나라냐, 그 말예요. 아, 그러다가 막상 왜놈이 가니까 "나도 독립운동 했다" 해요. 요새 총장실에 구걸하러 오는 사람이 전부 독립운동가입니다. 독립운동이나 했다고 그래야 돈을 주지, 안 했다면 돈을 안 주잖아요? 그저 밥 빌어먹는 것만 좋다, 그 말입니다.

왜놈 밑구멍에서 왜놈한테 천황폐하 만세를 부르고 밥 먹는 놈이나, 해방한 뒤에 "왜놈이 미워서 독립운동 했소" 그러고 밥 먹는 놈이나, 국가 입장으로는 다 예쁘고 착하거든요. 독립운동 할 적에는 일본 놈한테 붙은 놈이 참 나쁘지요. 그러나 독립을 다 해놓고 보면, 그놈도 아주 이쁜 놈이에요. 나라에는 국민이 있어야 사는데, 이 녀석 골라내고 저 녀석 골라내고 하면 국민이 몇 명 안 남거든요. 그러니까 다 예쁘다, 그 말예요.

중국인과 다른 한국인

우리 민족은 어떻게 몇천 년간을 이 한반도에서 살아갈 수 있었을까요. 우리가 여기에 있으면서 한편으로는 중국에서 많은 문화를 받아들여 일본에 전해주었고, 또 한편으로는 우리 자신이 필요치 않은 건 받아들이지 않고 특유한 문화를 만든 것도 우리가 많이 발전하게 된 원인이 될 것입니다.

예를 들어, 중국 사람들은 신선을 참 좋아하고, 우리도 신선이라면 아주 껌벅 죽었다 깨어날 만큼 좋아합니다. 시방도 그래요. '이건 신선 되는 약이다', 그러면 무조건 좋다, 그 말예요. 요새 만병통치약과 한가지거든요. 그럼에도 불구하고,

신선도가 우리나라에 남아 있지 않은 걸 보면, 또 중국 사람이 좋아하는 신선도가 우리에게 들어오지 않은 걸 보면, 우리 사람은 중국 사람과 성질이 전혀 다르다는 것입니다.

또 한 가지, 중동지방에서부터 시작해서 중국 대륙과 몽고에 걸쳐 많은 사람들이 신봉하는 마호메트교 같은 것도, 산동반도까지 오고 안도현安圖縣까지 있건만, 우리나라 사람으로는 마호메트교 믿는 사람이 없습니다. 그것도 우리 민족에게 그다지 이익을 주지 못했기 때문에 못 들어온 것입니다.

그러나 그들이 정말 안 들어온 건 아니고, 들어오기야 들어왔어요. 예를 들면, 평양에 시방도 '증蒸편'*이라는 게 있는데, 쌀을 갈아가지고 술에다 넣고 쪄서, 이렇게 푹신푹신하게 해서 먹는 떡이지요. 효소를 사용한 최초의 떡인데, 원리는 밀떡과 같은 거예요. 그 떡은 바로 마호메트교 교도들이 전용물로 해 팔던 것입니다. 그 교도들은 그 떡 이름을 '상화霜花'라고 해서 팔았어요. 우리 가곡에도 상화 노래**가 있는데, "상화 아범 집에 가면, 저 상화 할아범이 뭐 지낸다"라는 그런 거요.

---

* 멥쌀가루를, 막걸리를 조금 탄 뜨거운 물로 묽게 반죽하여 더운 방에서 부풀려 밤, 대추, 잣 따위의 고명을 얹고 틀에 넣어 찐 떡.

** 고려가요 〈쌍화점〉의 내용은 다음과 같다. "쌍화점雙花店에 쌍화雙花 사라 가고신댄(만두가게에 만두 사러 갔더니), 회회回回아비 내 손모글 주여이다(회회아비가 내 손목을 쥐더라). 이 말싸미 이 점店밧긔 나명들명(이런 말이 이 가게 밖에 드나들면), 지고고맛감 삿기 광대 네 마리라 호리라(조그만 새끼 광대야, 네가 말한 것이라 하리라). 긔 자리예 나도 자라 가리라(그 자리에 나도 자러 가리라). 그 잔 데같이 덤거츠니 없다(그 둘이 잔 데같이 뒤엉켜진 데가 없다)."

평양에 그것이 오래 있었는데도 불구하고, 우리나라에 마호메트교 믿는 사람이 전연 없어요. 그런데 만주에 가면, 어디든지 양탕(간장으로 간을 한 육수에 양을 넣고 만든 완자를 맑은 장국에 끓인 국) 있는 곳에는 반드시 허연 문패에다 '회회교 청진도문回回教淸眞道門'이라고 꺼먼 글자로 써 붙여요. 중국 사람들이 대략 꺼먼 바탕에다 칠을 해가지고 금 글자로 써 붙이는 데 반해서, 이 사람들은 '회회교도'를 그렇게 써 붙이는 겁니다.

그들은 남이 주는 음식을 먹지 않았기 때문에, 특수한 음식을 만들어서 저희끼리 나눠 먹게 됐어요. 또 자기네 교도들의 송장은 반드시 자기들이 치웠어요. 그래서 중국 사람들이 보통 송장 치우기 싫으면 떠억 회회교도 문전에다 갖다 놔둬요. 그러면 저희가 치우거든요. 치우고 나서 가만히 생각하니 억울하지요. 회교도가 아닌 사람의 송장을 치웠으니.

그래서 그다음부터는 저희끼리 신호를 하기 위해서 흰 헝겊을 지니고 다니게 되었는데, 중국 사람들이 또 이걸 알아가지고 송장에다 흰 헝겊을 쓱 넣어서 갖다 놓아요. 그러면 이놈이 치우고 나서 생각해보니 또 속았거든요. 그래서 그 사람들이 새록새록 그렇게 암호를 만들어, 시방도 양탕 장수를 하면서 흰 패를 그렇게 써 붙이는 겁니다.

그런데 그 떡이 애당초 밀가루 떡이었는데, 우리나라에 와서 밀가루를 얻기 어려워 쌀가루로 만들다 보니깐 증편이 됐던 모양이에요. 이런 걸 보면, 우리나라 사람 참 맹랑하지요.

신선도 그래요. 신선이 돼서 막상 죽지 않으면 곤란할 거란 말이지요. 우리는 죽지 않는 거 좋아하지 않았단 말입니다. 전에 정말 그랬는지 거짓말로 그랬는지 모르나, 고려 때에는 아버지가 하도 오래 살아서 아들놈이 아범을 산에다 내버리고 왔답니다. 이게 소위 고려장이라는 건데, 커다란 산소는 모두 고려장이래요. 왜 저렇게 산소가 크냐고 물어보면, 솥도 걸어야 되고 방도 만들어야 되고, 여러 식구가 살아야 되기 때문이랍니다. 그럼 왜 땅을 파고 살아, 이렇게 집에서 살면 될 텐데요. 그렇게 살다가 죽으면, 문만 막아버리고 흙을 쌓아버리면 그게 그냥 산소가 되거든요.

단군의 족속이 각지에 세운 국가들

단군의 족속이 얼마나 많은 국가를 세웠느냐 하는 것을 우리가 생각해보아야 합니다. 산동성으로 들어갔던 사람은 서주徐州라는 데 가서 왕국을 세웠어요. 물론 오래 누리지는 못했고, 두 대에 걸쳐 없어졌는데, 서하에 가서 서하국西夏國 (1038~1227)*을 만들어 경종景宗(이원호)이라는 사람이 즉위하

---

* 서하는 1038년에서 1227년까지 중국 북서부의 감숙성甘肅省, 섬서성陝西省에 위치했던, 티베트인의 분파인 탕구트족의 왕조이다. 탕구트 족장 이계천李繼遷의 직계 후손 조원호趙元昊가 서하를 창건하며 이원호李元昊로 개명하며 황제(경종)에 올랐다. 1227년 몽골군에 의해 멸망한다.

게 됐습니다. 만주에서 일어난 제국이 대여섯 개 되는데, 그 중 굵은 것들만 쳐도 금金이라는 나라와 발해渤海라고 하는 나라와 요遼라는 나라가 있었지요. 그들은 다 사오 대씩 갔습니다. 그다음에 청淸이 있는데, 누르하치努爾哈赤(1559~1626)＊라는 사람이 일어나, 자기 아들 대에 제국을 만들었지요. 그것이 지금의 봉천奉天(심양瀋陽)에다 도읍을 하고 있다가, 저 명明조가 시원치 않으니까 명조를 대신해서 북경에 들어가 청나라가 됩니다.

그런데 우리 역사에 잘 나타나지 않은 제국이 하나 있는데, 그 제국은 왕이 무식해서 없어졌어요. 만일 유식했다면 시방까지도 그 제국이 지도상에 나타났을는지 모릅니다. 토문강과 두만강 사이의 간도에 관청이 하나 섰는데, 사설 단체의 왕이었던 거예요. 성은 한韓 씨이고 이름은 모화라고 그랬어요. 사모할 '모慕' 자 빛날 '화華' 자, 아마 중국을 사모한다는 뜻이겠지요.

이 한모화라는 사람이 간도를 통치하고 있었어요. 그때에 길림독군이 그걸 없애버려야 되겠는데, 영토가 7백 리나 되고, 또 그들은 야인이라 강한 사람들인데다 무장을 하고 다녀서 쉽지 않단 말이지요. 그래서 처음에는 편지를 냈지요. 그러니까 한모화가 황공해서 답장을 해요. 그래 길림독군이 한모화에게 만호萬戶의 직첩을 한 장 뜨윽 줬단 말예요. 시방

＊　중국 청나라의 실질적 창건자이자 초대 황제. 재위 1616~1626.

으로 치면 군수지요. 그걸 줬더니 더욱 황공무지해서 아주 잘하거든요. 그다음부터는 그 사람을 중국 관할하에 두어서, 한모화 제국은 그만 없어지게 되었습니다.

한모화의 조상은 원래 백두산 밑에서 사냥하던 사람이었습니다. 사냥꾼이라는 게, 나가서 돌아오면 사는 거고, 돌아오지 않으면 죽은 거거든요. 그런데 러시아 부족의 기록을 보면, 사냥꾼이 사슴 한 마리를 보고 따라가는데, 사냥꾼 여럿이 그 사슴을 사방에서 보고 있거든요. 웬만큼 사정거리 안에 들게 되면 큰 나무를 끼고서 총을 놓는단(방아쇠를 당긴단) 말이지요. 그 사슴이 자빠지면 가만히 기다리고 있어요. 다른 포수들이 그걸 주우러 가면, 그놈들을 쏴 죽인단 말예요. 며칠이고 지켜 섰다가, 더 이상 오는 놈이 없을 때 나가서 사슴을 집어가지고 오니까, 그런 밀림지대에 사슴 하나 잡자면 사람은 한 대여섯 잡는 거예요. 남이 짊어지고 가는 사슴을 빼앗으면 그건 강도고, 그렇게 사슴 잡을 때 사슴 주우러 나간 놈 쏘는 건 괜찮은 거예요.

한모화의 아버지도 그렇게 죽었을지 모르는 일이지요. 한모화가 태어나기 전에 아버지가 사냥을 나갔는데, 다 자라도록 아버지가 돌아오지 않았어요. 그래서 한모화가 총을 들고는 아버지를 찾으러 백두산에 들어갔습니다. 그때 거기 사람들은 화약을 자기가 다 만들었어요. 산중에서 화약을 만들어 쓰면서 돌아다니다 보니까, 이놈이 백두산에서는 제일가는 사냥꾼이 돼버렸단 말예요. 완력 있겠다, 재치 있겠다, 총 하나 들고 이리저리 마음대로 다니다 보니, 백두산에서는 슬쩍 왕이 돼버렸단 말예요.

이렇게 왕이 돼서 백두산 동쪽으로 내려오게 됐어요. 저희 엄마 있는 고향으로 온 게 아니라, 저희 아범 찾는 핑계로 슬슬 동쪽으로 내려가니 그곳이 토문강과 두만강 사이예요. 그래서 거기 가서 집 짓고 자리를 잡습니다. 예쁜 색시가 있으면 밤중에 슬쩍 들어다가 여편네도 삼고, 도둑질도 해다가 방에다 비단 장幁도 들이고 그랬어요. 이렇게 하니 이제 제법 궁궐이 됐거든요. 그래서 좀 나쁜 놈은 호령하고, 그보다 좀 잘못하는 놈은 따귀 때리고, 그보다 더 잘못하는 놈은 붙들어 매놓고, 그보다 더 잘못하는 놈은 며칠 가둬서 굶기고, 그러다 보니 감옥, 경찰서가 생기게 됐습니다.

크게 성장할 뻔했던 한모화 제국

이렇게 뻗치고 앉았으니, 사법권도 그 사람 손에, 행정권도 그 사람 손에, 입법권도 그 사람 손에, 외교권도 그 사람 손에…. 그게 왕이지요. 그러니까 우리가 한모화 제국이라고 그러는 겁니다. 그런데 그자가 배짱이 조금 더 컸더라면, 떡 버티면서 "올 테면 오너라. 전쟁 한바탕하자", 그랬다면 또 뭐라도 됐을지 모르는데, 이자가 벼슬을 참 좋아하거든요. 그래서 벼슬 준다는 통에 "네, 네, 황공합니다", 이렇게 하다가 그만 없어졌던 겁니다.

만주에는 녹림객綠林客이라고, 산골에서 못된 짓 하는 떼도둑
이 있었어요. 떼도둑이 말을 타고 다니니까 그놈이 마적입니다.
이놈들이 여기 가서 도둑질하고 저기 가서 도둑질하고, 이 지경
을 하니까 관장들이 겁이 나서 군대를 동원해서 전쟁을 해요.
　그런데 병정이라는 게 어떤 놈들이냐 하면, 탄환 팔아먹는
놈들이거든요. 그러니 전쟁을 못 하게 되면 차차 굶게 되니
까, 그 떼도둑 두목에게 "그렇게 돌아다닐 게 아니라, 내가 벼
슬을 줄 테니 받으면 어떠냐"라고 해요. 그래서 "네" 하고 들
어온 놈이 바로 몇십 년 전의 장작림張作霖(1873~1928)*이라
고, 봉천에서 아주 왕 노릇 하던 그런 자입니다. 그러니까 저
간도의 한모화도 조금만 더 배짱을 퉁겼더라면 장작림의 전
신이 됐을 것이고, 못 해도 한모화 제국이라도 됐으련마는,
배짱이 작아서 그렇게 된 모양입니다.
　누르하치도 자라서 한모화 같은 그런 물건이 됐던 모양예
요. 만주 땅에서 자란 놈은 배통이 커서 중국 전토를 먹었는
데, 백두산 근처의 사냥꾼 아들은, 두만강과 토문강 사이 7백
리를 가졌어도, 저 군수 벼슬 하나에 복종을 했던 것이 통탄
스럽지요. 그러니 사냥꾼을 해도 지식이 좀 있었으면 얼마나
좋았겠느냐, 이 말입니다.

•　마적단 출신의 군인, 정치가.

저 더운 양자강 유역의 항주杭州와, 양자강 동북쪽에 있는 소주蘇州, 그 둘이 서로 싸우던 역사가 있습니다. 소주는 오嗚나라라고 하고, 항주는 월越나라라고 그럽니다. 월나라와 오나라는 강을 사이에 두고 있는 원수 사이였습니다. 양자강 근처 사람들은 대대로 빨래 장수를 해서 먹고사는데, 손등이 트지 않는 약을 만들어서 발랐어요. 어떤 사람이 이 사람들에게 손등 터지지 않는 약방문을 백 냥에 사겠다고 하니까, 그 사람들이 모여 앉아서 의논을 합니다.

"우리는 빨래 장수를 해야 엽전 두서너 푼밖에 못 받는데, 약방문을 백 냥에 사겠다니 미친 사람 아닌가. 미친 사람한테 우리가 방문을 잘 팔아먹으면 돈이 생기고, 손등 터지지 않는 약은 약대로 계속 쓰면, 빨래 장수는 언제까지라도 할 게 아니냐."

그러니까 일가들이 다 좋다고 그러더래요. 그래서 그 사람은 약방문을 사가지고 월나라 왕한테 갑니다. 그러고는 손등 터지지 않는 약을 만들어서, 군사들 손과 몸뚱이에다 바르고 겨울에 양자강을 건너 소주를 두드려 패서, 그만 왕작이 되더란 말입니다. 그런 거와 한가지로, 배통이 좀 굵으면 왕도 될 수 있는데, 배짱 작은 한모화의 일은 어하간 무식한 일이었어요. 그런 걸 보더라도, 배우는 게 좋아요.

우랄산 동쪽에서 유목민으로 지내는 계통이 일곱이라고 하는 것은 대략 언어학상으로 구분을 지은 것이고, 또 그것이

광범위하게는 열셋이나 열다섯 가량 된다고 말한 적 있지요.

　시방 만주에 내려와 정착해서 사는 민족을 퉁구스라고 해요. 그 퉁구스가 이 반도로 들어온 걸 단군의 족속이라고 말할 수 있는 거고, 또 저 탁록평야에 가서 중국으로 흘러간 퉁구스는 중국 민족하고 합세가 됐어요. 그다음에 산동반도로 들어간 퉁구스는 아홉 부족으로 갈라졌는데, 그것을 통칭해서 구이九夷라고 그래요. '이夷' 자가 붙은 것은 대략 단군의 자손이지, 중국 민족이 아니라는 말이고, 또 야후족과도 다르다는 것입니다.

일본의 만주 병탄 욕심

그럼 그들은 어째서 산동반도를 근거지로 삼았을까요. 이 문제를 얘기하기에 앞서, 이 기회에 내가 얘기하고 싶은 것은, 일본 섬사람이 한국을 먹었으면 그만이지 왜 만주까지 먹었느냐 하는 겁니다.

　본래 한국의 국경은 압록강에서 두만강까지 1천5백 리의 험준한 산악지대이고, 기후로 말하면 영하 40도나 돼요. 그래서 일본으로서는 거기를 통치한다는 것이 대단히 어렵고, 일본 국민들도 그곳에 가 있기가 대단히 싫었을 거요. 그래서 대략 그 1천5백 리의 국경 지역에 있는 관원이나 경찰에게 임금을 지불하는 것이 해마다 막대하게 들었던 것입니다.

한국에서 벌어들인 돈 1년 치 수입을 아마 반 이상 거기다 쓰지 않으면 안 되었지요.

그래서 일본은 만주를 먹어버릴 것 같으면 한반도는 걱정 없이 통치하리라는 얕은꾀를 내었단 말이죠. 먹은 것까지는 좋아요. 본래 사람이라는 게, 남의 살림을 넘겨다볼 적에는 퍽 보기가 좋지요. 허나 제 걸 만들어놓고 보면, 그까짓 거 아무것도 아니지요. 그것과 마찬가지로, 왜놈도 만주가 어떻게 좋은지 침이 흘러서 먹기는 먹었는데, 목구멍에 안 넘어간다, 그 말입니다.

왜 그러냐. 한국도 지키기 벅찬 상황인데, 시베리아 벌판의 반 이상 되는, 저 흑룡강 베링해에서부터 만리장성 근처에까지 가는 사오천 리 무인지경 산악지대를 지키는 데는, 왜놈 2백만 명을 동원해도 할 수가 없어요. 이놈이 어디 숨어 있을 데가 없기 때문에 멀리서 총알 하나면 영락없이 죽게 됐거든요. 1천5백 리도 벅찬데, 1천5백 리의 몇 곱절이나 되니 이걸 어떻게 해요.

만주 사람은 울타리 안 하고도 곧잘 자는데, 왜인은 울타리 안 하고는 도저히 잘 수가 없어요. 그와 한가지로, 만주 사람은 국경을 그렇게 내버려 둬도 곧잘 사는데, 왜인은 견딜 수가 없단 말예요. 그래 이놈이 생각다 못해 그만 중국을 먹어버렸어요. 만주도 먹어지지 않는 데 중국을 먹어놨으니 어떻게 되겠습니까? 그만 체증이 단단히 나버렸어요. 그래서 깨졌지요. 만주라는 건, 그렇게 다른 민족이 먹을 수 있는 게 아닙니다.

왜 먹으면 안 되느냐. 백두산 주봉에서 하얼빈까지 2천5백 리가 분수령이 돼서, 동쪽은 동만주고 서쪽은 서만주예요. 동만주에서는 사람이 살고 자식도 낳고 그러는데, 서만주에서는 자식도 못 낳습니다. 서만주는 무슨 놈의 땅이 어떻게 돼서 그런지, 전지자손傳之子孫(대대로 자손에게 전하여 물려줌)이 안 되니 어떻게 해요? 대대로 산다는 말은 서만주에서는 있을 수 없는 일입니다.

그러나 동만주에서만은 대대손손 살거든요. 왜냐하면, 동만주에서는 비타민 A를 얻을 수 있고 서만주에는 비타민 A가 부족하기 때문이다, 그 말예요. 우리가 그 넓은 천지 만주에서 살지 않고 이 좁은 한반도 속에 들어와서 사는 이유도, 내가 생각하기엔 그곳에 비타민 A가 부족해서 그렇지 않았겠나 합니다.

단군이 살았으면 어디서 살았겠어요? 물론 동만주에서 살았을 거예요. 동만주에서 살다가 갑갑하니까 서만주로 넘어갔는데, 서만주로 넘어가니 살 수가 없어요. 살 수 없으니까 탁록평야로 나가서 산동반도로 들어가게 됩니다. 만주라는 곳은 산동반도 1,500만의 식민지 역할은 할 수 있을지언정, 만주 자체로서는 살기 어렵습니다.

그런데 동만주와 서만주를 가르는 그 분수령들은 매우 높아서 넘어 다니기가 퍽 어려워요. 그 천험天險에 근거해서 장백산 중에 마적이라거나 홍위적이 20만 내지 60만 정도가 살고 있었기 때문에, 거기에 문화나 교통은 도저히 발전할수가 없어요. 그러니까 만주에 평화가 오자면, 장백산 치안이 확보되지 않으면 안 되는 것이지요. 요다음에라도 장백산 산중의 치안을 확보하고 산중에다 철로를 놔서 동·서만주가 통한다면, 제국을 건설할 수 있을 것입니다.

우리도 역시 그랬소. 이성계가 임금을 한 이후에 세종, 세조 때까지, 그 백두산 쪽 치안이 확보되지 못해서 곤란을 당했던 일이 많아요. 이런 건 우리나라 정치에 영향을 주었고, 중국 대륙도 마찬가지예요. 애당초 왜 만리장성을 쌓았느냐면, 모양 좋아서 쌓은 것도 아니고, 북쪽에서 내려오는 포악한 몽고족을 막지 않으면 치안이 안 되니까 그랬던 거요. 이와 마찬가지로 장백산의 치안을 확보해야 되는 것입니다.

만주를 잃고 우리는 점차 작아졌다

임진왜란 때 명나라 이여송李如松(1549~1598)이 우리를 도와서 시방도 '이여송 장군, 이여송 장군' 그러는데, 그는 이런 사람입니다.

우리나라 평안도 사람이 죄를 짓고 만주로 달아났어요. 그가 거기 가서 아들을 낳았는데, 그 아들이 아마 좀 똑똑했던 모양이지요. 그 녀석이 거기서 의병을 일으켜가지고 명나라 장군이 됐습니다. 그때 내몽고 영하寧夏라는 데서 전쟁이 일어나니까, 아마 중국 놈 제법 죽였겠지요. 이 사람이 이여송인데, 그 후 임진왜란 때 그가 우리나라에 왔어요. 와서 보니, 가짓것 임금이고 뭐고 아무것도 아니거든요. '저 녀석들 다 강물에다 집어넣고 내가 임금이 될까?' 그런 일도 있었습니다.

내가 산중에 있었을 때 일입니다. 동리 사람이 와서 얘기하는데, 자기 삼촌이 고쿠라小倉 탄광(일본 후쿠오카福岡에 있는 탄광)으로 끌려갔대요. 10년이 돼도 소식을 모르겠더랍니다. 그래서 고쿠라 탄광에 찾아갔더니만, 그 아무개 여기서 떠나, 센다이仙臺로 가는 중간 어디 농가에 틀어박혀 있을 거라고 그러더랍니다. 그 말을 듣고 그길로 찾아갔더니, 이게 애들을 소복히 낳아놓고는 담뱃대 물고 방에 들어앉았는데, 여편네가 살림살이를 하더라지요.

"아저씨, 이게 어떻게 된 게요?"

"어휴, 탄광에서 허리는 아프고 어디, 오래 있을 만하냐. 그래서 왜놈의 머슴을 살았는데, 경찰이 오면 그만두고, 또 그만두고 그래서 여기까지 오게 됐고, 그만 머슴 잘한다고 사위를 삼더구면. 사위를 삼은 뒤 장인 장모가 다 죽어버리니깐, 재산이 한 20만 원 상속이 됐고, 그 지간에 자식은 소복하게 낳아놓고, 여편네가 나더러 동네 사람 만나지도 말고, 이름도 죄 고치고 이렇게 들어앉아 있으라 해서, 내가 여기 이렇게 앉았네."

"그래 고향에 돌아갈 마음이 안 나우? 다들 죽은 줄 알아요."

"어디 가든 자식 낳고 밥 먹으면 그만이지, 고향이 어디 있단 말이냐."

그게 왜정 40년 시대의 일입니다. 그때나 이때나 마찬가지인 게, 순임금이 단군의 자식이고, 공자가 단군의 자식이고, 이렇다 한들 뭐하겠소. 다 중국 얘기 됐지요. 이여송이가 바로 조선 사람의 자식인데, 그렇다고 뭐 꿈엔들 조선 생각이 나 나겠어요?

그러면 애당초에 중국이라는 민족이 본래 위대해서 그런가요? 아니지요. 널찍한 땅덩어리를 차지해서 그렇단 말입니다. 우리도 만주에 있었을 적엔, 그래도 상당히 민도民度(국민의 생활이나 문화 수준의 정도)가 있었는데, 차차 요렇게 백두산 남쪽에다 근거를 잡은 뒤에는 좀팽이가 돼버렸어요.

근데 좀팽이 되기 전에는 하夏와 은殷과 주周 사람들 전부 이夷족에게 협력하지 않으면 안 됐었어요. 시방 옛날 하나 은이나 주의 점성서에 볼 것 같으면, 전부가 이족들하고 친하게 지내려고 했었습니다. 이들은 이족들을 감화시키려 애썼는데, 단군의 왕조가 융성했을 때에는 이족들이 중국에 협조를 잘 안 했겠지마는, 단군의 힘이 점점 약해짐에 따라 협조를 했던 것입니다.

그것이 점점 내려와 이제 명明나라가 없어지고, 만주에서 일어선 패가 북경에 들어가서는 청 왕조를 건립했어요. 그 후 강희제康熙帝(1654~1722)˙ 때 일인지, 여하간 길림독군에게 명령해서 백두산 꼭대기를 봉산封山을 하라고 그랬습니다.

산에 백성들이 못 들어가게 막는 것을 봉산이라고 그러고, 임금이 가서 제를 지내는 걸 봉선封禪이라고 그래요.

원래 중국에서는 대대로 임금들이 산동성 저 태산에 가서 제를 지내고, 그 산을 봉산으로 했었어요. 그리고 그 태산 꼭대기에 영소보전靈霄寶殿이라는, 하느님의 보전이라고 그러는 걸 만들었대요. 그 꼭대기에 금으로 만든 사람이 드러누워 있는데, 그게 여자랍니다. 여자가 자식을 낳으니까요. 그래서 우주 창조의 신은 여성으로 대표하지요.

그런데 이제 백두산 꼭대기를 봉산하라고 그러는데, 어떻게 해요, 조선 땅인데. 조선 놈이 좀 똑똑하고 그러니까 어렵게 됐다, 이거지요. 그래도 별수 있나요? 그래 길림독군이 중강진으로 넘어와서, 조선 사신더러 좀 오라고 그랬습니다. 시원치 않은 역관 서넛이 가마를 타고 왔어요. 그래서 길림독군이 우리 사신들을 얼마만큼 끌고 올라가다가, "여보, 여긴 당신들이 갈 곳이 못 되니까, 내가 가리다", 그러고는 그들에게 거기 있으라고 그래요. 그러니까 우리나라 사신들은 좋다 그럽니다.

그러자 이자가 말을 달려서, 계획적으로 돌멩이를 깎아서 비석을 만들어가지고 슬쩍 갖다 놓거든요. 백두산 천지 밑에다가 한 10리 내려와서 꽂습니다. 거기 물이 흘러내려가니까

• 청의 제4대 황제. 정치 체제를 완성해 옹정제, 건륭제로 이어지는 청의 전성기를 열었다.

요. 근데 이자가 지리도 모르고 외교관도 아니고 그러니까, 그저 덮어놓고 제 귀에 들은 대로, "동쪽은 토문강"이라고 써 놓았단 말이지요. 근데 그 발음은 토문강土們江이나 두만강 豆滿江이나 똑같아요. "터먼장 터먼장" 똑같거든요. 그러니 제 귀에 익은 대로 이 무식한 놈이 써놨지요. 이렇게 딱 해놓고 는 다 됐다고 그러고 가버렸어요. 그러니까 저는 중국 황제 의 명령에 잘 복종했고, 우린 다리 아픈데 거기 안 갔으니 매 우 좋지요.

그런데 이것이 나중에 문제가 됐어요. 어떻게 문제가 됐는 가. 두만강과 토문강 사이는 7백 리입니다. 그런데 중국 사 람은 자진해서 토문강을 국경으로 삼겠다 하고, 우리는 원래 습관으로 두만강을 국경으로 삼아서, 무인지경 7백 리가 중 간에 남게 됩니다. 여기를 뭐라고 하겠어요? 이거 섬이라고 할밖에 수가 없지요. 그래서 북간도가 생긴 거예요. 오늘은 이쯤에서 마무리합니다.

전에 이야기했던 아 프리오리a priori, 아 포스테리오리a poste-
riori를 잘 기억해주세요. '아 포스테리오리'라는 것은 경험에
의지한 사색 방식이고, '아 프리오리'라는 것은 '즉각卽覺'을
얘기하는 겁니다. 종합을 해서 즉각을 얻는 것을 요즘은 '과
학적 방식'이라고 그럽니다. 그러나 성리性理* 밝은 이들은 종
합을 하지 않고도 즉각이 됩니다. 즉각을 우리는 '도통할 이
의 정신'이라고 말할 수 있습니다.

이것을 잘 기억하지 않으면, 내가 이 자리에서 각 방면으로
얘기하려는 것을 제대로 알아듣기가 어렵습니다. 사람은 자
기 스스로 우주를 보는 것이니만큼, 오늘은 자기 자신에 대
한 것을 얘기하고자 합니다.

전에도 말했지만, 우리 인류는 자기 경험에 의지해서 자기
생각으로 자기 장벽을 쌓아 인식이 좁아졌습니다. 그래서 내
가, "우리는 자기 경험을 초월해서 우주를 볼 수 있다. 오직
그 방법으로만 이 세상을 바로 인식할 수 있다. 경험에만 의
지하면 남을 배타하게 되어 사회생활을 할 수 없다. 또 경험
만으로는 앞으로 올 것을 예방할 수 없으니까. 자기가 악착

---

* 인간의 성품[性]과 우주의 이치[理]를 말한다. 중국의 도생道生(355~434)은
'모든 중생이 불성을 가지고 있다'는 《열반경》의 교설을 해석하며, '性(불
성)'과 '理(제법의 이치)'는 동일한 하나라고 하여, 성性과 리理의 개념을 처음
으로 불교 개념으로 도입하였다고 볼 수 있다. 이러한 주장은 후대에 중국
을 비롯한 동아시아 불교사상의 가장 중요한 주제인 '불성론'으로 발전하
였으며, 송대에는 성리학에 큰 영향을 미쳤다. 백성욱 박사는 성리를 '육신
에서 벗어난 마음' '세상이 돌아가는 이치' '육신을 벗어나 육신을 객관적
으로 보고 그것을 거느리는 이의 정신'이라고 설명한다.

같이 생활하지 않으면 안 된다", 이런 얘기를 했습니다.

우리는 자기의 경험으로 알 수 없는 일에 대해서는 맹종하기도 하고 과대망상을 하기도 했습니다. 그래서 자연현상에 대해 무서운 마음을 내게 되면, 그것이 종교의 출발점이 되는 것이고, 자연현상에 대해 의심을 내게 되면, 그것이 소위 철학의 출발점이 되는 것입니다. 의심을 내는 것으로 판단을 얻어, 그 판단에 의지해서 진가를 관찰할 수만 있다면, 생활이 좀 나아진다는 것을 많은 문헌에서 볼 수 있었습니다.

눈으로 보지 못하는 세계와 수학

시방 우리의 눈으로 보는 것은 얼마나 정확할까요. 옛날에도 그런 말들을 했지요. 사람들이 잘 아는 척을 하느라고, "세상은 불로 됐다" "물로 됐다", 이렇게 말할 적에, 소크라테스만이 "자기가 모른다는 것을 아시오. 자기가 누구인지 아시오"라고 했지요. 말하자면, 아테네라는 땅 위에 서 있는 사람이, 전혀 알지도 못하는 지중해 속에 대해서 얘기한다는 것은 근본적으로 옳지 않다는 말이지요. 그때 그이의 이러한 생각이 없었다면, 아마 시방도 그런 어리석은 일은 허다하게 많을 것입니다.

그래서 첫 시간에 '종합적 즉각'에 대해서 얘기해줬고, 두 번째 시간에, 사람들이 자기의 경험을 점점 과학적으로 판단하게 되어 종합적 즉각으로 움직인다는 것을 얘기했습니다. 수학에 의지해서, 말하자면 과학적 방식에 의지해서, 눈으로 볼 수 없는 세계를 본다는 것입니다. 미국 사람이 인공위성을 쏘았다는 뉴스를 신문 지상에서 보았다고 합시다. 그걸 우리가 어떻게 확증을 할 수 있어요? 그러나 그들은 수학에 의지해서 그것을 아는 것이고, 그건 우리가 눈으로 보는 거나 똑같아요.

우리는 눈으로 보는 것이 퍽 정확하다고 생각할 것입니다. 그러나 실지로 눈으로 보는 것은 전혀 정확하지가 않습니다. 예를 들면 시방 여기 굵은 기둥을 하나 세워놓고, 그 기둥 두께의 100분지 1쯤 되는 가는 실로 이 굵은 기둥을 어슷하게 통과시켰다 쳐봅시다. 여기서 기둥을 뻔히 들여다보는 사람은 기둥의 이쪽에 보이는 줄과 저쪽에 통과한 줄이 하나의 직선으로 보이지 않을 겁니다. 각각 딴 줄로 알아요. 우리의 눈이 기둥을 보는 순간에 각도가 달라지기 때문이지요. 그러니까 눈은 전혀 시원치가 않아요.

약국에 가서 하제下劑(설사가 나게 하는 약)를 먹고 설사를 자꾸 하면서 물을 먹지 말아봐요. 그럼 몸뚱이가 죄 오그라지고 눈깔이 오그라져, 그때 이 세상은 누르퉁퉁해 보이겠죠? 정확하게 보이지 않아요.

그러니까 우리 눈이라는 것은 어떠한 조건 속에서 보는 건데, 그것을 가지고 정확하다고 한다는 것은 옳지가 않아요. 그럼에도 불구하고, 시방도 우리는 꼭 그렇게 말해요. 심지어, 우리가 이 망원경에 의지해서 천체를 들여다보는 것도 우리의 육안으로 물건 보는 것과 마찬가지란 말이지요. 그러니 망원경을 통해 본 것을 믿으라는 것도 아주 터무니없는 소리란 말예요. 그러나 이런 게 통용이 되고 있어요.

우리의 눈이란 건, 조금 춥게 하면 눈망울이 핑글핑글 돌아서 아무것도 안 보이고, 너무 더워도 캄캄해 안 보이고, 똑 적당한 온도에서 보아야 하니, 그게 언젠지 알 수가 있어야지요. 그러니까 시방 우리는 눈에 보이는 것을 그대로 믿지 않고, 과학적 방식에 의지해서 이 우주를 검토하겠다는 것입니다.

내가 누군지, 무엇인지부터 알아야

그러니까 내가 항상 부탁하는 것이, 골치를 좀 냉정히 하라는 말입니다. 그것이 곧 자기를 아는 겁니다. 우리는 시방 눈에 보이는 것만 사실로 생각하니까, 그저 "이것이 세상이려니", 그렇게 말하게 된단 말예요. 그런데 혹 폭발물을 볼 거 같으면, 애당초 정성을 들여서 잘 깎아놨으니 겉이 반질반질한 놋쇤데, 잘못 만져 터져버리는 수가 있거든요. 이런 것들을 보면 겉모양은 매끈하고 좋은데 속이 그렇게 고약한 줄은 몰랐지요. 그것이 우리 현실이에요.

더 얘기할 것도 없고, 그러니까 항상 무슨 일을 하든지, 먼저 내가 뭔지를 알아야 해요. 그럼 내가 무언지를 알려면 어찌해야 할까요? 경험을 떠난 과학적 방법, 곧 종합적 즉각에 의지해서 관찰해야 합니다.

역사책에 나오는 내용을 보면, 모두 하기 어려운 일을 해놓은 거요. 그래서 어려운 일을 한 것을 적어놓은 게 역사라고 한다면, 우리 인류의 생명력은, 앞에 닥쳐오는 어려운 일을 거뜬히 해치워버릴 수 있을 적에 배양되는 거다, 그렇게 생각할 수 있을 것입니다.

그래서 우리가 어려운 일을 앞에다 놓고, '어휴 좀 쉬었으면', 또 '다른 사람은 이렇게 안 하고도 곧잘 사는데 왜 나는 요 모양일까', 그렇게 하고 보면 남들이 죄 미워지거든요. '저 자식 펀들펀들 놀면서 곧잘 먹는데, 저런 염병할 놈의 자식', 이러게 됩니다.

그러다가 결국, 내가 저 사람을 미워한 생각은 못 하고, 저 사람이 날 미워한다고 느끼게 됩니다. 그러니까 하는 일이 손에 잡히지 않지요. 결과는 어떻게 되느냐? 죽어버리거나 그러지 않으면 직장에서 내쫓기거나 두 가지밖에 안 되는 거요. 그러니까 성내는 마음이라는 것은 곧, 자기의 생명력을 깎아버리는 겁니다.

경험이 없으면 세상은 어렵기만 한 것

아무리 굼벵이라도 백 일만 연습하면 어려운 일을 거뜬히 치워버려요. 거뜬히 치워버리고 나니 세상이 다 좋고, 주위의 놈들이 아주 좋아질 겁니다. 그러면 그놈이 '저 자식이 왜 날 보고 웃을까?' 그러겠죠. 그런데 지금 편한 일은 바로 백 일 전에 어려웠던 일이란 걸 기억하세요.

그래서 일을 잘하니까 이놈이 점점 올라가거든요. 다른 놈들이 "아 저놈은 행운아야. 남은 안 올라가는데 저놈만 올라가"라고 하게 되겠지요. 왜 그렇게 돼요? 거뜬히 해치웠기 때문이거든요.

그러나 어디 가서든지 승리를 구하는 자는, 늘 어려운 일밖에 없어요. 왜 그러냐? 그 일을 해본 적이 없으니 경험이 없고, 경험이 없으니 세상이 어렵게 느껴지겠지요. 세상이 어려우니 생명력이 점점 약해지는 것입니다.

여러분이 고등학교 시절에 대수代數도 해보고 기하幾何도 해보았을 거예요. 그런데 하도 하기가 어려워서 선생님더러, "이건 왜 하는 거예요?"라고 물어보면, "글쎄 그거 아마 장난삼아 하는가 봐." 선생님들이 이렇게 대답을 하거든요. 왜 그러냐? 그 하는 뜻을 모르니까 그래요. 이건 뭘, 삼각형을 갖다가 이렇게 종이에다 그어놓고는 A니 B니 C니…. 선생도 무엇에 쓰는 건지 모르고, "그저 해야 하니까 하는 거다", 그런단 말예요.

여기 누가 훈련소엘 갔더래요. 산수를 할 줄 아느냐고 그러니까 아마 할 줄 안다고 그랬던 모양이죠. 삼각형을 그려보라니 좀 그렸던 모양이에요. 그래서 붙들어다 측지반測地班을 시켰던 모양입니다. 측지반이란, 포병대 앞에 서서 거리 삼각 뜨는 거예요. 그걸 하니깐 그놈이 재미가 나거든요. 이놈이 이걸 해다 주니까 포병에 편입시키지 않더라 그 말예요. 포병에 편입하면, 대포 한 개에 사람 아홉을 붙이는데, 한 놈만 잘못해도 죄 두들겨 맞거든요.

포병에 편입하지 않았으니, 삼각만 떼어다 갖다주면 되거든요. 잘못하면 따귀 한 대 얻어맞고, 가서 다시 해오라고 그래서 잘했으면 그날 온종일 놀게 돼요. 이런 때 아마 기하가 쓰이는가 보군요.

이 세상일은 모두 기하가 해준다는 걸 우리가 잘 몰라요. 예를 들어, 법과에선 기하가 필요 없지만 하라고 하는데, 왜 하라고 그러느냐, 여기 법학도 있으면 잘 알아두세요.

죄수가 "나 억울합니다", 그러면 그날 법관은 경치는 날이에요. 법관은 죄수가 "예, 잘못했습니다"라고 그래야 "이놈 징역 얼마다" 이러는 건데, "나 죄 없소"라고 하면, 저놈이 죄 있다고 인정하도록 자꾸 지껄여대야 되니, 똑같은 말 어떻게 하겠어요.

그러니까 기하를 배워야 해요. 요 모퉁이를 때리면 요 모퉁이가 울린다, 그러면 요 모퉁이까지는 얼마다, 요기서 요것만 재보면 알거든요.

"이놈, 너 밤중에 아무개네 집 간 거 사실이지?"

"그거야 그랬지요."

"그러면 그 결과 어떻게 되지?"

이렇게 유도를 해가지고, "예 잘못했습니다" 소릴 듣고 나서, "징역 얼마다", 이렇게 돼야지요.

그러니 이런저런 일용 사물에 아주 재미있는 일이 많단 말이지요. 우리 학교에도 당장 그런 일이 많이 있어요. 저 석조전 들어가면 기둥이 이만한데, 그랬다가 여기에 들어오면 기둥이 그 집의 3분지 2밖에 안 돼요. 또 저 건너에 있는 집을 또 들여다보면 이 집의 3분지 2밖에 안 돼요. 그러면 어떻게 해서 저 집은 그렇게 튼튼한가? 이것이 무엇인가 하니, 요 삼각 놀음이에요.

물건 자체를 연구하는 게 학문

그러니까 벌써 척 보면, '아하, 석조전은 처음 지은 집이고, 이 집은 두 번째 지은 집이고, 저 도서관은 아마 세 번째 지은 집이다', 그렇게 되는 거예요. 지식이란 이런 겁니다.

또 재미있는 것이, 여러분 어려서 산수 배웠지요? 자꾸 모으는 수를 '가加'라고 그러고, 쪼개내는 수를 '감減'이라 그러고, 갑절로 곱하는 건 '승乘'이라고 그러고, 또 나눠놓는 걸 '제除'라고 그래요. 이걸 각각 하면 하겠는데, 이놈들을 뒤범벅해서 내놓으면 술법이 되고 말아요. 알 수가 없죠. 지식 많이 가진 사람이 끙끙거리면서도 수를 맞춰 내는 것을, 지식 없는 사람이 보면, 그게 전부 술법으로밖에 보이질 않아요.

그러니까 언제라도 자기의 경험을 떠나는 일을 자꾸 하는 때가 이 세상을 바로 보는 때고, 그렇게 바로 보면 비로소 우리 생활에 응용할 수 있게 되는 겁니다. 그래서 기하 대수가 무슨 장난인가 했는데, 그것을 생활에 응용하게 되면 여러분의 능력이 갑절 된다는 말입니다. 이러한 방법을 우리는 '종합적 즉각'이라 하고, 곧 말하자면 이렇게 물건 자체를 연구하는 방법을 비로소 '학문'이라고 그러는 겁니다. 이 학문에 의지해서 이제 이 우주 안에 차차 들어가볼 것입니다.

우리가 우주라고 얘기하는 것은 대체 뭐냐. '우宇'란 뚜껑이라는 말이고, '주宙'라는 것은 땅바닥입니다. 우리는 중간쯤 있지요. 그러면 우주는 왜 이렇게 되어 있느냐. 불교 경전에 보면, "네 마음이 컴컴하기 때문에 그렇게 됐다"라고 그래요. 이 소리는 모르는 사람이 해도 맞는 소리고, 아는 사람이 해도 맞는 소리예요.

"네 마음이 컴컴해서 그렇게 됐다."

그거 참 옳은 말이지만, 또한 옳다고 할 수도 없어요. 전연 모르니까.

그러면 어디서 냇물이 흘러간다고 그럽시다. 하느님 믿는 사람은 냇물 옆에 한참 있다가, "아, 하느님의 능력이 참 전지전능하십니다"라고 합니다. 쉴 새 없이 자꾸 내려오니까요. 철학자는 이렇게 말합니다.

"저 꼭대기에 뭐가 있기는 있을 거야, 자꾸 이렇게 내려오니까. 여하간 가봐야지."

가보니 땅에서 말간 물이 솟아오르는데, 그 옆에 남기(나무)가 있고 또 풀이 있어요. 그 틈으로 물이 졸졸 내려오는데, 어떤 때는 없어지기도 하고 어떤 때는 나오기도 해요.

'야! 나무 밑에서 물이 나오는군, 그럼 나무 밑에서는 물이 어떻게 해서 생겼을까? 이놈이 이제 햇볕에 증발이 된다. 증발이 돼가지고 하늘로 올라간다, 하늘로 올라가서 또 그 자리에 떨어진다, 그래서 그것이 나무 밑으로 들어간다, 야, 이거 자연의 이치는 불사의不思義로구나. 우리도 이렇게 살아야 될 것 아니냐. 물은 푸르고 하늘은 높다….'

계속해서 허허 한숨만 나오게 되는 거예요. 모르니까.

그러면 이제 또 생물학자나 화학자나 그런 사람이 보면 이게 대체 어떻게 된 건지, 뭐로 된 건지 궁리를 합니다.

'아하, 이 두 가지 물건이 합해가지고 이렇게 됐구나. 그렇다면 우리가 증류수를 받아서 맛봐도 그거와 같을까? 그러니까 상류 지방에서 광물질이 녹아서 거기 들어간 거 아닌가? 그럼 대체 광물이 얼마나 녹아서 들어갔을까?'

이렇게 계속해서 재본단 말이죠.

'요놈을 부어서 요게 뽀얘면 여기 불순물이 있고, 요놈을 넣어서 뽀얗지 않으면 불순물이 없단 말이지. 그래, 없으면 어쩌란 말일까?'

자, 이렇게 장난을 하는데, 별안간 물의 온도가 높으면, '야, 이 땅 밑에는 유황이 있나 보네. 유황이란 물건은 땅속에 축축한 기운이 있으면 열을 내고, 열을 내니까 그 위로 통과하

는 물이 뜨뜻하게 나오는 거 아냐? 그게 온천이라는 거지. 온
천이란 뭘 하는 건가? 저 부스럼 난 놈이 들어오면 부스럼이
나을 게고…, 아하 그거 병 치료하는 거로군.'

이게 이제 화학적 얘기란 말입니다.

장님 코끼리 만지듯 우주를 살면

그러니까 부분부분으로 들어갈수록 우주는 전부 모르는 것투
성이에요. 전에 인도에서 그런 일이 있었답니다. 장님이 모여
코끼리를 보는데, 한 놈은 코를 만져보고 코끼리는 길다고 그
러고, 한 놈은 뒷다리를 만져보고 코끼리는 통통하다고 그러
고, 한 놈은 배통을 만져보고 널빤지 같다고 그러더랍니다.

우리가 배를 타고 여행을 한다고 해봅시다. 우리는 여태 밑
바닥이 튼튼하다는 생각으로 잘 지냈는데, 배에서는 밑바닥
이 계속 흔들리니 정말 죽겠거든요. 그래서 뭍으로 나오면,
한숨을 쉰단 말이죠. 안심할 수 있으니까요.

더군다나 비행기를 타면 아주 재미가 있어요. 내가 서투르
게 내무장관 할 때에, 공비共匪가 출몰하는 오대산 전선에 국
군을 위문하러 간 적이 있어요. 보급품 물자도 좀 전해주려
고. 그때 내가 비행기를 타고 가자 그랬지요, 바보처럼. 지금
도 생각하면 우습기 짝이 없어요.

비행기를 타러 나갔더니만, 비행사 녀석이 "여기 온 사람

은 내가 다 태워야 하니, 몸뚱이 좀 뒤져 봅시다" 그래요. 왜 뒤지냐고 물었더니, "육혈포 들었으면 어떻게 하우?"라고 합니다. 내가 "그건 무슨 걱정이냐?" 하니, 비행사가 "날 누르고 이북에 가자고 그럴까봐 그러우" 합니다. 자, 저놈이 저 주둥아리를 놀리는데, "나는 네놈이 그럴까 봐 걱정이다" 그랬지요. "그것도 그렇겠소." 그래서 의논을 했지요. 치안국장 보고, "저놈이 저렇게 나오는데 어떡하지?" "글쎄올시다." "뭐 나도 이북에 갈 마음은 없으니 저놈에게 육혈포 다 줘라, 빌어먹을 거." 그래 그놈이 육혈포를 받아서는 비행기 꽁무니에다 갖다 실었어요.

여하간 비행기를 타고 오대산 꼭대기까지 날아가서, 하늘에서 보급품 보따리를 떨어뜨려야 하는데, 이놈이 꼭대기에 가까이 가지 않고 후딱 달아나거든. 자, 이놈이 왜 이 장난을 하나 그랬어요. 그런데 뭐, 기왕 그자에게 맡긴 바에야 가만뒀지요. 다시 저 강릉으로 한 바퀴 돌아가지고 거기를 오면 또 그 지경입니다. 밑에 있는 보초는 쳐다보는데, 보급품 보따리를 던지지를 못해요. 여기서 던지자고 하니, "어휴, 여기서 이렇게 물건 던지면 아마 이북 땅에 떨어질 거요" 이런단 말입니다.

우리는 멋도 모르고 그렇게 했는데, 나중에 내려와서 들으니, 강릉 군비행장에서 서울로 전보를 쳤대요. "너희 비행기 한 대가 이북으로 가려고 벌써 다섯 번째 그곳을 왔다 갔다 하니, 어떻게 하라?" 그랬다더라고요. 그러니 서울 공항에서 깜짝 놀라, "거기 내무장관이 타고 갔단다, 이놈아", 아주 그랬다는 거지요. 그래서 살았지요. 그러지 않았으면 막 총질해 댔을 테지요.

단지 제 생각대로 그저 비행기나 타고 가자고 했던 것이, 좌우에선 그렇게 무시무시한 일이 있었어요. 그러니 제 생각이 옳다는 건 터무니없는 소리고, 언제라도 남의 도움과 양해를 구하지 않고는 도저히 되지 않는 겁니다.

서울서 내무장관이 비행기를 타고 오대산 전선 위문 간다고 광고는 지독하게 해놨지, 강원도 도청에 가서도 그런 말을 했지, 그러고도 거기 가서는 물건도 하나도 주지 못하고 그냥 나왔으니….

오는 길에 시간이 좀 남아서 추풍령 구경이나 한번 가보자 그랬어요. 그런데 추풍령에 갔더니 바람이 별안간에 비행기를 쭉 빨아들이는 거예요. 그걸 에어포켓이라고 그런대요. 밤새도록 내린 수분이 땅에 있다가, 해가 쬐니 그 수분이 위로 올라간다는 거예요. 수분이 올라가면서, 비행기를 싹 잡아다니거든요.

요런 거 하나만 봐도, 이 세상이 그렇게 단순하게 믿을 건 못 되는 거죠. 하물며 우주는 바닥도 없고 위도 없어서, 떨어질 데도 없고 붙어 있을 데도 없습니다. 우주라는 놈은 애초에 위아래가 없는 허공이라, 내려갈 데도 없고 올라갈 데도 없어요. 그러니까 여기서는 어떻게 붙어 있느냐, 그게 아주 재미가 있어요. 둥글어서 위도 없고 아래도 없으니깐, 그것이 도는 바람에 있는 거지, 돌지 않으면 있을 수도 없어요. 이것이 우주의 초현상인 겁니다.

고생을 항복 받고 즐거운 걸 항복 받고

그래서 이렇게 도는 것을 통해서, 고요한 데서 움직임이 생기고 움직이는 데서 생명력이 생기게 됩니다. 그러니까 우리 인생도 일할 수 있을 적까지 사는 거고, 일할 수 없을 때는 죽는 거요. 그런데 어려운 일을 잘 해치우면 영웅이고, 어려운 일을 못하면 아주 시원치 않은 물건이다, 그 말입니다.

어려운 일인 경우는 어떠냐? 석가여래 말씀에, "항고항락降苦降樂이라, 고생을 항복 받고 즐거운 것을 항복 받는다", 그런 말씀이 있어요. 고생은 항복을 받아야 돼요. 어려운 걸 해치우면 시원은 하니까. 그러나 즐거운 것은 항복 받기가 참 어려워요. 그래서 어떤 사람이 이렇게 말했어요.

"일평생 고생을 하고 살면, 죽을 적에 거뜬해서 좋다."

그 고생 거머리 떼어버리고 가니, 귀신이 되어도 좋구나, 그리고 갈 거란 말이지요. 그러나 좋은 것과 같이 살다가 떨어지면 아깝거든요. 아까우니까 그 귀신이 슬플 거예요.

제일 좋은 것은, 남의 집 담 밑에서 깡통에 밥이나 한 그릇 얻어먹어도, 터억 드러누워 있으면 추위는 있겠지마는, 걱정 근심이 하나도 없는 거예요. 그래서 《채근담》에 "토상석침土床石枕은 냉각풍冷却風이라, 흙바닥에서 돌베개 베고 드러눕는 건 좀 쓸쓸한 사정이기는 해도, 꿈에 걱정은 하나도 없다"라는 말이 있어요.

그러나 사보이호텔이나 조선호텔이나 반도호텔의 좋은 방에서 뜨뜻한 이불 덮고 자더라도, 밖에서 누가 문을 땅땅 두드리면 깜짝 놀라, '날 잡으러 오지는 않을까' 그런다면 불행한 거지요. 그러니까 정신이 편안해야 지혜가 밝을 것입니다. 그럼 지혜가 밝다는 건 어떤 것이냐. 적어도 우주가 순환하는 이치를 알아서 생활에 적용해보자는 것입니다.

이 지구가 어떤 힘에 의지해서 도는지는 모르지만, 지구를 중심으로 또 도는 놈이 있으니, 우리가 그것을 달이라고 얘기해요. 또 지구가 자기의 중심으로 삼아 따라 도는 것이 있는데, 그것을 태양이라고 합니다. 그러면 태양이라는 물건은 어떻게 된 거냐.

어떤 큰 불덩어리가 있는데, 그놈이 불을 시방 자꾸 뿜고 있어요. 그때 쪼끄만 불덩어리가 떨어져 나갔다고 가정해봅시다. 그 작은 불덩이가 떨어지니 갈 데가 어디냐면, 이놈 도는 데 따라서 도는 것입니다.

태양이라는 큰 불덩어리에서 떨어진 조각들은 그 능력에 따라서 태양 주위를 도는데, 이것을 태양계라고 그런단 말이죠. 우리 지구도 그 속의 하나고, 뭐 토성이니 목성이니 해왕

• 《채근담》, "木床石枕冷家風, 擁衾時魂夢亦爽".

성이니 이런 것도 그 속에 있는 행성입니다.

그래서 우리 지구가 도는데, 거기 붙어 있던 뾰족한 놈이 똑 떨어져서 옆에서 따라 도니까, 그걸 달이라고 그럽니다. 달이 얼마만큼 크냐면, 태평양 구멍만큼 크단 말예요. 아마 거기서 떨어져 나간 모양이에요. 나가서 갈 데 없으니까 거기서 또 뺑뺑 도는 거다, 그 말입니다. 이건 우리가 앞에서도 살펴본 얘기입니다. 그런데 이것은 우리의 눈으로 직접 관찰할 수 있는 한도를 넘어가게 되니까, 수학에 의지해서 그저 궁리하는 거예요.

예전 중국 사람 전설에, 달에는 아주 예쁜 색시가 있는데 그 색시가 거길 다스린답니다. 그래서 색시가 예쁘면 '월궁月宮의 항아姮娥' 같다고 그러지요. 그런데 그놈의 달을, 어떤 놈이 어디다 감추게 되면, 그게 잘 안 나오고 그런답니다. 그래 "해는 성이 나서 안 나오고 달은 어떤 도둑놈이 집에 감춰서 안 나온다"라고 중국 사람 전설에 얘기하지요. 그런데 이러한 생각은 아주 많은 민족들의 의혹을 사게 됩니다. 이러한 문제에 대해서, 산골에 있는 사람의 생각과 광야에 있는 사람의 생각은 달랐던 것이에요.

알 수 없는 천체, 그리고 동그라미

그런데 이 태양계가 독자적으로 된 것이냐 하면, 그렇지 못

하고 태양계 자체가 또 어떤 항성계에 의지해서 움직인다고 해요. 그 항성계의 중심 세력에 의지해서 돌다가 또 떨어져서 그렇게 나오고, 그렇게 나온 것이 마치 어미가 자식을 낳고 자식이 손자를 낳듯 제 몸뚱이를 똑 떨어뜨리곤 해서, 이렇게 도는 것을 대략 우리는 '천체'라고 합니다. 이런 걸 연구하는 학문이 소위 천문학이라는 건데, 인류가 유사 이래로 여태까지 연구한 여러 학문의 일종일 것입니다.

이런 학문은 전부 유클리드 기하학에 의지해서 계산을 해왔는데, 혹중혹부중或中或不中(어떤 것은 맞고 어떤 것은 맞지 않음)해서 퍽 걱정이었습니다. 그러다가 지금으로부터 한 30년 전, 1919년 혹은 1920년경에, '모든 물체는 길이와 넓이만 재면 다 계산할 수 있다'라고 하는 유클리드 기하학이 시원치 않다는 얘기가 나오게 된 거예요. 여기에 하나를 더 넣어야겠다고 그렇게 생각했던 것입니다.

예를 들어, 우리가 자동차를 달리면서 어떤 물건을 앞으로 던지면 그 물체가 퍽 무겁고, 뒤로 던지면 그 물체가 월등히 가벼워집니다. 이처럼, 어떤 물건을 측정할 때에 주위 사정을 감안해서 넣지 않으면 안 된다고 해서, 그것을 '상대성 원리'라고 그렇게 말했지요. 이 상대성 원리란 것에 의해 비로소 공간이나 시간에 대해 바른 판정이 나왔지요. 그런 판정이 나왔기 때문에 시방 원자력이라는 것을 얻게 된 것입니다. 그걸 발견한 사람이 아인슈타인인데, 그의 상대성 이론이 우리 학문에 혁명을 일으켰지요.

그래서 점점 이제 생각에 생각을 더해서, 물건과 물건의 중간을 얘기하게 됐다, 그 말예요. 이 중간을 라틴 말로 '미디엄 medium'이라고 합니다. 그래서 물건과 물건 사이에서는 절대로 융합을 할 수 없다는 생각으로부터, 이제 물건과 물건 사이에 소위 에테르(빛을 파동으로 생각했을 때 이 파동을 전파하는 매질로 생각되었던 가상적인 물질)가 있고, 그 에테르가 어떠한 변화를 할 수 있다는 생각이 차차 생겨나서, 그래서 우리가 그동안 큰 우주만 보느라고 보지 못했던 조그만 우주가 비로소 우리 앞에 나타났던 것입니다.

그래서 우리는 이 한 컵 속에 1조 가량의 우주가 들어 있는 것을 비로소 알게 됐던 것입니다. 그렇게 아주 미세하게 작은 물건, 다시 말하자면 이 모든 물질은 그 형태에 의지해서 분자로 되고, 분자는 또 저 원자로 되고, 원자는 전자에 의지해서 되고 그렇게 되는데, 원자라는 물건이 어떻게 조직됐느냐.

원자의 내부를 들여다보면, 태양계 모양으로 중심 세력이 하나 있고, 그것을 중심으로 회전하는 것이 있는데, 그 중심 세력을 양성자proton라고 하고, 회전해서 따라 도는 것을 전자electron라고 해요. 그것이 아주 미세한 물건인데, 그 속이 그냥 한 태양계를 구성했다는 것을 비로소 알게 됐어요. 우리는 시방 학문에 의지해서 이것을 손바닥 보는 것처럼 분명히 알 수 있습니다.

그런데 2차대전 때는 이것을 폭발시켜보려고 했어요. 사발만 한 유리병 속에 부유스름한 안개가 천천히 왔다 갔다 하는데, 설명하는 사람 말이 그래요. 요놈을 갖다가 살짝 상대 측에 보내 터뜨릴 수 있다는 거예요. 요게 터지면, 그때 그 방에 5천 명이 있었는데, 아주 먼지처럼 사라진다면서요. 그런데 그 병마개를 막으면 즉시 터져버려요. 그러니까 거기 갈새 없이 여기서 미리 죽겠으니까, 안 하겠다고 합니다. 그 설명을 하는데, 아주 으스스하더군요. 저거 왜놈이 가지면 우리는 아주 망하는 건데, 제기랄 뭐 독립이고 뭐고 그만두는 게 좋지 않겠냐는 생각까지 드는 겁니다.

또 그 뒤에 독일 잡지에 보니까, 제목에 뭐라고 했는가 하면, 독일에서 잠수함을 만들긴 만들었다, 그 말이에요. 그런데 그걸 만들어서 변변히 사람도 못 죽이고 인심만 실컷 잃고 아주 망해버렸어요. 그래서 이제 화학무기를 만들어서 프랑스 군대 4만 명 있는 곳에다가 밤새도록 뿌렸다는 거예요. 그런데 유럽은 기후가 늠실해서(부드럽게 출렁임) 풍속이 아주 낮아요. 그래서 바람이 여기서 이쯤 오는 데 여섯 시간이 걸리게 되거든요. 그런데 무식한 독일 놈이 프랑스 놈 디궁이(머리) 쪽에다가 약을 잔득 뿌려놓고 잠들었는데, 아 밤새 그 놈이 천천히 독일 놈 쪽으로 날아와, 독일 놈 5만 명이 다 죽어버렸어요.

그때도 내 그랬어요. '남을 살리는 마음은 제 마음이니까 지가 살고, 남을 죽이는 마음도 역시 제 마음이니까, 그거 참 그렇게 죽게 되는구나.' 전에 이런 말을 책에서 볼 적에는, 성현이 하는 말이라 그렇겠거니 생각을 했는데, 거기 가서 보니 꼭꼭 들어맞았어요.

여하간 이런 장난들이 다 어디서 나오느냐, 이 조그만 우주 (원자)의 정체를 안 뒤에 이런 장난들이 생기게 됐어요. 그래서 시방 이제 조그만 우주가 큰 우주 깨뜨리는 도구가 돼버리고 만 겁니다. 그래 내가, '야, 요놈은 먼지 같은 걸 모아서 사람을 한꺼번에 몇천 명씩 몰살하는 걸 보니, 조그만 놈이 더 무섭구나'라는 생각을 하기도 했어요. 이 조그만 우주(원자)도 그 성능은 태양계와 같은 것입니다. 요것들이 뭉쳐서 이렇게 커다란 우주가 됐지요. 나도 역시 그러한 원자로 됐기 때문에, 언제든지 이놈 자체가 폭발해버릴 수 있다는 거겠지요.

피부도 대뇌도 바뀌는 것

옛날 우리나라에 여자 임금님이 세 분 계셨는데, 그중 한 분이 아주 훌륭하고 골치가 남보다 참 좋더랍니다. 그이가 선덕여왕善德女王(?~647)*이지요.

그때 아주 거지 비렁뱅이고, 움 속에 살며 늘 불평하며 돌아다니는 나쁜 놈이 하나 있었단 말예요. 세상 사람들이 그놈하고 얘기만 하면, 그놈 따귀를 붙이거나 그러지 않으면

---

* 신라 제27대 왕. 재위 632~647. 신라 최초의 여왕.

몹쓸 놈이라고 그랬어요. 이 망할 놈이 선덕여왕 남편이 되고 싶다는 겁니다. 이걸 허영심이라고 할 거요. 그런데 이놈이 도무지 이걸 버리지 않아요. 그래서 그 말이 선덕여왕 귀에까지 들어갔죠. 선덕여왕이 아마 조금 창피했겠지만, 백성을 사랑하는 마음이 깊은지라 만나보기로 했어요. 그때 백제, 고구려와 서로 충돌하려 하는 판이라, 분황사에 기도를 가려 하니 그때 만나면 좋겠다고 했어요.

이놈이 그 소식을 듣고 좋아서, 분황사 석탑에 가만히 기대고 앉았단 말이죠. 선덕여왕이 기도하러 들어간 뒤였어요. 그렇게 뜨윽 앉았는데, 선덕여왕이 기도 다 마치고 이제 가려다가 보니, 이놈이 한창 드러누워 잠을 자고 있거든요. 그래서 뭐 어떡하나, 가슴에다가 당신이 끼던 금가락지를 얹어주고 갔지요. 이놈이 자다가 깨보니까, 임금 행차는 없고 가슴을 보니 금가락지가 한 벌 있거든요. 그만 그걸 보고 새카맣게 타 죽어버렸어요. 어떻게 된 걸까요? 왜 그런가 하니, 그 몸뚱이가 원자로 조직돼 있기 때문에, 그게 일시에 불이 나버렸다, 그겁니다.

그때는 뭐라고 그랬을까, 천벌을 받아 죽었다고 그랬죠. 여하간 어쨌거나 타 죽었단 말이지요. 아, 그런데, 육신은 타 죽었는데 정신은 남은 모양이에요. 그저 길에 지나가는 놈에게 그 귀신이 척 붙어, 이놈이 열병이 나서 그놈같이 펄펄 뛰고 지랄을 해요. 그래서 또 선덕여왕 귀에 들어갔답니다. 그러니까 선덕여왕께서 "염치없는 놈은 한정이 없다. 한정이 없는 놈은 여러 사람을 위해서 용납지 않는다. 그런 놈은 우리 국토에 필요 없다." 그렇게 써주었어요. 그걸 읽어주면 된다고요. 병든 놈한테 그렇게 읽어주니, 그놈(귀신)이 없어져버렸지요.

이게 무슨 소린가 했는데, 요새 보니 꼭 들어맞거든요. 아닌 게 아니라, 우리 몸뚱이가 원자로 돼서, 궤도가 틀리면 시커멓게 타 죽어버린다는 말입니다. 그때 그놈은 선덕여왕을 못 보게 됐으니까 낙심이 돼서 죽었다고 했는데, 요새 길거리 고압선에 감전된 사람은 아주 새카맣게 타서 숯이 돼버리거든요. 그러니까 인위적으로도 그렇게 몸뚱이를 폭발시킬 수 있는 거예요. 이 우주의 물건이 모두 태양계처럼 조직됐기 때문에, 우리 자체도 역시 그렇게 되었을 것입니다.

우리의 피부는 바뀐다고 합니다. 또 우리의 뼈도 바뀌는데, 뼈다귀는 얼마나 많은 세포로 조직이 됐는가 하니, 피부가 바뀌는 시간의 세 배가 걸린다고 해요. 인체 가운데 그중 늦게 바뀌는 것은 대뇌인데, 대뇌는 뼈다귀 세포 바뀌는 시간의 또 세 배가 걸린답니다. 대뇌는 만져보면 부들부들하고 두부 같은데, 어떻게 단단한 뼈다귀보다 더 오래 신진대사를 하는가, 그런 의심이 들 겁니다.

대뇌는 우리가 육안으로 보기에 두부살 같지요. 그 좁쌀 같은 게 낱낱이 전부 진공관이에요. 라디오 진공관 같은 겁니다. 이 좁쌀만 한 진공관이 원체 많이 뭉쳐서 된 것이라, 신진대사가 길어져 바뀌는 시간이 오래 걸립니다.

예술은 자연물상의 모방이자 재창조

18

사람들은 예로부터 대개 자기 생각에 사로잡혀 있었습니다. 즉 자기의 경험을 토대로 세상을 이해했습니다. 그래서 그리스의 학자들이 어떠한 이론을 조성했다 해도, 개인의 경험에 의지했기 때문에 늘 혹중혹부중或中或不中이 됐습니다. 그래서 그 이론이 계속되기가 퍽 어려웠습니다. 물론 동양에서도 역시 그와 같은 과오를 많이 범했습니다. 그것을 현대 학술어로는 '애널리틱 아포스테리오리analytic a posteriori'라고 그러는데, 아포스테리오리라는 것은 '자기 경험에 의지해서'라는

• '분석적analytic'이라는 말은 '종합적synthetic'이라는 말과 대비되는 개념이고, '선천적a priori'이라는 말은 '후천적a posteriori'이라는 말과 대비되는 개념이다. '선천적' 판단은 그 근거가 선천적인 이성에 갖추어져 있어서, 어떠한 개별적인 경험과도 관계없이 보편타당한 지식이지만, '후천적' 판단은 개별적인 경험에 의해 획득된 것이므로, 보편타당성을 갖지 못한다.
분석판단이란 그 판단(명제)의 술어가 단순히 주어를 되풀이하거나, 혹은 주어를 여러 요소로 나누어서, 주어 속에 모호하게 들어 있는 여러 가지 요소들 가운데 어떤 것을 분명하게 드러내는 판단이다. 즉 세계에 대한 정보를 제공하기보다는 주어 개념을 명확히 설명하는 판단이다. 종합판단이란 술어가 주어 개념을 넘어서서 새로운 정보를 첨가하는 판단이다. 주어의 개념을 분석해서는 그 진위를 알 수 없고, 사실의 확인을 통해서 그 판단의 옳고 그름을 확인할 수 있을 뿐이다. 이러한 판단을 종합판단이라 한다. 종합판단은 그것이 참된 판단일 경우 우리의 지식을 늘려준다. 과학적 지식의 확대는 종합판단을 통해서 가능하다.
따라서 대개 분석판단은 경험적 사실에 관계없이 주어-술어간의 논리적 관계만을 분석하므로 선천적 판단이고, 종합판단은 경험을 통해 그 진위를 확인해야 하므로 후천적 판단이라 할 수 있다.
칸트는 세상에 대한 지식을 제공하면서도(종합적), 필연적이고 보편적이기 위해서는(선천적), 그 지식은 '선천적이면서도 종합적synthetic a priori'이어야 한다고 하였다. 분석적인 것은 필연적으로 참이고, 후천적인 것은 필연성을 결여하므로, '분석적이면서 후천적인analytic a posteriori' 판단은 인정되지 않는다.

말입니다. 그러면 그것은 자기 생각이기 때문에, 아무리 남을 설득했다 하더라도 실행할 때는 늘 모순과 불행이 생기는 겁니다.

생각은 자기의 경험에 토대한 것

중국의 역사를 보더라도, 처음 그들은 집단으로 살았고, 집단으로 살다가 그중 똑똑한 사람이 두목이 되었지요. 두목은 여러 사람의 부탁에 의지해서 됐으니까, 그것을 시방 생각하면 민주주의라고 할 겁니다. 그러나 그때에는 그것이 민주주의라기보다는 어쩔 수 없는 조건에 의한 것이라고 보아야 할 텐데, 역시 경험에 의지해 이뤄진 일인 겁니다.

중국 《사기》에 "오제伍帝˙는 관천하官天下하고 삼왕三王은 가천하家天下하니, 즉 오제는 천하를 공적인 것으로 여겼고 삼왕은 천하를 사사로운 것으로 여겼으니, 삼왕오제의 덕을 겸하였다. 그러므로 관가官家라 말하였다"라고 했어요. 즉 오제는 천하에 벼슬을 했다고 했으니, 그것은 그때 민중이 필요해서 그들에게 일을 부탁했던 겁니다. 그다음에 "삼왕三王은 가천하家天下라." 삼왕은 하夏나라를 세운 우禹왕, 은殷나라

• 상고 시대 중국의 다섯 임금. 소호少昊, 전욱顓頊, 제곡帝嚳, 요堯, 순舜을 말한다.

를 세운 탕湯왕, 주周나라를 세운 무武왕인데, 그 셋은 다 자기 후손에게 왕위를 물려주어 자기 기반을 만들었다고 그럽니다.

그런데 삼왕 이전의 왕이었던 요나 순이라고 하는 사람들은 당대에 책임을 수행하려고 애썼기 때문에, 자기의 부족部族이거나 아니거나 잘난 사람들을 뽑아서 썼어요. 예를 들면 요堯라는 사람은 황제족黃帝族이니 중국 민족입니다. 중국 민족은 원래부터 중국 본토에 있던 족속이 아니라, 천산남로를 거쳐 곤륜산을 돌아서 온 민족이니까, 아마 파미르고원에서 온 것으로 생각되는데, 두목이 황제黃帝라는 사람이라 황제족이라고 하는 겁니다.

그런데 요의 뒤를 이은 순舜은 단군의 자손입니다. 요도 분명히 이를 알았지만, 순이 원체 출중하게 잘났으니까 순을 데려다 자기 일을 맡겼던 겁니다.

이렇게 해서 이 다섯이 중국의 민중을 인도해서 중국 천지를 점령하게 됐는데, 요라는 사람이 그중 팔자가 사나웠습니다. 왜 그러냐. 중국 본토의 야후라는 족속은 그때 그다지 문제가 없었지만, 동방의 백두산을 중심으로 이뤄진 단군 민족들은 대단히 개척성이 많고 활발하고 자기들보다 월등했어요. 그런데 그 단군 족속들 중에서 순이라고 하는 사람을 데려다 자리를 물려준 것을 보면 말입니다.

여하간 그런 것이나 저런 것이나, 생각은 언제나 자기의 경험을 토대로 이루어지기 때문에, 자기가 옳다고 생각해서 실행할 경우 늘 비판을 일으켰던 것이 사실이지요.

요새 여러분이 아는 것과 마찬가지로, 그리스 학자들이 이론을 주창해가지고, 실현성이 없더라도 그대로 내려온 것이 그리스의 철학입니다. 또 로마에 와서 여러 사람들이 그것을 계승해가지고 내려온 것을 로마 철학이라고 하고 유럽 사람의 철학이라고 말합니다.

그러나 그 학문이라는 것이 자기 경험에 의지해서 된 것이기 때문에, 진정한 학문이 되지 못했어요. 그리스 학자들은 점점 남을 설복하겠다는 생각, 남을 이기겠다는 생각이 나오게 되고, 그래서 별별 이상스러운 소리를 다 끌어내니까, 시방 우리가 그걸 궤변 학자 소피스트*라고 말하지요. 이들이 실현성이 조금도 없는 얘기를 부끄러움 없이 선전하게 되니까, 소크라테스 같은 이가 말하기를, "너 자신을 알아라" "모르는 줄 알아라"라고 했단 말이죠. 그러나 그는 당시에 그 사람들의 배척을 받아서 죽게 되었습니다.

경험의 한계를 인식할 수 있어야

또 인도에서는 무슨 일이 생겼었느냐. 어떤 땐 하늘에 해가

---

* 　기원전 5세기부터 기원전 4세기까지 그리스를 중심으로 활동했던 철학사상가이자 교사들이다. 설득을 목적으로 하는 논변술을 강조하였으며, 진리와 정의를 상대적인 기준으로 바라보았다.

비치니까 '저게 좋아서 저렇게 웃는 모양이구나', 어떤 땐 껌껌하니까 '아이고 성이 났구나', 하고 자기 경험에 의지해서 생각했단 말예요. 그런데 그들이 거기서 자꾸 말에 말을 잇게 되고, 그만 제 말을 이길 자가 없다고 하는 사람들이 나왔는데, 소위 논사論師라고 합니다.

그러던 중에 한 논사가, 그의 말을 꺾을 사람이 없으니까 나중에는 무슨 말까지 했는가 하니, "나는 저 돌멩이와 같다"라면서 이놈이 아주 호기를 부렸어요. 뒤에 무착보살無著菩薩[*]이라는 사람이 그 이론은 전연 맞지 않는다고 그랬어요. 그래서 그 바위에 가서, "네 이론은 이러이러하니까 맞지 않는다. 실상은 이러이러하니라"라고 한마디했더니, 그 돌멩이가 그만 빠개지고 피가 나더라지요. 여하간 인도 사람들은 실생활에 맞지 않는 얘기를 많이 했습니다.

그러니 자기 경험에 의해서 나온 얘기들은 다 맞지 않습니다. 그것이 소위 여태까지 우리가 해온 것이지요. 그런데 그렇게 맞지 않는 생각을 통해서도, 경험의 한도 안에서 우리의 살림살이를 어느 정도 볼 수 있었습니다.

그럼 우리 경험의 한도라는 것을 한 예로 봅시다. 우리의

---

* 무착(아상가Asaṅga, 310?~390?)은 대승불교의 유식론을 체계화한 인도의 불교 사상가이다. 처음에는 소승불교에서 출발하였지만, 중인도의 아유차 국으로 가서 공부하면서 대승의 유가행에 힘썼다. 동생인 세친(바수반두 Vasubandhu) 등 많은 사람을 교화하여 후세에 미친 영향이 매우 컸다.《섭대승론》《금강반야경론》등을 저술하였다.

눈은 빨주노초파남보라고 하는 가시광선의 파장만 볼 수 있어서, 우리는 그 주파수에서 벗어나는 것은 전혀 볼 수 없습니다. 이처럼 가시광선이라는 경험의 한도 안에서만 알 수 있을 뿐이니, 모르는 걸 가지고 이렇다 저렇다 한다면 맞지 않는 것입니다.

우리의 인생이 늘 처음에는 좋다가 나중에는 불행에 그치고 말았던 원인이 여기 있었던 것이지요. 역사적으로 보더라도, 처음에 어떤 영웅이 나타나서 그를 따라가다 보면 허방다리가 되는 경우가 많아요. 영웅을 만드는 것도 보통 군중의 목숨이요, 영웅이 깨질 때 희생되는 것도 보통 군중의 목숨이니, 도무지 보통 군중이라는 것은 영웅을 만드는 기계밖에 되질 않나, 이렇게까지 생각될 정도입니다. 이것이 차차 내려와서, 인류에게 행복을 가져오려고 그랬는지 불행을 가져오려고 그랬는지, 이제 그것은 맞지 않게 됐던 겁니다.

수학으로 보더라도, 여러분은 고등학교 시절에 유클리드의 기하학을 배웠는데, 그 사람은 어떤 물건이든 그 길이와 넓이만 재면 그 물건을 알 수 있다고 했어요. 물건의 길이가 얼마인지 알면 그 물건을 아는 것으로 알았단 말이지요. 그러나 선체를 놓고 볼 때 백분지 일도 맞지 않게 되고, 미세한 미생물에 대해서도 백분지 일도 맞지 않게 되니까, 여태까지 우리의 노력은 허사로 돌아가고 말았던 겁니다.

그랬는데 칸트라는 사람이 나서서 어떻게 말했는고 하니, "우리가 이 물건을 인식함으로써 이 물건이 존재한 것이

다"; 즉 우리의 경험을 떠나서, 물건 자체를 연구함으로써 행복을 가져올 수 있으리라고 한 겁니다. 칸트의 생각은 물론 그때 사람들이 경험에만 의지해서 판단 내리는 것보다는 진보됐지만, 시방 보면 그것도 자기 생각이지 인류 전체의 생각은 아닐 것입니다.

만일에 가데시우스Renatus Cartesius**의 생각이 옳다고 할 것 같으면, 그건 가데시우스 자기의 생각이지 인류 전체의 생각은 아닐 것이라는 것입니다. 또 역시 토마스 아퀴나스 같은 사람이 천체에 대해서 어떻게 얘기를 했다거나, 예수에 대해서 어떻게 얘기를 했다는 것도, 자기의 생각일지언정 인류 전체의 생각이 아닐 것입니다. 또 아우구스티누스 같은 사람이 자기의 처지에서 하느님이 어떻게 생겼다든지 예수가 어떻게 생겼다고 하는 것도 자기 생각이지, 하느님이나 예수 근처에도 가보지 못한 겁니다.

그들은 그들의 생각을 그들이 느껴서 말한 것이다, 우리에게 맞을 수는 없을 것이다, 그 말입니다. 그래서 칸트가 말하기를, "이 세상의 학문은 모두 대상이 있어야겠다. 대상이 있

---

* 칸트는 이러한 자신의 주장을 인식론상의 '코페르니쿠스적 전회'라고 불렀다. 종래에는 인식주관이 대상을 그대로 수용함으로써 대상을 인식한다고 한 데 대하여, 칸트는 반대로 인식대상이 주관의 선천적 형식에 의해 구성된다는 인식 방법상의 전환을 이룬 것이다. 말하자면, 우리는 대상을 있는 그대로 보는 것이 아니라, 우리가 보는 대로 대상이 우리의 인식 안에 구성된다는 것이다.

** 데카르트Descartes(1596~1650)의 라틴어 표기.

어서 실지로 보고 실지로 느끼고 또 검토하고 분석하는 데서 참뜻이 나오겠다"라고 한 것입니다. 이것이 식물이든 동물이든 인체든, 모든 학문을 검토할 적에 적용돼야겠다는 것이지요. 그러하니 플라톤 학파니 중세기의 스콜라 철학*이니 하는 거, 또 구라파 천주교 교회의 학술 같은 것은 다 학문이 될 수 없다는 겁니다.

칸트 말이, 대상이 있는 것은 학문이 될 수 있지마는, 대상이 없는 것은 학문이 될 수 없다는 거예요. 철학이라는 것은 대상이 없으니까 학문이 될 수가 없는 겁니다. 학문이 될 수 없는 걸 학문이라고 지껄이고 앉았으니, 그리스에 궤변 학자가 안 날 수 없고, 또 그것을 건지기 위해서 소크라테스가 "너 자신을 알아라" "모르는 줄 알아라" 이런 말을 하게 됐던 것이고, 또 그게 맞지 않다고 궤변 학자들이 날치게도 됐던 겁니다. 이런 것들은 모두 불행을 가져왔을지언정 좋은 것은 가져오지 못했습니다.

그런데 수학이라는 것은 대상이 없지만, 우리 인류생활에 없어선 안 될 것이라는 것을 칸트가 발견했습니다. 수학이라는 것 자체는, 즉흥적으로나마 일종의 대상을 상상으로 만들어가지고 연구하고 분석하는 것입니다. 그것은 우리의 경험이 아니더라는 것입니다. 그래서 어떻든지 자기의 경험에 의

---

* 13·14세기에 가톨릭 교회를 중심으로 형성된 철학. 중세에는 모든 학문 활동이 가톨릭 교회 및 수도원에 부속된 학교Schola를 중심으로 펼쳐져, '학교의 교사에 의한 철학'이라는 의미로 '스콜라 철학'이라고 부름.

지해서 지껄인 건 자기 소리지만, 경험을 초월해서 하는 것이 진정한 학문이라고 비로소 얘기했던 것입니다.*

유명한 그리스의 플라톤 같은 이도, "예술이라는 것은 자연을 그대로 떠놓은 것이다", 이렇게 말했어요. 아마 사진기가 나기 전까지는 플라톤의 말이 옳았을 거예요. 그러나 사진기가 나와서, 더군다나 자동식 사진기가 나온 뒤에는 플라톤의 이 말은 무색하게 돼버렸지요. 자연 그대로 찍어놓는데 뭐 더 얘기할 거 있어요? 그러나 사진은 자연 그대로 찍어놓으니 예술이 아니거든요. 그럼 사진을 어떻게 예술로 발전시켜야 되나, 이제 궁리를 하는 거예요.

시방 예술이라는 것은, '자연물상이 감정 있는 생명체 속에 들어가서 다시 표현되는 것이 예술이다', 그렇게 얘기합니다. 그래서 예술이라는 것은 이제 사상에 의지해서 겨우 생명을

•   칸트는 세계를 '현상계'와 '물자체'로 구분한다. 현상계는 우리가 보고 듣고 느낄 수 있는, 즉 경험할 수 있는 세계를 말하고, 물자체란 그러한 현상을 일으키는 대상 자체를 말한다. 칸트 인식론의 특징은, 인간은 오직 경험 가능한 현상계만을 인식할 수 있고, 현상의 근거인 물자체는 인식할 수 없다는 점이다. 즉 우리의 선천적인 인식 형식에 맞지 않는 대상은 인식할 수 없으며, 아예 인식 대상도 아니라는 것이다. 칸트는 인간이 이러한 인식의 한계를 망각하고 현상 너머로 인식을 확장하려 한다면 과오에 빠지게 된다고 말한다. 즉 종래의 형이상학들은 자아, 우주, 신 등의 초감각적인 존재를 인식하려 함으로써 과오를 범했다는 것이다. 이러한 형이상학적 실체나 선악의 문제 등은 '어떻게 인식할 것인가'와 관련된 인식론의 문제가 아니라, '어떻게 행동할 것인가'의 기준과 원리를 탐구하는 실천의 문제이기 때문이다. 칸트는 이렇게 지식(사실)과 실천(당위)을 구분함으로써 과학과 종교(혹은 윤리)의 영역을 구분하였다.

부지해가게 됐어요. 그러지 않았다면 사진기 때문에 예술은 필요 없게 돼버렸을 겁니다. 그런데 시방 사진기라는 것은, 별것이 아니라 우리의 눈을 뜯어서 확대해놓은 깃이다, 그 말예요.

요새 또 재미있는 게 있어요. 눈이 좀 시원치 않으니까 눈 앞에다 유리창을 해가지고 보고 다니는데, 그게 '안경'이라는 거요. 그런데 안경은 성가신 게 한두 가지가 아니에요. 몸이 화끈화끈 더울 적엔, 안경 때문에 눈의 열이 잘 식지 않으니 속이 답답하고, 겨울에는 곧잘 김이 서리기도 한단 말입니다. 그래서 겨울에는 안경 쓴 사람이 밖에 있다가 방에 떡 들어가면 안경이 뿌예서, 한참을 이렇게 섰다가 김이 없어진 뒤에 눈을 뜨거든요. 그런데 요새 그런 걸 조정하기 위해서, 아주 요놈 유리창을 갖다가 눈꺼풀 속에다 착 붙여버린단 말예요. 이건 뭐 미처 식을 새도 없고 더울 새도 없어요. 이 유리창이 눈꺼풀 바깥에 있을 적엔 불편하더니, 그 눈알맹이 속에다 찰싹 붙여놓은 뒤엔 뭐 습관만 되면 괜찮으니, 요샌 그게 신식이라지요?

여하간 자기 경험에만 의지하는 판단은 옳지 않다고 했고, 대상이 있는 것이 학문이요, 대상이 없는 것은 학문이 될 수 없다고 했는데, 이제 다시 대상이 없는 수학 같은 것은 완전히 학문이겠다고 하는 것입니다. 그럼 어째서 대상이 없는 것이 학문이 될 수 있느냐? 그것은 오직 '종합적 즉각'으로써 경험 없이도 그 당처當處를 알 수 있다는 겁니다.

절대의 관념 두 개를 종합하니

여기 '다섯'이라는 생각을 일으켰다고 합시다. 그 다섯이라는 생각은 '넷'이라는 생각과도 관련이 없고 '여섯'이라는 생각과도 관련이 없을 것입니다. 보탠다는 생각을 넣지 않으면 관련이라는 것은 전연 나오질 않으니까요. 다시 말하자면 다섯이라는 것은, 넷에다 하나를 더했다는 다른 관념을 가지기 전에는, 다섯이라는 절대의 관념으로 남아 있을 것입니다. 또 다섯에 하나를 더하면 여섯이 되지만, '하나'라는 관념과 '더하다'라는 관념이 없다면 '다섯'은 다른 어떤 것으로도 변하지 않습니다. 그러니 이 '다섯'이라는 수는, 그 대상 자체가 역시 절대의 관념을 요하게 되는 거지요.

그런데 또 한쪽에다가 일곱이라는 관념을 세워놨다고 합시다. 이 일곱과 다섯은 전연 섞일 수 없는 물건입니다. 그런데 이것을 섞어놓으면 '열둘'이라는 새 관념이 나오게 돼요. 이것을 학자들은 뭐라고 말하는가. '신세틱 아 프리오리 synthetic a priori(종합적 즉각)'라고 그래요. '아 프리오리'라는 것은 우리말로 번역을 하면 '즉각'이라고 그래요. 곧바로 알 수 있다, 어떤 설명도 요구하지 않고 곧 드러나 보인다, 그 말이지요. 절대의 수, 절대의 관념 두 개를 종합해봄으로써 전연 다른 관념이 나온다, 여기에는 자기 경험이 들지 않고 오직 진리 자체뿐일 것이다, 이것이 현대 과학의 기초가 되는 것이다, 그 말입니다.

이러한 관념들은 천체를 증명하는 데도 쓰여요. 정확하게 돌팔매질만 잘하면 태양까지도 가고, 또 돌팔매질을 묘리 있게 하면 달에도 사람을 보낼 수 있고, 그렇다는 거예요.

또 한 가지는, 원자폭탄을 공중에 떠억 달아놓고, "얘 아무개야, 저쪽에 가서 떨어뜨려라." 그렇게도 될 거다, 그 말이에요. 이러니, 엊그저께까지는 그래도 대포라도 끌고 와서 팍 터뜨려, 죽을 때 죽는 줄이라도 알았는데, 이제는 형편이 없어요. 애당초 적국의 하늘에다 원자탄을 쏴 두었다가, 언제든 떨어뜨리고 싶을 때 가서 떨어지게 하니, 이건 기가 막히지요. 그러니 서로 겁이 나서, 그렇게는 하지 말자고 합니다. 이게 소위 정상회담이라는 거예요.

여하간 그래서 소위 '종합적 즉각'이라는 이 '아 프리오리'가 비로소 칸트 이후로 얘기가 됐어요. 그 후로는 그만 유클리드 기하학이란 건 아주 뒤집혀버렸습니다.

예를 들면 예전에 파리에서, '장長·광廣·고高'를 갖는 물체는 어디 가서 재보나 똑같다는 연구결과가 나왔는데, 이런 방식이 유클리드 기하 방식이었어요. 그런데 이젠 안 그래요. 왜 안 그런가 하니, 파리에서 '장·광·고'를 12시에 얻었다면, 그건 서울서 '장·광·고'를 12시에 얻은 것하고 똑같지 않다, 이 말입니다.

우리가 시속 60마일로 달리는 자동차에서 뒤쪽으로 물건을 던지면, 그 물건의 무게에다 60마일을 겹쳐서 해줘야 그 물체의 무게가 나온단 말예요. 반대로, 앞으로 던지면 그놈의 돌멩이에서 60마일을 빼내야 되니까, 똑같은 물건이 앞으로 던지면 가벼워지고, 뒤로 던지면 무거워지고, 이런 판이니 뭐 얘기가 돼야지요.

이러한 학문들은 모두 '신세틱 아 프리오리'에서 생긴 겁니다. 그래서 여러분이 이 학교에 와서 공부할 것은, 저번 시간에도 내가 말했지마는, 오직 이 '아 프리오리', 말하자면 '즉각'을 연습해야 된다, 이 말입니다.

우주의 소리를 그대로 듣는 게 학문

학문이라는 것은 오직 종합함으로써만 비로소 되는 것입니다. 여기에는 내 소리, 네 소리가 없고, 우주의 소리를 그대로 들어야 해요. 우리의 정신이 '신세틱 아 프리오리', 즉 종합적 즉각이면 이 세상을 그대로 볼 거예요. 만약 종합적 즉각이 된다면, 이 벽을 그대로 내버려두고 바깥도 내다볼 수 있거든요. 벽이라는 관념을 무시하면 그대로 내다볼 수 있어요. 옛날에 도통했다는 사람들은 아주 철저히 이 종합적 즉각을 그냥 체험했던 모양입니다.

우리나라에, 불교 선종禪宗의 유명한 선사인 경허鏡虛(1849~1912)ˇ라고 하는 이가 있었소. 그이가 열아홉 살에 저 문경 대승사에 경을 배우러 갔대요. 갔더니 뒷방에 이상스러운 사람이 하나 있어요. 백월이라는 사람인데, 늘 얼굴이 벌게서 드러누워 있더래요. 거긴 글 배우는 사람들이 찾아가는 곳인데, 얼굴이 벌겋게 병이 난 놈이 드러누웠다가 일어나더니만, 목침을 내놓고, "여기(목침)에 마음이 있소?"라고 묻더랍니다. 그래서 경허가 있다고 했지요. 그랬더니 백월이,

"당신 말이 정말 옳소. 모든 사람이 대략 물어보면 (여기에) 마음이 없다고 그럽디다. 그런데 어쩌면 당신은 마음이 있다고 그러우? 그러면 시방 경 배우지 말고 오늘부터 참선을 해요. 참선을 하면 당신 도통할 거요."

그러더래요. 그러니까 그 사람은 도통이란 소릴 알아들었지만, 우리 같은 사람은 못 알아듣거든요. 도통이란 별 게 아니라, '제 궁리를 극복할 수 있다'라는 말입니다. 궁리가 뭐냐, 예를 들면 시방 자기 집이 원남동이라 해봅시다. 여기 앉아서 원남동을 볼 수 있겠어요? 못 보지요. 왜 못 보는고 하니, 동국대학과 원남동 사이에 거리가 얼마라는 관념이 들씌워져서 못 보는 거예요. 마음에 장벽이 없으면 볼 수 있을 테지요.

그러니까 그때 저 백월이라고 하는 사람이 목침을 내놓고 "여기 마음이 있소?"할 적에 경허당이 "마음이 있소" 그랬단 말예요. 보통 사람은 그 막대기 조각에 무슨 마음이 있냐고 할 거거든요. 그러니까 그 사람이, "당신이 벌써 마음을 그만큼 조정할 줄 알고, 바로 볼 줄 알면, 가서 참선하면 좋을 거

• 근현대 불교를 중흥시킨 조선 말기의 승려. 속명은 송동욱宋東旭, 법명은 성우惺牛. 저서로는《경허집鏡虛集》《선문촬요禪門撮要》가 있다.

요"라고 했던 거예요. 그래 경허당이, "그거 뭔 소리요" 그랬더니 백월 하는 말이,

"내가 참선하는 방법에 의지해서 여기서 좀 해봤더니, 주위가 분주하고 그래서 묘향산을 찾아갔소. 가서 아는 사람을 만나 좀 조용히 있어야 되겠다고 했지요. 그러니까 묘향산 큰 절에서, 위로 올라가면 상원사라고 있는데, 거기 가서 심부름하는 사람, 밥 짓는 사람 데리고 있으라고 그러면서 양식 여섯 가마니를 줍디다."

그래 백월은 거기 들어앉아서 이제 만판 참선을 했답니다. 그때 그가 제일 중요하게 여겼던 것은 쌀독이었대요. 쌀독 두 개를 이렇게 놨는데, 아마 둘이 한겨울 파먹었는지 독 하나는 비었거든요. 그런데 그 쌀독을 들여다보지 않고도 그게 비었다는 것이 보인단 말이죠. 신통하지 않아요? 그래 '저렇게 속이 보인다면 그 속에 들어갈 수도 있겠구나. 한번 해보기나 해보자' 하고는 밑져야 본전이니 들어갔지요. 그리고 나서 시치미 뚝 떼고 있는데, 부엌에서 밥 짓던 녀석이 무슨 생각을 했는지 방문을 열더니, "아, 이 사람 없네" 그러거든요. 저는 보는데 그 사람은 못 봐요. 그래 슬쩍 나와서 "나 왔다" 그랬지요. 그랬더니 이놈이 "아까는 없었는데 어디서 나왔소?" 그러거든요. 그래서 백월이 몇 번을 그놈에게 이걸 해보니까 뭐 영락없이 들어맞거든요. 그러니 그놈이, "여보, 다 됐는데 공부는 더 해서 뭘 하우." 아, 그러더래요.

그래서 백월이 그 공부하던 걸 그만 치워버리려는데, 어디

치워버려져야지요. 그래서 백 일을 애썼더니 공부도 없어지고, 독 속을 들여다보는 것도 없어져버렸단 말예요. 일이 낭패가 됐습니다.

그러니 뭐, 이젠 도로 벽도 그대로 있지, 쌀독 속도 안 보이지, 심통이 나서 같이 공부하는 그 중의 방에 가서, "네 말 들었더니 낭패가 되었구나", 그러고는 그 중한테 똥을 퍼다가 끼얹어버렸단 말예요.

그런다고 뭐 시원하겠어요. 그놈은 똥바가지 뒤집어썼고 저는 도로 미칠 대로 미쳐버렸지요. 전에 하던 걸 다시 하자니까 얼굴이 시뻘게지고 골치가 딱딱 아프고 낙심이 되니, 이걸 어떡하겠어요. 그래서 그다음부터 드러누웠다가 제 고향에나 간다고 갔는데, 그때 경허라는 열아홉 살 먹은 사람을 보고 그렇게 하라고 일러줬어요.

바라는 마음이 고생의 근본

그러니 요런 경우에도 그렇단 말이에요. 종합적 즉각이 되면 이렇게 관념을 초월하게 되는 거요. 그런데 우리는 만날 이 경험에 의지해서 하는 게 있어요. 평생 돈을 조금씩 써보던 사람이 별안간 큰돈을 만나면 미쳐 죽죠. 일제 시대에, 내가 유럽에 다녀왔는데, 그 이듬핸가 3년 후인가 일본에서 신문이 왔어요. 도쿄에서 붓을 매서 팔아먹는 사람인데, 일급 1원

50전 받는 사람이에요. 그때 1원 50전이면 참 많은 돈입니다. 그런데 하루는 경시청에서 불렀어요. 그래서 갔지요. 필공筆工이나 하는 놈이 경시청에 불려갔으니, 벌벌 떨고 들어갔을 거 아녜요? 들어갔는데,

"여봐, 그대 삼촌이 브라질 이민 간 일 있나?"

"예, 있습니다."

"그러면 민적民籍을 좀 가지고 와."

"아니, 뭐가 잘못됐습니까?"

"그런 게 아니라, 네 삼촌이 돈을 벌어서, 한 10만 원 유산을 남겨놓고 죽었다네."

민적만 가져오면 상속시켜줄 거라고 해요. 이놈이 10만 원 준다는데 어찌나 좋은지, 집에 가서 그만 미쳐서 죽어버렸어요. 그러면 그 종이쪽에다가 저 일본 은행권이라고 쓴 것이 미쳐 죽게 만들었나요? 돈 10만 원이 그만 벅차서 그랬지요. 벅차서 죽는 데야 뭐 할 말 있나.

작년에 나도 그런 경험을 한번 했어요. 우리 조카딸이 대학생인데, 겨울에 추워 죽겠다고 해요. 집주인에게 방세를 좀 더 줘야겠다고 해서, 얼마냐 그랬더니 20만 원이라고 해요. 그래서 돈을 줬는데, 이놈이 그냥 붙잡고 있어요. 하얀 종이에다 인쇄해놓은 것, 이거 아무래도 돈 같지가 않았던 거죠. 의심이 나서 계속 만지작거리고 앉아 있더군요. 그래서,

"애, 어서 집주인 갖다 줘라. 오늘 저녁에 또 추운 데서 자지 말고."

이놈이 집주인한테 그 돈을 갖다 주니 집주인이 좋아서 받거든요. 아, 그게 돈은 돈이로구나.

우리의 관념이 이렇게 된 겁니다. 그래서 마음이 막혀 있으면 그만 꼼짝 못 하는 거요. 옴치고 뛰지 못한다는 게 그런 거거든요. 마음에 그만 딱 관념이 박혀서 그래요.

시방 러시아 사람들 그렇지 않아요? 황제의 관념이 머리에 박혀 있으면 공산당 못 한단 말예요. 그러니까 애당초 황제 관념을 뽑아버려야겠다고 야단을 쳤단 말입니다. 그런데 그런 일은 유럽 사람들에게나 적용되지, 우리에게는 적용되지 않아요. 우리가 좀 똑똑해요? 우리는 한 백 일쯤 연습하면 머릿속에서 관념을 뽑아버리는 일이 돼요. 여하간 그 백월이라고 하는 이도 한 백 일 그렇게 연습해서 됐습니다. 저 산중에서 수도하는 이들을 가만히 보면, 대략 천 일이면 자기의 관념이 바뀐다는 거예요.

그런데 그것이 아주 완전히 바뀌자면, 천 일로는 부족하고 대략 9천 일이 필요하다는 겁니다. 우리의 이 고기 세포가 신진대사로 한번 바뀌는 시간이 천 일이고, 이 뼈다귀 세포가 신진대사로 한번 바뀌는 시간이 고기 세포 바뀌는 시간의 또 세 배, 그러니까 3천 일. 또 우리 몸뚱이 속에서 제일 늦게 바뀌는 것이 대뇌인데, 대뇌가 한번 신진대사로 바뀌는 시간은 뼈다귀 세포 바뀌는 시간의 세 배. 그래서 9천 일이면 관념을 몽창 바꿔버릴 수가 있다는 겁니다.

그래서 도통이라는 것은 별것이 아니라, 우리의 관념을 바꿔버리는 것입니다. 다시 말하자면, 이 우주 전체를 볼 수 있는 것, 우주의 당처當處를 볼 수 있는 것을 말해요.

그러면 도통을 하는 데 장애가 되는 것이 무엇이냐. 내가 늘 말한 바와 마찬가지로, 바라는 마음(탐심貪心)은 고생의 근본입니다. 바라는 것이 이루어지면 제가 잘나서 됐다고 그러고, 바라는 것이 이루어지지 않으면 남이 잘못해서 그렇다고 그래요(진심嗔心). 그럼 남이 잘못해서 안 되었는데 왜 내가 고통을 받느냐, 그런 것은 모두 어리석은 생각(치심癡心)입니다. 그래서 그 세 가지(탐심, 진심, 치심)는 결국 독을 이뤄서, 아주 장벽을 만들어서 자기가 그만 그 속에 들어앉게 된단 말예요. 격리가 돼버리는 겁니다.

이렇게 자기 경험에 의지해서 고집만 세우면, 그걸 망령妄靈이라고 그래요. 망령이란 곧 미친 마음이다, 그 말이에요. 그러니깐 우리 생활 조건에 맞지가 않더라, 그 말이지요.

미친개는 벌써 대뇌작용이 좀 시원치 않거든요. 그러니까 그놈은 세상이 무섭단 말예요. 세상이 무서우니까 어떤 사람이 몽둥이만 들고 와도 겁이 덜컥 나거든요. 겁이 나니까 덤벼들어 물고 으르렁거리는 겁니다.

전에 일제 시대에 내가 파출소 앞에 가면 가슴이 옥죄고 죽겠더라고요. 나를 잡아가는 것도 아닌데, 잡혀갈까 봐 겁이 나서 그래요. 그래서 산중에 가서 10년씩 틀어박혀 있었는지도 모르죠. 그런데 해방 후에도 파출소 앞에 가면 아주 안 좋거든요. 그래서 될 수 있는 대로 파출소 앞으로는 안 갔는데,

그런데 웬걸, 내무장관을 떡 시켜놓으니까, 그렇게 싫어하던 순사 두목이 됐으니 어쩔 거예요. 팔자가 안 좋아 이렇지요.

그런데 내무장관 집이라고 돈암동 오막살이에 들어앉았는데, 순사들이 오더니만 문을 열어놓고 다니겠다고 그래요. 그래 그 순사보고 그랬어요.

"여기 밤중에도 돌아다닐 텐가?"

그러니까 그렇다 해요.

"내가 돌아다니지 말라면 안 돌아다니겠지?"

"예, 그렇습니다."

"그럼 이 문 잠그겠네."

그래 잠갔지요. 아, 그 순사 없이 자니까 팔자가 좋은데, 식전에 일어나 보니, 산에다가 덕(널이나 막대기 따위를 나뭇가지나 기둥 사이에 얹어 만든 시렁이나 선반)을 매고, 순사가 이러고 내려다보고 있어요. 이거 어떻게 하면 좋으냐, 이 말이에요. 그런데 그는 안 그럴 수 없을 거란 말이지요. 보호 순검이니까.

내가 새벽 5시에는 산보를 다니는데, 또 뒤에 잘랑잘랑 붙어 다녀요. 그래 내가 돌아서서,

"내 뭐 너희들한테 죄인이냐? 왜 바싹 따라다니는 거야? 형사가 바싹 따라다니는 놈은 다 나쁜 놈이야."

그러자 그놈이 씩 웃으면서,

"상사 명령인데…."

"인마! 명령이거든 저만치 서서 보지, 바싹 따라다니니 내가 창피해 죽겠잖아."

그러니까 대체로 제 마음에 미안한 것은 고생이란 말예요. 그래 일본 순사한테 원체 겁이 났던 놈이라, 해방 후에도 순사는 겁나요. 그런데 내무장관을 해놨으니까 더 죽을 지경이지요.

반야바라밀의 세계는 몽상이 아니다

우리나라 불교도들이 중국에 유학 가서 보니까, 주동 역할을 하는 사람들은 대략 인도에서 온 사람들이었습니다. 그들은 건축에도 능하고 서화에도 능했어요. 그들이 곤륜산 꼭대기나 곤륜산 남쪽 사람들의 신앙 대상인 부처님 그림이나 그 풍속도 같은 것을 그리게 되자, 중국의 화법이 달라지고 건축 양상도 달라졌습니다. 중국에서는 건물을 목재로 많이 만들었는데, 그들은 순전히 돌멩이를 깎아서 만들었어요. 그래서 건축 양식이 인도 사람 중심으로 바뀌게 됐습니다.

현장과 법현삼장의 치열한 구도 정신

우리나라 사람들이 중국에 건너가서는, 중국 사람보다 인도 사람하고 친하게 되었습니다. 인도 사람들이 모두 자기 나라인 인도를 예찬하니, 신라 사람이 고국에 돌아가게 되면 자연히 모두 인도에 가고 싶어 했지요. 그래 당나라에서 유학한 사람들은 다시 인도에 갔는데, 그들이 거기서 학문을 배우고 의학을 배우고 이러자면 가는 길만 해도 적어도 한 3년, 머무는 것도 몇천 일은 족히 됐겠지요. 거기서 또 열대병이라는 것에 붙잡히면 24시간 만에 죽어버리기도 해서, 가는 중간에도 많이 없어졌던 겁니다.

현장玄裝(602~664)* 법사의 기록이나 법현삼장法顯三藏(340~420)**의 기록을 보면, 현장이 인도를 향해 양관陽關***을 출발할 때는 그 일행이 3백여 명이었는데, 신강성에 도착하니 겨우 스물네 사람밖에 남지 않았다는 거예요. 산골 기후와 맹수, 그런 것에 많이 다쳤던 겁니다. 네팔 지역의 부처님 탄생지에 도착했을 때는 혼자 남아서, "내가 가는 곳에는 내 그림자밖에 없더라"라고 했답니다. 이런 얘기를 볼 때, 신앙이 없었더라면 그런 험한 땅에 이르지 못했을 겁니다.

법현삼장이 스리랑카에서 배를 타고 수마트라에 갈 적에도, 파도가 이니까 선인船人들이 점을 쳐가지고, "저 이상스러운 사람 때문에 용왕이 성이 나서 그렇다. 없애버리자"라고 해서, 법현을 바닷물에다 철썩철썩 담그다시피 했거든요. 그때 선인 중 한 사람이 법현의 얼굴이 도인 같으니까 죽이지 말라고, 죽이면 오히려 앙화殃禍를 받겠다고 해서 괜찮았던 일이 있었어요.

또 법현이 싱가포르 근처에서 중국 배를 타고 올 때, 복주福州 근처에서 거센 풍파를 만난 일도 있었는데, 이때 중국 선인들은 그 법현삼장이 서적을 많이 가져와서 배가 위험하다

- 당나라의 승려. 중국 법상종 및 구사종의 개조로, 629년 장안을 출발하여 인도에 들어가 공부하였다. 645년 경전 657부를 가지고 귀국하여 《대반야경》《구사론》《성유식론》 등 많은 불전을 번역하였고, 인도 여행기인 《대당서역기》 12권을 저술하였다.

- 중국 동진東晉 때의 승려. 인도에 다녀와서 《대반열반경》을 번역하였다. 인도 여행기인 《법현전》은 당시 인도와 중앙아시아에 관한 중요한 자료이다.

- 중국 간쑤성 돈황에 있는 전한 시대의 관문. 돈황 서남쪽 약 70km 지점에 있는 남호점에서 서남으로 3~4km 더 가면 나오는 고동탄古董灘으로 추정.

고 하면서, 서적을 다 물에다 버리고 법현삼장까지 물에다 넣으려고 했습니다. 그때 법현삼장이, "시방 중국 천자는 불교에 대단한 관심을 가지고 있어서, 외국 가서 불교 공부하고 온 사람을 일등 재상으로 안다. 그런데 너희가 나를 물에다 던져버리고 이게 들통나면, 너희들 족속을 멸할 거다"라고 그랬더니, 그것들이 무서워서 법현을 산동성에다 내려준 일도 기록에 있습니다.

신라 사람들은 중국에 가서 비로소 건축도 배우고 학문도 배우고, 또 열대의 사정도 많이 알게 되었어요. 그러고는 신라로 돌아와 자기들도 인도에 가게 되었단 말이에요.

그러면 고구려 사람이나 백제 사람은 왜 그렇게 하지 않았느냐. 신라는 원체 자기 판도가 작고 강한 이웃이 많았기 때문에, 스스로 단련하여 특출하지 않으면 안 되겠다는 인생관을 가지게 되었고, 그로 인해 인도까지 가게 됐던 것입니다.

그들이 인도에서 돌아올 때는, 갈 때와 달리 용이하게 올수 있었는데, 그들이 거기서 쌓은 지식 때문이었어요. 지식덕에 그들은 추운 지방이나 더운 지방에 가더라도 필요한 것을 준비하게 되고, 맹수를 만나더라도 맞설 것들을 준비할수 있어서, 한 몸뚱이를 능히 지탱할 수 있었습니다.

예를 들면, 밀림지대에 가는 사람은 어떤 악기든 가지고 가요. 코끼리와 싸울 때 몸뚱이를 몰래 감추고 풍류를 불면, 코끼리가 성이 풀어져요. 또 코브라하고 마주치기 전에 풍류를 불면 코브라가 춤을 추니까, 그 통에 그만 독기가 빠져요. 이런 것들은 밀림지대에서 지내보지 않은 사람은 도저히 생각할 수도 없는 일이지요.

석굴암에 새긴 신라인들의 마음

이렇게 그들이 신라에 돌아와서 배워온 걸 실행하게 되는데, 경주 석굴암 같은 것이 그런 예란 말이에요. 중국 저 만주에서 직선으로 서쪽으로 가서, 거기서 또 북쪽으로 가면 대동大同(운강 석굴로 유명한 중국 산서성의 도시)이라고, 태행산맥 근처인데, 거기 여러 종류의 석굴이 있어요. 신라의 불교도들이 그런 데 가서 좋다고 감탄하는 데 그치지 않고, 자기 국토에 돌아와서 그런 걸 해보겠다는 염원이 생기게 된 거지요.

기록에 보면, 김대성金大城(?~774)*이 전생의 자기 부모를 위해서 석굴암을 지었다고 그러는데, 그걸 설계한 기술은 기록에 남아 있지 않습니다. 중국의 산서성 같은 데, 저 대동 석굴 같은 데를 돌아다녀 보고, 우리도 이런 걸 해봤으면 좋겠는데 원체 재력이 많이 드니 엄두를 못 냈다가, 김대성 같은 사람이 전생의 부모를 위해서 석굴암을 짓고 현생의 부모를 위해서 절을 지었다는 겁니다. 이런 얘기 같은 걸 보면, 외국에 가서 배워 온 사람들에 의해 경주 석굴암 같은 작품이 나온

---

* 　신라 경덕왕 때의 재상으로, 불국사와 석굴암을 지었다.

거다, 그 말입니다.

경주 석굴암은 지금까지 남아 있는데, 중국이나 인도에는 유물들이 많이 남아 있지 않고 모조품이 많단 말예요. 예를 들면 노산崂山(산동성 청도青島. 해발 1,545m)에, 요 근래에도 장개석이 별장을 짓고 놀고 그러는데, 노산에 황벽 희운黃檗希運(?~850)*이라는 이가 있었습니다. 소위 제2차 오호난화伍胡亂華** 때, 나라가 불과 3년도 못 가고 한 6개월씩 나라가 서던 땐데, 희운 선사라고 하는 이가 노산에 뜨윽 앉아 있으면, 적군 되는 사람들도 그이에게 존경하는 마음을 냈어요. 희운 선사라고 하는 이는 불교 승려로서 노산에서 아주 중립적 위치를 취하고 있어서, 지식인이나 지식이 없는 자 모두에게 존경받아, 아마 어떤 제왕보다도 더 나았던 겁니다.

그분이 70여 명의 학자를 데리고《열반경》을 강의하고 아미타불을 지송持誦(경전이나 진언을 지니고 독송함)하면서 있을 때였어요. 하루는 자기가 있는 산에다가 굴을 파고, 부처님 그림을 바위에다 새기게 했어요. 석공에게 그걸 요렇게 요렇게 하라고 시켜서 그걸 마쳤습니다. 그 뒤 인도 스님이 그 굴

---

* 당 후기의 선사. 임제종의 창시자인 임제 의현의 스승이다. 그의 법어를 기록한 어록《전심법요傳心法要》와《완릉록宛陵錄》이 있다.

** 오호伍胡는 흉노匈奴, 선비鮮卑, 저氐, 갈羯, 강羌 등 다섯 민족으로, 이들이 중화를 어지럽힌 시대를 '오호난화' 또는 '5호 16국' 시대라고 한다. 서진의 멸망부터 선비족이 북위를 건립해 북방을 통일할 때까지(304~439), 135년간을 말한다.

에 들어와서 보더니 깜짝 놀랐어요.

"이게 어쩐 일인가, 돈황 땅에 이런 부처님이 있었다니! 이 것은 소위 석실일영石室一影이라고 그러는 것이야."

석실일영이란, 돌멩이 집 속에 부처님의 그림자를 머물게 해놓은 것이라는 말이에요. 어느 날 석가여래가 굴에 계시는 데, 용이 와서 석가여래께,

"나는 늘 혼자 있어도 성이 잘 나는데, 당신을 보기만 하면 성이 가라앉게 됩니다. 그러니 내가 당신의 모양을 늘 볼 수 있게 해주십시오."

그렇게 말했더니, 석가여래가 벽을 가리키면서 "저 벽을 들여다보면 내 그림자가 나타날 것이다"라고 했다는, 인도에는 그런 석굴이 있었답니다. 그런데 거기 석굴의 모양과 희운 선사가 노산에 만들어놓은 석굴의 모양이 똑같아서, 인도에서 온 그 스님이 감탄했다는 얘기가 전해와요.

우리나라 석굴암은 중국 산서성 대동에 있는 그 석굴과 똑같다고 할 만한데, 규모는 대동 석굴이 더 크답니다. 불상도 대동 석굴의 것은 북위 때와 북제 때에 건설한 것이라서 크고 웅장한데, 우리 것은 조그맣지만 미려한 풍은 오히려 우리 것이 더 낫다고 평하는 사람도 있습니다.

이처럼 사람들은 다른 나라에 가서 좋은 걸 보고 느끼면, 자기 국토에도 그런 것을 건설하겠다는 생각을 하게 됩니다. 그러나 얼마나 많은 사람이 그런 생각을 가지고도 실현하지 못하고 세상을 떠났는지 알 수 없어요. 그런 마음으로 배워

온 김대성 같은 사람이, 다행히 여러 사람의 인연으로 해서 시방 석굴암을 우리에게 보여주게 된 것입니다.

그러면 우리가 모두 그렇게 석굴암에 대해서 존경하는 마음이 생기느냐 하면, 노상 그렇지만은 않습니다. 어떤 여학생이 석굴암에 들어가서 부처님 모가지를 타고 앉아 사진을 박는 일도 있더라고요. 오직 후세 자손이 똑똑해야만, 그런 유물들을 통해 조상이 얼마나 고통을 받았는지, 조상의 힘이 어땠는지 알 수가 있어요. 후세 자손이 시원치 않으면 그런 걸 모른단 말이지요. 우리는 그런 물건을 통해, 그들이 저 문화를 얻어오려고 얼마나 애를 썼는지, 자기 조국을 위해서 얼마나 애썼는지, 한번 생각해볼 일입니다.

왜 신라이고 왜 경주인가

그러면 왜 우리나라의 유적은 하필 경주에 오밀조밀 뭉쳐 있을까요? 경주 사람만 일을 했다는 말인가요? 그 이유는 무엇인고 하니, 경주라는 판도가 원체 조그맣고, 이웃이 원체 강하고 그래서, 그렇게 부지런하지 않으면 도저히 살 수가 없었단 말입니다. 의식주가 어려우니까 부지런히 준비하고 또 준비했던 거예요. 그러다 보니 여유가 좀 생겨서, 그보다 좀 나은 생활을 하려고 한 것이, 오늘날 우리에게 남아 있는 문화라는 것을 구성하게 된 것입니다.

그런데 우리의 문화 유물은 전부 왜 하필 그 불교에서 나온 것이냐 말예요. 시방 우리 눈에는 불교가 별로 좋은 것 같지 않지만, 전에는 대단히 좋았어요. 시간이 흐르면서 시체時體(한 시대의 풍습과 유행)가 변해서 이제 보기 싫게 된 거죠. 그건 왜 그러냐. 아무리 좋은 일이라도, 처음에는 좋다가 나중에 싫어지는 경우가 많거든요. 꽃나무가 처음에는 꽃이 꽤 잘 피다가, 나중에 이울면 썩어서 냄새나는 꽃도 있고, 또 짜그러져 말라버리는 꽃도 있고 그렇듯이 말입니다.

왜 우리가 무궁화를 좋아하느냐. 다른 꽃은 요렇게 펴서 있다가 뚝 떨어져버려 보기 싫어요. 무궁화는 고대로 붙어서 말라버립니다. 그러니까 오래 있지요. 무궁화의 그 질긴 생명력을 우리가 아주 칭찬하는 거요.

왜 질깃한 것을 칭찬하는고 하니, 신라 때 박제상朴堤上*이 임금의 동생을 일본에서 구해 보내고, 저는 남아 있었어요. 같이 도망해 오려 했다가는 왜놈이 따라와서 둘 다 붙들려갈 거 같으니까, 거기서 방패막이를 하는 게 좋겠다 생각한 거예요. 왜인들이 가만히 생각하니, 신라 왕제는 잃어버렸지만, 이놈은 자기 신하로 삼아 신라로 보내 스파이를 시키면 좋겠거든요. 그래서 죽이지는 않고 괴롭히고 있었단 말이죠. 그래서 그만 박제상이 고통을 받아서 말라비틀어져 죽었대요.

---

* 신라 제19대 눌지왕의 동생을 왜와 고구려에서 구해내고 죽은 충신. 김제상金堤上이라고도 함.

그처럼 이 무궁화도 죽을 적에 몸이 똑 떨어지지 않고, 말라비틀어져서 이렇게 붙어 있으니 무궁화가 좋다는 거예요. 그러니깐 질깃질깃하게, 아무리 고통스러워도 일본 놈 되지 않고, 또 아무리 좋더라도 중국 놈 되지 않고, 또 자기만 살겠다고 하지 않는 거다, 그 말입니다.

이러한 끈기를 가지고, 우리는 1천5백 년을 불교에 의지해 문화를 얻게 된 것입니다. 불교라는 것은 원체 판도가 넓어서, 저 10만 리나 되는 중국 대륙, 히말라야 꼭대기, 토번국(티베트), 또 거기서 남쪽으로 인도, 이런 데까지 가서 지식을 구해다가, 작으나마 경주에다 발라놨던 겁니다. 그러면 이것을 어떠한 힘으로 운전해왔느냐. 이것을 앞으로 우리가 연구해야 된다, 그 말예요. 흔히 외국 학자들이 와서는 "당신들 잘 알고 있다는 불교 좀 가르쳐주시오" 그러는데, 우리가 모르면 곤란하단 말입니다. 그러면 우리도 아는 척을 해야 되니까 더 좀 연구를 해야죠.

신라 때, 중국에서 유학하고 온 사람 중에 최고운이라고, 그중 글을 잘하는 사람이 있었어요. 글을 어찌나 잘했냐면, 당나라에 황소黃巢(?~884)*라는 사람이 역적질을 꾸몄는데, 그 역적에 대해서 옳지 않다고 격문을 썼어요. 아마도 최후통첩으로 썼는데, 어떻게나 잘 썼는지 황소가 침상에 드러누워서 보다가 모골이 송연해서, 일어나 앉다가 그만 침상에서 떨어

---

* 중국 당나라 말기에 일어난 농민 반란의 우두머리.

졌대요. 떨어져서 전쟁할 마음이 없게 되고, 전쟁해봤자 별수 없고, 그렇게 해서 그가 그만 전쟁에서 지게 됐던 거예요.

당 황제는 그것이 최고운이 격문을 쓴 공이라고 해서, 그에게 '금자광록대부'라는 일품 재상 벼슬을 내렸어요.* 그때 신라 임금은 당나라 황제한테 '은자광록대부'라는 칙지를 받았는데, 이품쯤 돼요. 최고운이 금자광록대부를 하고 본국으로 돌아갔는데, 만약 그이가 무관이었으면 임금이 죽여버렸겠지만, 문관이니까 자기보다 벼슬이 높아도 죽여버리진 않았던 겁니다.

최고운이 신라로 돌아온 뒤, 진감선사眞鑑禪師(774~850)라고, 중국 유학 가서 참선을 배워온 이가 죽었는데, 헌강대왕(신라의 제49대 왕, 재위 875~886)이 최고운에게 진감선사의 비명碑銘을 좀 쓰라고 했어요. 그러니까 최고운이, "마음으로 유학을 하면 좀 높고, 입으로 유학을 하면 좀 얕다"라고 썼어요. 무슨 말이냐면, 진감선사나 최고운이나 중국 유학한 건 마찬가지인데, 시방 와서 마음으로 배운 사람(진감선사)이 닦은 덕을, 입으로 배우는 사람(최고운)의 입을 빌려서 비석에 쓰게 하니, 신세가 좀 빠드름하다는 말입니다. 벼슬은 아마 최고운

---

* 최치원은 황소가 반란을 일으키자(879), 제도행영병마도통諸道行營兵馬都統 고변의 종사관從事官이 되어 서기의 책임을 맡아, 고변의 군막軍幕에서 표表·장狀·서계書啓·격문檄文 등을 제작하는 일을 맡게 되었다. 그 공로로 최치원은 879년 승무랑전중시어사내공봉承務郎殿中侍御史內供奉으로 승차되었으며, 882년에는 자금어대紫金魚袋를 하사받았다.

19. 반야바라밀의 세계는 몽상이 아니다 **471**

이 제일 높이 했는데 말이죠. 그래 비석에다 이런 소리를 써 놓았어요.

이런 것으로 미루어 보건대, 그때 불교를 배웠다면 유교를 배워 중국에서 벼슬하고 온 사람보다 꽤 높았다는 것을 알 수 있어요. 그러니 헌강대왕이 벼슬 높은 최고운에게 스님의 비문을 지으라고 했을 겁니다. 자세히 알 수는 없지만, 최고운이 죽은 뒤에 어떤 불교학자를 불러다 비명 쓰게 했다는 말은 내가 못 들었으니까, 아마 불교를 더 높게 보았던 거라 하겠습니다.

이런 것을 보면, 그들은 이웃에 가서 학문을 배워가지고 자기 국토에 실현하려고 애를 썼지만, 불교 이외의 학문으로는 자기 나라에서 실현하기가 퍽 어려웠어요. 그래서 그 뒤로도 그렇게 절, 사원만 발전하게 되었던 겁니다.

나중에 고려 때 대각국사 의천도, 전쟁으로 불교 문화재가 타버리는 걸 아깝게 생각해서, 중국에 가서 아버지와 형님, 또 조카의 권력까지 이용해 서적을 많이 구해 돌아와 불경을 간행했어요. 그래서 사방에다 여러 벌씩 쌓아뒀습니다. 그렇게 1차로 대장경을 만들었던 것이 몽골의 침략으로 불에 다 타버렸는데, 다시 만든 것이 해인사 팔만대장경이라는 겁니다.

그런데, 요 근래 삼사백 년 지간에는 불교를 대단히 싫어하고, 또 불교도가 하는 일을 아주 안 좋아했는데, 어떻게 해인사 대장경은 그냥 두었는가 하는 그런 것도 의문이지요.

만드는 정성이 크면 부수지 못한다

물건 자체가 원체 진실한 마음에서 나오면, 그것을 없애지 못하는 것입니다. 신라 때나 혹 백제 때의 물건이 유실된 것은 사실 아깝다고 하겠지만, 애당초 그것을 만든 사람의 마음의 비중이 얼마나 무거웠냐 가벼웠냐 하는 것이 여태까지 남아 있느냐 남아 있지 않느냐를 좌우할 것입니다. 여하간 우리의 문화재라는 것은, 그것을 만든 불교도들이 자기가 부처님이 되겠다든지 극락세계를 간다든지 하는 일념으로, 처음 출발은 그렇게 했던 것입니다.

이웃 나라에 가보니, 굉장합니다. 아닌 게 아니라, 저 북경 같은 데 다음에 가봐요. 1만5천 리 밖의 곤륜산 옥 덩어리를 갖다가 난간을 몇백 개씩 해놓은 걸 보면, "어휴, 저게 다 옥 덩어리냐", 이렇게 되죠. 봉천에 있는 청조의 북릉北陵*에 가면 돈대墩臺** 돌이 있는데, 그 돈대 돌이 원석이란 말예요. 곤륜산에서 1만5천 리 이상 사람이 끌어왔는데, 그 무거운 걸 어떻게 끌어왔느냐 말이죠.

항주杭州에 가면 또 어떤가요. 일반 백성의 정원인데, 비취 원석으로 걸상을 만들어놓고, 금덩어리로 덩즈凳子(등받이 없

---

*   청 태종 황태극皇太極(1592~1643)과 효단문황후孝端文皇后(1600~1649)의 무덤. 1643~1651년 축조.

** 홍수 때 침수 방지나 군사용 목적 등으로 터를 쌓아, 주변 지대보다 높고 평평하게 만든 소규모의 대지臺地.

는 의자)를 만들어놨단 말예요. 그러니 그때 신라 친구가 중국에 가보면 눈이 홱 뒤집혀버렸을 거예요.

또 곤륜산을 올라가니까 어떤가 하니, 거기 사람들은 오직 부처님 되려고 그러고, 부처님 세상에 가려고 그래요. 그런 사람들이 인도에 돌아다니다 보니, 본 것도 많고 지식도 생겼단 말예요. 그러다 보니 저의 집을 좀 꾸며놓게도 되겠죠. 요새도 봐요. 아, 비행기 타고 외국에 한번 나갔다 오면, 우선 저의 집에다가 텔레비전 놓고 라디오 놓고 침대 놓고, 그런단 말예요.

내가 독일 가서 한 다섯 해쯤 침대에서 살다 와서, 이제 장판방에 뜨윽 눕는데, 아, 볼기짝이 장판방에 배겨서 여기가 아파요. 그래서 생각했지요. '이놈아, 여기서 열아홉 살까지 자라고, 거기 가서 다섯 해쯤 있었는데, 어찌 이럴 수가 있느냐.' 그러나 현실이 그런데 어째요?

그러고 또, 내가 밥을 먹으면 속이 오르내리는데 도무지 죽겠어요. 가만히 생각하니까 밀떡을 먹어야겠거든요. 그래서 5전짜리 호떡을 사서 먹으니 술술 내려가요. 이건 또 인이 박인 거 아닙니까. 재미있어요.

이런 것들은 모두 사람들의 욕망에 의지해서 그렇게 된 겁니다. 마찬가지로, 신라 이후에 불교도들의 그 욕망이 표현돼서, 지금 우리의 문화 유물이 된 것입니다. 고려조에도 불교도가 간절한 열망으로 문화재를 그렇게 수집해서, 시방 해인사 대장경이라는 것이 남아 있는 겁니다.

내가 금강산에 있을 때 일입니다. 독일 사람의 자식으로, 영국에 있던 사람이 금강산에 와서 나하고 같이 꽤 돌아다녔는데, 골짜기 마당의 절을 보고 그가 이런 말을 해요.

"난 조선 사람들 생활이 어떤가 궁금했습니다. 요렇게 산중에 샅샅이 다니며 절을 짓는 걸 보면, 이거 불교라는 것이 한국 사람의 마음속에 여간 깊이 박힌 게 아니네요. 우리는 각 도시에 예배당이 있어서, 그 도시가 전쟁할 때마다 유럽의 문화가 흔들렸는데, 한국에는 앞으로 이런 일이 없으리라고 생각해요."

내가 그 사람 말 듣고서, 물론 잠시 지나가는 외국인의 생각이지만, 그것도 음미해볼 필요가 있다고 생각했어요. 금강산을 볼 것 같으면, 어떤 데다 집을 짓든 자연 경치를 손상하게 마련인데, 그 절은 그렇게 산 틈새 골짜기에 집을 지었어도 자연 경치를 손상하지 않고 잘 어울리거든요. 그런 걸 보면, 집 지을 때 사람들의 생각이 어땠을지를 알겠어요.

시방 빈 절터에 가면 축대석만 남아 있는 것을 자주 보게 되는데, 그 잔해가 나둥그러진 위치를 통해 전에 놓였을 위치를 추측해보면, 원체 그게 오래 못 가게 만들어져 있었다는 생각을 하게 돼요. 그런 걸 볼 것 같으면, 당시 신라 사람들은 거기까지 면밀하게 계산할 수 있는 지식을 가지고 있었으리라 생각돼요.

사물을 관찰하고 연구하는 게 성장

내가 접때 말한 것처럼, 여름이 되면 여기 마당에 반사열이 굉장히 오르게 되는데, 그러면 눈이 부시고 나쁘단 말예요. 그것을 개선하려면 녹지로 만들어야겠지요. 그래서 거기에 녹지를 조성해놓고 내년에 어떤지 확인해봐야 할 겁니다.

여름이 되면 수분이 부족하게 되니까 어떤 조치를 취하지 않으면 안 되겠다 싶어서, 시방 저 뒤 과학관 옆에다가 굴을 파는데, 그런 것도 그때 신라 사람들이 절 짓던 데서 많이 참작한 것입니다. 시방 뭐, 어떤 사람이 물이 어떻게 돌면 어떻게 된다고 하는 것도, 다 전통 지식을 아는 이들이 말한 것이에요. 신라 때의 물건을 볼 것 같으면, 그러한 것을 많이 참작했던 모양이에요. 그것이 참작되지 않은 것은 얼마 안 가서 없어져버리고, 참작된 것은 참 오래가는데, 그중 많은 일을 수분이 하는 것입니다.

사람도 마찬가지로, 어디든지 가서 그곳에 붙접(가까이 하거나 붙어서 기댐)하지 못하는 것은 수분이 부족하기 때문입니다. 공연히 마음이 보숭보숭하고 편안치가 못한 것도 다 수분이 부족해서입니다. 수분을 얼마만큼 공급해줘야 인체에 얼마만큼의 감정이 융화된다든지, 이런 것은 모두 지식 있는 이들의 세심한 연구 덕에 비로소 알게 된 겁니다.

30년 전 내가 처음 금강산에 갔을 적에, 안양암安養庵˙이라는 데 가니까 식수가 시원치를 않았어요. 그때 옆에 있던 사람이 그러기를, 겨울에는 식수가 완전히 끊어져서 여기서 못 지낸다고 그래요. 그럼 겨울에 못 지낸다면, 이 집이 어떻게 3백 년을 지탱했을지 의문이 들었어요. 그래서 이유를 찾아보니까, 바로 북쪽에 있는 앞산 바위에서 물이 졸졸 흘러요. 저것이 수분을 공급해줄 수 있겠다 싶어서, 그날로 석공을 불러다 구멍을 팍 뚫어보니 물이 제법 괴더라고요.

그때 내가 저 장안사 사찰 주임을 잘 알아서, 파이프를 두어 자 얻어다가 거기 박고 시멘트를 발랐더니 물이 졸졸졸졸 내려오거든요. 그걸 받아다가 먹었어요. 그걸 받자면 가서 한참 서 있어야 해요. 큰 양동이 하나 갖다 놓고.

어떤 사람들은 거기 와서 돈을 놓기도 하고, 또 어떤 사람은 그게 기름이면 좋겠다고 그래요. 그거 가만히 들어보니 참 망할 놈이란 말이죠. 그게 물이니까 좋지, 기름 같으면 우리가 여기서 어떻게 사느냐 말이지요. 그런 거 보면 물이 얼마나 고마운지 알 거요.

그런 지식은 알려고 하는 데서 비로소 생기는 것이고, 또 자기가 못난 줄 알아야 그것을 보충하려고 애쓰는 겁니다. 우리가 사물에 대해 관찰하고 그 사물의 성장에 대해서 연구한다는 것은, 곧 자기 자신이 성장한다는 걸 의미합니다.

* 북한 국보 유적 제177호. 금강산 장안사에서 약간 올라간 곳에 있는 천주봉 아래 마애불을 덮어서 지은 법당으로, 현재 암자는 소실되고 마애삼존불상만 남아 있다. 안양암 마애삼존불상은 14세기 고려 불상의 특징을 잘 보여준다.

예를 들어, 신라의 불교도들은 '바람이 아까 이렇게 불었다가 지금 이렇게 불면, 위험한 상태에 있는 사람의 예민한 감정을 더 자극할 것이다' '산중에서 한가하게 살고자 하는 사람은 어떠한 좌처坐處(자리)와 어떠한 조건 밑에서 안정할 수 있을 것이다' '어떠한 조건 밑에서는 신경이 더 부드러워진다', 이런 것들까지 생각했던 것입니다.

고려 때 만든 해인사 대장경만 보아도, 그것이 버러지가 나지 않고 또 썩지도 않은 채 오늘날까지 보존된 것은, 우리에게 참 많은 연구 재료를 공급해줍니다. '어째서 그럴까, 어떻게 해서 곤충들이 함부로 모이지 못하게 되는가, 왜 새 같은 것이 거기 들어가지 않을까?'

여하간 그런 유물들은 모두 불교에 의지해서 만들어졌고, 그래서 우리가 이렇게 구경하게 되는 겁니다.

사제법문과 육바라밀 공부

석가여래가 스물아홉 살에 출가해 35세에 성도成道한 다음 최초로 설한 말씀을 사제법문四諦法門이라고 그럽니다. 이 세상은 고생이다(苦聖諦). 고생의 근본은 탐심貪心이다(集聖諦). 그러면 이 고생을 전부 뭉쳐서 봐라. 실행할 수 있는 것인가 없는 것인가. 그래서 실행할 수 있는 건 실행으로 마음을 빼고, 실행할 수 없는 건 단념으로 마음을 빼면(道聖諦), 곧 그것이 밝아지느니라(滅聖諦). 그것이 고집멸도苦集滅道, 사제법문이라고 하는 겁니다.

그다음 열두 해 지내서는, 누구든지 다 성리性理가 밝을 수 있다고 합니다. 그것이 방등方等이지요. 그것은 장자의 제물론,˙ 즉 '모든 물건은 다 같다'라는 그런 생각과 똑같은 것인데, 그렇게 여덟 해를 얘기했어요. 그다음 당신의 설교 생활이 최고조에 갔던 때가 스물한 해입니다.˙˙ 거기는 "순전히 네 한마음이니라, 네 마음을 닦아서 밝아지느니라", 그렇게 얘기했어요.

・　《장자》의 제2편의 편명篇名. 모든 사물의 진위 시비를 다루는 논의를 상대적인 것으로 보고, 이러한 잡다한 논의를 다스려 절대 근원인 하나의 경지로 돌아가, 만물 일체의 무차별 평등 상태에 도달하는 것이 수양의 목표가 된다고 하였다.

・・　부처님의 평생의 가르침을 '일대시교一代時教'라고 하는데, 중국에서는 일대시교를 단계별로 분류하는 다양한 '교상판석' 혹은 '교판'의 설이 출현하게 된다. 교판은 5세기 초 중국에서 시작되어, 9세기경에 이르러 일단락되었으며, 우리나라와 일본에서도 독자적인 교판설이 나왔다. 처음에는 불교의 교설을 체계적으로 이해하려는 목적으로 시작되었지만, 나중에는 각 종파가 자신의 소의所依 경전을 선양하려는 목적으로 제창하게 되었다. 본문에서 언급하는 교판은 중국 천태종의 5시8교설에 해당한다. 여기서 5시는, ①성도 후 제일 처음《화엄경》을 설한 21일간의 화엄시華嚴時, ②그 후 녹야원 등에서 소승의《아함경阿含經》을 설한 12년간의 녹원시鹿苑時, ③그 후《유마경維摩經》《승만경勝鬘經》등의 대승 경전을 설한 8년간의 방등시方等時, ④《반야경》을 설한 22년간의 반야시般若時, ⑤마지막 8년에《법화경法華經》을 설하고, 하루 밤낮에 걸쳐《열반경涅槃經》을 설했다는 법화열반시法華涅槃時를 말한다. 그러나 이러한 교판설은 역사적인 사실을 기반으로 작성된 것이 아니라, 수많은 경전에 대한 각 종파의 자의적 해석에 의한 분류이다.

그럼, 그 닦는다는 게 대체 무엇이냐. 마음을 기르는 것과 닦는 것은 전연 달라요. 금강산 장안사 들어가는 데에 '우주문'이라고 있는데, 거기 한산寒山의 시가 하나 쓰여 있어요. "일주한산一住寒山에 만사휴萬事休라, 한번 한산에 주住하니 만 가지 일이 쉰다." 어떻게 쉬느냐. "갱무잡념괘심두更無雜念掛心頭라, 다시 어떠한 생각도 마음속에 떠오르지 않는다"라는 말입니다. 그러면 마음이 쉬면서 행동도 쉬어버렸느냐 하면, "한어석실제시구閑於石室題詩句하니, 한가한 때에는 석실에다가 시를 썼는데", 즉 한가할 적에 시구도 더러 썼다고 한다면, 그 시구는 즉흥이지 자기 마음속에 아주 못 박힌 궁리는 아닐 것입니다. 그러니 마음 쓰는 것은 어떠냐 하면, "임운환동불계주任運還同不繫舟라, 마음대로 하기가 마치 큰 바다에 매이지 않은 배 같다"라는 것입니다. 매이지 않은 배같이 마음대로 한다, 그러면 그의 마음은 수천 명이 오더라도 시끄럽지 않을 것이고, 아무도 없더라도 그 마음이 고적하다고 하지 않을 것입니다.

거기서 조금 더 올라가서, 장안사와 표훈사를 지나 만폭동에 들어가면 돌멩이 바닥에 뭐라고 씌어 있는가 하니, "섞인 골짜기는 차디차고, 바람결은 맑디맑더라." 만폭동엘 가면, 여름에도 참 시원하고 티끌 하나 없이 깨끗합니다. 그러나 뜨거운 밖에서 거기 들어가면 처음엔 서늘하고 맑은 것을 느끼겠지만, 거기 오래 앉아 있으면 나중엔 진저리가 나도록 추울 겁니다.

그러니 이렇게 "섞인 골짜기는 차디차고, 바람결은 맑디맑더라"라고 하는 사람은 마음을 기른 사람이란 말이죠. 그러나 이런 사람은 혼자 있으면 고석해서 좋겠지만, 그 사람의 옆에 있으면 따뜻한 사람도 그만 얼어버릴 거예요. 이렇게 마음을 기른다는 것은 어떠한 한계가 있어서, 자기를 기르는 것 말고는 다 싫어한단 말이에요. 그러니까 신선이라는 게 있다면, 사람하고 같이 못 있고 혼자 떨어져 있을 것이요, 사람 같은 거 보면 달아날 것입니다.

내가 태백산 가서 생식生食을 한 여덟 달 해봤는데, 그때는 밥 지어 먹는 사람들에게서 냄새가 몹시 나서 못 견디겠더라고요. 입에서 나오는 냄새, 또 김치 먹는 냄새는 정말 좋지가 않아 슬슬 피하게 됐어요.

그러니까 마음이라는 것은, 아까 한산같이 그렇게 닦는다면 사람들과 같이 있어도 늘 즐겁고 편안할 것이고, 또 어떠한 세상 풍파가 와도 그를 괴롭히지 않겠지만, 만약 만폭동에 있는 그런 시와 같이 마음을 기른다면 곤란할 겁니다.

이렇게 우리는 똑같은 경치를 보고서도 제각각 마음의 소종래所從來(지내온 근본 내력)를 드러내게 되는데, 예를 들어, 금강산 구룡연에 갈 것 같으면 "노폭중사 사인현전怒瀑中瀉 使人眩轉이라, 성난 폭포가 쏟아져 내리니 사람이 그만 아주 정신이 없다"라고 써놨단 말이지요. 그 옆에는 또 뭐라고 썼는가 하니, "천장백련 만곡진주千丈白練 萬斛眞珠라, 천 길 흰 비단 드리운 듯하고 만 섬 진주알을 흩뿌린 듯하구나", 허연 물방울이 모여서 떨어지는데 물방울마다 햇빛이 비치니 모두 진주 같더라는 말입니다.

어떤 사람은 구룡연을 보고 그렇게 무섭게 표현했는데, 어떤 사람은 구룡연을 보고 그렇게 좋게 표현했다, 그 말예요. 이런 건 사람의 마음 여하에 달렸는데, '노폭중사'는 송우암宋尤庵*의 글이고, '천장백련'은 최치원의 시입니다. 그런데 재미있는 것은, 아마 송우암과 최치원의 전기를 읽어본 사람은 알겠지만, 똑같은 그 자연 경치인데도, 그것을 무섭게 표현한 송우암은 제명에 죽질 못했고, 그렇게 부드럽게 표현한 최치원은 얌전히 잘 죽었단 말예요.

그래서 석가여래는, "네 한마음 닦아서 네 한마음이 밝으면, 네 한마음이 그 밝은 작용을 다 할 수 있느니라"라고 그랬어요. 사람이 마음을 닦아서 밝으면 광채가 되고, 그러면 무엇이든 다 알 수 있고 다 통할 수 있다, 그 말입니다.

그러면 대체 마음이 밝다는 것은 무슨 의미일까요? 첫째, 욕심이 많으면 고생이다, 이겁니다. 그렇다고 욕심을 전혀 안 내면 어떻게 되느냐. 욕심을 전혀 안 내면 낙심落心이 되니까, 사람이 반편이 되는 거예요. 그러면 이 욕심을 어떻게 내야 옳으냐. 이것이 이로운 것인지 해로운 것인지 분간해낼 수 있도록 지혜를 가져야 한다, 그 말이지요. 그러면 이 지혜는

•   송시열宋時烈(1607~1689). 우암尤庵은 호다. 조선 시대 주자학의 대가이자 노론의 영수.

어디서 얻는 것이냐. 성내지 말아야 해요.

성낸다는 것은 무엇이냐. 세상과 접촉할 때, 자기가 감내할 수 없을 적에 나오는 반응이에요. 자신을 알고 자신을 건사하려는 능력을 갖춘 자는 성내지 않습니다. 성내지 않는 자는 지혜가 있는 사람입니다.

이 성내는 마음[진심瞋心]은 컴컴한 마음입니다. 한산이 말하기를, "진시심중화瞋是心中火니, 성내는 마음은 마음 가운데 불이니, 소진공덕림燒盡功德林이라, 무성한 숲처럼 쌓아온 공덕을 다 살라버린다"라고 그랬어요. 또 성내는 마음은 누구를 믿지 않지요. 오직 자기를 표준으로 하기 때문에, 남을 존경하지도 않고 남 건사하는 마음도 없습니다. 그러니까 성내는 마음이 없어야, 비로소 지혜가 생길 거다, 그런 말이에요.

또 그다음에는 무엇이냐. 향상심向上心이 없으면 안 됩니다. 향상심을 저해하는 건 치심癡心, 즉 제가 잘났다는 생각이에요. 사람이 자기가 부족한 줄 알 적에 세상에서 지식을 자기에게 공급해주는 거지, 자기가 잘난 줄 알면 세상하고는 막혀버리는 거예요. 이 세 가지의 생각(탐심, 진심, 치심)은 시시각각 자기의 지혜를 자꾸 컴컴하게 하는 겁니다.

그러니까 "네 한마음이다, 네 마음 닦아 성불하라", 이러는 겁니다. 마음을 닦는다는 건, 이 탐내는 마음과 성내는 마음, 또 제가 잘났다는 어리석은 마음을 배제하는 것이에요. 그것을 '닦는 것'이라고 그럽니다.

그러나 닦는다는 건 참는 것이 아닙니다. 참는다는 것은 언제라도 폭발할 수 있지만, 닦는 것은 깨치는 것이지요. 깨친다는 건, 그 정체를 아는 것이에요. 이 세 가지 마음을 닦도록, 석가여래는 그의 제자들에게 우선 세 가지 이야기를 해 주었어요.

첫째는 '시론施論'입니다. 베풀어라, 그 말입니다. 우리는 물건으로 자기 몸뚱이를 보전하며 살기 때문에, 그 물건을 제2의 생명으로 알게 되고, 이것을 껴안음으로써 자기 마음이 점점 컴컴해지는 겁니다. 그러니 주는 마음을 내면, 그만큼 여유가 생겨서 마음이 밝아집니다.

둘째는 '계론戒論'입니다. 계론이라는 것은, 자기가 안정되어야 이 세상을 제대로 볼 수 있고, 그래야 비로소 이 세상을 이해할 수 있다는 것입니다.

셋째는 '생천론生天論'입니다. 시론과 계론의 생활을 잘한 사람은, 나중에 죽어서 천계에 태어나 행복한 생활을 한다는 것입니다. 이 세 가지 말씀을 시종일관 40년 동안 한 겁니다.

그러고 나서, 세 가지 마음, 즉 탐심과 성내는 마음, 제 잘난 마음을 닦는 것을 여섯 가지 카테고리로 얘기하게 됩니다. 이 카테고리를 바라밀다라고 합니다. 바라밀다는 이 '고생의 언덕'에서 저 '밝은 언덕'으로 건너가는 배와 같다고 했어요.

첫 번째 바라밀은 '보시바라밀布施婆羅蜜'인데, '보시布施'는 인도 말로 '다나dāna'라고 해요. 영어의 '도네이션donation'도 여기서 나온 말입니다. 라틴 계통의 유럽 말 중에 'Don'이 붙어 있으면, 그것은 산스크리트의 '다나'에서 나온 거예요. '보시'는 중국 말인데, 해석을 뭐라고 하는가 하니, 마음을 좀 널찍하게 쓰자는 것이 '보布' 자의 뜻이고, 필요치 않은 물건을 여퉈뒀다 남 줄 줄 아는 것이 '시施' 자의 뜻이랍니다. 남을 접촉할 적에 마음에 여유가 있는 사람은, 한 끼나 두 끼 굶었다고 그렇게 낙심하지 않고, 마음에 여유가 없는 사람은, 밥 실컷 먹어 배가 팅팅해도 낙심해서, 들피(굶주려서 몸이 여위고 쇠약해짐)가 져서 죽는 경우가 많아요.

1919년 기미년 만세운동에 참여했던 유근柳瑾(1861~1921)이라는 사람이 있는데, 그이가 꽤 뚱뚱해요. 우리나라 글 잘하는 사람이었어요. 근데 이이가 돈벌이할 생각이 조금도 없어서, 아들이 "오늘 아침거리가 없습니다" 그러면 "그래"라고 하고, 또 앉아서 책이나 읽었어요. 점심때 가서, "오늘 점심거리가 없습니다" 하면 또 "그래" 그러지요. 저녁때 가서, "저녁거리가 없어요" 해도, "그래"라는 말만 하고 앉았어요. 그런데도 이렇게 살이 쪘거든요.

왜 그러냐. 아무런 근심 걱정이 없고 편안한 사람은 살이 찌고, 어떻게 살아야 하나 근심하는 놈은 배불리 먹어도 바짝 말라버리는 법이지요. 그런 것도 탐심을 잘 못 닦아서 그렇게 되는 겁니다.

그러면 탐심을 닦으면 유근같이 그렇게 굶어야 하느냐, 그 말입니다. 탐심을 잘 닦아놓으면 굶어지질 않아요. 내가 산중에 10년 있었는데, 처음에는 산중에 혼자 있었어요. 그런데 세 끼 밥 지어야지, 옷이 더러우니 빨아 입어야지, 방 걸레 훔쳐야지, 뭐 이건 암만해도 미치겠어요. 그래서 두 끼를 먹기 시작했습니다. 두 끼를 먹기 시작했더니 훨씬 좀 조용하거든요. 그래 '에이, 그럴 바에는 한 끼만 먹자' 하고 한 끼만 먹었더니, 살이 버쩍버쩍 말라가는데, 처음엔 이렇게 하면 죽을 것 같더니, 한 3년 가니까 안정이 되더군요. 그렇게 하루 한 끼 먹고 살았지만, 세 끼 먹고 산 사람보다 시방 더 튼튼해요.

이런 까닭은 무엇이냐. 제 마음이 가난하지 말아야 되겠다, 이겁니다. 그래서 자기가 필요치 않은 거는 여뒀다 남 줄 줄 알고, 또 누구를 대하든지 웅숭그리지 말아야 해요. 사람만 만나면 겁을 내서 '저놈이 뭘 떼먹으러 왔나 보다', 이런다면 그건 곤란한 일입니다. 그러니까 이런 짓을 하지 않는 것, 그것이 보시바라밀입니다.

두 번째는, '제 마음에 미안한 일을 하지 마라', 이것이 지계바라밀持戒波羅蜜이라는 거예요. 몇달 전에 이런 일이 있었어요. 저 시카고의 어떤 술집에서요. 술들을 마시고 있는데, 거무스름한 옷을 입은 어떤 이쁜 여자가 척 들어와서, 술상마다 대고 소곤소곤하면 사람들이 동전을 몇 푼씩 준단 말예요. 그렇게 뺑뺑 돌아다니는데, 한 술상에 가서 소곤소곤하니까, 그 남자가 "이놈의 여편네야" 그러고는 먹던 술잔으로 얼굴을 쳤단 말예요. 그러니까 그 술청에 있는 사람들이 전부 쳐다봤지요. 그런데 이 색시가 성도 내지 않고, 얼굴에 흐르는 피를 수건으로 꼭꼭 닦고는, 유리를 죄 쓸어 모아놓아요. 그다음엔 빙긋이 웃으면서 그 주정뱅이에게 말했어요.

"그래, 당신이 나에게 주신 술잔은 받았구요, 고아한테 주실 선물은 뭐죠?"

그러거든요. 아, 그러니깐 그 방 안이 전부 엄숙해지더니, 주정뱅이들이 제각기 돈을 상에다 죄 꺼내놓는단 말예요. 술잔으로 얼굴 때린 그 녀석은 고만 지갑째 놓고 어디로 달아나버렸어요.

남에게 성내는 마음이 전혀 없었기 때문에, 그렇게 약하디약한 여자가 그 주정뱅이들의 항복을 다 받아낸 거지요. 그게 바로 썩 잘한 설교예요. 성내는 마음을 안 쓰면 퍽 재미가 있고, 성내는 마음을 쓰면 저 주정뱅이처럼 얼굴이 벌겋게 되고 정신이 맑을 이치가 없어요. 그러니까 성내지 마라, 그거예요. 그럼 어떻게 하면 성을 내지 않을 수 있을까요. 제 마음에 미안한 짓을 하지 않으면 됩니다. 제 마음에 미안한 일이 있으면, 누구를 보든지 성을 내거든요.

그다음에 셋째는 '욕된 걸 참아라', 즉 인욕바라밀忍辱波羅蜜입니다. 그럼 욕이란 무엇이냐. 마음속에 미안한 걸 넣어두는 게 욕입니다. 사람이란 것은 세상에 날 적부터 원망을 가지고 나왔어요. 여기 앉아 있는 사람더러, "네 얼굴이 참 좋으냐, 예쁘냐?"라고 물어봐요. 이마 뭐라고 대답하지 못할 거요. 자기 마음을 모르거든요. 다른 사람 눈에는 자기 얼굴이 괜찮은데, 자기가 보면 그렇게 나쁘거든요. 또, 목소리를 녹음해서 혼자 앉아 들어보면, 제 소리가 분명한데도, 뉘 소린지 모르겠고 영 자기 소리가 아니거든요. 왜 그런가 하니, 듣기가 싫어서 그렇단 말예요.

사람이 이런 약점을 가졌기 때문에, 이것을 건드리면 욕이라고 그러고, 그러지 않으면 좋아하는 겁니다. 그래서 "그 사람 얼굴 참 잘났군." 그러면 얼굴은 좀 뜨겁지만 좋긴 좋아요. 그런데 "자식, 얼굴이 참 못나게 생겨서 박색이야", 누가 이러면, 속으로 당장 아주 서럽고, 고만 노여움이 생긴단 말이지요.

이것이 인생의 약점이라는 겁니다. 약점만 없으면 욕은 근본 없어요. 누구든 천 일만 수도하면 이 약점이 없어져요. 그때엔 우습지요. 누가 "당신 잘났소" 그러면 픽 웃고 말아요. 또, "당신 못났소" 그러면 "옛날부터 원래 그런데, 뭐 걱정할 거 하나도 없어" 그래 놓으면 누가 이 사람을 흔들지 못합니다.

그다음 넷째는, '부지런해라. 일에 대해서 늘 연습을 해라', 즉 정진바라밀精進波羅蜜입니다. 이제 마음을 널찍하게 쓸 것(보시바라밀), 성내지 말 것(지계바라밀), 욕된 걸 참을 줄 알 것(인욕바라밀), 이 세 가지를 분명히 알거든, 그다음엔 부지런해라, 그게 정진바라밀입니다.

그다음, 세 가지 마음(탐심, 진심, 치심)을 부지런히 없애면, 결국에 가서 마음이 안정돼요. 마음이 안정되면 그것을 선정바라밀禪定波羅蜜이라고 그래요. 그래서 마음이 안정된 뒤에는 그냥 지혜가 나니까, 그것을 반야바라밀般若波羅蜜이라고 합니다. 이 여섯 가지 카테고리는 석가여래가 스물한 해 동안 줄곧 얘기하셨던 거예요. 이것이 불교의 수도하는 법이고, 이

수도에 의지해서 신라의 젊은 사람들이 중국에 가게 되었던 겁니다.

그럼, 신라인들이 어떤 길로 해서 중국에 갔느냐 하면, 저 만주평야를 전부 돌아서 산해관으로 해서 그렇게 중국 본토에 들어갔습니다. 그런데 만주평야라는 데가 참 좋지가 않은 데라, 그다음에는 인천을 떠나서 수로로 산동에 갑니다. 그러나 그때는 해운이 시원치 않았으니까, 수로에 대해서도 위험을 많이 느꼈어요. 이렇게 위험하고 어려운 길이지만, 그 여섯 가지 카테고리는 능히 그들을 중국뿐 아니라, 인도로 가는 험한 길로도 이끌어갔던 겁니다.

걷어내야 할 탐심, 진심, 치심

그 젊은 신라의 불교도들은 대략 양관陽關으로 넘어갔어요. 사천성 끝 자락쯤 되는 곳에 양관이 있어요. 곤륜산 탐험을 가는 사람들, 신선도를 하는 사람들, 장생불사하겠다고 하는 사람들, 그런 사람들이 양관을 많이 넘었습니다.

인도의 불교도들은 대상隊商을 따라 중국에 많이 들어왔어요. 대상은 원어로 카라반caravan*이라고 하는데, 그들은 말 같

---

* 사막이나 초원과 같이 교통이 불편한 지방에서, 낙타나 말에 짐을 싣고 먼 곳으로 다니며 특산물을 교역하는 상인 집단.

은 걸 수백 필씩 끌고 히말라야산을 넘어서, 인도와 중국 사이를 오가며 장사를 하던 상인입니다.

그렇지만 신라의 불교도들은 그런 경황도 없고, 오직 신념 하나로 그 험한 길을 갔다고 내가 얘기를 했어요. 그 신념이라는 것은, 석가여래가 일평생 얘기하신 설법 중, 중년 최전성기 스물한 해 동안 얘기하신 것입니다. 그것을 여섯 가지 바라밀다라 그래요. 바라밀다라는 것은 깨치지 못한 이 언덕에서 깨친 저 언덕으로 넘어간다는 뜻입니다.

바라밀다는 석가여래께서 항상 말씀하시던 것으로, 첫 번째는 탐심을 깨치라는 것입니다. 탐심을 닦으면 낙심落心이 되기가 매우 쉬워요. 그래서 탐심은 깨치는 것이지, 닦는 것이 아니란 말예요. 그다음에 성내는 마음을 닦으라 해요. 성내는 마음은 닦는 것이지, 깨치는 것이 아닙니다. 왜냐하면, 성내는 마음을 깨치면, 곧 제 잘난 치심이 일어나기 때문입니다.

그래서 언제라도 불경에 보면 대략 '삼아승기三阿僧祇'라고 그랬는데, '아승기'*라는 건 '셀 수 없다'는 말입니다. 세 아승기란 무엇인고 하니, 탐심에 의해서 모든 분별이 일어나면 그 분별을 닦는 것이 하나의 아승기예요. 일정한 수효가 없다, 그 말이지요. 총명한 사람은 속히 되고 총명치 못한 사람

---

* 산스크리트 '아상가asanga'를 음역한 말로, 수리적으로는 10의 56승을 뜻한다. 갠지스강의 모래 수를 뜻하는 항하사恒河沙보다 더 많은 수를 이르는 말이다.

은 오래 걸려요. 그래서 아승기라고 해요.

또 성내는 마음, 불평하는 마음이 원인이 되어서 모든 분별을 일으키는데, 그 분별 수효가 팔만사천이라고 해요. 그래서 그것을 또 닦아 깨치면 역시 두 번 아승기를 치렀다는 것입니다. 탐심을 닦는 첫 번째 아승기를 치르면 등각等覺이라고 그러는데, 지혜가 부처님과 상사相似하다는 뜻입니다. 성내는 마음(진심)을 닦는 두 번째 아승기를 치르면 묘각妙覺이라고 그래요. 각覺을 활용한다는 것이지요. 마지막으로, 제 잘난 생각에 의지해서 일어난 많은 잡다한 분별(치심)을 닦아서 세 번째 아승기를 치르면 대각大覺이라고 합니다.

우리가 이 세 가지를 닦는다고 할 적에, 어떻게 실제로 실행할까요. 늘 말하듯, 우리의 고기 세포가 신진대사에 의지해서 한 번 바뀌는 시간을 천 일이라고 하는데, 이건 과학자들이 실지로 실험한 결과입니다. 그래서 탐심에 의해서 일어난 분별을 닦는 시간을 대략 3년으로 보는 것이에요.

처음에 수도할 마음을 낼 적에는 향상심을 일으키지만, 그 동안에 소득이 하나도 없고 탐심만 일으키면, 그 사람은 발전하기가 퍽 어려울 것입니다. 혹 저 부휴 선수浮休善修(1543~1615)* 같은 이나 청허 휴정淸虛休靜(1520~1604)** 같은 이들이

---

* 조선 중기의 선승. 저서로《부휴당대사집》이 있다.

** 조선 중기의 선승. 서산대사로 잘 알려져 있다. 임진왜란 때 승병을 이끌어 공을 세웠다. 유儒·불佛·도道는 궁극적으로 일치한다는 삼교통합론三教統合論을 주장하였다.《선가귀감》《청허당집》등의 저술이 있다.

"믿는 마음만 철저하면 성리가 맑을 수 있다", 이런 말들을 했는데, 실은 탐심을 깨칠 줄 알고 진심을 닦을 줄 아는 사람이라야 신념이 생기지, 신념이 거저 생기는 것이 아닙니다.

예를 들면, 원오 극근園悟克勤(1063~1135)*이라는 이가 공부를 하다가 무슨 생각이 나서, 전국에 있는 70여 명 선지식을 찾아다녔어요. 찾아가서 죽 얘기를 하면, 다 좋다고 그런단 말예요. 그렇게 선지식들을 다 찾아다녀 보니까, 자기가 제일이더란 말이지요. 마지막으로 오조 법연伍祖法演(?~1104)** 선사한테 가서, 앞서 70여 명에게 했듯이 한바탕 설법을 늘어놓습니다. 그러니 오조 법연 선사가 싱긋이 웃으면서, "너 뭐라고 그렇게 지껄이니?" 그래요. 원오가 깜짝 놀라 말도 못하는데, 오조 선사가 또 말합니다.

"너 그렇게 지껄여도, 최후에 죽는 날엔 하등 필요가 없는 것이다."

"어? 아니, 70명이 다 좋다고 그랬는데, 왜 당신만 언짢다고 그러우?"

"아무리 좋다면 뭘 하느냐? 염라대왕이 좋아해야지."

"에이, 할 말 없으니 하는 소리겠지. 도대체 그게 무슨 말

• 중국 송나라의 임제종 양기파楊枝派에 속한 스님.《벽암록》의 저자이며, 간화선의 창시자인 대혜 종고의 스승이다.

•• 송宋대 임제종臨濟宗 양기파楊岐派 선사. 원오 극근에게 법을 전하였다. 조주趙州의 '무無'자 화두를 수행의 근본으로 할 것을 역설하였다. 저서에 《법연선사어록法演禪師語錄》이 있다.

이오?"

"너, 앞으로 큰 병이 날 것이다. 그때 조그만 등잔불이 깜빡깜빡할 적에, '언제 죽나' 하고 생각해봐라. 공포심이 생기나, 안 생기나, 좀 봐라. 그때 네가 말하고 싶거든 말하고, 싫으면 말아라."

"별소리 다 하시네요. 내가 왜 병을 앓아요?"

아, 이러고는 원오가 소주蘇州 땅 정혜사라는 절에 들어갔는데, 거기서 큰 열병에 붙들렸어요. 정혜사 같은 총림叢林에는 죽어가는 스님을 갖다 두는 열반당이라는 데가 있어서, 원오를 그 열반당에 놔두고 조그만 불을 켜두었지요. 검은 기운이 쏴 들어오고 아파서 죽겠는데, '아, 정말 오조 법연 선사의 말이 옳구나', 이런 생각이 났어요. 그런데 죽기 전에 꼭 오조 선사를 만나야겠다고 생각하니까, 벌떡 일어날 수 있게 되었고, 열도 다 내려버렸어요.

원오가 그길로 오조 법연 선사를 찾아갔더니, 본 척도 안해요. 그저 눈칫밥 먹어가면서 3년을 시봉하고 있는데, 하루는 그 고을 자사刺史가 왔어요. 사법권·행정권·입법권, 다 가진 사람이지요. 임금 같은 사람인데, 그 사람이 거기 와서 오조 법연 선사한테 물어요. "어떻게 하면 성리가 밝겠소?" 자사가 화두를 물으니까 오조 법연 선사가 익살을 부렸어요. 자사에게 연애소설 한 구를 얘기해줬지요.

"빈호소옥원무사頻呼小玉元無事 지요단랑인득성只要檀郎認得聲이라, 자주 소옥이를 부르지만 원래 아무 일도 없고, 다만 단

랑이 소리를 듣고 알아채길 원함이라네."•

한 색시가 시집갈 적에 몸종을 데리고 갔는데, 몸종 이름이 소옥이에요. 그런데 아무 일도 없이 "소옥아"라고 부르거든요. 사랑방에 앉았던 서방님이 제 목소리 듣고 좀 오라, 그 말이지요. 그런 시가 있는데, 오조가 자사보고 내 목소리 알아들으라는 말입니다. 그런데 자사는 이 말을 못 알아듣고, 옆에 있던 원오 극근이 무르팍을 치면서 아주 고맙다고 절을 해요.

평소 자기 마음을 닦았으면 연애고 뭐고 아무것도 거기 있지 않을 거요. 오직 자기 자신이 바로 서는 것이 일이지요. 이런 것은 다 탐심으로 일으킨 분별을 닦고, 성내는 마음에 의해서 일으킨 분별을 닦고, 또 제 잘난 생각을 닦았지만, 아직 철저히 믿는 마음이 없을 적에 필요한 것입니다. 여기는 깨끗한 것도 없고 더러운 것도 없고, 오직 한마음 바치면 그때 자아가 비어버리고 마는 겁니다.

• 〈소염시小艶詩〉라는 제목으로 알려진 작자 미상의 이 시는, 당 현종의 애첩 양귀비와 안록산의 비밀 애정행각을 그린 것이다. "一段風光畵不成(아름다운 그 맵시 그림으로도 그리지 못하리니)/洞房深處說愁情(깊은 규방 앉아서 애태우는 마음)/頻呼小玉元無事(자주 소옥이를 부르지만 원래 아무 일도 없고)/只要檀郎認得聲(다만 단랑이 소리를 듣고 알아채길 원함이라네)."

무엇이든 생각 있거든 실행해보라

이 한마음을 바치면 어떻게 되느냐. 사람이 죽는 것도, 그 한 마음이 '내가 죽는다' 그러면 그만 죽어버리는 거라서, 죽을 놈을 죽이지 살 놈은 절대로 못 죽입니다. 이렇게 한마음이 서면 어떻게 되느냐. 여름에 서리도 날리고, 겨울에 따뜻하게 할 수도 있습니다. 중국에서 그런 일이 있었는데, 한번은 여름에 서리가 왔더랍니다. 얼음도 얼고. 그래서 일관日官에게 물어보니까, "시방 동북방으로 200리 밖에 사람이 하나 있는데, 그 사람이 너무나 억울해서, 그 억울한 마음이 하늘로 퍼져서 그렇게 됐습니다. 이 재앙을 없애려면 그 원한을 풀어주는 덕을 쌓아야 합니다"라고 해요.

알아보니, 여자 하나가 참 마음이 밝은 사람이었는데, 그 사람이 억울한 일을 당했다는 거예요. 그래서 그걸 살려냈다는 얘기입니다. 그 기록에 보면, "일부함원一婦含怨에 오월비상伍月飛霜이라, 한 여자가 원통함을 품었는데 오월에 서리가 내린다"라고 돼 있어요.

그런데 재미있는 것은, 몸뚱이 있는 자는 누구에게든지 뭘 좀 달라고 그래요. 그런데 그러면 마음이 작아져요. 그럼, 이 마음을 크게 하자면 어떻게 해야 해요? 자꾸 주는 마음을 내면 좋다, 이겁니다. 그럼 뭐 줄 게 없는데 어떡하느냐. 실지로 주는 건 나중 얘기입니다. 우선, 주는 마음만 가지면 소통을 할 수 있어요. 그래서 주는 마음이 확실하게 자기에게 갖추어지면, 그때는 탐심을 깨치는 겁니다.

　모든 바라는 마음은 자기에게 고통밖에 넣어주지 않습니다. 그러면 아무것도 하지 말라는 것인가? 아닙니다. 원인을 지으면 결과는 반드시 와요. 그런데 원인을 짓지 않고 결과만 바라고 깨치려는 자는, 그만 신경쇠약 걸려 미쳐 죽어요. 그렇다고 자꾸 미루면, 그만 거지 비렁뱅이가 돼서 비럭질이나 하고요. 그러니, 무슨 생각 있거든 실지로 실행해봐라, 실행해봐서 안 되거든 집어치울 수 있어야 한다, 그 말입니다. 무슨 말이냐. 고생을 겪어라, 그 말예요. 겪어보면 될 것 안 될 것 안다는 겁니다. 실행하라는 말입니다. 이것이 석가여래가 열두 해를 얘기해주셨던 법문입니다.

끊임없이 경험하고 공부하고 연구하시오

—

20

매년 학기 초에는 새로 오는 이가 있게 되니까, 안내 겸 또 얘기도 하게 되네요. 여러분 중·고등학교에서 애써서 공부를 했지요? 학생으로서의 예의도 배웠고, 아마 보통 시민으로서의 소양 연습도 결하지는 않았을 것입니다. 가정의 가훈에 의지해서 자신의 생각을 가졌고, 그 생각에 의지해서 판단할 수 있는 분들입니다.

어떤 나라에서는 소학교 교육을 의무교육으로 하기도 하고, 또 어떤 나라에서는 중학교까지 의무교육으로 해서 누구든지 다 중학교 교육까지 받게 하기도 합니다. 어느 나라든 국민 교육에 힘을 씁니다. 그러니 그동안 놀던 민족들, 예를 들면 우리처럼 남에게 우리 살림을 한 40년 빼앗겨 잘 배울 수 없었던 신세는, 남들보다 부지런히 배워야 해요.

생철통 속 여섯 구멍으로 보는 하늘은

생철통을 동그스름하게 만들어 구멍을 여섯 개 뚫고, 그 속에다 원숭이 하나를 넣어봅시다. 요놈의 원숭이가 요 구멍으로 내다보고, 또 저 구멍으로 내다보고, 사방 요리조리 내다보고는, 껌껌한 속에서 통계를 짭니다. 여섯 구멍으로 들어온 것만 가지고 통계를 짜고 있으니, 그 원숭이의 지식이 얼마나 되겠어요.

그런데 밖에 있는 사람이 '하늘'이라고 얘기하면, 이놈도 따라서 '하늘'이라고 그럽니다. 그런데 실지로 생철통 밖에 있는 사람이 '하늘'이라고 하는 것과, 요놈 깡통 속에 든 놈이 '하늘'이라고 하는 것은 전혀 다르단 말예요. '하늘'이라는 글자는 똑같지만, 그 내용은 전혀 달라요.

그러면 이 깡통의 여섯 구멍은 무엇을 의미하는가. 우리 몸의 여섯 가지 감각기관이란 말이지요. 눈이 한 구멍이라면 귀가 둘째 구멍이고, 코가 셋째 구멍, 입이 넷째 구멍, 몸뚱이 피부가 다섯째 구멍이란 말예요. 이렇게 대략 다섯 가지 구멍을 통해 밖에서 들어온 내용을 합해서 총계를 잡는 '생각'의 구멍까지 총 여섯이라고 해봅시다. 그 구멍을 통해서 이 세상을 감촉해서 세상에 대해 아는 건, 아마 진짜 세상과는 질적으로 전연 다를 것입니다.

그런데 또 재미있는 게 있소. 깡통 속에 들어앉아서 누가 작대기로 깡통을 땅땅 때리면 아프다고 그래요. 몸에 상처도 나지 않는데 왜 아프다고 그러는지 몰라요. 그러나 그 통 속에 들어 있기 때문에 자신을 보호하는 데로 마음이 가서, 그 쇳조각에는 신경이 통하지 않지만 쇳조각까지 신경을 다 늘여놓고 있는 거예요.

우리가 이 세상을 내하는데, 이 고깃덩어리 속에 뜨윽 들어앉아서 이 고깃덩어리를 통해서 세상을 접하자니까, 모르는 것도 모르고 아는 것도 모르고, 도무지 덮어놓고 모르기 일반이라. 이걸 조금이라도 가르쳐줘야 되는데, 애당초 장님이 장님을 가르쳐주자니까 힘이 무척 들 겁니다.

여러분이 여태까지는 선생님이 가르쳐주는 대로, "나비"라고 하면 따라서 "나비" 그러면 됐어요. 그러나 이제 대학 교육에서는, 선생님이 "나비" 그러면, '그게 어떤 것인가, 어떻게 해서 나비라는 이름이 됐으며 실물은 어떤 물건인가, 종류는 몇인가, 우리와 무슨 관계가 있나, 그 생태는 우리에게 어떠한 진로를 주게 되나', 이런 것을 여러분이 자유롭게 생각해야 한단 말이지요.

예를 들어, 교학처장님이 대만에 갔다가 원숭이 한 쌍을 사왔단 말이지요. 원숭이의 생태를 조사하기 위해서라고 해요. 생물학자로서, 원숭이가 사는 방식, 좋아하는 거, 이런 것들을 알아야 되겠다, 그걸 알아서 우리 인류에게도 써먹어야겠다, 그 말이지요. 그러나 언제 그이가 그렇게 원숭이에 대해서 공부해본 적이 있어야지요. 잘 알지 못하니까 그걸 죽이게 되었어요. 한 쌍 중에 수놈이 죽었어요. 그놈 그저 밥이나 먹이면 사는 줄 알았는데, 그 자식이 죽는 건 이건 귀신이 곡할 노릇이에요.

원숭이가 죽었으니 그 선생님은 학교에다 말하기가 좀 미안했지요. 그렇다고 이걸 갖다 감출 수도 없고, 그래서 "원숭이 놈이 돌아가셨소." 그렇게 말했죠. 듣는 사람이 왜 죽었는지 물으니, "아따, 암놈이 수놈에게 못 먹게 했어요. 그놈이 가장 노릇을 못하니까 안 먹였겠지요. 그래서 병원으로 데려갔는데, 살아올 줄 알았더니 돌아가버렸어요." 그이는 내가 나무랄까 봐 어름어름하더군요. 나는 별로 나무라지도 않았어요.

며칠 후, 그 선생님에게 원숭이가 죽은 사유를 좀 써오라고 했어요. 그 사유서를 보니, 암놈이 나쁜 놈이더라고요. 아주 폭군이에요. "서방님을 때리고 먹이지도 않고 고약을 부리고, 그렇게 해서 그만 여러 날 굶어 그렇게 됐습니다"라고 했더 군요. 그래서 내가, "이제는 사후 대책을 연구하시오"라고 했지요. 사후 대책을 세우라니까, 그가 멍하니 "그 무슨 말씀입니까?" 하더군요. "이제 암 원숭이 혼자 살게 됐으니까, 저 과부를 잘 위안하고, 옆에다 색경(거울)을 붙여 둘이 사는 거같이 만들어줘야겠지. 그러지 않으면 배우자를 구해서 과부가 생산을 하게 해줘도 좋겠고, 또 그러지 않을 거면 인공으로 번식을 시켜도 좋을 거 아니냐?"라고 했어요. 그랬더니 생물학 선생님이 "아, 네, 네, 그렇게 되면 동물원을 찾아가야 되겠구먼요" 하고, 사달이 많았지요.

이것이 우리의 연구가 발전하는 과정입니다. 보통 보면 참 우스운 듯하지만, 이런 것 모두가 이 우주 생태를 연구하는 데 있어, 하나도 빼놓을 수 없는 겁니다.

'나'를 없애고 세상과 인간을 보라

라이프니츠Gottfried Leibniz(1646~1716)*라는 아주 유명한 이가 있어요. '모나돌로지monadologie(단자론單子論)'라는 철학 이론을 얘기해서 유명한 이인데, 그이가 현미경으로 뭘 관찰하는 것도 대단히 좋아했어요. 조그만 곤충을 풀에서 잡아다가, 현미경에 놓고 본단 말예요. 유리 속에다 넣어놨으니, 공기가 없어서 곤충이 질식하거든요. 그러니까 될 수 있는 대로 그 곤충이 오래 질식되지 않도록 죄 검사를 해서 기록해놓았어요. 그다음 그 곤충이 든 유리쪽을 가지고 풀밭에 가서, 가능한 한 곤충의 다리가 상하지 않게 조심해서 놓아주는데, 시간이 많이 걸려요. 그러면 옆에 섰던 사람이 하는 소리입니다.

"아니, 그거 그냥 쓰윽 비벼서 버리지, 왜 그러냐?"

그러면 라이프니츠가 말해요.

"여보시오, 이 조그마한 생물에 의지해서 우리가 우주의 살림살이를 들여다볼 수 있으니, 이것은 우리에게 은혜를 끼친 생물입니다. 그것이 동물이 됐든 사람이 됐든, 은혜를 베푼 자에 대해서 선생 대접을 할 줄 모르면, 밝은 사람이라고 할 수 없지요."

보통, 다른 사람에게 귀중치 않은 것이 우리에게는 퍽 귀중한 때도 있고, 또 다른 사람에게 귀중한 것이 우리에게 필요 없이 생각될 때도 많이 있을 것입니다. 그래서 우리는 특정한 관점을 갖지 않고, 우리 삶의 모든 방면에 의거해서 우주를 내다볼 작정입니다. 지금부터 우리는, 가능하면 이 우주 바깥의 우주, 다시 말하자면 자기가 머릿속에 생각하고 있는 우주를 넘어서는

• 독일의 철학자이자 수학자, 자연과학자, 법학자, 신학자, 정치가. 뉴턴과 별개로 미적분학을 창안하고 해석학 발달에 이바지했으며, 사칙연산이 가능한 기계식 계산기를 발명하는 등 다양한 분야에 업적을 남김.

우주를 개척할 것입니다. 이런 것이 학자의 태도일 것입니다.

그런데 아까 말한 것과 마찬가지로, 이 고깃덩어리 속에 들어앉아서 우주를 내다볼 적에, 항상 '나'라는 것이 개입하게 됩니다. 그래 '나'라는 담 때문에 우주가 자기 자체를 제공해 주지 못하게 되는 셈이지요.

그러니까 첫째, '나'를 없애는 방법을 가져야 되겠습니다. 그 방법이 어떤 것이냐. 사람이 무슨 일을 당할 적에, 그 일이 자신에게 벅차더라도 벅차다는 생각이 들지 않게 될 때, 그때가 '나'라는 것이 없을 땝니다. 벅차다는 생각이 없게 되면, 이 세상에서 생존할 능력이 하나 더 느는 것입니다. 그렇게 조금 더 하고 조금 더 하면, 그 사람은 그것을 겪지 못한 사람에 비하면 아주 완성된 인격이 되는 겁니다.

세상은 우리에게 시시각각 일거리를 제공하는데, 그때마다 여러분, 져서는 안 됩니다. 안 진다는 것은 대체 무엇이냐. 어떤 어려운 일이 자기에게 맡겨졌을 때, 죽진 않을 테니까 일단 해보십시오. 그 일이 익어서, 해도 괜찮고 안 해도 괜찮을 만하게 될 적에, 그럼 여러분은 그 일에 대해 벌써 초월한 사람이 되는 겁니다.

그러나 무슨 일을 당해 어렵다고 생각하고, 또 그 어려운 것이 자꾸 계속되면, 다른 사람들은 편안히 놀지 않나 두리번거리고 보게 되는 거예요. '나는 요렇게 바쁜데, 저 녀석은 잘큰히 가만히 있나. 한 대 먹였으면 좋겠다'라는 마음이 나오는 거죠. 이런 마음을 끊지 않으면, 제 몸뚱이는 불이 활활

타우. 그것이 화탕火湯지옥이라는 거예요. 화탕지옥에 든 놈이 눈이 뿌옇지 똑똑히 뵈겠어요? 그러니까 세상 사람을 보면 죄 망할 놈이라, 편히 놀고먹는 망할 놈처럼 보인단 말예요. 그렇게 되면, 이 사람은 벌써 이 우주에서 생존할 자격이 없게 되는 겁니다. 그러니 세상을 바라볼 적에, 세상 사람이 모두 못나 보인다면, 바로 자기가 이 우주에서 생명력을 잃어버린 것이란 말입니다.

정반대로 일을 해봐요. '아, 저 사람 편히 놀고 앉아 있는 거 보니, 저이가 재주가 아주 좋구나. 나는 이렇게 어려워서 코를 끄는데. 저 사람 수월하게 하는 것 보니, 나도 수월하게 해야 되겠다', 이렇게 생각하면 모든 사람이 잘나 보여요. 모든 사람이 잘나 보일 적에는, 자기는 이 세상에 있을 만한 능력이 있는 겁니다. 그러니까 남을 미워하는 자는 곧 건설이 없는 자, 그곳에 있을 자격이 없는 자예요. 그런데도 거기 눌어붙어 있으려 하면, 아마 쫓겨날 수밖에 없을 거요.

이 우주의 진리가 그렇다면, 여러분들은 선생님 지도하에 그걸 연구하는 방법을 먼저 얻어야지요. 그 방법만 얻으면 일평생 연구 생활을 계속할 수 있는 겁니다. 그 방법이란 건 대체 무엇이냐.

그 방법에 대해 간단히 얘기하자면, 우리는 무슨 사물을 대할 적에 경험은 배제해야 됩니다. 우리의 경험은, 아까 얘기한 거 모양으로, 양철통 속에 앉아서 여섯 구멍으로 들어오는 세상을 보는 원숭이의 생각이니, 그런 경험은 이 우주에 맞지 않는 것입니다.

그러면 그것 이외에 또 무엇이 있느냐? 그것이 우리에게 유일한 희망이고 또 나아갈 진로일 것입니다. 모든 학문이라는 것은 대상이 있어서, 그 대상을 가지고 추리해보고 또 실험해봄으로써 결과를 얻는 것입니다. 그러나 여러분은 아마 대상이 없는 궁리를 썩 좋아합니다. 이를테면, '시'라든지 '창작'이라든지, 그런 활동은 전부 대상 없는 자기 혼자만의 궁리입니다. 그것이 세상에 실현되리라고는 생각할 수도 없습니다. 그러면 그런 작품을 왜 읽느냐. 그 작품에 의지해서, 그걸 쓴 당시의 사람들이나 환경이 어땠는지를 우리가 알아볼 수 있어서지요. 하지만, 그것이 전적으로 우리에게 연구 재료를 제공하는 것은 아닙니다.

경험을 초월한 판단이 중요하다

시詩를 통해서 세상을 본다거나 그림을 통해서 세상을 본다는 것은, 아마 우리가 눈병 나지 않았을 때, 우리가 신경쇠약 걸리시 않았을 때는 가능할 겁니다. 또 우리가 귓병이 안 났을 때는 음악을 통해서 세상을 볼 수 있을 것입니다. 그러나 그런 조건을 넘어서면 도저히 이 우주를 볼 수가 없는 것입니다. 우리가 이 우주를 제대로 판단할 수 있으려면, 경험을 초월한 판단, 즉 아 프리오리라야 합니다.

우리 학문은 언제라도 무슨 판단을 할 적에 아 프리오리, 즉 종합적 즉각이어야 합니다. 그것을 우리는 과학적이라고 그럽니다. 그런데 요새 말하는 걸 좀 보면, 남의 입을 틀어막고 반대를 못하게 하려면 과학적이라고 그러더군요. 과학적이란 말이 무슨 도깨비라도 되는지, 듣는 놈도 꿈적 못 해요. 과학적이라는데 뭐 할 말 있나요? 사실 할 말이 왜 없겠어요. 무식한 놈이라고 그럴까 봐 겁이 나서 그러는 거지요.

그러나 우리는 과학이라는 이름에 그렇게 속아서는 안 된다, 그 말예요. 그래서 "이 자식아, 네가 날 때렸으니까 내가 널 때리지." 이건 아 포스테리오리요. 이건 경험에 의지해서 하는 거요. 그건 과학이 아녜요. 그건 진리가 아닙니다.

우리는 언제라도 무슨 사물을 볼 적에 종합적 즉각이 돼야 합니다. 그래야 그것이 진리입니다. 모든 도통한 이들의 판단은 전부 종합적 즉각입니다. 그들은 시간의 관념이나 공간의 관념을 초월했기 때문에, 몇천 년 전 일도 그냥 현재같이 보지요. 그들은 경험과 추측에 의지해서 엉터리 판단을 내리는 것이 아닙니다.

유럽에서 돌아온 서른 살 무렵, 협성신학교*에서 나더러 강의를 해달라고 하더군요. 그래서 가서 강의를 했습니다. 그때

---

* 1887년 미국 남북감리교회 한국선교부가 설립한 한국 최초의 신학대학인 일반신학당을 모체로 하여, 1907년 협성協成신학교로 발족하였다. 1931년 협성여자신학교와 통합하여 감리교신학교로 개칭, 1993년 교명을 감리교신학대학교로 변경하였다.

학생 중에는 나보다도 나이 많은 사람이 많았어요. 그러다가 내가 산중에 가서 앉았으니까, 그들이 모두 감리사도 되고 목사도 되고, 그래서는 금강산에 왔다가 날 찾아왔어요. 한 댓 사람이 척 들어오더니 물어요.

"선생님 여기서 생활하시는 게 어떻습니까?"

딱히 대답할 말이 없어서, 날 쳐 죽이라는 격으로 대답해 줬죠.

"예수의 기적이라는 것은 정신과 육체가 건강치 못한 자가 함부로 말하지 못한다. 왜냐하면 육체가 건강한 사람의 행동을, 육체가 건강치 못한 사람이 추측할 수 없기 때문이다. 그때에 예수는 정신과 육체가 건강했었다. 그러니까 불건강한 자로서 건강한 자의 행동을 판단하려고 하는 건 옳지 않다."

"그러면 예수의 기적이 다 옳다는 말씀입니까?"

"옳다는 것보다, 옳지 않다는 말이 좀 곧이들리지 않는다."

"그렇습니까?"

그러고는 가더군요. 그러니 그쯤 거짓말해도 곧이듣게 됐지요. 언제라도 그 종합적 즉각, 다시 말하자면 현실을 감촉할 수 있는 지혜를 가진 자에겐 아마 그렇게 앞길이 막히지는 않을 것입니다. 그러니 내가 요구하는 것은, 어떠한 분야의 학문이든지 여러분이 그러한 줏대 밑에서 한 4년 하면, 남한테 속지 않게는 될 거란 말예요.

그러나 속지 않으면서도 속는 재주를 또 배워야 돼요. 너무 속지 않으면 세상하고 그만 따로 떨어져버리니까, 속지 않는 사람이란 어리석은 사람입니다. 속는 척해야 배우지, 자기가 잘나서 속지 않으면 노상 배울 게 하나도 없어요.

안 되면 자신을 탓한 순임금처럼

동시에 어리석은 것도 많이 배워야 돼요. 판단을 잘 못하겠으면, 다 안다는 똑똑한 사람더러 좀 가르쳐달라고 그러면 돼요. 또 그이가 한참 지껄였는데 알아듣는 말도 있고 못 알아듣는 말도 있거들랑, 종이를 내주고 거기다 좀 써달라고 해요. 써주면 그거 배우면 되지요.

그럼 머리가 하얗게 되도록 배우기만 하다가 죽으란 말인가요? 천만에, 잘만 배우면 임금을 할 판인데 뭘 그래요. 순임금은 본래 한족이 아니라 단군족이지요. 그때 중국의 황제인 요임금은, 제 아들이 똑똑하지 않은 것도 아닌데, 타부족인 순을 데려다가 키우고 가르쳤단 말입니다. 순이 무슨 재주가 있었느냐. 지가 해봐서 안 되면 지가 부족한 줄 알고 자꾸 하지, 남을 원망하지 않더랍니다. 또 무슨 일을 할 적에 자기의 의지를 어떻게 관철하려 하는가 하니, 안 되면 자기가 부족한 줄 알고, 되면 여러 사람의 협조로 알더라, 그 말입니다. 그런 놈은 아무리 게으르게 굴어도 30년이면 된다, 그 말이에요. 순이라는 사람도 그런 사람, 우라고 하는 사람도 그런 사람이었어요. 그래서 우리가 그들을 성인이라고 합니다.

그럼, 성인이란 대체 어떤 사람일까요? '성인聖人'이라고 할때, '성聖' 자가 어떻게 생겼냐면, 중국 글자는 상형글자니까우선 '귀[耳]'를 떠억 그려놨지요. 귀라는 건 이 우주에서 자기한테 뭔가가 들어오는 곳이에요. 그리고 한 옆에는 '입[口]'을 그렸어요. 이건 나가는 구멍이에요. 이게 먹는 구멍도 되지만, 의사를 발표하는 구멍이란 말입니다. 들어오는 구멍과나가는 구멍, 그 밑에는 임금 '왕王'을 썼어요. 임금 왕이라는건 크다는 말이거든요. 개미도 큰 개미는 왕개미, 소도 크면왕소 그러잖아요. 그러니까 귀하고 입이 크다는 말입니다.

그럼 귀가 크다는 건 무슨 의미이냐. 귀야 크든 작든, 귀머거리만 아니라면 다 들을 텐데, 귀 큰 게 무슨 소용이냐고 하겠지만, 천만에요. 우린 안 듣는 게 있어요. 남 나쁘게 말하는 소리는 아주 귀를 이만큼 크게 하고 자꾸 듣지만, 자기를나쁘게 말하는 소리는 안 들으려 해요. 귀가 크지 못해서 그런 겁니다. 그러니까 귀를 얼마만큼 크게 만들어놓아야 하는가 하니, 똑 바람이 나무를 지나가듯하게 해놓으라는 말입니다. 바람이 나무를 지나갈 때, 나무는 영락없이 다 받아들이고 말지, 체하질 않아요. '나'가 없으면 체하지 않습니다. 그러니까 '나'라는 게 있으면, 학문은 다 망쳐버리고 마는 거예요.

입이 크다는 건 무슨 의미일까요? 신문에 내도 부끄럽지않을 말만 하는 거예요. 그 사람의 말을 신문에 내놓았을 때,그가 부끄럽지 않으면 진실이거든요. 진실은, 열 놈이 와서지껄여도 그대로 진실이지요. 내일 뒀다 봐도 옳고 10년 후에 됐다 봐도 그 말이 옳고 천년 후에 됐다 봐도 그 말이 옳 단 말입니다. 그러니 그걸 어떻게 안 크다고 그러겠어요?

그러니까 귀가 크고 입이 큰 사람이 성인입니다. 그래서 《천자문》에다 뭐라고 했는가 하니, "극념克念하면 작성作聖' 이요, 제 생각을 이기면 성인이 되고"라고 써놨단 말이에요. '나'만 없애버리면 성인이 돼요. 여기도 몇백 명 되니까, 전부 '나'가 없으면 6~7백 명 성인은 여기서 당장 나오는 겁니다. 성인이 많이 쏟아지면 분주하리라고? 천만에요. 대단히 좋으 니까 여하간 성인을 좀 해봐요. 아주 재미있소.

자, 그러면 현인이란 건 대체 뭔가. 그저 밥이나 주면 먹고, 누가 시키면 "네, 네" 그러고, 남 험담하지 않는 놈, 그게 현인 이라는 거예요. 한자에 '현賢'은 어떻게 썼냐면, 먼저 신하 '신 臣'을 썼어요. 신하란 복종 잘하는 놈, 남의 종이란 말이요. 신 하 '신' 옆에 또 '우又'를 썼지요. 두 번 했다, 그 말입니다. 그 밑에다가 자개 '패貝' 자를 썼는데, 중국의 해변에서 자개 조 각을 얻어가지고 저 대륙에 들어가서 내놓으면 귀하거든요. 그래 그걸 곡식하고 바꾸고 그러니, 재물을 자개라고 표시를 한 거지요. 복종 잘하고 돈만 좋아하고 그런 놈을 현인이라 는 거요. 행세 괜찮게 하지요. 그러니까 시방 여기서 여러분 들, 이제 연습할 것은 첫째, 성인 연습을 할 일입니다.

• 《천자문》에 나오는 구. "景行維賢 克念作聖(바른 길을 가면 어진 사람이 되고, 생각을 이기면 성인이 된다)."

성인은 남이 아니라 자기를 때린다

그러니까 성인이라고 해서, 뭐 우쭐해서 남 잘 때려주는 게 성인이 아니라, 저를 잘 때리는 게 성인이라는 겁니다.

내가 어제저녁에 좀 돌아다녔는데, 불량한 놈이 웃통을 벗고 막 들이 싸운단 말예요. 싸우는데 그놈의 가슴속에서 마음이 이렇게 불컥불컥 올라오는 게 보이니 재미가 있거든요. '야, 요런 놈을 아마 깡패라는 건가' 그러고 들여다보니까, 그놈은 어째 재미가 없어진 모양이에요. 뒤로 슬그머니 물러가거든요. 그래 좀 더 보느라고 이렇게 들여다봤지요. 불과 세 걸음 못 돼서 싸우다 그만둬버려요. 그놈이 사납게 싸우지만 내 마음보다는 작았던 거지요. 사실 옳지 않은 걸 하니까 작은 거거든요.

그러니까 걱정할 게 없어요. 옆의 놈이 나를 때린다는 것은, 말도 안 돼요. 맞도록 자기가 준비했으니까 때렸지, 안 맞도록 준비하는데도 때리겠어요? 무슨 소리냐고요? 원체 위신이 있으면 때리려 해도 때리지 못해요. 터무니없는 거요. 그러니 냉정하십시오.

이제 오늘부터는 여러분이 철학, 과학이라는 것을 잘 알게 되었어요. 언제라도 판단이 그렇게 종합적 즉각이면 그것이 과학입니다.

공부하는 얘기는 다 했고, 이제 다시 말하자면, 종합적 즉각으로, 자기라는 것을 뺀 입장에서 이제 우리가 우주도 연구해볼 겁니다. 또 우리 몸뚱이도 연구해볼 것이고요.

　학문 얘기를 이 정도 했으니까, 다음에는 여러분 공부하는 시간에 대해서 얘기를 해줄게요. 이렇게 마칩시다.

백성욱 박사 연보*

1897년(광무 원년)

음력 8월 19일(양력 1897년 9월 15일, 수요일). 정유년, 종로구 연건동에서 수원 백씨 윤기潤基의 장남으로 출생.

1903년(6세)

3월, 서울 원남동에 설립된 신식사립학교인 호동학교 입학.

1906년(9세)

3세(1900년)에 아버지를 여읜 데 이어, 어머니 별세.

1910년(13세)

서울 봉국사 최하응(미상~1941) 스님을 은사로 출가.

1917년(20세)

동국대 전신인 숭인동 불교중앙학림 입학.

1919년(22세)

3월 1일, 한용운 스님 명을 받아 불교중앙학림에 재학 중이던 신상완(1891~1951) 스님, 통도사 박민오 스님, 김법린 등과 중앙학림 학생들을 인솔하여 탑골공원에서 기

• 음력이라 명기하지 않은 경우는 모두 양력 날짜임. 연도 뒤 괄호 속 나이는 모두 '만 나이'임. 보다 상세한 연보는《분별이 반가울 때가 해탈이다:백성욱 박사 법문집》(김영사, 2021) 또는《응작여시관:백성욱 박사 전기》(김영사, 2021) 참고.

미독립선언서 배포. 이후 남대문과 대한문 3.1 운동 주도. 3월 5일, 남대문과 서울역에서 독립선언서 배포. 3월 말, 초월 스님이 신상완, 백성욱, 김법린 등에게 상해임시정부를 찾아가면 할 일이 있을 거라며 밀항 주선. 5월 10일, 랴오닝遼寧성 남부 잉커우營口항 거처 상하이 도착. 임시정부 활동하면서 신상완, 김법린과 함께 국내와 임시정부 8~9회 오가며 독립운동.

1920년(23세)
임시정부에서 이광수·주요한·이영렬·조동호·옥관빈·박현환 등과 함께 《독립신문》 제작에 기자로 참여.

1921년(24세)
1월 15일, 민범식·장식 형제의 지원으로 함께 프랑스 우편선 앙드레 르봉André Lebon호 승선. 2월 25일, 프랑스 마르세유 항구 도착. 1년 동안 프랑스 북부 보베Beauvais시에 있는 고등학교에서 프랑스어와 독일어, 라틴어 공부.

1922년(25세)
민범식과 함께 독일 뷔르츠부르크Wüzburg 도착. 이미륵(1899~1950)의 도움으로 철학과 한스 마이어Hans Meyer(1884~1966) 교수 소개받아 9월 어학시험 통과, 뷔르츠부르크 대학교 대학원 철학과 입학.

1923년(26세)
가을, 마이어 교수를 지도교수로 〈불교순전철학〉 박사논문 작성 매진.

1924년(27세)
2월, 마이어 교수의 도움으로 뷔르츠부르크 대학교 대학원 철학과 졸업. 5월 2일, 〈불교순전철학佛教純全哲學, Buddhistishe Metaphysik〉 논문 초고 완성. 9월, 마이어 교수 박사학위 논문으로 인준.

1925년(28세)
프랑크푸르트, 베를린 등 독일의 여러 도시 다니며 유럽 문화 경험. 시베리아 횡단 열차 타고 9월 9일 귀국.

1926년(29세)
신분 숨기기 위해 무호산방無號山房·백준白畯·무호無號 등의 필명 사용하며《동아일보》
《조선일보》《동광》《불교》등에 시, 에세이, 평론 등을 활발하게 기고 및 연재.

1927년(30세)
2월, 봉은사 들렀다가 함경남도 석왕 선원 가서 수행. 4월, 금강산 장안사 거처 여름
까지 보덕굴에서 수행. 이후 장안사 선원에서 사분정진四分精進 및 겨울 수행.

1928년(31세)
4월, 불교전수학교 개교와 함께 철학과 강사로 피임. 5월,《불교》잡지사 논설위원
입사. 6월에 김일엽(1896~1971) 또한 기자로 입사하여 가깝게 지냄. 9월, 불교전수학
교 강사 사직. 11월, '조선불교 선교양종 승려대회' 11인 발기위원으로 참여.

1929년(32세)
1월 3~5일, '조선불교 선교양종 승려대회' 종헌제정위원 11인 중 한 명으로 참여. 가
을, 금강산 입산, 장안사 보덕암에서 수행 시작. 수행 중 혜정 손석재慧亭 孫昔哉 선생과
처음 만나 법거량. 손혜정 선생 권유로 오대산 상원사 적멸보궁에서 함께 100일 기
도 정진.

1931년(34세)~1938년(41세)
안양암 3년 정진 후 장안사 지장암에서 손혜정 선생과 함께 근대 최초의 수행공동체
운동 전개하며 회중수도會衆修道. 이후 7년여 간 500여 명의 제자 지도. 아침 서너 시
일어나 '대방광불화엄경' 염송하고, 간경, 참선하며 1일 2식으로 용맹정진.

1938년(41세)
4월, 금강산 지장암 수행 중, '불령선인不逞鮮人'으로 지목, 손혜정 선생 등과 함께 경상
남도 의령경찰서로 연행. 무혐의 석방되었으나 일제의 압력으로 금강산에서 하산.

1939년(42세)~1945년(48세)
서울 돈암동 자택 칩거하며 좌선 수도.

1941년(44세)
1월, 은사 하웅 스님 홍천사에서 입적. 남겨준 재산을 화재 피해 입은 봉은사에 복구

비로 헌납, 만일회 신앙결사 참여.

1944년(47세)
1월, 치악산 상원사 한 동굴에 들어가 정진 수도.

1945년(48세)
해방되자 애국단체인 중앙공작대 조직, 민중 계몽운동 시작.

1948년(51세)
5월 10일 남한 단독선거로 제헌국회 소집되자 이승만 박사가 국회의장 되도록 헌신. 7월 20일, 국회에서 간선제로 초대 대통령 뽑게 되자 이승만 지원. '초대 총리 백성욱 박사설' 언론 등장.

1950년(53세)
2월 7일, 제4대 내무부장관 취임. 7월 16일, 대구 피난 중 내무부장관으로서 국민에게 사과 성명 발표하며 취임 5개월 만에 사임.

1951년(54세)
2월, 한국광업진흥주식회사 사장 취임. 10월, 동국대학교 동창회장 취임.

1953년(56세)
7월 31일, 부산 피난 중 동국대 제2대 총장 취임. 8월, 정전 협정 후 서울 본교로 복귀. 중구 필동에 동국대 교사를 건립하고 8년에 걸쳐 시설·학사·교수 등 다방면에 걸쳐 동국대학교 중흥의 기틀 마련.

1956년(59세)
5월, 제4대 부통령 선거 무소속으로 입후보(낙선). 9월, 한국광업진흥주식회사 사장 사임.

1957년(60세)
10월, 동국대에 '고려대장경 보존동지회' 만들어 회장 취임. 《고려대장경》 영인 작업 착수. 1976년 6월에 영인 완성, 총 48권의 현대식 영인본 출간.

1958년(61세)
9월 17일, 손혜정 선생이 동국대에 기증한 약 4,500만 환의 건국국채를 기본재산으로 재단법인 동국대학교 불교장학회 설립.

1959년(62세)
음력 5월 19일, 도반이자 스승으로 모신 손혜정 선생, 세수 78세로 장충동 자택에서 입적. 《불교학 논문집: 백성욱 박사 송수 기념》 발간.

1960년(63세)
《동국대학교 총장 백성욱 박사 문집》 발간.

1961년(64세)
5월, 재단법인 동국학원 제15대 이사장 취임. 7월 20일, 5·16 군사정변으로 공표된 '교육에 관한 임시특례법'으로 만 60세 이상은 교단에서 물러나게 하여 동국대 총장 및 학교법인 이사 사임.

1962년(65세)
경기도 부천군 소사읍 소사리에서 〈백성목장白性牧場〉 경영하며 20년 가까이 《금강경》 강화講話, 인연 있는 후학 지도.

1970년(73세)
5월 25일, 서울 인현동 삼보회관에서 '《금강경》 총설' 강연.

1981년(84세)
음력 8월 19일(양력 9월 16일, 수요일), 출생일과 같은 날 서울 용산구 이촌동 반도 아파트에서 입적. 경기도 양주군 대승사에 사리탑과 비를 건립.

호우로 휩쓸려 내려간 사리탑을 다시 부천시 소사구 소사1동 소사법당 뒤편 언덕에 옮겨 '동국대학교 총장 백성욱 박사 탑'과 함께 세움. 후학들이 금강경독송회, 청우불교원 금강경독송회, 바른법연구원, 백성욱 박사 교육문화재단, 백성욱연구원, 여시관 등을 세워 가르침을 잇고 있음.

찾아보기

백성욱 박사 전집 2
불법佛法으로 본 인류문화사 강의

1판 1쇄 인쇄 2021. 9. 3.
1판 1쇄 발행 2021. 9. 23.

백성욱 강의
이광옥 · 김강유 받아적음

발행인 고세규
발행처 김영사
등록 1979년 5월 17일(제406-2003-036호)
주소 경기도 파주시 문발로 197(문발동) 우편번호 10881
전화 마케팅부 031)955-3100, 편집부 031)955-3200 | 팩스 031)955-3111

저작권자 © 백일수, 2021
이 책은 저작권법에 의해 보호를 받는 저작물이므로
저자와 출판사의 허락 없이 내용의 일부를 인용하거나 발췌하는 것을 금합니다.

값은 뒤표지에 있습니다.
ISBN 978-89-349-7983-8 04080 | 978-89-349-0900-2(세트)

홈페이지 www.gimmyoung.com   블로그 blog.naver.com/gybook
인스타그램 instagram.com/gimmyoung   이메일 bestbook@gimmyoung.com

좋은 독자가 좋은 책을 만듭니다. 김영사는 독자 여러분의 의견에 항상 귀 기울이고 있습니다.